■ 本书系国家社科基金一般项目"《海商法》修订中重大问题研究"（18BFX208）的阶段性成果

厦门大学商法学论丛

A Systematic Study of the Possessory Liens
in China's Maritime Law

《海商法》留置权
体系化研究

陈静颖 ◎ 著

厦门大学出版社 国家一级出版社
XIAMEN UNIVERSITY PRESS 全国百佳图书出版单位

图书在版编目（CIP）数据

《海商法》留置权体系化研究 / 陈静颖著. -- 厦门：
厦门大学出版社，2022.6
（厦门大学商法学论丛）
ISBN 978-7-5615-8609-9

Ⅰ．①海… Ⅱ．①陈… Ⅲ．①海商法—债权—研究—
中国 Ⅳ．①D923.993.4

中国版本图书馆CIP数据核字(2022)第081450号

出 版 人　郑文礼
责任编辑　李　宁　郑晓曦
出版发行　**厦门大学出版社**
社　　址　厦门市软件园二期望海路 39 号
邮政编码　361008
总　　机　0592-2181111　0592-2181406(传真)
营销中心　0592-2184458　0592-2181365
网　　址　http://www.xmupress.com
邮　　箱　xmup@xmupress.com
印　　刷　厦门市明亮彩印有限公司

开本　787 mm×1 092 mm　1/16
印张　14.25
插页　2
字数　366 千字
版次　2022 年 6 月第 1 版
印次　2022 年 6 月第 1 次印刷
定价　55.00 元

厦门大学出版社
微信二维码

厦门大学出版社
微博二维码

序

　　一直以来,厦门大学法学学科将海商法与保险法归入民商法体系。此种"独具特色"的教学和科研模式,虽然在一定程度上显得有些另类,却也颇能"自得其乐",并"创造性"地成就了一批从民商法视角研究海商法与保险法的青年才俊。保险法的民商法分支地位自不必说,但理论界对海商法在法律体系中的定位长期存有争议。海商法伴随以海为主的水上运输和国际贸易法律关系而生,国内学者多认为海商法是国际经济法的分支部门法,注重发挥和挖掘海商法的自体性,但对于民商法理念、制度的共通性思考较少。呈现在大家面前的是"厦门大学商法学论丛",以系列专著的形式集中探究海商法与保险法的前沿热点问题。此系列专著的作者均是本人指导的民商法学专业博士,他们潜心钻研、思想敏锐,有强烈的学术进取和创新开拓精神,在如马里亚纳海沟般"又窄又深"的海商法和似太平洋般"又宽又广"的保险法领域辛勤耕耘,犹如一股股涓流般地注入我国海商法保险法的研究长河。于是,本人应邀为序,希望越来越多的学子们为商法的"小众"分支——海商法与保险法的研究添砖加瓦。

　　海商法主要调整船舶关系和海上运输关系,存在相对独立的调整对象和较为完整的规范体系。从规范的表现形态而言,海商法是包含私法和公法、国内法和国际法等相关元素在内的法律规范的综合体。海商法中虽存在部分以海事主体的权利义务关系为调整对象的公法性条款,但并不影响民商法规范在海商法中的主体地位,海商法应定性为民法的特别法。

　　《民法典》堪称我国民事立法史上一座伟大的丰碑,是中国特色社会主义法律体系的重要组成部分,是民事领域的基础性、综合性法律。作为私法领域基本法,《民法典》具备统摄私法体系的功能。《民法典》的出台和实施,可以实现对我国私法体系的重大完善。《民法典》采用"民商合一"的立法体例,不仅调整民事活动和民事关系,而且规范商事活动和商事关系。《民法典》兼顾民法和商法共同的理念,兼容了民法性质和商法品格,不仅为各类民商事活动在民商法体系下提供基本行为规则,还给包括海商法保险法在内的商事法律规范留有必要的弹性空间。在民法典视域下研究海商海事制度,强调的是将海商法理论与民法理论有机融合,而非强行比照《民法典》的"身材"削足适履。这就要求,不得因《民法典》而改变海商法的特色制度和规定,而是要在制度层面使海商法的法律制度与民商法相关法律制度相衔接,在相同或相近的法理基础和法律原则下,形成相互联系或衔接的民商法体系,以强化海商法的系统性和完整性。

　　保险,其本义是通过商业行为而建构的风险损失分散制度,故保险法是调整商业保险关系(不包括社会保险关系)的法律规范总称。我国现行《保险法》将保险合同法和保险业法"合二为一",实现了保险私法与保险公法的融合。学界多有共识,先有海上保险法,后有陆上保险法。由于我国的保险业是舶来品,20世纪90年代的保险立法(包括《海商法》中的海上保险一章)多以借鉴国外保险法为研究进路,尤其是英国《1906年海上保险法》,对我国《海商法》的海上保险部分影响深远。在英美法系国家,保险法主要是作为一个独立的法律部门存在。而在我国,由于从海上保险制度演变发展而来的保险合同法在保险法中占据主体地位,保险法成为民商法的构成部分,自然是水到渠成。保险法作为民事特别法的内涵意蕴,意味着保险法既要遵循民法的一般规则,又要反映保险关系特性的特殊规定。《民法典》的法典性地位,对保险法的发展产生深刻影响,保险法也将为《民法典》的全面实施添砖加瓦。

基此,海商法学者多从海上保险法研究拓展至陆上保险法研究,海商法和保险法兼而研究的学者在国内较为常见,"厦门大学商法学论丛"因而以 MARITIME & INSURANCE LAW 为 LOGO,在海商法和保险法的研究中突出民法品格。但我们深知,本系列专著的研究内容中必存欠缺乃至错误,恳请各位专家批评指正。

本套丛书的出版得到了厦门大学法学院和厦门大学出版社的鼎力支持,在此一并表示感谢!

何丽新

前言

　　留置权是《民法典》规定的三大典型担保制度之一,其核心特征是具有"占有＋处分并优先受偿"二次效力的法定担保物权,体现着民法对公平的价值追求。《海商法》中亦赋予了5类主体(造修船人、承运人、出租人、承拖人、救助人)以留置权,相关条款与《民法典》对留置权的一般规定、对典型留置权的特别规定均存在差异。既有的理论研究对5类《海商法》留置权关注不均,5类权利的司法适用情况未被共同分析,《海商法》留置权条款与《民法典》留置权条款的关系未被厘清,因此,《海商法》留置权间的体系关联难以被发现,《海商法》留置权在我国法律体系中的定位不够清晰,引发司法适用上的裁判分歧。

　　本书从《海商法》留置权条款与我国民法体系中其他留置权条款的联系和区别出发,同时考察其法律移植域外"lien"的历史,从而探寻各条款之间隐藏的关联。发现各类《海商法》留置权虽具有民法留置权的核心特征,但其与民法留置权的相异之处,均蕴含了保护航运业发展的立法目的,因此,《海商法》留置权是民法留置权下保护特殊价值的子体系/类型集合,这一体系定位是准确适用《海商法》留置权条款的出发点。民法留置权的一般规定与《海商法》留置权条款是一般法与特别法的关系,在不影响后者立法目的实现的情况下,可援引前者以解释和补充后者;但由于《海商法》留置权和民法中其他典型留置权保护价值的位阶相同,相对于民法留置权一般规定来说,承载各类典型留置权的条款都属于特别法,应专用于各自情形。

　　基于对《海商法》留置权体系定位的厘清,自然期待该子体系在法律适用中发挥体系效益,统一裁判尺度并保护航运业的发展。但本书审视了"中国裁判文书网"上414份涉《海商法》留置权条款的裁判文书(裁判时间:2008年1月—2020月12月),发现该期待部分落空,大量裁判未能实现子体系立法目的,还有部分案件对民法留置权条款适用不当,影响了同案同判的实现。反思上述"应然"和"实然"的背离,本书借助法律体系化理论,揭示《海商法》留置权的体系化困境:首先是立法的体系化程度有限,《海商法》留置权条款间尚存逻辑冲突、缺乏体系化线索、价值评价的体系化被双轨制切断;其次是司法的体系化程度不足,裁判过度依赖文义解释,适用法律未穷尽海商法的法律渊源而向留置权一般规定逃逸,法律推理和论证未贯彻子体系立法目的,这般缺乏体系化思维的司法适用方式,无力弥补立法体系化的缺陷;最后是与船舶担保物权体系、海事请求保全措施等体系外部制度缺乏融贯。面对上述体系化困境,受《民法典》体系化的影响和外国相关制度的启发,本书提出了《海商法》留置权的体系化进路,包括修订条款提升子体系融贯性,以体系化标准保证子体系扩张有度,做好与《民法典》留置权条款的协调;同时,总结对《海商法》留置权条款体系化适用的思维图谱,梳理子体系保护的各类价值的权重,强调综合运用多种解释方法,以体系化思维指导对相关"法律漏洞"填补,最终以实现《海商法》留置权子体系保护航运业发展的立法目的,助力法治营商环境建设,推动我国海洋强国之战略。

除去导论和结语,本书主体部分分为四章。

第一章分析《海商法》留置权及其体系定位。先论证《海商法》中的 5 组留置权条款体现了民法留置权核心特征,属于民法留置权体系的组成部分。同时,为了实现国际化和本土化双重面向,《海商法》留置权条款经由法律移植和本土化改造而来,体现出有别于民法留置权条款的特殊性,包括权利主体、担保债权、留置物的特定化,以及部分留置权的成立要件对留置动产的权属没有要求等。经分析,这些差异中都包含了《海商法》留置权保护的特殊价值:即保护我国航运业的发展,平衡船货利益,助力我国船方平等参与国际竞争。共同的立法目的构成了各类《海商法》留置权之间紧密的意义关联,使其共同形成民法留置权体系下的子体系/类型集合,区别于民法中其他典型留置权和非典型留置权。基于该子体系定位,在不影响具体条款意图和整体立法目的的情况下,《海商法》留置权条款的适用可由民法中关于留置权的一般规定解释和补充。《海商法》留置权与其他典型留置权的子体系呈并列关系,两类条款不存在特别和一般的关系,分别适用于各自特定情形。在符合立法目的的前提下,《海商法》留置权类型被企业在持续经营产生的债权中适用,也可根据《民法典》第 448 条产生"企业间留置权",放宽对留置物与债权属同一法律关系之要件而成立。

第二章对《海商法》留置权的司法适用数据进行体系化检视,认为该子体系未充分发挥其体系效益,影响了自身立法目的之实现和同案同判的平等正义。本书对中国法院在 2008—2020 年间做出的 414 份涉《海商法》留置权条款的裁判文书逐篇分析,发现司法适用难以完全实现《海商法》留置权子体系保护航运业发展的立法目的。有如裁判中的航次租船承运人、定期租船出租人都难以依据承运人、出租人留置权条款行使留置权,担保自己的运费/租金债权;部分裁判将承运人留置权条款作为产生承运人减损义务的依据;虽然船舶留置权条款的适用情况较为乐观,主要被用于担保造修船人的债权,但部分裁判援引该条款支持船舶看管人对看管费债权的优先受偿,背离立法目的;救助人留置权条款基本实现了担保救助人债权的立法意图,但其留置权属性则未被承认。另外,来自子体系外部的民法留置权在涉海案件中的适用范围不清,包括是否可依民法留置权的一般规定、民法的典型留置权条款、民法上的企业间留置权条款留置船舶,都引发了裁判分歧,影响了法律安定性和《海商法》留置权子体系立法目的之实现。

第三章运用法律体系化理论,反思《海商法》留置权体系效益落空的症结,揭示该子体系的立法和司法都遭遇了体系化困境。《海商法》留置权立法的体系化程度有限,首先体现为子体系内部存在逻辑冲突,"船舶留置权"术语常被解释为以船舶为留置对象的所有权利,导致《海商法》第 25 条(造修船人的船舶留置权)与第 161 条(承拖人留置权)被误解为存在逻辑矛盾;出租人对转租收入的担保权利被命名为留置权,违背了逻辑同一律,致使这部分条款难以被理解和适用;而救助人留置权却不以留置权命名,违背了逻辑排中律,也造成了其留置权属性不被法院承认;立法的体系化不足还表现为《海商法》留置权条款间缺乏体系化线索的明示表达,条款未导向借助同体系的条款彼此解释和适用,可能使得适用者直接以民法留置权条款补充,舍弃了子体系保护的海商法特殊价值;子体系外的水上货物运输双轨制,直接分化国际海运和我国沿海港口间运输适用的法律,造成《海商法》留置权条款对抗海上特殊风险的设计无法辐射所有的海运情形。司法的体系化程度不足体现为,部分法官过度依赖文义解释,因此未准确解释以船舶为留置对象的权利群;有些裁判未穷尽海商法的法律渊源而向留置权一般规定逃逸,依赖民法关于合同效力的条款处理出租人留置权案件,忽略了对出租人债权的保护;还有裁判的法律推理和论证失之体系化,为了实现单一条款的局部意图而赋予修船人企业间留置权,或完全依赖承运人留置权条款填补"目的港交货不能"责任制度的法律漏洞,或以民法的承揽人留置权条款赋予造船人船舶留置权,都破坏了立法目的。此外,《海商法》留置权与船舶担保物权体系、海事请求保全等体系外部制度的融贯不足,都会给自身和其他制度的准确、统一适用造成影响。

第四章提出化解《海商法》留置权体系化困境,全面实现《海商法》留置权的体系化提升的方案。这是《民法典》实现体系化的编纂和适用之后,对《海商法》的法律修订和法律适用提出的要求,也是与海商法的国际发展接轨的需要。本书针对《海商法》留置权条款的修订,提出了去除逻辑矛盾,凸显主次条款间的体系化线索,增加以船舶为留置对象的权利间的体系线索,以体系化标准实现子体系理性扩张,技术性微调以实现与《民法典》留置权条款的体系化融贯。本书还对《〈海商法〉修订征求意见稿》/《〈海商法〉修改送审稿》中关于留置权条款的修订,逐一进行评析,并在提升体系化的理念指导下,结合国际化和本土化的双重面向,对每个条款都提出了修订建议,包括:船舶留置权条款的行使方式应首推符合海运特点的法院拍卖;应完善船舶担保物权的受偿顺序条款,明确其他留置船舶的权利在船舶抵押权后受偿,外显允许依民法留置权条款留置船舶的立法意图;去除承运人留置权产生要件中的留置物权属要求,允许承运人留置运输的货物,但同时增加保护持有提单的善意第三人权益的例外,实现船货利益平衡;将第88条承运人留置权的行使条款,扩张至所有承运人债权未实现的情形,与"目的港无人取货"脱钩,完整呈现条款的立法目的;对于出租人留置权条款,除了明确参照承运人留置权条款适用,突破双轨制对子体系的割裂外,以"出租人对承租人转租收入的法定债权转让"的表述,替代出租人对转租收入的"留置权"的原文,减少子体系内的形式逻辑冲突,也能有效解决我国航运实践中大量出现的承租人失联/停业问题;对于承拖人留置权,则增加其与船舶留置权条款行使方式和受偿顺序的逻辑线索;对于救助人留置权条款,删除第190条的拍卖权,去除对船舶担保物权体系的冲突,而保留第188条足以实现担保救助人债权的立法意图。

法律修订的同时,强调以体系化思维指导《海商法》留置权的法律适用,提升司法的体系化程度同样重要。《海商法》留置权的体系化适用应由密到疏,必须先经由子体系内部条款互相支持和解释,再用尽海商法认识《海商法》留置权条款的立法目的,并兼顾与我国民法体系的协调,重点把握好民法留置权条款适用于海上留置案件的尺度和边界,最后要考虑航运实践的需要和国际立法的发展。在法律适用中,还必须梳理《海商法》留置权子体系保护的价值及其权重,以减少冲突。必须综合运用体系解释与其他法律解释方法,借助子体系内外的关联限制对条款的随意解释。填补涉《海商法》留置权的"法律漏洞",不可伤害子体系内其他条款和共同立法目的。亦应保持子体系的开放性,发展留置权之外的船方债权担保权利,建构以《海商法》留置权为核心的船方债权担保体系,共同实现保护航运业发展的立法目的,打造良好营商环境,服务海洋强国战略。

目录 /CONTENTS

导论

一、研究对象和研究意义

2020 年颁布的《中华人民共和国民法典》(以下简称《民法典》)是我国民法体系进入法典化时代的标志,法典化是法律体系化的高级形式,《民法典》将原先散落在大量民法单行法中的规范,通过体系化地编纂,形成了"在统一价值指导下的完整系统的规范体系"①。《民法典》的效益不仅辐射其文本调整的领域,其体系化的存在形式,就是对整个民法体系的要求和示范,亦对民事程序法和其他法律部门产生了影响。② 对无法通过编纂技术列入《民法典》的民事特别法,包括《中华人民共和国海商法》《中华人民共和国公司法》《中华人民共和国保险法》《中华人民共和国票据法》等(以下分别简称《海商法》《公司法》《保险法》《票据法》),《民法典》的颁布对它们的立法和司法提出了融贯、协调的要求,因此这些法律纷纷将修改提上日程。在这样的时代背景下,以体系化视角重新检视作为民法特别法的《海商法》规范,有利于修法者从民法体系的全局视野开展《海商法》修订,实现法律体系的融贯。

(一)研究对象

见微可以知著,局部的体系化乃是《海商法》立法实现全面体系化的基础。本书选取《海商法》众多条款中的一个分支——《海商法》留置权条款开展研究,以体系化的视角发现、分析并解决其立法和法律修订中的问题。本书出于服务《海商法》修订的考虑,将研究对象集中于我国法律体系中形式意义上的海商法典(即《海商法》)中的留置权。因此,本书所称"《海商法》留置权"是《海商法》中涉及留置权的条款所承载的权利构成的整体。

这些条款之所以会引起关注,是因为通观整部《海商法》,涉及"留置(权)"术语的 4组条款,被分散地安排在第二章"船舶"、第四章"海上货物运输合同"、第六章"船舶租用

---

① 王利明:《民法典的体系化功能及其实现》,载《法商研究》2021 年第 4 期。
② 张卫平、王新颖:《尽快实现民事诉讼法与民法典全方位体系化连接》,载《人民检察》2020 年第 15 期;张明楷:《刑法修正案与刑法法典化》,载《政法论坛》2021 年第 4 期。

合同"、第七章"海上拖航合同"4个章节中。① 顺藤摸瓜,还会发现在第九章"海难救助"中的一组条款无"留置权"之名却行该权之实。② 个别地看,各个条款服务于所在章节,基于不同的主法律关系而产生,担保不同的债权,成立要件也不相同,对彼此不会产生影响。一旦从整体上看,这5组条款分别赋予航运业中极为重要的角色——造修船人、承运人、船舶出租人、拖航承拖人、救助人以留置权,是《海商法》给予这些航运业者的最主要的担保物权性的保护。③ 而且5组条款有详有略,有进行相互补充支持的空间,详细的条款如第87条和第88条,一条赋予承运人留置权,另一条规定了权利具体行使的过程;简单的条款如第141条和第161条,只是分别规定了出租人和承拖人"有留置权",均得借助其他条款进行解释和适用。可见,从局部视角转换为体系化视角,便能发现条款间的联系。遗憾的是,这些条款虽由共同术语联络,却鲜被作为一个整体进行深入研究。

为了实现体系化的研究,本书不仅对涉及留置权的《海商法》每一条款的内容、立法方式、实践特点开展分析,更侧重对它们的相互关系的揭示。因为法学研究的重要使命之一——在于发现具体规范之间、规范与立法目的间潜藏的"意义关联",并将关联进行体系化的呈现。④ "意义关联"即是共同的立法目的,有"意义关联"的体系化的法律更能外显其内在立法目的和价值评价,摆脱了就案论案的决疑式立法,用清晰的立法目的和有序的价值评价指导法律适用,以实现法的安定性,有利于"同案同判,类案类判",最终实现法治和法律背后的价值追求。为此,本书通过对《海商法》中涉及留置权的条款进行"点面结合"的教义法和实证法研究,试图探索其间是否存在"意义关联",与《海商法》其他条款、民法条款又存在何种关联。如果《海商法》留置权条款间存在意义关联,该体系化的"意义关联"在《海商法》留置权立法中是否得到体现,在司法中是否发挥作用?目前对其认识的缺失会带来什么问题? 最后将回答,如何在本轮《海商法》修订中,借助体系化视角实现《海商法》留置权与所在体系的融贯和发展。

(二)研究意义

第一,以体系化视角推动《海商法》留置权基础理论研究的完善,化解理论争议。既有研究主要集中在对《海商法》留置权单一或个别条款的局部研究上,孤立的视角可能导致理解的错误和不统一。法学家们都赞同法律规范与整部法律、整体法律制度不可

---

① 《海商法》上的"留置(权)"术语出现在第二章船舶、第四章海上货物运输合同、第六章船舶租用合同、第七章海上拖航合同中,分别赋予造修船人船舶留置权(第25条)、承运人的货物留置权(第87条和第88条),出租人的货物、财产和转租收入留置权(第141条),承拖人的被拖物留置权(第161条)。

② 《海商法》第188条和第190条共同赋予救助人对被救船物的留置权。

③ 《海商法》规定的其他担保物权包括船舶优先权和船舶抵押权,前者主要是担保船东的公益性债务,后者主要为银行等金融机构的债权提供担保,都无法用于保护航运业者的债权。

④ 拉伦茨认为,发现个别规范和规制之间,及其与法秩序的主导原则之间的意义关联,并以一种能够概观的方式,也就是以体系的方式将此意义关联展示出来,是法学最重要的任务之一。参见[德]卡尔·拉伦茨:《法学方法论》,陈爱娥译,商务印书馆2005年版,第317页。

分割,它们在社会实践中都超越了文义,承载着"可以认知的价值评价"①。因此,唯有以体系化视角开展研究,将《海商法》留置权条款先放到关联性最强的小系统中分析,再逐渐拓宽视野,直至放到整个法律体系中,了解其背后的价值评价,发现与外界更多的关联,这样对于各留置权条款的立法目的才能有更准确的理解。

本书展开点面结合的研究,对《海商法》留置权局部和整体的理论进行发展。先整体观察了《海商法》留置权条款的权利性质、立法目标、理论来源等共同点,再通过单个条款的文义解释、历史解释和目的解释,分析与民法留置权产生差异的直接原因,并从差异中得出其保护的特殊价值和条款的立法目的,后结合体系化的视角,经过抽象思维,提炼出《海商法》留置权条款之间具有共同的立法目的——保护航运业发展,确定《海商法》留置权是一个民法留置权子体系下的子体系,从而明确它与民法留置权一般规定的协调和补充关系、与民法典型留置权条款的并列关系。为解答是否存在民法上的船舶留置权,承运人留置权的成立是否对留置物有权属要求,出租人对转租收入权利的性质,以及救助人对被救船货的权利属不属留置权、承拖人对船舶的留置权如何行使等问题奠定了理论基础。

第二,发现和解决当前《海商法》留置权条款司法实践中遭遇的问题。《海商法》实施以来的近 30 年,我国航运业快速发展,《海商法》留置权条款实施的环境也发生了巨大改变。这些条款是否还能满足实践需要,发挥推动航运业发展的立法目的和价值,以上是既有研究缺乏关注,但本书欲回答的问题。本书运用量化的研究方法,分析司法实践中涉及《海商法》留置权条款的 414 份裁判文书,从中既发现了学理争论在司法实践中的投射,由于对具体条款理解不统一,导致同案不同判的情形;又发现了理论争论以外,法律事实与法律条款相互作用的问题,以及《海商法》留置权与子体系之外的民法留置权、民事诉讼制度、《海商法》其他制度相互作用产生的新问题。并且,本书对上述问题进行了整体归纳,得出《海商法》留置权立法目的无法完全实现,与子体系自身立法和司法的体系化水平有限,与体系外的法律条款和制度关系亟待融贯的结论。本书再结合法律的体系化理论,为条款提出准确的解释,为法律漏洞的填补进行准确的指导,以解决司法实践中遭遇的困境。

第三,呼应《民法典》的体系化理念,为《海商法》留置权的修订提出建议。2020 年颁布的《民法典》是将我国的民法法典化的成果,内容涵盖社会生活的方方面面。《民法典》不仅是行为规范的集合,也是一套思维规范。② 它追求的价值和逻辑的体系性,也是各部门法的法律修订和法律适用的思维起点。因此,在《民法典》出台前后,各民法特别法都纷纷计划修法,具体到《海商法》中的留置权条款的修改和适用,应该贯彻《民法典》编纂的体系化理念。不仅如此,实现《海商法》留置权与《民法典》留置权的融贯,是《海商法》留置权修订的主要任务之一,也是形式正义的必然要求。《民法典》将留置权的一般规定置于物权编,而特定合同之债产生的典型留置权规定在合同编,既体现了其担保物权的属性,又表现了其债的担保的功能。《海商法》留置权的修订,应该注重提升其体

① [德]魏德士:《法理学》,丁晓春、吴越译,法律出版社 2013 年版,第 69 页;[奥]凯尔森:《法与国家的一般理论》,沈宗灵译,中国大百科全书出版社 1996 年版,第 36 页。

② 陈金钊:《民法典意义的法理诠释》,载《中国法学》2021 年第 1 期。

系化程度,通过减少逻辑冲突,明示体系关联,外显其立法目的和立法意图,通过修法让适用者更容易理解《海商法》和民法留置权的关联与边界,并考虑国际海商法的发展和我国航运实践的新需要。本书据此对《海商法》留置权条款的修订提出具体建议,通过《海商法》留置权子体系的体系化提升《海商法》的体系化。

第四,完善我国担保物权体系,打造良好营商环境,服务海洋强国战略。我国进出口贸易的 90％以上依赖海上运输,作为我国担保物权体系中三类典型担保方式之一,《海商法》留置权融入了海商法保护的特殊价值,通过担保造修船业和船方债权的实现,以护航我国航运业的发展,在我国参与的国际国内海上运输中的重要性不言而喻。但伴随着航运业的不断发展,新的运输工具和运输业态层出不穷,在司法实践中不断呈现出海上运输主体对担保形式呈现的多元化需要。若要建构符合贸易与海运发展需求的《海商法》担保制度体系,须以《海商法》留置权为中心,形成一套综合性的海运担保体系,充分发展非物权性的单纯滞留权的功能,利用法定债务让与等方式,缓和留置权制度设计的刚性,发展出具有相同立法目的的海上担保制度,做好《海商法》留置权与船舶优先权、船舶抵押权所在的船舶担保物权制度的协调,继续保持与国际规则的接轨,实现体系的开放性和融贯性,不仅为海洋强国建设增加制度供给,也为提升航运业营商环境提供更全面的法制保障。

二、研究现状

(一)国内外既有研究概述

国内目前的学术研究中,未见以"《海商法》留置权"为主题的专著。在综合性的海商法书籍中,各类《海商法》留置权亦不曾被以体系化的形式进行介绍,具体权利类型散落在书籍的不同章节[①],而且全面谈及 5 类海商法主体的留置权的书籍较为少见。但是,针对《海商法》中特定类型留置权的研究较为丰富,往往把以船舶为对象的留置权与以货物为对象的留置权分别进行研究。[②] 更多研究只关注单一海商法主体的留置权,或

---

① 司玉琢:《海商法》,法律出版社 2018 年版,第 69~76 页;傅廷中:《海商法论》,法律出版社 2007 年版,第 58~68 页;张湘兰:《海商法》,武汉大学出版社 2014 年版,第 59~62 页;郭瑜:《海商法教程》,北京大学出版社 2002 年版,第 31~33 页;李海:《船舶物权之研究》,法律出版社 2002 年版,第 204~236 页。

② 对以船舶为对象的《海商法》留置权研究,参见李志文:《论我国船舶留置权的概念》,载《中国海商法年刊》1996 年第 1 期;杜力夫、张巍:《船舶留置权与船舶扣留权不应混淆》,载《中国海商法年刊》1999 年第 00 期;李璐玲:《对〈海商法〉中船舶留置权界定的反思》,载《法学》2009 年第 2 期;罗剑雯、宋妙艺:《论〈海商法〉中的船舶留置权》,载《学术研究》2002 年第 6 期;孙光:《船舶扣押后的船舶留置权问题分析》,载《人民司法》2008 年第 13 期。对以货物为对象的留置权研究,参见李志文:《论我国海上货物运输中货物留置权的性质及其影响》,载《中国海商法年刊》1995 年第 00 期;李志文:《论我国海上货物留置权的行使》,载《大连海事大学学报》1996 年第 3 期;施文、伍载阳:《论海运货物留置权》,载《现代法学》1996 年第 2 期;傅郁林:《法律术语的翻译与法律概念的解释——以海上货物留置权的翻译和解释为例》,载《北大法律评论》1999 年第 1 期;贺骁:《从一则案例看行使海上货物留置权的前提条件》,载《对外经贸实务》2000 年第 6 期;朱惠勇:《论无船承运业务下的海上货物留置权》,载《政法论丛》2004 年第 2 期;孙光:《海运货物留置权法律制度研究》,大连海事大学 2011 年博士学位论文等。

者是单一主体对单一留置对象的留置权。① 而且,船舶留置权通常只被视为船舶担保物权体系的组成部分,它与其他《海商法》留置权的关系被忽视。② 如此一来,《海商法》中5类留置权的内在关联未被揭示,船舶留置权被孤立对待,而且对各权利的研究热度不均,承拖人的留置权、救助人的留置权则鲜有人问津。另外,和《海商法》中的留置权关系密切的制度,包括船舶优先权、船舶抵押权、民法留置权,在既有研究中都被带入进行相关研究,它们和《海商法》留置权的关联与边界,也存在着诸多争议。

在进行英文论文和书籍搜索时,由于没有与《海商法》留置权概念上完全对等的术语,存在搜索精度欠佳的问题。③ 本书先以 maritime possessory lien(海上占有型留置权)这个整体概念为关键词进行检索,国际法学期刊数据库 Heinonline、美国博士论文数据库 ProQuest、欧洲博士论文数据库 DART-Europe 中均找不到以此为主题的论文,亦没有专门的理论书籍,只有 Jackson 在 *Enforcement of Maritime Claims* 一书中对此专章介绍,谈及造修船人的权利、承运人的权利和船东的权利,强调其作为海上的担保性权利不能脱离普通法 lien 制度框架,但又要注意其中的海商法特征。④ 另外,本书通过 shiprepairer's / shipbuilder's lien(造修船人的担保)、carrier's lien(承运人的担保)、ship owner's lien(船东/出租人的担保)等关键词进行检索,发现综合性海商法教科书⑤、涉租约和海上运输法的书籍会对其中部分权利进行介绍⑥,主要围绕普通法上

① 陈晶莹、张军伟:《试论承运人留置权之特殊性》,载《国际商务研究》2000 年第 5 期;王晓林:《论合同承运人与实际承运人的海上货物留置权》,载《安徽大学学报》2000 年第 4 期;蒋薇:《第三类海商留置权——出租人对转租船舶收入留置权》,载《当代法学》2002 年第 9 期;孟雨:《论承运人的海上货物留置权——兼论〈海商法〉第 87 条、第 88 条的完善》,载《北京航空航天大学学报(社会科学版)》2008 年第 1 期;胡绪雨:《国际海上承运人货物留置权研究》,载《暨南学报(哲学社会科学版)》2013 年第 8 期;张家勇:《承运人对第三人货物的留置权》,载《法学研究》2009 年第 3 期;周燁:《中国海上货物运输承运人留置权的实务与创新——兼论〈海商法〉第 87 条释义》,载《中国海商法研究》2015 年第 1 期。

② 段庆喜:《我国船舶担保物权的物上代位制度之完善》,载《法学》2007 年第 8 期;刘俊、朱志权:《船舶担保物权效力关系之辨正》,载《政治与法律》2007 年第 1 期;王金玉:《船舶留置权在船舶担保物权中的优先顺序》,载《中国海商法年刊》2009 年第 3 期。

③ 在英美法中,lien 是担保的总称,域外海商法往往以 carrier's lien(承运人的担保)、ship owner's lien(船东/出租人的担保)来描述具有类似我国留置权的二次效力的担保权利,而 right of retention(滞留权)用于描述不交付留置物的债权性履行抗辩,另有 maritime lien(船舶/货物优先权)主要描述非占有型的担保权利,但有时也被用于指代海商法中的所有担保,而 possessory lien(占有型担保)作为 lien 的一种类型,用于描述以占有客体为前提的担保。

④ Jackson,David,*Enforcement of Maritime Claims*,Informa Law from Routledge,2006,pp. 565-606.

⑤ Wilson,John,F.,*Carriage of Goods by Sea*(Seventh Edition),Dorset:Longman,2010,pp.303-308;Schoenbaum,Thomas,L.,*Admiralty and Maritime Law*(5th Edition),West,2012,p.182 ;Baatz,Yvonne. *Maritime Law*(Fourth Edition),Cornwall:Informa Law from Rourledge,2018,p.707;Kasi,Arun,*The Law of Carriage of Goods by Sea*,Springer,2021,pp 401-424.

⑥ Baughen,Simon. *Shipping Law*(Seventh Edition),Cornwall:Routledge Taylor & Francise Group,2019;Tetley,W. *Maritime lien and claims*,New York:International Shipping Publications,1985;Toy,D. B.,Introduction to the law of maritime liens,*Tulane Law Review*,1973,Vol.47,p.559.

这些权利的定义特点、行使方式、判例、标准合同的相关规定等，它们的法律效果类似于我国《海商法》意义上的造修船人的留置权、承租人留置权、出租人留置权，对于理解《海商法》留置权移植对象的理论来源，具有较强参考性。也就是说，作为整体概念的 maritime possessory lien（海上占有型留置权）极少被进行体系化的研究，具体权利类型常被分散在介绍广义 maritime lien（是广义的海上担保，而非我国的狭义船舶留置权）的文章中，而以"maritime lien"为关键词在 Heinonline 数据库中可以查到 5357 篇文章，这些文章为本书提供了丰富数据，但 maritime lien 外延更大，包含对船舶/货物的占有型留置权和非占有型的优先权，主要以后者为主，且一般不采体系化视角介绍问题，与本书研究对象没有直接联系。

综上，我国与《海商法》留置权相关研究中，研究对象的非体系化和研究关注度的不均衡，暴露了理论界对《海商法》留置权相互关联的研究空缺。魏德士对此有一个经典的比喻，他将一部法律中彼此条款位置距离遥远，但解决同类法律问题的法律规范比喻为"马赛克"①，发现这些碎片的全部后，才能像拼图一样拼出隐藏着的共同的价值评价，方可准确理解具体条款的适用领域及其特殊的立法目的。② 所以，对《海商法》留置权的研究和适用者不应满足于单一条款的法律规定，即使该规定已经指引了其需要的法律后果，共同的"留置权"术语提醒我们全面研究《海商法》中涉及留置权（包含未采用"留置权"术语）的条款，找到《海商法》留置权领域的法律秩序正义观③，才能准确理解单一条款的立法目的和适用范围的边界。

（二）主要研究内容

1.《海商法》留置权的外延范围

确定《海商法》留置权的外延，是研究各类《海商法》留置权内在联系的基础，也是协调《海商法》留置权与外部法律体系的前提。民法学者在研究民法留置权时，会提及各类《海商法》留置权属于民法留置权的特别类型④，但主要指涉的是船舶留置权、承运人留置权和出租人留置权，对于是否还有其他的《海商法》留置权类型并不关心。⑤ 由于他们未关注《海商法》留置权的外延范围，因而无法全面把握各种留置权类型内涵上的关联。

但在海商法研究领域，也只有少量研究将《海商法》上散落的留置权条款作为整体看待，而且，对可以纳入这个整体的权利范围也存在争议。早期的部分学者把船舶优先

---

① ［德］魏德士：《法理学》，丁晓春、吴越译，法律出版社 2013 年版，第 66～67 页。

② ［德］魏德士：《法理学》，丁晓春、吴越译，法律出版社 2013 年版，第 66～67 页。

③ ［德］魏德士：《法理学》，丁晓春、吴越译，法律出版社 2013 年版，第 68 页。

④ 章程：《论我国留置权的规范适用与体系整合——民法典时代的变与不变》，载《法商研究》2020 年第 5 期；常鹏翱：《留置权善意取得的解释论》，载《法商研究》2014 年第 6 期；熊丙万：《论商事留置权》，载《法学家》2011 年第 4 期。

⑤ 章程：《论我国留置权的规范适用与体系整合——民法典时代的变与不变》，载《法商研究》2020 年第 5 期；常鹏翱：《留置权善意取得的解释论》，载《法商研究》2014 年第 6 期；翟云岭、吕海宁：《求证留置权的本质效力》，载《法学》2011 年第 2 期；熊丙万：《论商事留置权》，载《法学家》2011 年第 4 期。

权也纳入《海商法》留置权的范围进行讨论①,这主要与《海商法》留置权移植自各种域外 lien 条款,而船舶优先权移植自 maritime lien 条款,移植对象的术语联系紧密有关,也与对后者的性质认识不够深入,与我国民法担保体系的理论和法律规定尚不成熟有关。在我国的海商法体系中,船舶优先权是非占有性的担保物权,担保的是船员工资性债权、港口规范等公益性债权的实现,债务人是船方;但各类《海商法》留置权是占有型的担保物权,担保的是船方债权的实现,船方是债权人。可见,两种权利的性质、立法意图截然不同,船舶优先权不应纳入本书《海商法》留置权的外延范围。2000 年以后,更多的学者根据留置对象的不同列出了《海商法》的留置权体系,一般包括船舶留置权、货物留置权、转租收入留置权。② 在此基础上,在《物权法》颁布的背景下,2008 年韩立新和李天生著文,重新规划了《海商法》留置权的体系分类。他们的这个体系深受《物权法》放宽留置权规定的影响,将《海商法》留置权的外延范围极大拓宽。③ 他们认为除了造修船人有狭义船舶留置权外,承拖人、救助人根据《海商法》条款,沉船打捞人、参与货物装卸的港口经营人、无因管理人、侵权法律关系的受害人根据《物权法》都可以享有广义的船舶留置权;狭义的货物留置权由《海商法》赋予了承运人、承拖人、救助人,广义的货物留置权则经由《物权法》赋予了港口经营人和其他主体。

2.《海商法》留置权与"lien"、船舶优先权、船舶抵押权的关系

"lien"是英美法系的术语,常被翻译为留置权、优先权、质权④,其衍生概念则包括"prossessory lien""maritime lien""equitable lien""statutory lien",等等。《海商法》运用"留置权"术语完成了对 4 类与 lien 相关的域外条款的法律移植;同时将国际公约中的"maritime lien"翻译为"船舶优先权"引入我国。⑤ 所以,"lien"的概念比我国法律体系中的"留置权"概念更为广泛,以留置权统一翻译 lien 并不恰当,本书尽量保留 lien 的英文形式对其加以表述。

(1)英美法系"lien"的概念和分类

在英美法系中,lien 的内涵极其丰富,囊括债权人或收税者在财产上产生的权利,因此广义的 lien 甚至包含抵押(mortgage)、押记(charge)、质押(pledge)和典当(pawn)⑥,

---

① 沈晓鸣:《海事纠纷中的留置权》,载《法学》1994 年第 4 期;吴焕宁:《海商法学》,法律出版社 1989 年版。

② 蒋薇:《第三类海商留置权——出租人对转租船舶收入留置权》,载《当代法学》2002 年第 9 期;孙光:《海运货物留置权法律制度研究》,大连海事大学 2011 年博士学位论文。

③ 韩立新、李天生:《〈物权法〉实施后对〈海商法〉中留置权的影响》,载《法律适用》2008 年第 9 期。

④ "lien"词条被我国法律出版社的《英汉法律用语大词典》翻译为留置权、质权;《元照英美法法律词典》翻译为留置权、优先权。参见宋雷:《英汉法律用语大词典》,法律出版社 2005 版,第 663 页;潘汉典等:《元照英美法法律词典》,法律出版社 2003 年版,第 847 页。

⑤ 张丽英:《船舶优先权法律性质若干学说析》,载《比较法研究》2004 年第 4 期;孙新强:《我国法律移植中的败笔——优先权》,载《中国法学》2011 年第 1 期。

⑥ Jackson,David,*Enforcement of Maritime Claims*,Informa Law from Routledge,2005,p.459;潘汉典等:《元照英美法法律词典》,法律出版社 2003 年版,第 847 页。

所以有学者认为将其翻译为担保更为合适。①

《布莱克法律词典》《牛津法律词典》等几部权威英文法学辞典的解释中,lien 也没有一个高度统一的概念,权利性质都是一种对他人财产享有的担保性质的权利,存在是为了担保债权或税收的实现。② 下列几个元素在不同辞书对 lien 的定义中交替出现:债务人实际占有/推定/无须占有(押记)被 lien 的财产、财产可以是动产/不动产、该财产是债务人的财产、法律/合同都可以规定 lien、实现方式是保留货物/自行售卖/法院售卖,可见该概念的内涵特别灵活丰富。并且在《布莱克法律词典》中,有 45 个词条描述由 lien 衍生出的概念,包括 general lien 与 particular lien、common law lien 和 equitable li-en、mechanic lien、maritime lien 等。③

根据担保物范围的不同,英美法中的 lien 还可以分为特定 lien(particular lien)和一般 lien(general lien)。特定 lien 仅适用于债权人对特定财产有优先受偿权,特定财产多与债权的产生有联系;拥有一般 lien 的债权人可占有债务人的动产而无须考虑动产与债务的牵连关系,直至债务清偿。债权人是否拥有一般 lien 或特定 lien 取决于习惯和贸易惯例。④

大陆法系中,与 lien 制度相应的制度是 privilège,常被我国学者翻译为优先权,

---

① 孙新强:《我国法律移植中的败笔——优先权》,载《中国法学》2011 年第 1 期。

② 检索《布莱克法律词典》(*Black's Law Dictionary*)的 lien 词条显示:A legal right or interest that a creditor has in another's property,lasting usu. Until a debt or duty that it secures is satisfied. Typically,the creditor does not take possession of the property on which the lien has been obtained. 即,债权人对他人财产所持续享有的合法权利或利益,直到债务或其担保的义务履行完毕为止。通常情况下,债权人不占有附有 lien 的财产。同时,该词典在之后的几页中罗列了四十余种不同类型的 lien。然而,检索《牛津法律词典》(*Oxford Dictionary of Law*)的 lien 词条显示:n.〔via Old French from Latin ligamen,a binding〕The right of one person to retain possession of goods owned by another until the possessor's claims against the owner have been satisfied… This type of lien is a possessory lien,but sometimes actual possession of the goods is not necessary. In an equitable lien,for example,the claim exists independently of possession. 即,lien 是一种占有他人所有物,直至占有人对所有权人的诉求得以满足的权利。这种类型的 lien 是一种占有型 lien,但有些时候对物的实际占有并非必要。比如,在一个衡平法的 lien 中,该诉求与是否占有无关。另外,1856 年出版的"A Law Dictionary,Adapted to the Constitution and Laws of the United States"中,将 lien 分为广义和狭义,广义上,该术语包括不动产或动产被押记(charged)以支付任何债务或税的每一种情况;每一种此类押记被命名为对财产的 lien。狭义上,它被定义为扣押(detaining)他人的财产,直到某些要求得到满足为止的权利。为了创造一个有效的 lien,一是被 lien 的一方应当拥有该物的绝对财产或所有权,或者至少有授予的权利,二是主张 lien 的一方应在被索赔方同意的情况下拥有实际或推定的占有权,三是 lien 应根据明示或默示的协议产生,且不得用于与明示条款或合同明确意图不一致的有限或特定目的。lien 的实现,一般而言,lien 权人的权限只及于保留货物(is confined to the mere right of retainer),但债权人已经垫付款项时可以售卖货物,maritime lien 由海事法院判令拍卖实现。

③ Garner,Bryan A.,ed.,*Black's Law Dictionary*(10th Edition),Thomson West,2014,pp.1063-1066.

④ Garner,Bryan A.,ed.,*Black's Law Dictionary*(10th Edition),Thomson West,2014,pp.1063-1066;Francesco Berilingeri,Forewrd,in CMI ed.,*Essays on Maritime Liens and Mortgages and on Arrest of Ships*,Antwerpen:Comité Maritime International,2018,pp.1-23.

privilège 也被分为一般和特别两类 privilège，前者通常对债务人所有的财产都有优先受偿的权利，不以占有特定财产为前提，后者指债权人对与债务有特定关联的财产有占有型的担保权利。①

此外，Jackson 将英国法上 lien 分为四类，包括占有型 lien(prossessory lien)、海商法 lien(maritime lien)、衡平法 lien(equitable lien)和法定 lien(statutory lien)，除了海商法 lien 专用于海事案件外，其他三项都可适用于海陆案件。②

(2)《海商法》留置权是对占有型"lien"的法律移植和本土化改造

英美法系的占有型 lien(prossessory lien)是普通法通过判例创设的，也常被称为普通法 lien，是通过占有特定动产实现一项债权的可执行性，甚至可以将对另一方的索赔转化为对第三方(债权人或买方)的财产的利益。③ 我国民法留置权的核心特征是"占有＋处分并优先受偿"的担保物权，债权人对留置动产的占有是担保权利存在的前提，因此性质上仅与英美法系的占有型 lien 最为接近，与其他三类 lien 差异较大。④

《海商法》中的留置权条款和优先权条款，都是法律移植域外 lien 条款的成果，《海商法》留置权条款延续了占有型 lien 和民法留置权的共同特征，都以占有留置物为前提；而船舶优先权条款移植自国际公约中的 maritime lien 条款，无须债权人占有船舶就可实现。我国立法者考虑到《海商法》适用本土和接轨国际的双重面向，因此选择了"留置权"术语引进其中的占有型 lien，并在《海商法》留置权的条款中呼应了民法留置权的积极要件，此举直接将该舶来权利融入我国既有的法律体系中，以实现和我国法律体系的融贯。

此外，《海商法》留置权经过了本土化改造，与移植对象英美法系的占有型 lien(possessory lien)在法律性质上也存在区别。除了占有债务人动产对债务人产生心理压力催促其还债外，我国民法上的留置权还含有第二次效力，即处分并优先受偿权，但英国普通法并没有赋予占有型 lien 必然的二次效力。比如普通法赋予船东的占有货物的权利，往往得通过将货物卸入目的港的仓库来实现，但船舶如果无法将货物卸入仓库，则货物易腐烂变质，再不变价就起不到担保作用，此时方可处分并优先受偿。⑤ 如果合同条款规定在行使 lien 后出售货物，出租人可以相应地出售货物，但此类销售条款在租船合同中(包括 GENCON 1994)并不常见，在没有此类合同规定的情况下，只有为了防止

① Francesco Berilingeri, Forewrd, in CMI ed., *Essays on Maritime Liens and Mortgages and on Arrest of Ships*, Antwerpen: Comité Maritime International, 2018, pp.1-23.

② 李海：《船舶物权之研究》，法律出版社 2002 年版，第 206 页；Jackson, David, *Enforcement of Maritime Claims*, Informa Law from Routledge, 2005, p.462.

③ Jackson, David, *Enforcement of Maritime Claims*, Informa Law from Routledge, 2005, p.463.

④ 孙新强：《大陆法对英美法上 lien 制度的误解及 lien 的本意探源》，载《比较法研究》2009 年第 1 期。

⑤ Santiren Shipping Ltd v Unimarine SA(The Chrysovalandou Dyo)，[1981]1 Lloyd's Rep 159, UK；Castleton Commodities Shipping Co Pte Ltd v Silver Rock Investments(The Clipper Monarch)，[2016]1 Lloyd's Rep 1, UK.

货物失去担保作用时,才能依据诉讼法的规定处分并优先受偿。①

（3）我国《海商法》船舶优先权是对国际公约中"maritime lien"的法律移植

英美法系的海商法 lien（maritime lien）是海商法赋予某些特定的海事债权人所享有的在其他债权之前优先受偿的特权,不以占有船舶或货物为享受权利的前提。② 虽然都是 lien 的一种类型,但海商法 lien 和占有型 lien 性质差异明显。

我国《海商法》中关于船舶优先权的规定移植自 1993 年《船舶优先权和抵押权国际公约》（英文全称为"International Convention on Maritime Liens and Mortgages, 1993"）中的"maritime lien"条款③,其性质和英国法中的海商法 lien 相差无几。这种权利虽然不以占有担保物——船舶为前提,但优先受偿的权利只及于特定船舶,而非债务人的所有财产。maritime lien 在不同的国家的海商法中也呈现不完全相同的含义,主要区别体现在担保的债权范围上。国际社会多次通过国际条约统一各国的不同规定,尽量减少能产生 maritime lien 的债权,减少该超级优先权对船舶融资担保的影响,实现国际海运和国际贸易的统一性和便利化。④ 我国《海商法》移植的有关船舶优先权条款,基本是翻译复制了公约条文。

《海商法》将"maritime lien"翻译移植为船舶优先权,而同时将其他移植对象是占有型 lien 的权利改造为留置权,曾被部分学者诟病,认为割裂了权利之间在理论源头上的联系,影响对这些权利的准确解释。⑤ 本书不以为然,认为立法者如此区别的目的是让移植的法律能够更好地融入我国的民法体系。首先,借助人们对民法留置权的熟悉,更好地将各国海商法普遍设置但并不统一的占有型 lien 进行改造,与我国既有法律融贯,为移植的不完全条款提供法律适用的支持;其次,将"maritime lien"翻译移植为船舶优先权,借助了公约法文版"maritime privilège"而定名⑥,优先权是大陆法系的法国、日本民法中一种重要的担保制度,在我国的民法体系中一直没有相应的设计,如果不通过制造新术语的形式加以移植⑦,或者依旧翻译为"××留置权",则容易引发人们对其非占有型担保的性质造成误解,反而容易导致移植效果的不理想。

（4）《海商法》中船舶留置权与船舶优先权、船舶抵押权之间的关系

船舶留置权和船舶优先权的理论源头都是英美法系的 lien,但它们存在性质上的区别,前者源于占有型 lien,后者源于海商法 lien,这在前文已经充分阐释,它们和船舶抵

---

① Dainford Navigation Inc v PDVSA Petroleo SA（The Moscow Stars）,［2017］1 Lloyd's Rep 409, UK.

② Jackson, David, *Enforcement of Maritime Claims*, Informa Law from Routledge, 2005, p.465.

③ International Convention on Maritime Liens and Mortgages, 1993, Article 4 Maritime liens.

④ Francesco Berilingeri, Forewrd, in CMI ed., *Essays on Maritime Liens and Mortgages and on Arrest of Ships*, Antwerpen: Comité Maritime International 2018, pp.1-23.

⑤ 傅郁林:《法律术语的翻译与法律概念的解释——以海上货物留置权的翻译和解释为例》,载《北大法律评论》1999 年第 1 期;孙新强:《我国法律移植中的败笔——优先权》,载《中国法学》2011 年第 1 期。

⑥ 孙新强:《我国法律移植中的败笔——优先权》,载《中国法学》2011 年第 1 期。

⑦ 谭福民、向红:《从功能对等理论看法律英语术语的跨文化翻译》,载《当代外语研究》2012 年第 10 期。

押权一起,共同构成了我国的船舶担保物权体系,都被规定在了《海商法》的第二章,以不同的制度设计为不同的债权人提供担保,服务海运业各主体发展的需求。

《海商法》这样的权利设计移植了1967年《统一关于船舶优先权和抵押权某些规定的国际公约》对船舶担保性权利的整体安排。由于公约是各国国际谈判的产物,首先受到来自英美法系的强势海洋国家的lien理论的影响,但是,国际公约的本质就是利益妥协,为了追求各国海商法规范的尽量统一,减少对船舶融资(即船舶抵押权)的影响,公约的lien对传统英美法系中的lien理论进行了调整。[①] 而为了各国能够批准公约,公约将对占有型的lien具体规定的权利交给各国国内法,只是力求统一各国船舶担保性权利的种类和受偿顺序:maritime lien最优先受偿,造修船人的lien可以优先于船舶抵押权(mortgage)受偿,其他以船舶为担保物的lien劣后于船舶抵押权(mortgage)受偿。[②]我国《海商法》移植了这套设计,形成了船舶优先权>船舶留置权>船舶抵押权>其他留置船舶的权利的相互关系。这样的安排既与国际做法接轨,又与国内民法的担保物权体系相衔接,有利于促进航运业的发展。

3. 各类《海商法》留置权在民法留置权体系中的定位

当前,部分民法学者将我国的民法留置权分为一般留置权和特别留置权,他们认为《海商法》中规定的各类留置权是特别留置权,但究竟如何定位,各家学术观点存在差异。熊丙万认为各类《海商法》留置权与其他民法特别留置权一样,特别之处在于对留置物没有权属要求,所以各类《海商法》留置权和《民法典》规定的民法特别留置权地位等同。[③] 其论据不够准确,《海商法》中的承运人留置权和出租人留置权都要求留置物属于债权人,对《海商法》留置权特点的归纳失之精确,在此错误前提下得出的定位也难以准确。章程则将一般留置权细分为合同、不当得利、无因管理和侵权行为产生的4种留置权类型,而《民法典》合同编中规定的4类留置权,加上《海商法》上的留置权一起,被构建为特别留置权子体系,但是他又提及海上运输合同是《合同法》运输合同的子类型,特殊之处只在于运输方式不同,所以两种合同产生的留置权不能有太大差异。[④] 言下之意是,《海商法》承运人留置权是《民法典》(《合同法》)承运人留置权下的特别类型,前者须和后者做协调解释,《海商法》承运人留置权条款不能解释为对留置物有权属要求,否则会和上位类型产生冲突。从逻辑上看,这种说法与章程自己前述的两者并列属于特别留置权的具体类型相冲突,此处的一般与特别是主合同之间的关系,不应是留置权之间的关系;而且除了《海商法》留置权中的承运人留置权和船舶留置权之外[⑤],出租人留置权、承拖人留置权、救助人留置权无法在《民法典》特别留置权中找到相应上级/一般

---

①　Francesco Berilingeri,Forewrd,in CMI ed.,*Essays on Maritime Liens and Mortgages and on Arrest of Ships*,Antwerpen: Comité Maritime International,2018,pp.1-23.

②　Francesco Berilingeri,Forewrd,in CMI ed.,*Essays on Maritime Liens and Mortgages and on Arrest of Ships*,Antwerpen: Comité Maritime International,2018,pp.1-23.

③　熊丙万:《论商事留置权》,载《法学家》2011年第4期。

④　章程:《论我国留置权的规范适用与体系整合——民法典时代的变与不变》,载《法商研究》2020年第5期。

⑤　造修船人的船舶留置权也和民法中的承揽人留置权有一定的联系,结合司法实践的合同约定,可能会被认为是特定主体的承揽人留置权。

类型,就会导致《海商法》留置权的 5 种类型在整个法律体系结构中不属于同一层次。事实上,上述观点均忽视了《海商法》5 种类型的留置权的内在联系,因此没能厘清《海商法》留置权与《民法典》留置权的关系。

另外,学者们都认同民法留置权可以划分为民事留置权和商事留置权,但《海商法》留置权和商事留置权的关系尚未被梳理清楚。一类观点认为有部分《海商法》留置权是商事留置权。如王利明等人认为《海商法》上的船舶留置权因为是依商事法律产生,所以属于"少见"的商事留置权[①],崔建远持同样的观点。[②] 这些学者都未认定其他《海商法》留置权也是商事留置权,但它们和船舶留置权一样,都是依同一部《海商法》产生的,这样区分不合逻辑。而且,这两部书同时指明商事留置权的特点在于主体是企业,成立要件相较于民事留置权可以不要求"同一法律关系",民事留置权的留置物必须是债务人的,而商事留置权的留置物可以不是债务人的,这些特点似乎不是船舶留置权与《海商法》上其他留置权的差异,船舶留置权的成立要件也有同一法律关系的要求,而拖航人对被拖货物行使留置权也没有权属要求,所以这种将船舶留置权单列为商事留置权的观点,把《海商法》留置权进行了不恰当的人为割裂,认为亦不符合逻辑和客观事实。还有一类观点认为各类《海商法》留置权都不是商事留置权,比如熊丙万将商事留置权作为与特别留置权相并列的系统。[③] 最后一类观点并不局限于《海商法》留置权是或不是商事留置权,而是论证《海商法》留置权可或不可根据商事留置权的要件产生,韩立新、李天生认为对于船舶和货物都可以根据《物权法》第 231 条(《民法典》第 488 条)产生企业间的留置权。[④]

综上,既有研究没能理清《海商法》留置权之间的关系,尤其是船舶留置权和其他《海商法》留置权的关系,也没有分清《海商法》留置权和民法留置权的关系,以及和商事留置权的关系。就会导致在丰富多变的社会生活中,无从选择法条以适用或者裁判,比如海上货物运输合同关系中,到底是适用《民法典》的承运人留置权条款,还是适用《海商法》留置权条款对承运人留置权的规定进行裁判。因此,本书的任务包括在《民法典》对民法留置权完成体系化编纂的基础上,厘清《海商法》留置权的体系定位,划清《海商法》留置权条款和《民法典》留置权条款、商事留置权条款的适用边界,实现准确的法律适用。

4.《海商法》留置权相较于民法留置权的特殊性

民商法学者虽将《海商法》中的留置权作为民法留置权的特殊种类。但往往只以民法的留置权理论对《海商法》留置权的特殊性进行解释和评价,容易忽略《海商法》留置权的特殊立法目的,比如常鹏翱以民法的善意留置理论,解释《海商法》第 25 条船舶留置权放弃对留置物权属要求的特殊安排,忽略了《海商法》加强对造修船人保护的立法

---

① 王利明、杨立新、王轶等:《民法学》,法律出版社 2020 年第 6 版,第 517~518 页。

② 崔建远:《物权法》,中国人民大学出版社 2017 年版,第 578 页。

③ 熊丙万:《论商事留置权》,载《法学家》2011 年第 4 期。

④ 韩立新、李天生:《〈物权法〉实施后对〈海商法〉中留置权的影响》,载《法律适用》2008 年第 9 期。

目的。①

海商法学者也将《海商法》留置权作为特别的民法留置权,且更注重解释《海商法》留置权有别于民法留置权的特殊性。比如李志文、傅郁林、陈晶莹、胡绪雨对《海商法》承运人留置权条款的研究,大量比较各国海商法的相关法律条款,以解释《海商法》第 87 条承运人留置权的成立要件是否包含对留置物的权属要求②;同样,《海商法》第 25 条船舶留置权是对《船舶优先权和抵押权公约》移植的产物,罗剑雯、孙光等人在分析其权利主体和行使方式时,提及公约有意限缩主体的立法意图,以解释《海商法》只赋予造修船人船舶留置权的原因。③ 说明海商法学者注意到《海商法》留置权的特殊性与法律移植有密切联系。

相较于民法留置权条款,《海商法》留置权条款的特殊性与整部《海商法》保护的特殊价值联系密切。在对于海商法有别于民法的特殊价值的讨论中,何丽新、陈永灿认为包括实质公平,以及保护海运业的发展。④ 胡正良、孙思琪认为海商法的特殊价值在于效率、安全。⑤ 陆佳微、胡正良认为海商法价值强调效率。⑥ 张新平认为:海商法更重视船方利益,强调航海安全。⑦ 各方观点都认同海商法比民法更侧重航运安全、海运业的发展和效率。这些观点提醒本书关注《海商法》留置权特殊性背后共同的价值意义。

准确适用《海商法》留置权,厘清其与民法留置权的适用边界,与正确处理海商法和民法的关系密切相关。学术界一直都有两派观点:一派认为,海商法作为特别法,依赖民法的理论基础,可以用民法来补充海商法⑧;另一派认为,海商法作为特别法,随意适用民法填补或替代很危险,会造成违背立法意愿、破坏海商法制度的联系和协调、破坏海商法的国际统一性等问题。⑨ 有了上述分歧,才会出现对"民法上的船舶留置权""合同法上的承运人留置权"合法性之争。上述分歧可以借鉴商法学者对于民法和商法关

① 常鹏翱:《留置权善意取得的解释论》,载《法商研究》2014 年第 6 期。

② 李志文:《论我国海上货物留置权的行使》,载《大连海事大学学报》1996 年第 3 期;傅郁林:《法律术语的翻译与法律概念的解释——以海上货物留置权的翻译和解释为例》,载《北大法律评论》1999 年第 1 期;陈晶莹、张军伟:《试论承运人留置权之特殊性》,载《国际商务研究》2000 年第 5 期;胡绪雨:《国际海上承运人货物留置权研究》,载《暨南学报(哲学社会科学版)》2013 年第 8 期。

③ 罗剑雯、宋妙艺:《论〈海商法〉中的船舶留置权》,载《学术研究》2002 年第 6 期;孙光:《船舶扣押后的船舶留置权问题分析》,载《人民司法》2008 年第 13 期。

④ 何丽新、陈永灿:《海商法特性论》,载《中国海商法年刊》2008 第 00 期。

⑤ 胡正良、孙思琪:《海商法基础理论的内涵、研究现状与研究意义》,载《中国海商法研究》2017 年第 1 期。

⑥ 陆佳微、胡正良:《论中国海商法的基本原则》,载《海大法律评论》2006 年第 00 期。

⑦ 张新平:《海商法》,五南图书出版股份有限公司 2008 年版,第 7 页。

⑧ 周宏楷:《论合同法对国际海上货物运输制度的影响》,载金正佳主编:《中国海事审判年刊》,人民交通出版社 2000 年卷,第 274 页;王延义、李守芹:《浅析〈合同法〉与〈海商法〉有关合同规定的关系及其适用》,载金正佳主编:《中国海事审判年刊》,人民交通出版社 2001 年卷,第 507 页;韩立新、李天生:《〈物权法〉实施后对〈海商法〉中留置权的影响》,载《法律适用》2008 年第 9 期。

⑨ 郭瑜:《海商法的精神——中国的实践和理论》,北京大学出版社 2005 年版,第 84~90 页。

系的处理。赵万一论证了商法存在先天不足,有时需要靠民法进行补充。① 钱玉林、于莹主要采取分类协调的方式,区分"没有规定的"和"法律漏洞",前者可以由民法补充,后者是商法应当规定却没规定的,应坚持商法的特殊性②,立法可创设法律适用规则,用来解决民法和商法的适用边界划分。③ 上述商法学者的思路给予本书协调《海商法》留置权和民法留置权冲突的启示,提示了理解《海商法》留置权立法目的是正确适用条款的基础。

5. 依据民法留置权条款产生留置船舶之权利的合法性

对于是否可以不适用《海商法》第 25 条船舶留置权条款,而根据民法留置船舶,理论有不同声音,多数赞成"民法上的船舶留置权"具有合法性,但理由各不相同。司玉琢认为留置船舶的权利不限于第 25 条规定的造修船人可享有,承拖人、保管人(依据民法留置权条款),也可以留置船舶。④ 张湘兰认为,船舶占有人都可享有民法上的船舶留置权,救助人对待被救船舶的相关规定也是民法上的船舶留置权,因为未规定变价和优先受偿,只能依靠民法实现。⑤ 韩立新认为当时随着《物权法》出台,留置权的产生原因扩大到所有债权,则承拖人、救助人、沉船打捞人因为打捞关系、港口经营人因为装卸关系,包括无因管理和侵权都可以依据《物权法》的留置权一般规定,产生广义上的"船舶留置权",区别于《海商法》第 25 条规定的狭义船舶留置权。⑥ 但台特雷则总结大陆法系的做法(包括中国),认为大陆法系各国用于动产之上的担保物权,是不能直接用在船舶之上的。⑦

6.《海商法》承运人留置权条款对留置物的权属要求

《海商法》第 87 条和第 88 条规定了承运人留置权,其中,第 87 条"留置其货物"引发理论争议,究竟留置物是否必须属于债务人,还是可以解释为,留置所有运输的货物而无须考虑货物权属。

司玉琢等人认为《海商法》第 87 条的规定是特别法,优先于《合同法》第 315 条,只能留置债务人的货物。⑧ 多数学者不赞成严格要求权属,认为这样将会使海运承运人留置权规定难以实现,不利于对海运承运人债权的保护,对国内水路运输和海运的承运人

---

① 赵万一:《论民法的商法化与商法的民法化——兼谈我国民法典编纂的基本理念和思路》,载《法学论坛》2005 年第 4 期。

② 钱玉林:《民法与商法适用关系的方法论诠释——以〈公司法〉司法解释(三)第 24 条、第 25 条为例》,载《法学》2017 年第 2 期;钱玉林:《商法漏洞的特别法属性及其填补规则》,载《中国社会科学》2018 年第 12 期。

③ 于莹:《民法基本原则与商法漏洞填补》,载《中国法学》2019 年第 4 期。

④ 司玉琢:《海商法》,法律出版社 2003 年版,第 72 页。

⑤ 张湘兰:《海商法》,武汉大学出版社 2008 年版,第 61～62 页。

⑥ 韩立新、李天生:《〈物权法〉实施后对〈海商法〉中留置权的影响》,载《法律适用》2008 年第 9 期。

⑦ [加]威廉·台特雷:《国际海商法》,张永坚等译,法律出版社 2005 年版,第 386 页。

⑧ 司玉琢:《海商法》,法律出版社 2003 年版,第 72、112 页;孟雨:《论承运人的海上货物留置权——兼论〈海商法〉第 87 条、第 88 条的完善》,载《北京航空航天大学学报(社会科学版)》2008 年第 1 期。

不公平①,比如蒋新苗等人认为各国运输法都没有权属要求的规定,我国承运人留置权条款也应该移植国际标准合同 GENCON,不做权属要求②,而张家勇以罗马法的"物因性"分析,认为承运人留置权的物因性较强,成立要件就应越宽松。③ 亦有部分学者赞成部分放开权属要求,但强调仍应附加条件以限制承运人滥用留置权。④

7. 出租人对转租收入留置权的属性

《海商法》中的出租人转租收入留置权,性质上较为特殊,与民法留置权截然不同。赵德铭认为,该权在英国衡平法上是一种权利质押(equitable charge),在我国可以认定其实质是一种法律认可的附条件的债权转让。⑤ 王恒斯也持这种观点,认为借鉴英国的做法,这种行为的性质是承租人将自己在后手合同中的债权,转让给出租人。⑥ 在认定债权转让性质的基础上,王晓林认为,当出租人通知后手租船人/托运人其"留置权"后,后手租船/托运人与货方的合同的权利也转移给了船东出租人,此时直接由船东出租人与后手租船/托运人成立租船/运输合同关系,对货物的占有辅助状态,也直接转化为占有状态,且货物和债务有牵连关系,如果到期货方不支付给船方运费,船方还可以留置货方的货物。⑦ 蒋新苗等人则认为其性质是英美法中的一般担保(general lien),因此留置对象可以与债权不属于同一法律关系,根据行业惯例或约定产生。⑧

8.《海商法》是否赋予救助人留置权

学者普遍赞成《海商法》第 188 条赋予救助人以对船舶和货物的留置权。李海赞成赋予救助人留置权,理由是亚太经合组织的海运立法指南中,救助和残骸清除也可以产生船舶留置权⑨,但他在同一部著作中又提及船舶优先权会与船舶留置权相冲突。也有赞同者从民法体系的角度看,认为我国民法担保物权体系只规定了留置权可因占有产生,根据第 188 条可以不放行被救船货的规定,反向推论救助人拥有留置权。⑩ 张湘兰则认为救助人留置权是民法上的船舶留置权,因为第 188 条并没有规定实施的具体方法,所以其实施必须依赖民法。⑪ 可见,多数赞成的理由并没有足够坚实的论据支撑,依据域外法律或者反向推论,不足以说明《海商法》赋予了救助人留置权。

① 许俊强:《目的港受领迟延法律问题研究》,大连海事大学 2011 年博士学位论文;周燡:《中国海上货物运输承运人留置权的实务与创新——兼论〈海商法〉第 87 条释义》,载《中国海商法研究》2015 年第 1 期。

② 蒋新苗、朱方毅、蔡唱等:《留置权制度比较研究》,知识产权出版社 2007 年版,第 172 页。

③ 张家勇:《承运人对第三人货物的留置》,载《法学研究》2009 年第 3 期。

④ 陈晶莹、张军伟:《试论承运人留置权之特殊性》,载《国际商务研究》2000 年第 5 期;周燡:《中国海上货物运输承运人留置权的实务与创新——兼论〈海商法〉第 87 条释义》,载《中国海商法研究》2015 年第 1 期。

⑤ 陈安、赵德铭、何丽新主编:《国际海事法学》,北京大学出版社 1999 年版,第 390～391 页。

⑥ 王恒斯:《困境与出路:中国法中的"转租收入"留置权——以〈中华人民共和国海商法〉第 141 条为视角的解释论》,载《中国海商法年刊》2011 年第 4 期。

⑦ 王晓林:《论合同承运人与实际承运人的海上货物留置权》,载《安徽大学学报》2000 年第 4 期。

⑧ 蒋新苗、朱方毅、蔡唱等:《留置权制度比较研究》,知识产权出版社 2007 年版,第 171～172 页。

⑨ 李海:《船舶物权之研究》,法律出版社 2002 年版,第 211 页。

⑩ 罗剑雯、宋妙艺:《论〈海商法〉中的船舶留置权》,载《学术研究》2002 年第 6 期。

⑪ 张湘兰:《海商法》,武汉大学出版社 2008 年版,第 61 页。

（三）现有研究的不足

现有研究对《海商法》留置权的外延形成了多种理论观点,对各类《海商法》留置权在民法体系中的定位进行了探讨,亦涉及《海商法》留置权条款和民法留置权条款在法律解释和法律适用中的关系,并对具体条款的理解和适用也有了多元视角的观察。学术观点的分歧,很重要的原因是现有研究视角的局限,具体表现如下。

1. 缺乏对《海商法》留置权的体系化研究

世界是联系的整体,法律更是一套复杂的有机网络,不孤立地看待法律条款,将其放回其所属的整体/体系内进行综合考察,才能对个别条款有全面的、准确的把握,从而进行准确的法律适用。可以看出,现有的研究缺乏将分散的《海商法》留置权条款进行整体观察研究的系统观,便缺乏对所有《海商法》留置权条款之间联系的探讨,直接导致了对具体条款的认识不全面。更关键问题是,对《海商法》留置权条款的立法目的无法准确把握,必然引发学理中的纷争和法律适用的同案不同判情形。

2. 无法应对民法留置权发展带来的新问题

民法留置权经历了《中华人民共和国民法通则》《中华人民共和国担保法》《中华人民共和国合同法》《中华人民共和国物权法》(以下简称《民法通则》《担保法》《合同法》《物权法》),以及《民法典》的不断完善,经历了从担保特定合同之债到担保各类债权的跨越,制度设计经历了多轮调整。《海商法》留置权条款近30年来没有修订,由于缺乏对《海商法》留置权条款间内在关联的认识,一直导致未将《海商法》留置权作为有实质法律意义的系统对待,对其外延和内涵均没有清晰认识,随着民法留置权制度外延的扩张,是否也能运用《民法典》留置权条款赋予某个海商法主体留置权,现有理论研究无法给予准确解释。

更矛盾的是,在整个民法留置权体系的视角下,尤其在《民法典》对原民法单行法上的留置权进行体系化整合之后,《海商法》留置权又往往被作为一个整体寻找其在全新《民法典》留置权体系中的位置,这个定位安排不仅限于理论规整的意义,更具有指导法律准确适用的实践意义。唯有明确定位,方能明确《民法典》留置权一般条款、典型留置权条款与《海商法》留置权条款在适用中如何选择,是择一适用还是相互补充的关系。明确整体的体系定位和具体的立法目的,才能彻底解决对具体《海商法》留置权条款的解释分歧。

3. 对《海商法》留置权法律适用效果的实证研究不足

现有研究主要集中于理论层面的分析,缺乏对《海商法》留置权条款法律适用效果的讨论。《海商法》修订在即,对这些留置权条款近30年的司法适用情况进行实证研究,能反映我国本土实践对这些法律移植条款的接受程度,也反映社会生活对法律供给的新需求,这是单纯的法教义学研究所无法替代的。

针对上述不足,本书将立足于体系化的视角,对《海商法》留置权条款开展整体研究,明确条款间相互关系,发现其中的内在价值联系,以及条款和其他《海商法》条款、民法留置权条款的亲疏远近关系,对具体条款及其整体准确定位,准确指导法律适用。并结合司法实践的数据,分析《海商法》留置权条款的整体实施效果,以体系化的理论审视司法实践中出现的问题,探讨通过提升立法和司法的体系化以解决司法适用问题的路径,为《海商法》的修订、民法留置体系的完善提供方案。

三、研究方法

(一)比较法

为了体系化地对《海商法》留置权开展理论研究,法律的历时性比较和共时性比较都是不可或缺的工具。《海商法》留置权条款都是法律移植而来,研究其对移植对象的改造,研究其与民法留置权条款的差异,必须借助比较法。① 而比较法研究的核心是考察法律与社会之间的关系。② 不仅比较国际法律文件和我国《海商法》中的留置权法条之间的文本差异,还要比较立法背景差异、文件性质差异,比较海上运输与陆地运输的差异,进一步从法律体系和社会结构中,从法律的不同目的中去探寻差异产生的原因,才能够揭示我国《海商法》立法者在留置权条款中植入的立法目的和价值判断。

另外,他国的《海商法》中的留置权相关制度设计,也可成为我国完善法律的资料参考,而关注各国海商法的发展趋势,才能将我国《海商法》置于全球法律视野下谋求发展,取得更多的国际话语权。

(二)案例分析法

本书将 414 个涉及《海商法》中的留置权条款的裁判文书组成数据库,有充足的样本开展案例分析,从而得出:5 类《海商法》中的留置权条款的司法适用情况、民法留置权条款在海商法案件中的适用、司法实践的观点分野呈现。书面的法律和运用的法律之间,存在着通过律师、法官在处理案件时进行加工、转化的过程,《海商法》法律适用的过程就反映在 414 个案例中。在法律移植对象和移植结果呈现基本一致的状态时,能否在不同国家的司法实践中,发挥同样的作用,或者是由于国情、文化、背景的迥异而引发变异。另外,我国虽然是大陆法系国家,有着深厚的制定法传统,但《海商法》中的留置权的法律移植对象深受英美法影响,英美法中判例的造法、解释制定法的作用也是本书的研究对象,对理解立法者的立法目的有所助益。而我国最高院的司法判例,对于司法实践的影响亦不可忽视,也成为本书的重点研究对象。

(三)定性分析法

在提取大量案例数据的基础上,本书运用定性分析中常见的主题分析方法(thematic analysis)③,实现数据的精准运用和分类分析。本书将涉及各《海商法》留置权条款的案件划分为不同的数据集,为集内每个文书的留置权适用分歧编码后,采用归纳推理的方式,确定若干争议主题(theme),就每个主题开展学理分析和司法实践的归纳,比如船舶留置权的适用分歧主要集中在三大主题:一是船舶留置权行使方式缺乏规

---

① Maximo Langer, From Legal Transplants to Legal Translations: The Globalization of Plea Bargaining and the Americanization Thesis in Criminal Procedure, *Harvard International Law Journal*, 2004, Vol.45, No.1, pp.1-64.

② Wishart Mindy Chen, Legal Transplant and Undue Influence: Lost in Translation or a Working Misunderstanding, *International and Comparative Law Quarterly*, 2013, Vol.62, No.1, pp.1-30.

③ Virginia Braun & Victoria Clarke, Using Thematic Analysis in Psychology, *Qualitative Research in Psychology*, 2006, Vol.3, No.2, pp.77-101.

定,是否以民法留置权补充;二是船舶留置权的主体范围是否可根据民法留置权条款扩大;三是船舶留置权与其他留置船舶的权利的联系与区别。再把各数据集的争议主题进行集中,从数量上支持本书的重要观点:《海商法》中的留置权的立法和司法体系化程度不足,影响了立法目的的实现。

(四)历史分析法

1992 年《中华人民共和国海商法》主要是移植而来,5 组留置权条款多能从域外法律找到源头,而作为直接移植对象的国际公约、国际标准合同,则还有自己的内国法法源,以及自身多个版本的发展史。而民法留置权制度本身,更是可以溯源到罗马法,并不断发展至今。这些历史的分析比较,都为本书评估《海商法》中的留置权的国际性,找寻条款的立法目的,协调海陆留置权关系提供了路径。

四、可能的创新之处

(一)以体系化的视角对各类《海商法》留置权进行整体研究

体系化视角强调不孤立地看待事物,而是把认识对象放在其所属的整体/体系内进行综合考察。它之所以能够更准确地认识对象,因为对象的本质需要借助与其他对象的关系来呈现。[①] 在法学研究时,梅迪库斯认为,现实世界连续而且统一,人们对法律的观察,只是从其中截取了一个片段[②],所以,没有体系化视角的帮助,人们就容易犯断章取义的错误。魏德士认为法律规范中隐含了价值导向(社会理想)的碎片,组合碎片才能通向对法律保护价值的全面认识。[③]

既有的研究主要关注个别的《海商法》留置权,船舶留置权往往只被归入船舶担保物权体系,与船舶优先权、船舶抵押权相提并论,与其他《海商法》留置权的关系被割裂,而对承运人、承租人对货物的留置权也共同获得了较多的关注,承拖人留置权、救助人留置权则鲜有人问津。这种冷热不均的现状,导致各类《海商法》留置权的内在关联未被挖掘,从普遍联系的观点来看,这可能导致这些法条通过关联而承载重要的价值被遗忘,对整体的忽视,反而导致对各类《海商法》留置权的认识不够准确。体系化视角对《海商法》留置权这一组权利来说,契合度更高,更有意义,因为研究发现它们有着共同的价值评价,这个价值评价对法律适用的指导作用,辐射到每一个条款,并框定了对每个条款的功能性解释的边界。[④]

除了借助体系化视角认识各类《海商法》留置权以及它们的体系性外,本书还以体系化视角分析涉及各类《海商法》留置权的司法适用数据,从而得出:《海商法》留置权保护航运业发展的立法目的,目前难以通过《海商法》留置权的立法和司法完全实现的困境。

(二)明确《海商法》留置权在民法留置权体系中的准确定位

从文献综述和司法实证数据可知,学界和实务界对《海商法》留置权与民法留置权

---

① 许中缘:《体系化的民法与法学方法》,法律出版社 2007 年版,第 195 页。

② [德]梅迪库斯:《德国民法总论》,邵建东译,法律出版社 2013 年版,第 51 页。

③ [德]魏德士:《法理学》,丁晓春、吴越译,法律出版社 2013 年版,第 65 页。

④ 劳东燕:《功能主义刑法解释的体系性控制》,载《清华法学》2020 年第 2 期。

的关系一直不够清晰,不仅影响了相关条款的准确适用,也必然影响《海商法》的发展。

本书在对《海商法》留置权的 5 组条款进行整体研究和逐条研究之后,发现《海商法》留置权的 5 种类型间,虽都有民法留置权的核心特征,但具有比其他民法留置权类型更为密切的价值关联——保护航运业的发展。围绕这个共同的立法目的,各类《海商法》留置权的产生要件、行权方式、法律效果相较民法留置权一般规定具有不同的特点。另外,从立法意图上看,《海商法》留置权都具有实现权利国际化和本土化的双重面向,为此,5 种《海商法》留置权类型移植了域外海商法的担保性权利,但都对域外法进行了本土化的改造,改造让它们更好融入本土的民法留置权体系。因此,《海商法》留置权构成了民法留置权下的保护特殊价值的子体系。

《海商法》留置权内部共同的立法目的和立法意图,也是与民法上其他典型留置权类型的差别之所在。决定了《海商法》留置权不应被《民法典》典型留置权条款所吸收,独立存在于民法特别法中的意义,它们是形成民法留置权下保护特殊价值的子体系之一的关键。同样,识别了当前民法体系中《民法典》《信托法》的留置权条款多层次的立法目的后,可以得出《海商法》留置权与其他民法留置权的相对关系。

借助体系化的视角,《海商法》留置权的体系定位逐渐清晰,它位于民法留置权体系中的典型留置权子体系下,与《民法典》的典型留置权、《信托法》的典型留置权处于并列关系。清晰的体系定位解决了《海商法》留置权条款的许多适用问题,包括:可否适用《民法典》承揽人留置权条款留置船舶、可否适用《民法典》承运人留置权条款留置海运货物、《海商法》留置权条款可否适用《民法典》关于留置权的一般规定进行补充等等。对于前两个问题,因为《海商法》留置权与特别合同之债的典型留置权属于并列关系,两个子体系具有不同的立法目的,价值评价不同,因此,不是特别与一般的关系,无须相互协调,但在涉及船舶和海上运输的场合,只能适用《海商法》留置权条款。对于第三个问题,因为《海商法》留置权与《民法典》留置权的一般规定是特别与一般的关系,在不违背个别条款立法意图和立法目的的情形下,适用后者对前者进行补充和解释,本来就是《海商法》留置权采用"留置权"术语的立法意图之一,因此可以区分情况适用。

(三)以法律体系化理论解决《海商法》留置权的法律适用困境

《海商法》留置权作为民法留置权的子体系,本期待能够在法律实践中发挥应有的体系效益,以共同立法目的指导司法适用,实现同案同判和法律安定,最终推动航运业的发展。但是司法数据反映出来的情况不尽如人意。呈现出来的问题,极少是单一条款的孤立问题,更多的是条款间、条款与子体系间、不同子体系的条款间的冲突和对立法目的之背离。因此,虽然体系化视角不是对《海商法》留置权的唯一分析路径,但却是《海商法》留置权适用问题的成因分析的必经之路。

本书借助法律体系化的理论工具分析问题和解决问题,"立法的体系化"和"司法的体系化"分别被称为法律的一次体系化和二次体系化,两者之间前后相继、相互影响。[①]

[①] 陈金钊:《体系思维的姿态及体系解释方法的运用》,载《山东大学学报(哲学社会科学版)》2018 年第 2 期;雷磊:《融贯性与法律体系的建构——兼论当代中国法律体系的融贯化》,载《法学家》2012 年第 2 期。

司法数据中呈现出来的问题,可能是立法、司法环节的影响叠加作用的结果,法律体系化理论就提供了从立法到司法全程透视这些问题原因的机会。本书逐一检视《海商法》留置权子体系的立法体系化程度,司法体系化程度(即是否运用体系化思维进行司法适用),以及与子体系外部的融贯程度。发现子体系存在形式逻辑冲突,积极关联缺失,价值体系受到双轨制干扰等问题,这般立法体系化程度不足,导致司法适用对法条的解释不统一,立法目的无法实现。而子体系在司法适用中,因为体系化思维发挥不足,过度依赖文义解释,依赖民法留置权的一般规定,法律推理和论证失之体系化,无力弥补立法体系化缺陷。

在实证分析的基础上,从立法和司法两端,本书提出了提升《海商法》留置权体系化以解决法律适用困境的策略。首先注重《海商法》留置权子体系自身建设,去除形式逻辑矛盾,外显其保护的共同的海商法特殊价值,坚持对国际化和本土化双重面向的追求,也重视《海商法》留置权体系与《民法典》相关内容的协调;其次,强调在适用《海商法》留置权时,贯彻体系化的法律适用规则,要求在"子体系内部——海商法体系——民法体系——社会实践需求"四层思维图谱内,逐步实现《海商法》留置权的体系化适用,梳理子体系内部多元化的价值权重,综合运用体系解释和其他解释方法,以体系化思维填补涉及《海商法》留置权的法律漏洞。

五、研究存在的不足

一是案例检索的精确度和数量受限。案例分析是本书重要的研究方法之一,大量案例所呈现的大数据也是本书观点的重要论据。由于我国现有裁判文书数据库的局限性,据以抓取的数据都不是精确数据,据以得出的结论也可能存在偏颇。本书使用的裁判文书数据库包括"中国裁判文书网"和"北大法宝",前者是最高院主办的官方数据库,由于建立时间较短(2013 年 7 月 1 日开通),主要收录的是 2000 年以后的裁判文书,而搜索"海商海事纠纷"案由,则最早能获得的文书是 2008 年的,并且根据《关于人民法院在互联网公布裁判文书的规定》,部分文书不予或经申请可免予上网公布,存在时间跨度上和总量上的局限性。只能反映近 10 年的《海商法》中的留置权的适用情况,导致研究缺乏完整性。而"北大法宝"是 1985 年由北京大学创办的数据库,搜集了不少 20 世纪的司法裁判文书,和"中国裁判文书网"形成了一定的互补性,但由于"北大法宝"由民间机构主办,搜集的案例范围有限,其案例数据亦不能代表全国范围的情况。此外,涉及租船的大量纠纷是通过仲裁解决的,我国尚未有权威的海商事案件仲裁裁判数据库,本书在这方面的案例搜集亦存在局限。

二是外语法律资料研究的精确度受限。由于一国的语言符号都有该国的法律文化内涵,用中文无法对外语法律进行 100% 的功能匹配。研究《海商法》中的留置权的域外相关概念(英文的 lien、法文的 privilège、德文的 pfandrecht)时,如果两者不是百分百同义,却还用"留置权"术语来代表,则会丧失研究的准确性。虽然我国的海商法学者为了介绍域外法律,普遍采取这种译法,但很多学者都发现:将 lien 统一翻译为留置权,会造成立法、学术研究、对外交流的障碍。本书大量借助比较法的方法,为了避免上述问题的干扰,本书在研究国际文件和外国法时,都力求从国际组织官网和外国政府网站上下载第一手的最新版的法律文件,并尽量使用原语种术语来表达概念。由于研究者本人的能力限制,只初步掌握英语这一门外语,对于其他语种的材料,只能经由官方网站提供的英文翻译,或者在没有权威英文译本的情况下,借助翻译软件进行分析研究。由于又经过英语这层中介,必然减损增衍或扭曲原法律文本的信息。

三是体系化研究的局限性。由于篇幅和研究者自身水平的限制,本书主要围绕5类《海商法》留置权开展体系性研究,而5类权利之外,其他条款也与《海商法》留置权存在多层次的体系性联系,比如《海商法》留置权所属的民法留置权与其他担保物权存在体系性,比如船舶留置权与其他船舶担保物权(包括船舶优先权、船舶抵押权)也存在着体系性联系。《海商法》留置权的体系化不能被割裂和孤立的看待,否则亦可能出现不准确的法律解释和适用。另外,体系化的分析视角难免对单一条款或同一问题进行肢解,这与对法律进行法典化编纂后的负面效果类似①,比如船舶留置权条款,本书在第一章对其立法意图、立法目的、体系定位进行了分析;第二章结合数据,对其司法适用实现《海商法》留置权子体系的情况和问题进行分析;在第三章则借助法律体系化的理论,对该条款与子体系内其他条款可能产生的逻辑矛盾、与其他以船舶为对象的条款缺乏体系化线索的明示表达且体系结构未厘清,司法中过于依赖文义解释导致对其解释有失准确等困境进行了揭示;第四章则从体系化修订和体系化适用的角度,提出了船舶留置权条款问题的解决路径。这样的分析方式虽然全面,由于穿插着所有的《海商法》留置权条款,并且研究条款之间,条款与子体系外部的关系,结构难免复杂,对写作中驾驭全局的能力也提出了更高的要求。

---

① 张明楷:《刑法修正案与刑法法典化》,载《政法论坛》2021年第4期。

第一章

《海商法》留置权及其体系定位

第一节　我国民法体系中的留置权

　　20 世纪 80 年代以来,"留置(权)"术语出现在我国多部民法法律规范中,该术语承载的是留置权的法律概念,其内涵随着社会和法律的发展而逐渐丰富。[①] 2020 年颁布的《民法典》,吸收并微调了分散于《物权法》《合同法》《担保法》及相关司法解释中涉及留置权的条款,将这些条款集中于《民法典》中并进行体系化编纂。

　　结合《民法典》的规定与近年出版的民法理论著作,本书中所称"留置权"应理解为:"债务人不履行到期债务,债权人可留置已经合法占有的他人的动产,以该动产折价受偿,或者拍卖、变卖该动产,以获得的价款优先受偿的担保物权。"[②]

一、留置权在我国民法体系中的产生和发展

　　本书所谈及的的民法体系指的是新中国民法法律规范的整体,包括历史纵向和横向两个维度,既包括现行有效的《民法典》《公司法》《海商法》《破产法》《信托法》,也包括与这些法律相关的司法解释等法律渊源,还包括在新中国的法律体系中发挥过作用,但现已失效的《物权法》《合同法》《担保法》《民法通则》及它们的司法解释。

　　为了行文简洁,本书将民法体系中涉及留置权的条款所规范的权利,统称为"民法留置权",为了突出本书的研究对象是《海商法》留置权,除《海商法》留置权条款之外的民法中的留置权条款,被统称为"民法留置权条款"。相应地,将《海商法》中涉及留置权的条款

---

　　① 《中华人民共和国刑事诉讼法》和《中华人民共和国监察法》中,也使用"留置(措施)"术语,其内涵是一种限制人身自由的措施,一般认为是监察委对涉嫌职务违法、犯罪的被调查人,根据一定的程序,在一定期限内限制其人身自由,以保障调查工作顺利进行的一项措施。在本书中,"留置(权)"所指的都是民法中以动产为权利客体而实施的一种民事权利。参见张翔、赖伟能:《基本权利作为国家权力配置的消极规范——以监察制度改革试点中的留置措施为例》,载《法律科学(西北政法大学学报)》2017 年第 6 期;谭世贵:《监察体制改革中的留置措施:由来、性质及完善》,载《甘肃社会科学》2018 年第 2 期。

　　② 参见《民法典》第 447 条;王利明、杨立新、王轶等:《民法学》,法律出版社 2020 年第 6 版,第 516 页;崔建远:《物权法》,中国人民大学出版社 2017 年版,第 573 页;梁慧星、陈华彬:《物权法》,法律出版社 2016 年版,第 335 页。

称为"《海商法》留置权条款",这些条款所规范的权利,被本书统称为"《海商法》留置权"。

(一)滥觞:我国近代对留置权的法律移植

就我国的历史阶段来说,一般将1840年鸦片战争爆发到1949年新中国成立这段时间称为近代,而1949年至今,则被称为现代。我国民法体系中的留置权是法律移植的产物,从我国近代法制史上,便可以追溯到"留置权"术语的端倪。该术语最早出现于1929年前后南京国民政府制定的《中华民国民法》物权编,该编第九章以一章的篇幅规定了留置权(第928条至第939条)①,法律移植日本和瑞士民法中的留置权,将留置权界定为物权编下的担保物权,其立法理由称:"谨按留置权者,谓债权人占有属于债务人之动产,就共物所生之债权未受清偿以前,有留置其物之权利也。故留置权之主旨,实为督促债务人之履行债务,以为双方之公平。各国民法,多设此项规定",且该权利拥有变价权和优先受偿权。② 1934年出版的《民法物权》一书中,亦将"留置权"置于物权范畴进行介绍,引用上述《中华民国民法》的规定,将留置权定义为债权人占有的属于债务人的动产,在债权已至清偿期且未得到清偿前,债权人对该动产享有留置并申请法院拍卖或折价优先受偿的权利,动产应与债权有牵连关系。③ 可见,20世纪20年代的"留置权"术语表达的概念与当代《民法典》中的留置权概念已非常接近。

在更早的清末修律中,虽未使用"留置权"术语,但颁布于1909年前后的《大清商律草案》,法律移植的主要是当时德国和日本的《商法典》,兼采奥地利、匈牙利、西班牙、葡萄牙、荷兰、墨西哥、智利等商法典的规定④,在其第四章"承揽运送业"第87条规定了"承揽运送人"⑤的"质权";"承揽运送人限于运送品依其所持,或有价证券为自己所占有时,因运送费报酬或代垫金费用或对于运送品之前贷等所生之债权,于其运送品上有质权"。⑥ 该权利内容与本书所称"留置权"高度相似,结合我国理论界对德国法的翻译传统⑦,应认为,"留置权"术语虽是在中华民国时期的民法上首次使用,但性质相近的权利

---

① 商务印书馆编:《中华民国法规大全》,商务印书馆1936年版,第77页。有学者认为"留置"术语最早出现于民国政府制定的"第二次民法草案",因移植德国立法而仅为拒绝给付权,只有债权性的效力,但本书查询1915年广益书局出版的《最新增订民国现行之法律中华六法全书律草案五册》中的"第二次民法草案",并未发现"留置"术语的使用。

② 中华民国立法院:《中华民国民法 第三章物权法》,中华民国立法院1930年版,第39页;商务印书馆编:《中华民国法规大全》,商务印书馆1936年版,第77页。

③ 胡长清:《民法物权》,商务印书局1934年版,第99～103页。

④ (清)修订法律馆:《大清商律草案》,修订法律馆1908年版,第1页。

⑤ 根据《大清商律草案》第80条的规定,"承揽运送人者,谓以自己之名使运送人或海船运送人代他人(送货人)运送物品为业者也",包括了陆上和海上货运的承运人,参见(清)修订法律馆:《商行为票据及海船法草案》,修订法律馆1911年版,第8页。

⑥ 句中标点符号为本书所加,原文中根据清朝文言文习惯无句读(标点),参见(清)修订法律馆:《商行为票据及海船法草案》,修订法律馆1911年版,第9页。

⑦ 德语中的"zurückbehaltungsrecht"虽在中文中被翻译为"留置权"、"pfandrecht"被翻译为"质权",但学者多认为《德国民法典》中的法定质权(pfandrecht)性质更接近我国民法体系中的留置权,而被翻译成"留置权"的"zurückbehaltungsrecht"性质更接近我国民法理论中的履行抗辩权。参见费安玲:《比较担保法》,中国政法大学出版社2004年版,第446页;章程:《论我国留置权的规范适用与体系整合——民法典时代的变与不变》,载《法商研究》2020年第5期。

已经通过"质权"术语更早进入国人视野。

我国民法留置权虽不是本土自发秩序,但经学者广泛的比较法分析后,发现我国民法留置权的规定与域外的任何一个被翻译为"留置权"的制度,其实都不完全相同。[①] 可见,民法留置权的法律移植本身就是一个吸收兼改造的过程。论移植时间,"留置权"术语最早在我国民法中出现,提及"留置权"术语,人们自然想到的是民法上的留置权及其基本属性。

(二) 留置权在我国现代民法体系中的发展完善

1949 年新中国成立之后,规定有"留置""留置权""留置物"内容的法律文件包括:1986年《民法通则》及其司法解释、1992 年《海商法》、1995 年《担保法》及其司法解释、1999 年《合同法》、2001 年《信托法》、2006 年《破产法》、2007 年《物权法》及其司法解释、2020 年《民法典》及其司法解释。这些法律文件先后出台,逐步对我国的民法留置权进行了发展和完善。

其中,1986 年《民法通则》及其司法解释、1995 年《担保法》及其司法解释、2007 年《物权法》及其司法解释规定的是适用于各类留置权的成立要件、权利结构、权利行使的方式和效果,未将权利主体和担保的主债权特定化,这些条款也被称为留置权的一般规定;相较之下,《海商法》《合同法》《信托法》规定了特定主体因特定债权享有留置权,这些留置权的特别规定不涉及权利的行使方式和效果,行使时常需要借助一般规定进行补充。为了方便描述和研究,本书将依据留置权的特别规定成立,并将借助一般规定补充的留置权称为"典型留置权",对只依据留置权的一般规定成立的留置权称为"非典型留置权"。

以《物权法》颁布为分界线,2007 年之前,我国民法规范未明确区分物权和债权,规定的留置权必须因合同而产生,仅被定性为债的担保;2007 年之后,《物权法》规范明确了物权和债权之分,留置权产生的原因扩展到各类债权,性质被明确为担保物权。

1. 起步期:仅担保特定合同之债的"债的担保"

在 2007 年《物权法》颁布实施之前,我国民法规范还未明确采取物债二分的理念,因此,2007 年之前的民法中的留置权条款都未明确担保物权属性,只是作为一种债的担保,但保持了"占有+处分并优先受偿"的二次效力构造。

(1)《民法通则》及其司法解释对留置权的一般规定

1986 年颁布的《民法通则》,是中华人民共和国成立后第一部使用"留置"术语的法律。规定了留置权的《民法通则》第 89 条第 4 款,位于"债的担保"条款下,与保证、抵押、定金等担保性制度并列,内容也相对简单。[②] 该规定甚至未完整使用"留置权"三个

---

① 胡长清:《民法物权》,商务印书局 1934 年版,第 99 页;章程:《论我国留置权的规范适用与体系整合——民法典时代的变与不变》,载《法商研究》2020 年第 5 期。

② 《民法通则》第 89 条依照法律的规定或者按照当事人的约定,可以采用下列方式担保债务的履行:(一)保证人向债权人保证债务人履行债务,债务人不履行债务的,按照约定由保证人履行或者承担连带责任;保证人履行债务后,有权向债务人追偿。(二)债务人或者第三人可以提供一定的财产作为抵押物。债务人不履行债务的,债权人有权依照法律的规定以抵押物折价或者以变卖抵押物的价款优先得到偿还。(三)当事人一方在法律规定的范围内可以向对方给付定金。债务人履行债务后,定金应当抵作价款或者收回。给付定金的一方不履行债务的,无权要求返还定金;接受定金的一方不履行债务的,应当双倍返还定金。(四)按照合同约定一方占有对方的财产,对方不按照合同给付应付款项超过约定期限的,占有人有权留置该财产,依照法律的规定以留置财产折价或者以变卖该财产的价款优先得到偿还。

字,但已经赋予债权人"留置"和处理"留置财产"并优先受偿的二次效力性质的权利。

1988年最高人民法院发布《关于贯彻执行〈中华人民共和国民法通则〉若干问题的意见(试行)》(以下简称《民通意见》),在第117条规定了留置权的行使要经过催告,并且给债务人合理时间履行。[①]

将两个法律文件的规定加以比对印证,可以确认留置权的二次效力,它们都将留置权产生的原因限定为对合同之债的担保,且两个文件完整规定了留置权产生的积极要件:合法占有债务人之动产、债务到期未清偿、动产和债务有关联,行使留置权的方式包括折价和变卖,从这些规定可以看出《民法典》留置权的雏形。这两部法律文件中没有关于留置权适用于特定主体的典型留置权条款,因此,本书认为依据《民法通则》及其司法解释成立的留置权都是非典型留置权。

(2)《海商法》首赋特定主体以典型留置权

检索1992年颁布的《海商法》全文,"留置"和/或"留置权"出现在4组共5个条款中,分别是第25条的造修船人的船舶留置权条款(简称船舶留置权条款),第87条和第88条的承运人的货物留置权条款(简称承运人留置权条款),第141条的出租人的货物、财产和转租收入留置权条款(简称出租人留置权条款),第161条的承拖人的被拖物留置权条款(简称承拖人留置权条款)。[②]从船舶留置权和承运人留置权的条文中,呼应了与《民法通则》留置权条款相同的"留置+处分并优先受偿"的二次效力结构,而出租人留置权和承拖人留置权只是简单规定了"有留置权",未再体现更多效力细节。第88条则详细规定了承运人的行使期限至少为60日,规定了处分留置物后价款的处理,是当时首个规定留置权行使细节的条款,是对民法留置权规定的重大发展,该规定被后续民法中的留置权一般规定逐渐吸收,影响力延续至《民法典》的留置权条款。

严格说来,1992年制定的《海商法》,是新中国第一部直接使用"留置权"术语的法律,因为制定在先的《民法通则》及《民通意见》,都采用的是"留置"+"优先受偿"的表达。《海商法》也是第一部规定针对特定合同债权而产生典型留置权的法律。

(3)《担保法》及其司法解释对留置权的一般规定和对非典型留置权的排除

1995年颁布的《担保法》,首次集中列明了保障债权实现的合法方式包括留置权、保证、抵押、质押、定金,但未明确这些方式的性质。《担保法》在《民法通则》《海商法》留置权条款的基础上,将留置权的规定扩展为完整的一章,该章包括了7个条款(第82条至第88条)。此外,《担保法》另行规定了一个法律适用条款(第95条),处理与《海商法》条款的关系,明确《海商法》有规定的,优先适用《海商法》的规定[③],该条从法律条文的层面肯定了《海商法》留置权条款与《担保法》留置权条款的特别法与一般法的关系。

---

① 《民通意见》第117条 债权人因合同关系占有债务人财物的,如果债务人到期不履行义务,债权人可以将相应的财物留置。经催告,债务人在合理期限内仍不履行义务,债权人依法将留置的财物以合理的价格变卖,并以变卖财物的价款优先受偿的,应予保护。

② 《海商法》第188条和第190条,共同赋予了海难救助人阻止被救船物离开,并且可以拍卖优先受偿的权利,从权利构造上同留置权一致,但未使用"留置(权)"术语,本书也将这两个条款认定为《海商法》留置权条款。

③ 《担保法》第95条 海商法等法律对担保有特别规定的,依照其规定。

《担保法》第五章"留置权"的内容,除了沿袭《民法通则》规定了留置权的一般条款,明确了留置权的二次效力外,还规定了留置权担保的范围、适用的范围,留置物的价值限度、保管义务,以及留置权的实现方式和留置权的消灭。将留置权的理论成果上升到法律条文的层面,让留置权的行使有法可依。从第 82 条和第 84 条的规定看,留置权被限制在少数特定合同(保管合同、运输合同、加工承揽合同)的情形下适用,但这个封闭性的规定也预留了一个缺口——"法律规定可以留置的其他合同"①,为《海商法》和其他单行法中的留置权适用《担保法》留置权一章的规定留下空间。可见,《担保法》的立法意图是只允许典型留置权的存在,不允许根据留置权的一般规定成立非典型留置权,留置权的一般规定,是适用于所有典型留置权的一般规定。

最高人民法院《关于适用〈中华人民共和国担保法〉若干问题的解释》(以下简称《〈担保法〉司法解释》)于 2000 年颁布,又用了 8 个条文对留置权适用中的具体情况进行解释。补充了留置权成立的要件(第 107 条、第 110 条、第 111 条、第 112 条),留置权的善意取得(第 108 条和第 109 条),行使留置权的通知(第 113 条),结合了司法实务中遭遇的问题和总结的经验,进一步完善了民法留置权的一般规定。

《担保法》及其司法解释对于保管合同、运输合同、加工承揽合同中的留置权并未再设特别条款规定,它们之间的差异仅在于担保的主合同性质不同,成立要件完全一致。在那个时代,只有《海商法》留置权显得个性鲜明,既得适用《担保法》及其司法解释中的留置权条款,又根据《海商法》留置权条款保留了特殊性,比如船舶留置权的成立要件中对留置的船舶没有权属要求。另外,《海商法》第 88 条的 60 日履行期限的规定被《担保法》第 87 条吸收,这种做法也实现了留置权的一般规定和关于典型留置权的特别规定在安排上的协调。

(4)《合同法》和《信托法》再赋特定主体以典型留置权

1999 年我国颁布了《合同法》,在其分则的 4 类典型合同章节中,分散规定了 4 类留置权,包括承揽人的留置权、承运人的留置权、保管人的留置权、行纪人的留置权。这些规定与《担保法》留置权一章实现衔接,留置权的适用范围仅限于法律规定的合同之债的安排,只是比《担保法》增加了行纪人的留置权这一类型,扩大了留置权可以适用的合同种类。《合同法》的留置权条款内容比较简单,特定化债权人和债务人身份,比《担保法》更详细地规定了担保的特定债务范围,比《担保法》放宽了对留置物的权属要求;但在法律效果方面,都简单规定债权人"有留置权",因此在适用时必须依靠《担保法》的一般规定进行补充。② 在 1999 年立法当时,此制度设计似乎明确了《担保法》的规定为留置权的一般条款,而《合同法》和《海商法》上存在规定了具体种类的典型留置权,在典型留置权条款未规定之处,由《担保法》的一般规定来补充的制度框架。

---

① 《担保法》第 84 条。
② 《合同法》第 264 条 定作人未向承揽人支付报酬或者材料费等价款的,承揽人对完成的工作成果享有留置权,但当事人另有约定的除外;第 315 条 托运人或者收货人不支付运费、保管费以及其他运输费用的,承运人对相应的运输货物享有留置权,但当事人另有约定的除外;第 380 条 寄存人未按照约定支付保管费以及其他费用的,保管人对保管物享有留置权,但当事人另有约定的除外;第 422 条 行纪人完成或者部分完成委托事务的,委托人应当向其支付相应的报酬。委托人逾期不支付报酬的,行纪人对委托物享有留置权,但当事人另有约定的除外。

《合同法》中的典型留置权条款出现之后,《担保法》条款只剩下对留置权进行抽象性地一般规定的功能,由于《担保法》将留置权限定于法律规定的有限几类合同中产生,当这些权利被《合同法》另行规定后,显得《担保法》一般条款和《合同法》《海商法》关于留置权的特别条款均存在难以解释的差异。尤其是《担保法》第82条规定的对留置物的权属要求,除了在《海商法》中的承运人留置权和出租人留置权仍有体现外,在其他各类典型留置权中都被放弃,并不能成为典型留置权的共性,在留置权的一般条款中加以规定,显得格格不入。

2001年颁布的《信托法》第57条规定,信托终止后,受托人的债权未得到清偿,可以留置信托财产。[①] 该规定又在《合同法》《担保法》的基础上,新增加了一种可以产生典型留置权的合同种类。该条款同样需要借助《担保法》对留置权的一般规定才能加以适用,但同样对留置物没有权属要求,与一般规定相冲突。

至此,《担保法》中对留置权的一般规定,以及《海商法》《合同法》《信托法》中对特定合同产生的留置权的专门规定,几部法律共同构成了"一般+特别"的民法留置权条款立法模式。《担保法》的立法多处考虑到与既有的《海商法》的融贯,较好地处理了一般法与特别法的关系。《合同法》《信托法》中的留置权种类亦与《担保法》的既有规定保持协调,并各增加了一种留置权的法定种类。

2006年《破产法》提及了企业破产后,债权人手中的质物和留置物的处理问题[②],该条也是留置权的一般规定,未对留置权的既有安排增减实质性内容。

2. 扩张期:可担保各类债权的"担保物权"

(1)《物权法》中的留置权的一般规定和对非典型留置权的接纳

2007年《物权法》的颁布,是我国留置权发展史上的重大转折点。首先,我国的民法自《物权法》始,有了清晰的物债两分,把民法理论上升到了法律规范的层面,在《物权法》中,留置权位于第四编担保物权内,成为单独一章,和抵押权、质权并列,其担保物权的地位得到明确。第二处大变动在于留置权产生的原因得到拓展,《担保法》曾明确规定,留置权只能产生于法律规定的数类合同中,实现对这些合同之债的债权人的担保[③];但根据《物权法》第230条对留置权的一般规定[④],多数学者认为留置权可担保各类债权[⑤],理论上应包括合同之债、侵权行为之债、无因管理之债和不当得利之债。而且,在

---

① 《信托法》第57条　信托终止后,受托人依照本法规定行使请求给付报酬、从信托财产中获得补偿的权利时,可以留置信托财产或者对信托财产的权利归属人提出请求。

② 《破产法》第37条　人民法院受理破产申请后,管理人可以通过清偿债务或者提供为债权人接受的担保,取回质物、留置物。前款规定的债务清偿或者替代担保,在质物或者留置物的价值低于被担保的债权额时,以该质物或者留置物当时的市场价值为限。

③ 包括《担保法》《合同法》规定的承揽合同、运输合同、保管合同和行纪合同,以及《海商法》规定的造修船合同、海上货运合同、定期租船合同、拖航合同中,还有《信托法》的信托合同。

④ 《物权法》第230条　债务人不履行到期债务,债权人可以留置已经合法占有的债务人的动产,并有权就该动产优先受偿。前款规定的债权人为留置权人,占有的动产为留置财产。

⑤ 崔建远:《物权法》,中国人民大学出版社2017年版,第582页;章程:《论我国留置权的规范适用与体系整合——民法典时代的变与不变》,载《法商研究》2020年第5期;韩立新、李天生:《〈物权法〉实施后对〈海商法〉中留置权的影响》,载《法律适用》2008年第9期。

《物权法》第 178 条规定了《担保法》与《物权法》抵触的适用后者,明确了《物权法》留置权对《担保法》留置权两大改变的效力。

从具体内容上看,《物权法》的留置权章用 11 个条款对留置权进行了一般规定,比《担保法》增加了"同一法律关系"要件要求,增加了留置物孳息的安排,增加了处分留置物要根据市场价的规定,增加了债务人可以请求债权人及时处分留置物的规定,增加了与其他担保物权的受偿顺序,对留置权的一般性规定更为完善。同时,《担保法》第 84 条规定留置权的适用范围仅在于特定合同(保管合同、运输合同、承揽合同、法律规定可以留置的其他合同),该规定被《物权法》删除,此举被视为留置权可对包括各类合同之内的债进行担保,因此,《物权法》中的留置权条款不仅承担起《合同法》《海商法》《信托法》中典型留置权条款的一般规定的任务,还须承担除了这些法律特别规定的典型留置权之外,产生大量非典型留置权的法律渊源之任务,比如侵权之债的债权人之所以能享有对侵害工具的留置权,就要依据《物权法》的留置权条款产生。所以,《物权法》中的留置权条款,除了要承担留置权的一般规定的任务外,还须作为非典型留置权产生的依据,功能上比《担保法》留置权条款更为复杂,但更为合理,可以解释为何留置权的一般规定和典型留置权的特别规定在留置物权属上存在差异,前者对留置物权属的要求是为了成立非典型留置权而设,提高成立非典型留置权的门槛,也对我国留置权的体系性结构进行了较大调整。

(2)《民法典》及其司法解释中的留置权一般规定和非典型/典型留置权

2020 年颁布的《民法典》是将我国的民法进行法典化的成果,内容涵盖社会生活的方方面面,将物权法和债权法的内容编纂于一部法律文件中。《民法典》对留置权的规定,首次将"留置权一般规定条款+典型留置权的特别规定条款"集中在一部法律规范中,留置权的一般条款(同时也是非典型留置权的产生依据)被规定在物权编,而典型留置权的特别规定条款(以下简称典型留置权条款)被置于合同编,既体现了其担保物权的属性,又表现了其债的担保的功能。

①《民法典》物权编中关于留置权的一般规定和对非典型留置权的接纳

在"物权编—担保物权分编—留置权章"中设置了留置权的 11 条一般规定,这些条款内容上基本沿袭了《物权法》留置权章的规定,只是在用语上有所微调①,没有对《物权法》的留置权条款进行任何实质性的改变。

这些条款肩负着多重身份,一是全部民法留置权类型的一般条款(但存在少量例外),列明民法留置权的积极要件和消极要件(第 447 条至第 449 条),并列明留置权法律关系中的具体权利义务(第 450 条至第 457 条),这些条款基本上对民法留置权各类型通用,在行使典型留置权(包括《民法典》《海商法》《信托法》中的典型留置权)的过程中,对于典型留置权条款没有规定的内容,在符合该条款立法目的之时,可援引《民法典》留置权一章的条款以补充。其中的例外是,《民法典》第 447 条规定了留置物是"债务人的动产",这只是对非典型留置权的要求,而不同法律上的典型留置权条款对典型留置权的留置物权属,都有各自的规定,《民法典》中的典型留置权条款,对留置物都没

---

① 《民法典》第 448 条、第 453 条,分别将《物权法》第 231 条、第 236 条的"但"改为"但是";"期间"改为"期限","两个月"改为"六十天";《民法典》第 454 条将《物权法》第 237 条"期间"改为"期限"。

有权属要求,与第 447 条不一致。同时,与这种安排有关联的第 454 条,规定了留置权人在债务履行期届满后不行使留置权的,债务人可以请求留置权人处分留置动产,如果留置权人不处分,可请求人民法院拍卖、变卖留置财产。根据理论和对两个法条的体系解释,这是基于债务人是该动产的所有人,才有请求人民法院越过留置权人处分自身财产的权利[1],但一些典型留置权对留置物权属没有要求,比如保管人留置权法律关系中,如果债务人不是留置物的所有人,则该债务人就无权援引第 454 条。

《民法典》物权编留置权章的第二重身份是产生民法中非典型留置权的法律依据。这一点延续了《物权法》的设计,可以在典型留置权条款规定的留置权类型之外,因为合同、侵权、无因管理、不当得利之债而产生非典型留置权。

②《民法典》合同编中的典型留置权

《民法典》在合同编,继续在承揽合同、运输合同、保管合同和行纪合同 4 类典型合同的专门章节中,分散规定了 4 类特定主体享有的留置权[2],内容上对《合同法》的规定进行微调,彼此间行文和体例趋于一致。相比于物权编留置权一章的一般规定,这些典型留置权条款只规定成立的积极要件,而不再重复规定法律关系的具体权利义务。在成立的积极要件中,4 类典型留置权条款除了对留置物的权属没有要求外,其他成立要件都符合物权编留置权一章的一般规定,只是对其进行了符合主合同场景的细化。

③典型留置权和非典型留置权的关系

值得强调的是,相对于典型留置权(包括《民法典》《海商法》《信托法》中的典型留置权),非典型留置权虽然没有区别于留置权一般规定的成立要件,但由于立法目的和成立要件的差异,两者适用范围不存在交集。所以,非典型留置权与典型留置权不存在法律体系意义上的"一般—特殊"的包含关系,而是类似合同领域非典型合同和典型合同的并列关系。这也是本书未借鉴其他学者将留置权根据设立所依据的条款性质,分为一般留置权、特殊留置权两大类的原因,此类划分容易混淆它们之间并列平等的相互关系。

《民法典》的出台废止了《物权法》《合同法》《担保法》的效力,但《民法典》完成了对这些旧法内容的沿袭和体系化,我国的民法留置权经由《民法典》的编纂,展现了一定的反思均衡结构[3],即一般规定是对特别规定的抽象,其内容能在特别规定中得到印证,而特别规定需要一般规定的支持。这种结构虽是法律体系化的高级形式,但《民法典》留置权条款中的反思均衡结构不够完善,因为留置权的一般规定同时还要作为非典型留置权的产生依据,展现了非典型留置权对留置物权属要求的严格性,但该要件不是各典型留置权的共性,因此,留置权的一般规定没能完全提炼出特别规定的共性。另外,《民法典》在抵押权一章,增加规定动产卖方对该动产可享抵押权,也规范了该种抵押权与留置权的受偿顺序,一旦动产卖方对所售之物进行登记抵押以担保售价债权,则该条款赋予售价债权的抵

---

① 崔建远:《物权法》,中国人民大学出版社 2017 年版,第 578 页。

② 参见《民法典》第 783 条、第 836 条、第 903 条、第 959 条的规定。

③ 雷磊:《融贯性与法律体系的建构——兼论当代中国法律体系的融贯化》,载《法学家》2012 年第 2 期;熊浩:《反思均衡、道德证明和融贯论》,载《哲学分析》2012 年第 4 期。

押优先其他担保受偿的权利,但仍劣后于所售之物的留置权人受偿。[①] 这个条款从侧面对留置权的优先受偿性再次进行肯定,没有对《物权法》上的留置权条款产生实质改变。

在最高人民法院《关于适用〈中华人民共和国民法典〉有关担保制度的解释》(以下简称《〈民法典〉担保制度司法解释》)中,其第 62 条对民事留置权留置财产的权属要求、企业间留置权的"企业持续经营产生的债权"要求、企业间留置权的留置财产的权属要求进行了明确和细化,以应对司法实践中出现的问题。[②] 这些司法解释条款给留置权制度带来的影响将在下文进行分析。

综上,从我国当代法律中发展的历史可以看出,民法留置权条款经过了"初步确立—高速扩张—体系化发展"的历程。其由最初的《民法通则》上简单的一般规定,确定了留置权二次效力的担保权利属性;后经由《海商法》设立典型留置权,完善了对留置权行使的具体规则;这些进步再被《担保法》吸收,抽象并丰富为留置权一般规定,形成只担保特定合同之债的典型留置权的一整套规则;而后这些一般规定经《物权法》的大跨步发展,确定担保物权属性的同时,将适用范围扩展至所有的债的担保,支持了非典型留置权的正当性;最后在《民法典》中,集中编纂了各部民事法律关于留置权的规定,形成留置权的一般规定/非典型留置权+典型留置权并存的体系,其规定呈现了我国民法留置权的发展和稳定的现状。在《民法典》时代,《海商法》成为与《民法典》共同调整留置权的法律,《海商法》和《民法典》中的留置权的相互关系将在本章第四节进行详细分析。

二、我国民法体系中留置权的核心特征

从《民法通则》到《民法典》,我国民法体系中的留置权不断发展,其内涵和外延均发生了或多或少的变化,但法律条文和法学理论为留置权所下的定义保留了一些恒定的核心特征。

(一)保护公平的价值和权利的二次效力形成民法留置权稳定的核心特征

学者们普遍赞成留置权存在的意义,是出于公平的价值考量,督促债务人履行债务以实现对等正义。[③] 而有学者指出,《民法典》中专门的保管、运输、行纪等合同中的典型留置权,还在于担保在先给付者的交易安全[④],归根究底也是保护公平的基本价值。围绕着这个核心价值,我国民法体系中留置权的内涵外延不断演化,但除了价值稳定之外,权利的结构和性质也具有一定的稳定性。

---

① 《民法典》第 416 条 动产抵押担保的主债权是抵押物的价款,标的物交付后十日内办理抵押登记的,该抵押权人优先于抵押物买受人的其他担保物权人受偿,但是留置权人除外。

② 《〈民法典〉担保制度司法解释》第 62 条 债务人不履行到期债务,债权人因同一法律关系留置合法占有的第三人财产,并主张就该留置财产优先受偿的,人民法院应予支持。第三人以该留置财产并非债务人的财产为由请求返还的,人民法院不予支持。企业之间留置的动产与债权并非同一法律关系,债务人以该债权不属于企业持续经营产生的债权为由请求债权人返还留置财产的,人民法院应予支持。企业之间留置的动产与债权并非同一法律关系,债权人留置第三人的财产,第三人请求债权人返还留置财产的,人民法院应予支持。

③ 王泽鉴:《民法物权》,北京大学出版社 2010 年版,第 404 页;费安玲:《比较担保法》,中国政法大学出版社 2004 年版,第 444 页;蒋新苗、朱方毅、蔡唱等:《留置权制度比较研究》,知识产权出版社 2007 年版,第 23 页。

④ 孙鹏:《关于完善我国留置权制度的建议》,载《现代法学》2017 年第 6 期。

结合前文对我国民法留置权发展的历史回顾可以看出,从 1929 年的《中华民国民法》到 1986 年《民法通则》,再到当今集大成之《民法典》,"留置权"术语承载的概念,其内涵的核心都是一种有着"占有＋处分并优先受偿"的二次效力的法定担保物权。虽在 20 世纪 80—90 年代,其物权属性在法律条款上体现得不明显,但民法理论一直认定其为一种担保物权[①],随着 2007 年《物权法》从法律规范上肯定我国民法体系物债二分格局,留置权作为一种担保物权的性质也再次被明确。此外,留置权的法定性也是其有别于抵押权、质权等约定性担保物权的显著特征。

(二)民法留置权的成立要件和权利外延不断发展

留置权的成立要件也是留置权概念内涵的重要组成部分[②],民法留置权的成立要件一般被归纳为三个积极要件和两个消极要件,积极要件是债权人合法占有他人的动产、动产与债权(务)之间存在牵连关系、债务已届清偿期。消极要件包括不违反法律强制性规定和公序良俗,不违背当事人不允许留置的约定。[③] 30 多年来,其成立要件发生了一些变化。

我国留置权内涵的变化表现之一是,"债权人合法占有他人的动产"要件的权属要求放宽了。《民法通则》《担保法》《物权法》中对留置权的一般规定,都要求留置物是"对方的财产""债务人的动产",虽然在《民法典》第 447 条留置权条款上,该要件仍被表述为"债权人合法占有债务人的动产"[④],但多数典型留置权条款并没有这样的要求。近年来,学理解释不再严格要求必须留置债务人拥有所有权的动产,多数观点认为占有的对象可通过物权的善意取得而实现的对第三人财产的占有[⑤],亦有人认为在符合一定条件时应当允许留置第三人之物。[⑥] 2020 年《民法典》出台后,《〈民法典〉担保制度的司法解释》第 62 条直接规定债权人可以留置合法占有的第三人动产,且法院不支持第三人要求返还留置物的请求,以此看来,似乎司法端否认了对留置物有权属要求。可见,我国民法留置权的一般规定似乎正在逐渐放宽对留置物的权属要求。

我国留置权内涵的变化表现之二是,允许"企业间的留置权"突破"动产与债权(务)之间存在牵连关系"要件。《物权法》的第 231 条首次规定了"企业间的留置权",作为同一法律关系要求的例外,此条被认为是我国民法首次允许商事留置权的存在,目的在于更好保护交易效率和安全,是立法的进步。[⑦]《民法典》第 448 条延续了这个规定。

我国民法留置权的外延的变化则体现在担保的债的范围不断扩大,《民法通则》《海

① 刘保玉编:《物权法》,上海人民出版社 2003 年版,第 406 页;梁慧星、陈华彬:《物权法》,法律出版社 1997 年版,第 376 页。

② 早期的民法理论著作并不对留置权进行定义,而是通过介绍其成立要件来界定概念。参见胡长清:《民法物权》,商务印书馆 1934 年版,第 99 页。

③ 王利明、杨立新、王轶等:《民法学》,法律出版社 2020 年第 6 版,第 518～520 页。

④ 佟柔主编:《民法原理》,法律出版社 1983 年版,第 217 页;梁慧星、陈华彬:《物权法》,法律出版社 1997 年版,第 381 页。

⑤ 王泽鉴:《民法物权》,北京大学出版社 2010 年版,第 404 页;梁慧星、陈华彬:《物权法》,法律出版社 2016 年版,第 336 页;崔建远:《物权法》,中国人民大学出版社 2017 年版,第 579 页。

⑥ 崔建远:《物权法》,中国人民大学出版社 2017 年版,第 579 页;刘保玉编:《物权法》,上海人民出版社 2003 年版,第 412 页。

⑦ 刘凯湘:《比较法视角下的商事留置权制度》,载《暨南学报(哲学社会科学版)》2015 年第 8 期。

商法》《担保法》《合同法》《信托法》虽然只规定了留置权对合同之债的担保,但所担保合同的种类数量缓慢上升,因此典型留置权的类型也不断增加;而《物权法》和《民法典》则扩展至允许担保各类债权,除传统的合同之债外,还可担保侵权之债、无因管理、不当得利之债,对非典型留置权的接纳,可能造成留置权类型的极大丰富。

概念作为认识事物的工具,体现着事物的本质特征。综上可见,虽然留置权概念的内涵和外延一直在发展变化,但其核心特征较为恒定,一是具有"占有＋处分并优先受偿"二次效力,二是保护公平价值得以实现的法定担保物权。因此,要辨认一项权利是否属于我国民法体系中的留置权,最直接的方法就是以这两个要素作为标准进行检测,它们不仅是区别于我国其他担保物权的特征,从比较法来说,也是与外国法中被翻译为"留置权"的权利产生区别的关键。[①]

三、我国的民事留置权与企业间留置权

有学者认为,《物权法》第 231 条对"企业间留置权"的规定,是我国对于商事留置权的一般规定[②];也有学者认为我国的"企业间留置权属于商事留置权"[③]。由于我国立法上没有直接规定商事留置权,对其讨论仍停留在学理的阶段,本书认为,立法上的企业间留置权是学理上商事留置权的呈现,两者在本书中是立法用语和学理用语的区别,指向了相同的对象。另外,因为在各国法上,民事留置权和商事留置权概念常常被作为留置权的常见分类而相互依存,因此,要理解我国立法中的企业间留置权,首先要了解民事留置权和商事留置权的概念和关系。

(一)民事留置权和商事留置权的差异

通说认为,民事留置权起源于罗马法的恶意抗辩权[④],经后世各国发展为债权性的民事留置权(德国、法国民法典的规定)和物权性的民事留置权(日本、瑞士民法的规定),它们的共同点在于都有占有留置物的一次效力,但其中只有瑞士《民法典》上被我国翻译为"留置权"的权利有处分并优先受偿的二次效力[⑤],成为我国民法中留置权的移植对象。亦有学者认为不能将视野局限于被译为"留置权"的权利,自罗马法起,包括德国、法国法、日本法都在其自身的体系范围内,通过不同的方式实现类似我国留置权的二次效力的担保效果,比如德国的法定质权,法国的留置权与优先权配合,英美法的占

---

① 现行日本《民法》物权编下第 295 条至第 301 条规定的"留置权"(留置権),该权利虽属于物权,但并没有处分留置物并优先受偿的权能,只能单纯占有留置物;现行德国《民法典》债权编的第 273 条至第 274 条规定的"留置权"(Zurückbehaltungsrecht)是一种履行抗辩而非物权,只赋予占有物品的债权人以不归还物品的权利,上述外国法上权利虽然都被翻译为"留置权",但和我国民法意义上的留置权存在性质上的差异。

② 孟强:《论我国〈物权法〉上的商事留置权》,载《政治与法律》2008 年第 10 期。

③ 梁慧星、陈华彬:《物权法》,法律出版社 2016 年版,第 340 页;崔建远:《物权法》,中国人民大学出版社 2017 年版,第 583 页。

④ [意]彼得罗·彭梵得:《罗马法教科书》,黄风译,中国政法大学出版社 1992 年版,第 101 页;谢在全:《民法物权论》(下册),中国政法大学出版社 2011 年版,第 1057 页;梁慧星、陈华彬:《物权法》,法律出版社 2016 年版,第 335 页。

⑤ 费安玲:《比较担保法》,中国政法大学出版社 2004 年版,第 444～454 页。

有型留置权,日本法通说也认为留置权人最终可以将留置物变价①,有效地实现了类似我国民法中留置权的制度价值。② 本书赞同此种观点,所以,我国学理所称的民事留置权,其实就是前文分析的具有三个积极要件(债权人占有他人动产、动产与债权具有牵连关系、债权已届清偿)、两个核心特征(占有＋处分并优先受偿二次效力、法定担保物权)的权利。既然我国民法理论中民事留置权的概念就是我国的民法上的留置权概念,无怪乎谢在全认为商事留置权是与民法留置权相对的概念。③

多数学者认为商事留置权的起源与民事留置权不同,它源自中世纪意大利商人团体的习惯法,其主要作用在于维持商业信用,保障交易安全和效率。④ 这种制度也被很多大陆法系国家(地区)所继受和发展,与民事留置权不同的是,各国法上中文译名为"商事留置权"的权利,内容共性较强,都强调区别于民事留置权的商人身份、商事债权及牵连关系要求,才可成立商事留置权。⑤ 我国学理上的商事留置权是指,债权人因营业关系/商行为享有的债权未得到清偿,债权人对因营业关系/商行为而占有债务人的财产,即使不属于同一法律关系,也可成立留置权。⑥ 立法上,我国《民法典》第 448 条(《物权法》第 232 条)在规定(民事)留置权的"同一法律关系"要件时,加入半句话表示"但企业之间的留置权除外",这就是我国"企业间留置权"的来源,但法律条文并未给该权下一个清晰的定义。

从我国学理上商事留置权的概念和立法对企业间留置权的规定,发现它们与民事留置权的最大差异在于,它们的成立要件对"同一法律关系"的要求较民事留置权宽松。其原理在于,企业间往往存在多次重复的交易,如果要求承担债务的企业证明每笔债权与所留置的动产属于同一法律关系,对企业提出了过高的证明要求,更会影响商事活动的效率,出于加强商业信用、保护交易安全和高效的考虑,在企业之间行使留置权可以放宽同一法律关系的要求。⑦ 有学者考察了德国、瑞士、日本的立法例,认为这些国家商法上的商事留置权,区别于民法留置权的最关键特点在于——成立要件上对民法留置权牵连关系的舍弃或拟制。⑧ 因此,我国的学理和制度设计也与主要大陆法系国家保持一致。

可见,各国区分民事留置权和商事留置权的意义,源于它们保护的对象和价值不同,与设置权利的法律渊源无关。商事留置权与其是否设置在商法典中并没有直接联系,民商合一的国家在民法典的民事留置权的规范条文之中,也可补充性地设置商法留

---

① 熊丙万:《论商事留置权》,载《法学家》2011 年第 4 期。
② 费安玲:《比较担保法》,中国政法大学出版社 2004 年版,第 444～454 页。
③ 谢在全:《民法物权论》(下册),中国政法大学出版社 2011 年版,第 1059 页。
④ [日]我妻荣:《新订担保物权法》,申政武等译,中国法制出版社 2008 年版,第 41 页。
⑤ 刘凯湘:《比较法视角下的商事留置权制度》,载《暨南学报(哲学社会科学版)》2015 年第 8 期。
⑥ 谢在全:《民法物权论》(下册),中国政法大学出版社 2011 年版,第 1059 页。
⑦ 崔建远:《物权法》,中国人民大学出版社 2017 年版,第 583 页。
⑧ 刘凯湘:《比较法视角下的商事留置权制度》,载《暨南学报(哲学社会科学版)》2015 年第 8 期。

置权,典型如瑞士《民法典》第895条[①],将"商人间"留置权与民法留置权规定在同一条中,这就是我国《民法典》第448条"企业间留置权"的移植对象。因此,不能单纯因为《海商法》在民商法中具有较强的商事属性,就把《海商法》留置权简单归为商事留置权,要具体地看该权利是否含有"同一法律关系"要件,以及权利保护的对象是不是从事持续交易而产生商事债权的商主体。

(二)我国民事留置权与企业间留置权的相互关系

要讨论我国民事留置权与企业间留置权/商事留置权的关系,也要从立法目的考虑。由于我国学理上认为商事留置权保护的是企业间多次交易的利益,留置权担保的主债权是一种"债权集合体"[②],所以放宽了对"同一法律关系"要件的要求,但对债权和留置物仍然有一定的关联性要求,表现为留置物须是商人在持续的多项经营往来中,与债权集合体有关的动产[③],该动产若与债权不属于同一法律关系,则必须由债务人所有。[④] 商事留置权加强了对债务人的威慑力,增强了留置权的担保效果,这是符合商事交往的特点和内在要求的。

相较之下,"同一法律关系"要件对于民事留置权来说至关重要,因为民事留置权保护的是民事主体一次交往的安全,该要件起到"公平原则和利益平衡原则的检测"[⑤]的作用,防止对债务人的利益进行不必要的侵犯。

基于我国民事留置权和商事留置权保护的价值不同,它们呈现互不隶属的并列关系。每一种民事留置权,如果适用于企业主体间连续交易的商事债权,在不影响立法目的的情况下,则可以对商主体豁免"同一法律关系"要件,成立相应的企业间留置权/商事留置权。

《民法典》颁布实施以来,虽然延续了《物权法》对企业间留置权的规定,但经由《〈民法典〉担保制度司法解释》对企业间留置权进行了发展,该司法解释的第62条第2款规定产生企业间留置权的债权必须是企业持续经营产生的债权,否则债权人企业不可随意留置,这就符合学理上对商事留置权主债权的要求,必须是商人在持续的多项交往中产生的债的请求权[⑥];另外,第62条第3款要求行使企业间留置权的债权人企业,如果留置动产和债权不是同一法律关系,则该动产不可是第三人的财产,防止已经放宽了同一法律关系要件,再放宽权属要件,会对第三人利益造成伤害,失去了保护商主体间商业信用、保护交易安全和高效的意义。于是,我国民法留置权依据是否因企业主体间的持续生产经营债权而产生,可以分为企业间留置权和民事留置权,由于保护的价值不

---

① 2010年修订的瑞士《民法典》第895条"条件":1. 经债务人同意,债权人占有债务人的动产或有价证券,如其债权已届清偿期限,且债权和留置物之间有实质性关联,则债权人在债务人清偿债务前,有权留置这些物品。2. 商人之间,因他们之间的交易关系而取得物的占有和债权,则认为存在前款之实质性关联。3. 对于不属于债务人所有的物,如果债权人善意取得这些物,同样可以成立留置权,但第三人基于先前之占有而享有权利的,不在此限。参见《瑞士民法典》,于海涌、赵希璇译,法律出版社2016年版,第310~311页。

② 熊丙万:《论商事留置权》,载《法学家》2011年第4期。

③ 熊丙万:《论商事留置权》,载《法学家》2011年第4期。

④ 《民法典》第447条、第448条;《〈民法典〉担保制度司法解释》第62条。

⑤ 常鹏翱:《物权法的展开与反思》,法律出版社2017年版,第315页。

⑥ 常鹏翱:《物权法的展开与反思》,法律出版社2017年版,第315页。

同,它们的产生要件存在一定的差异。

第二节 《海商法》留置权的内容和特点

一、《海商法》中涉及留置权的条款及其内容

(一)《海商法》中 5 组涉及留置权的条款

如前所述,《海商法》中有 4 组使用"留置权"术语的条款,分别赋予造修船人、承运人、出租人、承拖人以留置权。此外,《海商法》中还有两处条款赋予救助人与留置权高度相似的权利。以下将 5 组条款逐一展开。

1. 船舶留置权条款

《海商法》第 25 条规定的船舶留置权,是以造修船人为权利主体,以船舶为留置对象,担保造修船费用得以偿还的权利。[①] 在 1992 年《海商法》中,实际上只有半个条款专门调整船舶留置权,即第 25 条第 2 款;第 25 条第 1 款则规定了船舶优先权、船舶留置权、船舶抵押权的受偿顺序。但第 25 条第 1 款的存在,对于明确船舶留置权的属性也有强烈的意义,因为它已明确了船舶留置权人有优先受偿的效力,对于第 2 款行文仅呈现的"留置所占有的船舶,以保证造船费用或者修船费用得以偿还的权利",是一个非常必要的补充,与民法留置权的二次效力相证立。此外,本书认为第 25 条由于先规定了三种船舶担保物权(船舶优先权、船舶留置权、船舶抵押权)的受偿顺序,再规定其中的船舶留置权的定义,则"船舶留置权"术语在此处的使用,是为了体现以船舶为对象的担保物权在术语上的体系性。[②]

2. 承运人留置权条款

《海商法》第 87 条和第 88 条规定了承运人的留置权[③],两个条款之间联系密切,第

---

① 《海商法》第 25 条 船舶优先权先于船舶留置权受偿,船舶抵押权后于船舶留置权受偿。前款所称船舶留置权,是指造船人、修船人在合同另一方未履行合同时,可以留置所占有的船舶,以保证造船费用或者修船费用得以偿还的权利。船舶留置权在造船人、修船人不再占有所造或者所修的船舶时消灭。

② 本书之所以认为"船舶留置权"术语只是"部分"实现了以船舶为对象的担保物权在术语上的体系性,因为下文将会对《海商法》第 25 条造修船人的船舶留置权,结合第 161 条承拖人留置被拖船的权利进行体系解释,同时借助历史解释、目的解释等方法,得出在船舶留置权之外,《海商法》有意设立其他以船舶为留置对象的权利,但"船舶留置权"术语被专用于描述造修船人留置船舶的权利,因此对其他留置船舶的权利缺乏专门的与"船舶留置权、船舶优先权、船舶抵押权"结构相似的术语来描述。

③ 《海商法》第 87 条 应当向承运人支付的运费、共同海损分摊、滞期费和承运人为货物垫付的必要费用以及应当向承运人支付的其他费用没有付清,又没有提供适当担保的,承运人可以在合理的限度内留置其货物。第 88 条 承运人根据本法第 87 条规定留置的货物,自船舶抵达卸货港的次日起满 60 日无人提取的,承运人可以申请法院裁定拍卖;货物易腐烂变质或者货物的保管费用可能超过其价值的,可以申请提前拍卖。拍卖所得价款,用于清偿保管、拍卖货物的费用和运费以及应当向承运人支付的其他有关费用;不足的金额,承运人有权向托运人追偿;剩余的金额,退还托运人;无法退还、自拍卖之日起满一年又无人领取的,上缴国库。

87条是适用第88条的前提,第87条描述的是承运人留置权的第一次效力——留置,第88条描述的是根据第87条留置货物后,如果接下来发生到达目的港满60日无人提货的情形,则承运人享有处分货物并优先受偿的留置权的第二次效力。具体如图1-1所示。

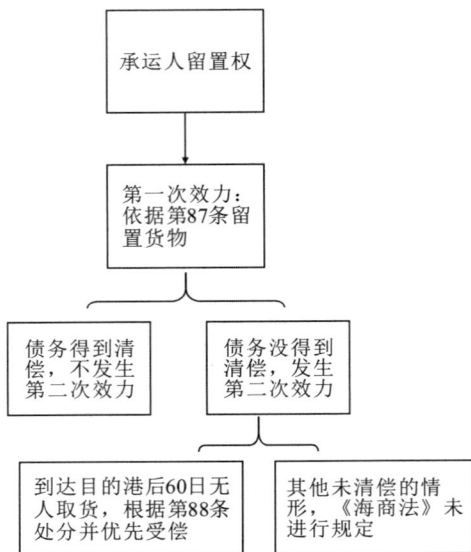

图 1-1 承运人留置权的二次效力关系

资料来源:《海商法》第 87 条和第 88 条。

将两个条款整体研究,方可认清承运人留置权的完整属性,其是和民法留置权一样拥有二次效力的担保权利。

3. 出租人留置权条款

《海商法》第 141 条规定了期租船舶出租人对承租人货物、财产、转租收入的留置权。[①] 条款只有 1 条,而且规定得比较简单,点明了出租人留置权担保的债权范围是租金或者期租合同约定的其他款项的债权,对留置物的权属提出了明确要求,即船上属于承租人的货物、财产和转租收入。

4. 承拖人留置权条款

《海商法》第 161 条规定了承拖人对于拖航的船舶、物品的留置权。[②] 与出租人留置权条款一样,规定简明扼要,只规定了承拖人作为权利人,担保的债权是拖航费和其他合理费用,留置对象是被拖物,一般被理解包括船舶、船上的货物和财产。与出租人留置权条款不同,承拖人留置权没有对留置对象提出权属的要求。

---

① 《海商法》第 141 条 承租人未向出租人支付租金或者合同约定的其他款项的,出租人对船上属于承租人的货物和财产以及转租船舶的收入有留置权。

② 《海商法》第 161 条 被拖方未按照约定支付拖航费和其他合理费用的,承拖方对被拖物有留置权。

5. 救助人留置权条款

根据本章第一节对我国民法留置权核心特征的分析,我国民法体系中规定的典型留置权,在权利主体、所依附的主债、留置的对象上可能存在较大差异,但稳定的二次效力的权利结构和法定担保物权性质,决定了该权利的留置权属性。由此,在《海商法》中,除了已提及的船舶留置权条款、承运人留置权条款、出租人留置权条款、承拖人留置权条款之外,救助人同意被救助船物离开的权利(第188条)和对被救助船物的处分权(第190条)也呈现了留置权条款的特征。①

具体来说,第188条第3款规定,未向救助人提供担保的,未经救助人同意,不可移走船物,形成了救助人对被救船物的间接控制;第190条给被救助方履行债务的时间为90日,超期后救助方可以申请法院拍卖"保管"的船物,从而实现救助方对救助款项的优先受偿,法条内容和表述类似规定承运人留置权的第88条。所以《海商法》第188条和第190条共同形成了二次效力结构,虽未使用"留置/留置权"表述,但符合我国民法留置权的核心特征,确有留置权之实。另外,根据立法资料记载,立法者也认为第188条"实质是对船舶或者货物进行留置",立法时计划对被救货物通常是以占有的形式留置,对被救船舶来说,救助人有船舶优先权,无须留置船舶,但考虑到船舶灭失后船舶优先权也无法保障救助人的利益,所以设置了第188条的规定。② 第188条的立法意图在于给救助人船舶留置权、船舶优先权、货物留置权的多重保障。为此,本书也将《海商法》第188条和第190条列为《海商法》留置权中的一组条款,共同构造了救助人留置权。

(二)《海商法》留置权条款内容的差异化

采纳法理学关于法律规则逻辑结构"二要素"说,本书从法律规范的逻辑成分"构成要件+法律后果"③两部分对每个条款进行分析。从条款内容可见,《海商法》留置权的5组条款差异化明显。首先,由于涉及了海商法上不同类型的合同情景,分别是船舶造修合同、货物运输合同、定期租船合同、拖航合同和救助合同,5组留置权条款的主体、担保对象、行为对象具有特定性。其次,5组留置权的构成要件存在差异,船舶留置权、承运人留置权、救助人留置权列明了行为方式,而出租人留置权和承拖人留置权未对行为方式加以规定。再次,相较于承运人留置权和救助人留置权条款,船舶留置权条款

---

① 《海商法》第188条　被救助方在救助作业结束后,应当根据救助方的要求,对救助款项提供满意的担保。在不影响前款规定的情况下,获救船舶的船舶所有人应当在获救的货物交还前,尽力使货物的所有人对其应当承担的救助款项提供满意的担保。在未根据救助人的要求对获救的船舶或者其他财产提供满意的担保以前,未经救助方同意,不得将获救的船舶和其他财产从救助作业完成后最初到达的港口或者地点移走。第190条　对于获救满90日的船舶和其他财产,如果被救助方不支付救助款项也不提供满意的担保,救助方可以申请法院裁定强制拍卖;对于无法保管、不易保管或者保管费用可能超过其价值的获救的船舶和其他财产,可以申请提前拍卖。拍卖所得价款,在扣除保管和拍卖过程中的一切费用后,依照本法规定支付救助款项;剩余的金额,退还被救助方;无法退还、自拍卖之日起满一年又无人认领的,上缴国库;不足的金额,救助方有权向被救助方追偿。

② 交通部政策法规司:《〈海商法〉学习必读》,人民交通出版社1993年版,第100页。

③ [德]卡尔·拉伦茨:《法学方法论》,陈爱娥译,商务印书馆2005年版,第133页;雷磊:《法律规则的逻辑结构》,载《法学研究》2013年第1期。

只简单提及保证费用得以偿还的后果,但行为方式和法律后果之间存在跳跃,还需要通过对"留置"的另行界定(比如民法上规定留置具体操作方式的条款)加以解释和实现,承运人留置权和救助人留置权条款则清楚规定了通过拍卖行为实现优先受偿的法律效果。船舶留置权还自成一体,规定了留置权消灭的原因。最后,出租人留置权和承租人留置权的条款由于对行为安排的缺位,需依赖外来因素的存在方得行使,比如依赖《海商法》其他条款或者民法留置权条款、理论的规定,才能完成对法条的法律适用。详见表1-1。

表 1-1　《海商法》留置权条款要素

条款	第25条 船舶留置权	第87条和第88条 承运人留置权	第141条 出租人留置权	第161条 承拖人留置权	第188条和第190条 救助人留置权
分布	第二章"船舶"	第四章"海上货物运输合同"的"货物交付"节	第六章"船舶租用合同"的"定期租船合同"节	第七章"海上拖航合同"	第九章"海难救助"
条数	一个法条包含两款,第1款规定与船舶优先权、船舶抵押权的关系,第2款规定"船舶留置权"的成立要件以及消灭的条件	两个法条,第1条列出承运人留置货物的成立要件,第2条规定承运人行使留置权的方式和后果	一个法条,列出承租人留置的成立要件	一个法条,列出承拖人留置的成立要件	两个法条,第1条列出留置权的一次效力和成立要件,第2条规定救助人行使留置权的方式和后果
主体	造修船人	承运人	出租人	承拖方	救助人
担保对象	造船费用、修船费用	运费、共同海损分摊、滞期费和承运人为货物垫付的必要费用以及应当向承运人支付的其他费用	租金或者合同约定的其他款项	拖航费和其他合理费用	救助款项
行为对象	所占有的船舶	其货物	船上属于承租人的货物和财产以及转租船舶的收入	被拖物	被救助的船舶和其他财产

条款	第 25 条 船舶留置权	第 87 条和 第 88 条 承运人留置权	第 141 条 出租人留置权	第 161 条 承拖人留置权	第 188 条和 第 190 条 救助人留置权
行为方式	留置	合理限度留置			不得移走
	丧失占有	留置 60 天无人认领，可以申请法院裁定拍卖	无	无	保管 90 天不支付款项或担保，可以申请法院强制拍卖
法律后果	保证费用得以偿还；受偿顺序在船舶优先权之后，船舶抵押权之前	无	有留置权	有留置权	无
	留置权消灭	清偿处理货物的费用和运费等债权；不足清偿的，向托运人追偿；清偿有余的，退还托运人或上缴国库			清偿保管和拍卖费用，支付救助款项；剩余的金额，退还被救助方；无法退还的上缴国库；不足的金额，向被救助方追偿

资料来源：根据《海商法》整理

(三)《海商法》留置权条款内容的类型化

《海商法》留置权条款根据权利主体的不同，可以被划分为造修船人的船舶留置权、承运人留置权、出租人留置权、承拖人留置权、救助人留置权 5 类。若转换观察视角，依据留置对象的性质差异，《海商法》留置权还可以被分为 3 类：以船舶为对象的留置权、以船上货物财产为对象的留置权、以转租收入为对象的留置权，具体如表 1-2 所示。

表 1-2　根据留置对象区分的《海商法》中的留置权类型

类　型	对应的留置权条款内容		
以船舶为客体的留置权	第 25 条 船舶留置权	第 161 条 承拖人对被拖船舶的留置权	第 188 条 救助人对被救船舶的留置权

续表

类　　型	对应的留置权条款内容			
以货物、财产为客体的留置权	第 87 条和第 88 条承运人留置权	第 141 条出租人对货物、财产的留置权	第 161 条承拖人对被拖货物的留置权	第 188 条救助人对被救其他财产的留置权
以转租收入为客体的留置权	第 141 条　出租人对船舶转租、转运收入的留置权			

资料来源:根据《海商法》整理

　　下文分析《海商法》留置权的体系化程度时,这种类型区分方式具有研究意义。根据权利主体划分类型和根据权利客体划分类型,是对本书研究对象《海商法》留置权的不同分析视角,分别来自两种类型系列的权利类型之间,可能产生交集,但不存在隶属关系。比如第 25 条规定的船舶留置权,在按主体划分的类型系列中,构成了单独的一类——造修船人的船舶留置权,但在按留置对象划分的类型系列中,它只是以船舶为对象的留置权这种类型下的组成部分。

二、《海商法》留置权的国际化和本土化双重面向

　　作为《海商法》的一部分,5 组留置权条款共同反映了《海商法》的立法目标,即追求实现国际化和本土化的双重面向。根据《海商法》立法资料的介绍,《海商法》的立法理念是"根据我国实际",同时"与国际规则接轨"[①]。这与《海商法》主要调整的国际航运、国际贸易领域的法律关系密切相关,在立法当时,该法肩负"推动社会主义市场经济的发展,进一步深化改革、扩大开放"[②]的任务。既要和国际接轨,护航我国的法律主体参与世界海运和国际贸易的竞争,又要能适用于我国法律实践,这样的双重面向要求直接驱动了《海商法》对立法方式和立法用语的选择。

　　为了实现国际化面向,法律移植的立法方式是整部《海商法》立法的重要特点[③],同时,为了实现本土化面向,对域外移植对象进行本土化改造,使其能够在我国航运实践中适用,这也是《海商法》立法者的重要任务。于是,经由法律移植和本土化改造,《海商法》留置权也具备双重面向的特点。

---

　　①　黄镇东:《黄镇东部长在领导干部〈海商法〉学习培训班结束时的讲话》,载《〈海商法〉学习必读》,人民交通出版社 1992 年版,第 3 页。该书于《海商法》颁布同年出版,当时的交通部组织交通系统干部学习《海商法》的教材,作者曾任交通部部长,参与《海商法》制定;杨景宇:《关于〈中华人民共和国海商法(草案)〉的说明》,http://law.npc.gov.cn/FLFG/flfgByID.action? flfgID＝42252＆showDetailType＝QW＆zlsxid＝23,下载日期:2021 年 3 月 23 日。作者时任国务院法制局局长,引文内容为1992 年就《海商法(草案)》向第七届全国人民代表大会常务委员会所做的说明。

　　②　黄镇东:《黄镇东部长在领导干部〈海商法〉学习培训班结束时的讲话》,载《〈海商法〉学习必读》,人民交通出版社 1992 年版,第 3 页。

　　③　郭瑜:《海商法的精神——中国的实践和理论》,北京大学出版社 2005 年版,第 9 页。

(一)以法律移植实现国际化面向

英国学者 Alan Watson 于 1974 年首次提出法律移植(legal transplant)的概念,是指"一条法规或者一种法律制度自一国向另一国,自一族向另一族迁徙的现象"[①],描述了法律的传播和流动现象。

我国在《海商法》法律移植中,对移植对象的选择标准是,首选国际公约,在没有公约的领域,才选择有"类国际公约"效果的民间惯例、标准合同,最后才是影响力大的外国法。[②] 这种做法符合学者观察到的国际上法律移植的特征,包括各国倾向移植具有"高法律声望"且"易于获取"的技术类规则。[③] 对《海商法》中的 5 类留置权来说,法律移植的立法特点表现得较为典型,它们都不同程度地移植了域外法律文件中关于"lien"的规定。它们的移植对象分别是国际公约(船舶留置权条款、救助人留置权条款)、国际标准合同(出租人留置权条款、承拖人留置权条款)和外国立法(承运人留置权条款)的内容,基本覆盖了整部《海商法》移植对象的种类[④],在《海商法》的移植条款中具有典型性,本章第三节将对《海商法》留置权条款的法律移植情况进行逐一介绍分析。基于移植对象的国际影响力,《海商法》留置权条款实现了"与国际规则接轨"的国际化面向。

然而,5 类《海商法》留置权没有选择同一的移植对象,是因为国际公约只设置了与船舶留置权、救助人留置权有关的规则,承运人留置权、出租人留置权、承拖人留置权未在国际公约上统一规定,只能选择影响力较大的国际标准合同和外国法加以移植借鉴。不同的移植对象间,难免存在立法机构、条款的定位、制定时间、保护的利益参差不齐的问题,是造成《海商法》留置权条款彼此差异较大的主要原因,这种客观情况也给我国《海商法》留置权条款间的体系化造成了一定的障碍。

(二)以我国留置权术语改造移植对象实现本土化面向

我国学者认为,法律移植过程就是对域外法律进行"鉴别、认同、调适、整合、引进、吸收、采纳、摄取、通话"[⑤]的过程,强调对移植对象的能动性选择和改造。此外,语言的运用是法学学者最重要的工具[⑥],是对法律移植对象进行本土化改造的主要手段。立法对语言的精确度要求很高,无论是对法律条文中的术语还是没有明确意义的虚词的选

---

① [美]阿兰·沃森、贺卫方:《法律移植论》,载《比较法研究》1989 年第 1 期。

② 郭日齐:《我国〈海商法〉立法特点简介》,载《〈海商法〉学习必读》,人民交通出版社 1992 年版,第 23 页;杨景宇:《关于〈中华人民共和国海商法(草案)〉的说明》,http://law.npc.gov.cn/FLFG/flfg-ByID.action? flfgID=42252&showDetailType=QW&zlsxid=23,下载日期:2021 年 3 月 23 日。

③ Wishart Mindy Chen, Legal Transplant and Undue Influence: Lost in Translation or a Working Misunderstanding, *International and Comparative Law Quarterly*, 2013, Vol.62, No.1, pp.1-30.

④ 《海商法》法律移植的对象包括国际公约、国际标准合同、具有广泛影响的民间规则,以及外国立法的实例,参见杨景宇:《关于〈中华人民共和国海商法(草案)〉的说明》,http://law.npc.gov.cn/FLFG/flf-gByID.action? flfgID=42252&showDetailType=QW&zlsxid=23,下载日期:2021 年 3 月 23 日。

⑤ 张文显:《继承·移植·改革:法律发展的必由之路》,载《社会科学战线》1995 年第 2 期。

⑥ [德]魏德士:《法理学》,丁晓春、吴越译,法律出版社 2013 年版,第 96 页。

择,失之毫厘都可能导致谬以千里,因此可以认为法律条文中的语言使用,都经过立法者深思熟虑,并带有一定的目的性。

在5组《海商法》留置权条款中,有4组使用了"留置/留置权"的表述。"留置/留置权"不是日常汉语中的语言,它们都是法律的专业术语,而在《海商法》中,"留置/留置权"充当了4组条款中的核心成分①。本书认为,对于这些法律移植条款来说,民法"留置权"术语的使用意图在于:界定《海商法》中的留置权的基本属性,将《海商法》中的留置权纳入设立在先的本土担保性权利系统②,并允许在一定条件下,以民法留置权的理论和内容对《海商法》中的留置权进行补充。

"留置权"术语的使用,沟通了国内和域外的两种权利体系,推动了《海商法》留置权条款的本土化适用性。首先,凭借国人对民法留置权的熟悉,充分利用移植对象和民法留置权的法律效果近似,促进移植法律与本土法律的融合,让移植而来的条款更容易被国人所接受和适用。其次,术语的使用为《海商法》节省了立法笔墨,对"留置权"的属性和行使方式无须如同民法一般进行详细定性和罗列。比如《海商法》使用"留置权"术语的5组留置权条款中,有2组(出租人留置权、承拖人留置权)对"留置权"的二次效力未另行专门说明,只是简单表述为"有留置权",这并不影响它们具有处分留置物并优先受偿的法律效力。最后,《海商法》法律移植的只是域外法律文件中的具体规则,割裂了该规则与解释该规则所依赖的域外法律体系和法学理论的关联,这对于法律的解释和适用可能会造成障碍,但立法者智慧地将《海商法》中移植而来的留置权纳入民法留置权范畴,在共同术语的指引下,以本土民法留置权的法理和法律体系对《海商法》留置权条款加以理论支持,从而实现法律适用。

三、《海商法》留置权具有民法体系中留置权的核心特征

本章第一节总结了留置权的核心性质,即效力结构上具有"占有+处分并优先受偿"二次效力,属性上是法定担保物权,保护着公平的价值。这些核心性质,是判断某项权利是否属于留置权范畴的标准。

在《海商法》留置权条款中,船舶留置权条款、承运人留置权条款和救助人留置权条款的内容,都肯定了权利主体具有占有和处分并优先受偿的权利,符合民法留置权条款的二次效力标准。③《海商法》第25条船舶留置权条款第2款体现该权利人能够"留置

---

① "留置/留置权"在4个条款中分别是主语(第25条的"留置权")、谓语(第25条、第87条和第88条的"留置")、宾语(第141条和第161条的"留置权")。

② 2007年《物权法》出台,方才确定留置权的担保物权属性,之前的留置权只是债的担保。

③ 船舶留置权条款、承运人留置权条款和救助人留置权条款分别体现了民法留置权的"占有+处分并优先受偿"的结构,而出租人留置权和承拖人留置权只是简单规定债权人"有留置权"。

船舶",第 1 款体现船舶留置权还可优先(于船舶抵押权)受偿,共同反映出其二次效力结构①;第 87 条和第 88 条对承运人留置权的规定,不仅根据第 87 条可以"留置其货物"有一次效力,还可以根据第 88 条在 60 天后无人提取时申请法院裁定拍卖并优先受偿,也有二次效力;第 188 条和第 190 条对救助人留置权的规定,前者赋予救助人阻止被救船货离开港口的权利,后者赋予救助人申请拍卖被救船货并优先受偿的权利,再次出现了二次效力结构。虽然规定出租人留置权的第 141 条和规定承拖人留置权的第 161 条,只简单规定了"有留置权"的法律效果,没有规定具体的行为方式以及是否优先受偿,但基于在同一部法律中对"留置权"术语的共同使用,以及其他《海商法》留置权条款的详细规定,完全有理由认为它们也是同民法留置权一般具有二次效力的权利,这样设计可让法条更为简洁。

另外,这 5 组《海商法》留置权条款中的权利,都是法律规定的担保性权利,都意在保护权利人的债权得以实现,亦落入民法留置权保护公平的价值框架下。对于民法留置权条款一般规定中的三大积极要件,5 组条款中都有呼应,与前者在规范结构上形成了"特别——一般"的相互支持和证立,详见表 1-3。

表 1-3 《海商法》留置权条款中体现民法留置权要件的表述

民法中关于留置权的 一般规定的要件②	《海商法》留置权条款中的相应表述
原因要件:到期债务/权	第 25 条:"未履行合同时" 第 87 条:"应当向承运人支付的运费……没有付清,又没有提供适当担保的" 第 141 条:"承租人未向出租人支付租金或者合同约定的其他款项" 第 161 条:"被拖方未按照约定支付" 第 188 条:"未根据救助人的要求对获救的船舶或者其他财产提供满意的担保以前"
占有要件:债权人合法地占有他人的动产	第 25 条:"留置所占有的船舶" 第 87 条:无 第 141 条:"对船上属于承租人的货物和财产……有留置权" 第 161 条:"被拖(物)" 第 188 条:"未经救助方同意,不得……移走"

---

① 《海商法》第 25 条 船舶优先权先于船舶留置权受偿,船舶抵押权后于船舶留置权受偿。前款所称船舶留置权,是指造船人、修船人在合同另一方未履行合同时,可以留置所占有的船舶,以保证造船费用或者修船费用得以偿还的权利。船舶留置权在造船人、修船人不再占有所造或者所修的船舶时消灭。

② 崔建远:《物权法》,中国人民大学出版社 2017 年版,第 582 页。

续表

民法中关于留置权的 一般规定的要件②	《海商法》留置权条款中的相应表述
同一法律关系要件:债权的产生与该动产属于同一法律关系中	第 25 条:"占有所造或者所修的船舶" 第 87 条:"承运人为货物垫付的必要费用" 第 141 条:"对船上属于承租人的货物和财产以及转租船舶的收入" 第 161 条:"被拖物" 第 188 条:"将获救的船舶和其他财产"

资料来源:《海商法》;崔建远:《物权法》,中国人民大学出版社 2017 年版,第 582 页

由此判断,《海商法》留置权属于留置权中的民事留置权的范畴,而非专属于商事主体的,可以放宽"同一法律关系"要件的商事留置权范畴。因此,《民法典》和《海商法》中使用的"留置权"术语具有一致的含义,实现了一般法和特别法的逻辑连贯性。

四、《海商法》留置权较《民法典》中的留置权独具特点

《民法典》对留置权的规定分为两大类。第一类是《民法典》物权编的第十九章"留置权"包含了对留置权的一般规定,这些条款同时也是成立非典型留置权的依据;第二类是《民法典》合同编在 4 个典型合同章节分别规定了 4 类典型留置权。与《民法典》留置权的一般规定和典型留置权条款相比,《海商法》留置权都有着鲜明的特点,主要集中于主体、担保债权范围、留置物、成立要件几个方面。

在主体上,《海商法》留置权保护着船舶关系和海上运输关系中主要义务承担者,包括造修船人、承运人、出租人、承拖人、救助人,他们是维持航运业正常运转的重要角色;在担保债权的范围上,对造修船费用、海运运费及相关债权、船舶租金及相关债权、拖航费和救助费加以留置权担保,是维持上述主体正常经营的资金来源;留置物亦都是船舶、船上货物、船上其他财产,相较于陆上动产,可能会面对更大的海上风险,具有海商法的特殊性;成立要件上,船舶留置权、承拖人留置权和救助人留置权都不问留置船舶/货物/财产权属,有别于民法留置权的一般规定,而承运人留置权、出租人留置权则要求留置合同债务人的货物/财产。

这些条款差异体现了海商法有别于民法的特殊性,亦即体现了海商法存在的意义。之所以不宜用民法规范调整海上运输和船舶关系,是因为海洋与陆地客观地存在物理性质差异,从而导致了海陆风险的差异,由于人类进化出适应陆地生活的身体结构,人类从事海洋活动所承担的风险比起在陆地活动的风险始终更大,民法是根据陆地生活制定的法,难以覆盖海洋的风险特点。若是根据民法侵权损害赔偿的"全部赔偿原则"调整海上运输中的侵权,则从事海上运输的承运人由于频繁遭遇较大风险,容易因为一次事故而倾其所有进行赔偿,从而导致破产,长此以往,航运业无法发展,给整体社会经济的发展带来不可弥补的损失。因此,海商法应运而生,为调整船舶关系和海商法运输关系量身定制,重视对船货利益进行衡平,通过一系列形式上更偏向保护船方的权利义务分配,追求实质公平的法律效果,保护航运业的效率和发展,提

升社会的整体收益。因此,各国海商法与民法对于相同法律关系,可能呈现出相异的调整手段。

另外,由于肩负国际化和本土化双重面向目标,《海商法》留置权条款采取了法律移植的立法方式,其间既有对域外法的模仿和改造,也有对本土既有法律体系的继受与创新。《海商法》留置权条款包含的特殊成立要件,很大程度上是与移植对象保持一致而产生的,但背后往往是受局部的立法意图或者整体的立法目的驱动,这些意图和目的可能与移植对象一致,也可能因服务于我国自身的国情需要而与移植对象相异,要获知具体条款的立法目的,必须要对该条款的法律移植过程,结合该条款有别于民法留置权条款的特点进行分析。

综上,5 组《海商法》留置权与我国民法体系中的其他留置权权利属性一致,此谓"大同";但《海商法》留置权专门适用于海上运输和船舶关系场景,成立要件与其他留置权存在差异,此谓"小异","小异"的产生可能与法律移植的立法方式密切相关,究其实质是承载了海商法特别的立法目的。

第三节 《海商法》留置权条款特点承载的立法目的

立法目的是法律解释的主要对象,是对条款正确适用的基础[①],重要性不言而喻。本书所指的立法目的,采取魏德士对"规范目的"的定义:在任何法律规范后面都隐藏着服从特定目的与目标的、立法者的、法政策学的形成意志。[②] 本书亦对立法目的和立法意图进行区分,前者指长期的、整体的、终点性的目标,后者指短期的、片段的、现时性的目标。[③] 立法意图可以被立法目的所包括,为立法目的服务,属于广义立法目的的组成部分。

作为特别的民法留置权条款,要洞悉《海商法》留置权条款的立法目的和意图,就应从其有别于民法留置权条款的特殊性出发,考察在民法留置权条款保护公平的意图之外,《海商法》留置权条款还保护哪些特殊的价值,这也是《海商法》留置权条款存在的意义。基于《海商法》留置权的双重面向,本书综合运用文义解释、体系解释、历史解释等方法[④],考察各条款的法律移植过程,探明特殊性产生的原因,才能全面了解特殊性背后蕴含的立法目的,为条款的准确适用奠定理论基础。

一、船舶留置权条款特点的产生原因及其立法目的

《海商法》第 25 条规定了船舶留置权,条款位于第二章"船舶"的第三节"船舶优先权"中,同一章还规定了"船舶所有权""船舶抵押权"等以船舶为对象的物权内容。第 25

---

① 杨代雄:《萨维尼法学方法论中的体系化方法》,载《法制与社会发展》2006 年第 6 期。
② [德]魏德士:《法理学》,丁晓春、吴越译,法律出版社 2013 年版,第 307 页。
③ 王云清:《制定法解释中的立法意图以英美国家为中心的考察》,载《中外法学》2020 年第 6 期。
④ [德]魏德士:《法理学》,丁晓春、吴越译,法律出版社 2013 年版,第 310 页。

条与民法留置权的一般规定相异之处在于,该条将权利主体特定化为造修船人,将留置权担保的对象特定化为造修船费用;而且未像民法留置权一般规定一样强调留置物权属,要求是"债务人的动产"的,成立船舶留置权只需"留置所占有的船舶"。另外,第25条对船舶留置权与船舶优先权、船舶抵押权等船舶担保物权的受偿顺序进行了排序,由于我国民法体系中不存在优先权概念,则该排序因为船舶优先权的引入也体现出特殊性。

由于《海商法》第25条与移植对象高度相似,其移植对象是具有一定影响力的国际公约,要了解其立法目的,必然先从其移植对象入手,追根溯源的同时,比对民法留置权对该条款的影响,从而全面了解其立法目的。

(一)移植对象的选择体现与民法留置权接轨的立法意图

《海商法》首选的移植对象是国际公约[①],1967年《统一船舶优先权和抵押权某些规定的国际公约》[②](以下简称1967年《船舶优先权公约》或1967年版公约)和1993年《船舶优先权与抵押权国际公约》(以下简称1993年《船舶优先权公约》或1993年版公约)都规定有以船舶为对象的担保性权利。两个公约均由国际海事委员会(全称 Comité Maritime International,以下简称 CMI)牵头制定,1993年版公约对1967年版公约的相关条款进行了修改。

多数学者认为《海商法》第25条船舶留置权条款,法律移植自1993年《船舶优先权与抵押权国际公约》的1989年草案的第7条。[③] 由于该草案内容和最后公布的公约正式版基本一致[④],下文对公约及其草案均以1993年《船舶优先权公约》或1993年版公约简称。本书比对发现,实际上《海商法》第25条移植自1967年版公约的第6条第2款。两个公约条款虽内容相近,但所用术语不同,意图赋予造修船人的权利性质不同。《海商法》第25条在法律移植过程中,充分考虑了国际化和本土化的双重面向,为了条款将来能更好地实现本土化适用做出了选择。

---

① 郭日齐:《我国〈海商法〉立法特点简介》,载《〈海商法〉学习必读》,人民交通出版社1992年版,第23页;参见杨景宇:《关于〈中华人民共和国海商法(草案)〉的说明》,http://law.npc.gov.cn/FLFG/flfgByID.action? flfgID=42252&showDetailType=QW&zlsxid=23,下载日期:2021年3月23日。

② 该公约全称为"International Convention for the Unification of Certain Rules relating to Maritime Liens and Mortgages,1967"。

③ 张湘兰:《海商法》,武汉大学出版社2008年版,第65页;李海:《船舶物权之研究》,法律出版社2002年版,第204页;何建华:《1993年船舶优先权和抵押权国际公约释义》,人民交通出版社1997年版,第28页;孙光:《船舶扣押后的船舶留置权问题分析》,载《人民司法》2008年第13期;罗剑雯、宋妙艺:《论〈海商法〉中的船舶留置权》,载《学术研究》2002年第6期。

④ 最后正式公布的公约全称为"International Convention on Maritime Liens and Mortgages,1993",该公约草案于1989年完成,当时我国派出专家组参与草案的讨论,朱曾杰教授是大会的副主席兼报告员,正式的公约则是1993年在日内瓦举行的联合国关于统一船舶优先权和抵押权的国际会议上,对1989年的公约草案投票并顺利通过的,1989年草案和1993公约正式文本的内容基本一致。参见何建华:《1993年船舶优先权和抵押权国际公约释义》,人民交通出版社1997年版,第30页。

表 1-4 《海商法》第 25 条与《船舶优先权公约》相关条款对比

《海商法》第 25 条①	1967 年《船舶优先权公约》第 6 条②	1993 年《船舶优先权公约》第 7 条③
船舶优先权先于船舶留置权受偿,船舶抵押权后于船舶留置权受偿。 前款所称船舶留置权,是指造船人、修船人在合同另一方未履行合同时,可以留置所占有的船舶,以保证造船费用或者修船费用得以偿还的权利。船舶留置权在造船人、修船人不再占有所造或者所修的船舶时消灭。	1. 每一缔约国可为担保第 4 条所述者以外的请求而允许留置权或滞留权("a lien or right of retention")。此种留置权("liens")应排列于第 4 条所列的所有船舶优先权("maritime liens"),和符合第 1 条规定的所有已登记的抵押权及质权之后。此种滞留权("right of retention")不得对第 4 条所述船舶优先权或符合第 1 条规定的已登记抵押权或质权的实施发生影响,亦不得对与行使此种优先权有关的将船交付购买人发生影响。 2. 如对下述船舶允许留置权或滞留权("a lien or right of retention"),即:(1)为船舶建造人占有,以担保船舶建造的请求;(2)为船舶修理人占有,以担保此种占有期间进行修理的请求;则此种留置权或滞留权("lien or right of retention")应排列在第 4 条所列的所有船舶优先权之后,但可排列在已登记的抵押权或质权之前。即使对船舶已有登记的抵押权或质权,此种留置权或滞留权(a lien or right of retention)仍可对该船行使。但是,当该船已不再为船舶建造人或船舶修理人占有时,此项留置权或滞留权即应消灭。	1. 每一缔约国均可按照其法律给予下述船舶占有("in the possession of")人以船舶留置权("a right of retention"): (a)造船厂,以担保与造船有关的索赔;或 (b)修船厂,以担保与修船有关的索赔,包括在其占有期间进行的船舶改建; 2. 在船舶不再为造船厂和修船厂所占有"in the possession of")时,这种船舶留置权应予取消,但船舶由于被扣留或扣押的原因除外。

资料来源:法条、公约和译文均来自北大法宝网站

---

① 《海商法》第 25 条。

② 1967 年《统一船舶优先权和抵押权某些规定的国际公约》第 6 条,公约原文:Article 6 1. Each Contracting State may grant liens or rights of retention to secure claims other than those referred to in Article 4. Such liens shall rank after all maritime liens set out in Article 4 and after all registered mortgages and hypothèques which comply with the provisions of Article 1; and such rights of retention shall not prejudice the enforcement of maritime liens set out in Article 4 or registered mortgages or hypothèques which comply with the provisions of Article 1, nor the delivery of the vessel to the purchaser in connection with such enforcement. 2. In the event that a lien or right of retention is granted in respect of a vessel in possession of:(a) a shipbuilder, to secure claims for the building of the vessel, or (b) a ship repairer, to secure claims for repair of the vessel effected during such possession, such lien or right of retention shall be postponed to all maritime liens set out in Article 4, but may be preferred to registered mortgages or hypothèques. Such lien or right of retention may be exercisable against the vessel notwithstanding any registered mortgage or hypothèque on the vessel, but shall be extinguished when the vessel ceases to be in the possession of the shipbuilder or ship repairer, as the case may be. 译文来自北大法宝。

③ 1993 年《船舶优先权和抵押权国际公约》第 7 条,公约原文:Article 7 Rights of retention 1. Each State Party may grant under its law a right of retention in respect of a vessel in the possession of either:(a) a shipbuilder, to secure claims for the building of the vessel; or(b) a shiprepairer, to secure claims for repair, including reconstruction of the vessel, effected during such possession. 2. Such right of retention shall be extinguished when the vessel ceases to be in the possession of the shipbuilder or shiprepairer, otherwise than in consequence of an arrest or seizure. 译文来自北大法宝。

从条款结构上看,规定船舶留置权的《海商法》第 25 条,不仅规定了船舶留置权的权利主体和内容,还规定了船舶留置权与船舶优先权、船舶抵押权的受偿顺序,同 1967 年《船舶优先权公约》第 6 条第 2 款极为接近。而 1993 年《船舶优先权公约》第 7 条规定造修船人的滞留权(right of retention),其权利主体和条款内容与我国《海商法》第 25 条也高度相似,但缺少该权利与其他船舶担保权利受偿的先后顺序的对比。

透过现象看本质,此处新旧公约对条款结构的调整,与它们赋予造修船人的权利性质改变有关,这直接导致了《海商法》选择旧法进行移植。1967 年版公约允许成员国选择赋予造修船人对船舶的留置权或滞留权("a lien or right of retention in respect of a vessel"),而 1993 年版公约赋予的是对船舶的滞留权("a right of retention")。术语的不同会引起法律规则的不同①,CMI 的公约起草者们对 lien 与 right of retention 进行区分,1967 年版公约赋予造修船人可选的 lien 权,具有占有＋处分并优先受偿的二次效力②,与我国民法留置权性质特点相近;1993 年版公约的 right of retention 则只有占有的一次效力③,由于其没有受偿效力,所以不需要和其他船舶担保性权利进行受偿顺序的排序。

我国《海商法》第 25 条之所以选择 1967 年《船舶优先权公约》的第 6 条第 2 款进行移植,而放弃了对当时最新的国际立法 1993 年版公约第 7 条的法律移植,就是为了运用国际公约赋予的选择权(1967 年版公约第 6 条允许成员国根据国内法选择 lien 或者 right of retention),挑选与国内法律体系中既有权利相似度高的设计,让该权利融入我国民法体系,更好实现本土化的法律适用。《海商法》立法当时,民法留置权在我国扎根已久,借助民众对留置权概念的熟悉,将国际上相近的制度引入海商法领域,更容易被民众所接受,和我国既有法律体系的融贯性较好,减少产生法律冲突的可能性,有利于本土化面向的实现。此外,这样做还能弥补国际条约作为移植对象的碎片化缺陷,1967 年《船舶优先权公约》全称为《统一船舶优先权和抵押权某些规定的国际公约》,从其标题就可看出,公约明确其意在统一"部分"规定,因为基于缔约国的不同利益格局和法律背景,实现对船舶优先权和抵押权制度的完全统一是不可能完成的任务,但海商法的国际统一是海运业整体利益最大化的选择,借助国际公约的形式,意图在最大限度内促进各国海商法关于船舶担保权利的统一。④ 因此,《海商法》第 25 条的法律移植对象不是一套完整的制度,必须通过补充和解释才能实现最终的司法适用。为了不破坏国际公约原有的逻辑结构,《海商法》第 25 条条款与其他众多的法律移植条款一样,内容完全

---

① 刘星:《法理学导论:实践的思维演绎》,中国法制出版社 2016 年版,第 101～105 页;公丕祥主编:《法理学》,复旦大学出版社 2016 年第 3 版,第 228～229 页。

② Francesco Berilingeri,Forewrd,in CMI ed.,*Essays on Maritime Liens and Mortgages and on Arrest of Ships*,Antwerpen:Comité Maritime International,2018,pp.1-23.

③ Francesco Berilingeri,Forewrd,in CMI ed.,*Essays on Maritime Liens and Mortgages and on Arrest of Ships*,Antwerpen:Comité Maritime International,2018,pp.1-23.

④ United Nations,International Maritime Organization,*United Nations/International Maritime Organization Conference of Plenipotentiaries on a Convention on Maritime Liens and Mortgages*,*International Convention on Maritime Liens and Mortgages*,1993,p.1.

翻译移植了公约的内容。[①]于是，第 25 条只规定了船舶留置权的主体、权利框架性内容、权利丧失条件、船舶留置权与其他船舶担保权利的优先受偿顺序。法律适用中必须考虑的：权利如何实现、权利担保的范围等都未规定，这些，都是公约意图由国内法来填补的部分。我国在选择了 lien 权进行法律移植之后，可以直接用民法留置权的条款和理论来补充第 25 条，无须再另行制定细化规则，提升了立法的效率。

虽然第 25 条表面上忠实翻译了移植对象的内容，实现了与国际规则接轨的意图，但本土化适用的意图在法律移植过程中发挥了至关重要的影响，直接决定了对移植对象的选择，决定了权利的性质和具体适用的理论依据。本土化和国际化双重面向之间的张力，被法律移植的选择和改造很好地消融了，体现了立法者的智慧。

（二）船舶留置权条款对移植对象立法目的的继受和改造

1. 移植对象设置船舶留置权出于政策因素和鼓励航运发展多重考虑

以体系化的思维分析，由于公约中的造修船人留置权（lien of ship builder/repairer）是整个船舶担保权利体系的一部分，与其他船舶担保权利相互作用、联系密切，应将权利放到体系中分析，方可全面了解该权利背后的立法目的和意图。总的来说，作为《海商法》第 25 条移植对象的 1967 年《船舶优先权公约》，规定造修船人对船舶的担保性权利，实质是一种妥协，是为了防止这类优先于船舶抵押权受偿的权利被各国广泛自行规定，影响公约船舶担保体系中船舶抵押权的实现，影响国际航运的法制环境趋同。统一各国做法，则可以保护船舶融资，服务航运业发展。因此，关于移植对象条款的解释，都要围绕该立法目的和立法意图展开。

具体来说，1967 年《船舶优先权公约》第 6 条分为两款。第一款允许各国根据国内法规定，产生对船舶的 other lien 和/或者 other right of retention，这是为了保证核心条款——船舶优先权条款（公约第 4 条的 maritime lien）被各国接受，而做出的妥协。[②]公约的此处妥协也有平衡机制，各国如果选择制定 other liens，受偿顺序被公约排在船舶优先权、船舶抵押权和质权之后，以减少对船舶融资的影响，保护作为资金密集产业的航运业的发展。[③]而当某国根据该公约第 6 条第 1 款，选择制定对船舶无优先受偿权的 other right of retention 条款，亦不应影响船舶优先权、船舶抵押权和质权的实现，同样可以实现保护船舶优先权的优先性和保护船舶融资的目的。

在此基础上，公约第 6 条第 2 款规定了一项例外——赋予造船厂和修船厂优先于船舶抵押权受偿的 lien 权，或可以对抗船舶抵押权的 right of retention 权利。公约设置这项特权是出于政策性因素的考量，因为造修船行业对许多海洋国家非常重要，给予它们特权，容易赢得这些海洋国家对公约的支持，若没有这些国家的同意，1967 年《船舶优

① 郭日齐：《我国〈海商法〉立法特点简介》，载《〈海商法〉学习必读》，人民交通出版社 1992 年版，第 25 页。

② Francesco Berilingeri, The 1926 And 1967 Brussels Conventions, in CMI ed., *Essays On Maritime Liens And Mortgages And On Arrest Of Ships*, Antwerpen: Comité Maritime International 2018, pp.15-23.

③ 1967 年《船舶优先权公约》第 6 条。

先权公约》是不可能通过的。① 妥协总是伴随着博弈和利益平衡，公约的总体意图是保护船舶融资以促进航运业发展，所以要尽量减少优先于船舶抵押权和质权的权利种类，造修船人的"lien or right of retention"被作为唯一的例外，被起草者局限于非常狭窄的造修船人两类主体。

于是，公约第 6 条的第 1 款和第 2 款之间形成一个连贯的系统，因为公约对各项船舶担保权利的先后顺序进行了排序，各项权利无冲突地被运用，才能共同实现对航运业发展的保护，该连贯系统的组成元素和受偿顺序如图 1-2 所示。

1. 船舶优先权（maritime lien）
2. 造修船人的船舶留置权（liens of ship builder/repairer）
3. 登记的船舶抵押权和质权（registered mortgages and "hypothèques"）
4. 内国法规定的其他的留置船舶的权利（other liens）
5. 另外，根据内国法规定的造修船人滞留船舶权（rights of retention of ship builder/repairer）、其他的滞留船舶权（other rights of retention）因为没有优先受偿权，所以不参与排序，但仍能起到担保债权的效力，其中只有造修船人滞留船舶权能对抗登记的船舶抵押权和质权（registered mortgages and "hypothèques"）

图 1-2　1967 年《船舶优先权公约》中的船舶担保体系及其优先性位序

资料来源：1967 年《统一船舶优先权和抵押权某些规定的国际公约》（International Convention for the Unification of Certain Rules relating to Maritime Liens and Mortgages，1967）

1967 年《船舶优先权公约》第 6 条第 2 款赋权造修船人时，提供给各国选择的"lien"与"right of retention"的方式，不仅被我国法律选择移植，对国外海商法的立法也产生了延续至今的影响。本书对瑞典和挪威海商法进行了比较，发现虽然北欧各国的海商法高度一致，但在船舶担保权利系统上，也根据国内法，做出了不同安排。1994《瑞典海商法典》第 54 条赋予造修船人的是有优先受偿权的 lien，与瑞典国内《优先权法》接轨；而 1994 年挪威《海商法典》第 39 条则选择了没有优先受偿权的 right of retention 保护造修船人。② 而在这两个国家的现行海商法中，2019 年修订的《瑞典海商法典》第 3 章第 39 条和 2020 年修订的挪威《海商法典》第 54 条对造修船人的担保物权的规定，仍保持了这样的性质差异。③

总之，作为我国《海商法》第 25 条船舶留置权的移植对象，1967 年《船舶优先权公约》第 6 条赋予造修船人优先于船舶抵押权受偿的 lien，是为了保护造修船业的利益，吸引造修船大国参与公约，同时也注意减少此类权利对船舶优先权和船舶融资的干扰，该条还对以船舶为担保物的相关权利进行了类型的限制和优先性排序，其整体的立法目的和立法意图也将对我国的《海商法》第 25 条产生影响。

---

① Francesco Berilingeri，Forewrd，in CMI ed.，*Essays on Maritime Liens and Mortgages and on Arrest of Ships*，Antwerpen：Comité Maritime International，2018，pp.1-23.

② 韩立新、王秀芬：《各国（地区）海商法汇编》，大连海事大学出版社 2003 年版，第 847 页。

③ Sjölag（1994：1009 t.o.m. SFS 2019：351）39 §；See The Norwegian Maritime Code（24 June 1994 No.39，with amendments including Act 1July 2020）4 §.

2. 船舶留置权条款特点源于对移植对象立法目的之继受和改造

造船业是海洋强国的基石,1967年《船舶优先权公约》第6条对造修船业的特别保护,与我国发展造修船业的产业规划相符,亦可实现与国际接轨的目标。我国《海商法》第25条移植了该条,导致船舶留置权条款与移植对象高度相似,也导致了船舶留置权与民法留置权一般规定存在不同安排。

曾有人把法律制度比喻为一台设计精密的机器,每一零件都有其存在的必要性和必然性,移植了其中一项,有时必然得移植相关的其他项,可能因此移植了整个体系。[①]我国的《海商法》第25条船舶留置权,位于《海商法》第二章船舶的第三节船舶优先权中。同一节的其他条款都是关于船舶优先权的规定,也主要移植自1967年《船舶优先权公约》。[②] 这样的移植方案提醒人们,在解释第25条的时候,应将其放到我国的整个船舶担保物权系统中进行考察。从第25条第1款可以看出,我国不仅移植了船舶留置权,也移植了1967年版公约第6条的整体担保顺序的主要部分,即优先受偿顺序上,形成船舶优先权>船舶留置权>船舶抵押权的格局。而赋予造修船人的留置权以靠前的受偿顺序,能更好担保造修船人债权的实现,加强对造修船业发展的法律支持,这是对移植对象立法目的的继受。

《海商法》第25条相对于民法留置权的一般规定,细化了权利主体和担保的债权范围,要求只有造修船人因为造修船合同未得到偿付才能行使船舶留置权。此处延续了1967年《船舶优先权公约》第6条第2款的立法意图,出于对修造船业的保护,但也考虑到整个船舶担保体系的设计,应减少对船舶融资的影响。因为船舶留置权受偿顺序优先于船舶抵押权,如果拥有该权利者范围太大,必然会影响船舶融资,从而影响整体保护航运业的立法目的,因此对主体和债权范围进行严格控制。这些特殊性也继受了移植对象的立法目的,体现了该条款特殊的立法意图,维护的是整个航运担保系统的利益平衡,保护的是航运业特有的价值,不应通过援引民法加以否定。

另外,《海商法》第25条对留置船舶的权属没有要求,这一点与法律移植对象一致,与民法留置权的一般要件不同。有学者认为此规定与《船舶优先权公约》保持一致,是考虑到方便旗问题。[③] 本书认为这个特殊规定的立法意图还包括:船舶所有权制度的国际差异很大,国内实务对建造中船舶的所有权至今仍存在争议,若对留置的船舶进行权属要求,给造修船人增加识别和证明的负担,赋予他们特殊保护的目的恐无法实现,这个考虑对保护我国造修船业亦有重大意义,因此第25条有意移植公约而背离民法留置权,放宽对留置船舶的权属要求。此外,《海商法》法律移植国际公约,是为了实现国际化的立法目标,融入国际航运市场竞争,为此,也应尽量给予我国的修造船企业不低于国际一般水平的保护。如此看来,第25条在权属要求上,虽不符合传统民法留置权的要件,特别的设计亦是为了保护我国航运业发展。

---

① 费安玲:《比较担保法》,中国政法大学出版社2004年版,第3页。

② 张忠晔主编:《各国和地区海商法比较》,人民交通出版社1994年版,第39页;交通部政策法规司:《〈海商法〉学习必读》,人民交通出版社1993年版,第40页。但是本书经过对比发现,除了船舶留置权条款,船舶优先权一节的其他条款,都移植了1993年版公约对1967年版公约的改进之处。

③ 司玉琢:《海商法》,法律出版社2003年版,第72页。

由此可见，一方面，我国的"船舶留置权"受到本土化适用目标的驱使，有意从不同国际公约中选择与民法留置权相融贯的移植对象进行移植，设置了一种有特殊要件的民法留置权；另一方面，与国际接轨的目标促成了对该项权利的移植，而且立法目的受到移植对象整个体系的强烈影响，是专门为造修船人的造船和修船费用债权提供的担保，也考虑到对船舶融资秩序的保护，严格控制权利主体范围，最终目的还是通过担保造修船人的债权，助力航运业的整体发展。

二、承运人留置权条款特点的产生原因及其立法目的

《海商法》在第 87 条和第 88 条规定了承运人留置权，其位于第四章"海上货物运输合同"的第五节"货物交付"中。与民法留置权的一般规定相比，第 87 条和第 88 条的权利主体和担保的债权范围存在特殊性；另外，第 87 条首次规定允许通过提供担保的形式豁免货物被承运人留置；同时，第 88 条对承运人留置权二次效力的实现做出了详细的规定，这些规定是贴合海运情形的专门设计，在当时的民法留置权条款上未出现过，包括对于目的港无人取货的情景，给予 60 日的留置期限，之后可以申请法院拍卖，对于鲜活易腐货物则无须满足 60 日要求，并详细规定了对拍卖价款的受偿安排。

与船舶留置权不同的是，承运人留置权条款在国际公约、国际标准合同、国际惯例和外国法中，难以找到高度匹配的移植对象。本书认为其特殊性来源于对多国（地区）海商法的综合移植，是立法者在进行充分的比较法分析后，确定立法目的，再选取具有国际普遍性的、更合理的做法，并结合我国民法留置权的特点而融合出的条文。

（一）融合各国海商法的承运人担保性权利而产生的特点

因为各国承运人留置权规则一直难以统一，《海牙-维斯比规则》《汉堡规则》《鹿特丹规则》三大海运公约没有列入承运人留置权条款。[①] 由于没有国际公约规定承运人留置权的相关权利，在制定《海商法》的时代，立法者要进行法律移植时，只能通过充分的比较法研究，博采众长。1994 年，张忠晔主编，朱曾杰审校的《各国和地区海商法比较》一书出版，记录了《海商法》立法中搜集参考的国际公约和各国立法。其中，与第 87 条和第 88 条相关的外国立法例包括当时的德国、韩国、日本、法国、苏联、挪威、瑞典、荷兰的法律，也参考了台湾地区"民法"的相关规定[②]，但从具体条文上看，找不到整体上与《海商法》承运人留置权高度近似的安排。

1.《海商法》赋予承运人以货物留置权接轨域外海商法普遍做法

赋予船方债务以担保性权利的做法在上述各国、各地区法律中均有类似规定，只是授予的具体权利人有所不同，根据《各国和地区海商法比较》一书的节录，德国、前苏联、挪威、瑞典将权利赋予承运人；韩国、日本则赋予"船长"；荷兰则除了承运人之外，还赋予保管人。我国《海商法》第 87 条将其赋予承运人，基本实现了与国际通行做法的接轨。

---

① 陈雨松、宋迪煌：《运输法工作组第十次会议情况报告》，载《中国海商法协会通讯》2002 年第 4 期

② 张忠晔主编：《各国和地区海商法比较》，人民交通出版社 1994 年版，第 120～123 页。经本书对上述各国现行法逐一核对，各国海商法以及台湾地区"民法"在 1992 年之后都经过修改，而苏联的《海商法典》已经因为苏联的解体而失效，主要独联体国家包括俄罗斯、乌克兰等均制定了本国的海商法。

2. 担保债权的范围主要移植自苏联《海商法典》

《海商法》第 87 条担保特定的权利范围主要移植自苏联,但与各国的规定也没有明显差异。经过对《各国和地区海商法比较》中引用多国条款的比较,各国相关法律担保的权利范围趋同,都包括运费、附加费等项目,但由于各国使用的术语不同,或者翻译产生的误差,表述上有所不同,但通观文义,《海商法》第 87 条列明的担保的债权范围,实现和多国担保范围的接轨。参见表 1-5。

表 1-5 《海商法》第 87 条参考的域外海商法条款担保的债权范围

来源①	担保的债权
我国《海商法》第 87 条	运费、共同海损分摊、滞期费和承运人为货物垫付的必要费用以及应当向承运人支付的其他费用
苏联《海商法典》第 154 条第 2 款	运费、延滞费和承运人为货物支付的必要费用,海损分摊额或者提供适当的保证
德国《商法典》第 614 条	运费、其他杂费和滞期费,并补偿已由承运人支付的关税和其他费用;共同海损分摊费用、打捞救助费用
韩国《商法典》第 800 条	运费、附加费用、垫款、停泊费和按照运送货物的价值支付共同海损或者为海难救助所应承担的款项
日本《商法典》第 753 条	运输费、附带费用、垫款、停泊费和按照运输物品的价格支付共同海损或为救助应负担的金额
挪威《海商法》第 113 条	根据第 112 条承运人有权得到的数额(该书未体现第 112 条内容),并支付根据海上优先权应支付的数额,对未理算的共损分摊提供担保
瑞典《海商法》第 113 条	船舶滞期费用,其他卸货延误费用、共同海损分摊费用以及其他依货物应付的费用

资料来源:张忠晔主编:《各国和地区海商法比较》,人民交通出版社 1994 年版,第 120~123 页

3. 允许债务人提供担保以豁免财产被留置的规定移植自北欧海商法

《海商法》第 87 条在我国首次规定了如果提供担保可以豁免留置的规定,这与《各国和地区海商法比较》一书引用挪威、瑞典的规定一致②,体现了该制度的担保意义和灵

---

① 来源一栏完全援引《各国和地区海商法比较》一书内容,该书作为《海商法》立法资料的结集汇编,只列明《海商法》各条款参考的条文和国别,未列明域外法律的制定实施年份,由于 20 世纪 90 年代距今年代较远,本书无从逐一考证当时引用的外国法的具体生效年份,遂保留该书原始用语。参见张忠晔主编:《各国和地区海商法比较》,人民交通出版社 1994 年版,第 120~123 页。

② "挪威 第 113 条 只有收货人已经支付或存下根据第 112 条承运人有权得到的数额,并支付根据海上优先权应支付的数额时,承运人才有义务交货。对未理算的共损分摊,但收货人已提供担保,承运人不能留置货物。当承运人交货时,存起的数额应交给承运人,除非收货人通知扣押或其他规定的禁止令阻止。瑞典 第 113 条 除非在下列情况下,否则承运人不负交付货物的义务:收货人满足了第 112 条所述的承运人的权利主张,支付了船舶滞期费用,其他卸货延误费用、共同海损分摊费用以及其他依货物应付的费用;或者,收货人将货物公共保管或交付承运人指定的私人保管,一旦承运人得到了其求偿,即刻交付货物。对于共同海损分摊费用,至今仍没有固定的数额限制,只要收货人对承运人的求偿提供了安全的保证,承运人则不应扣留货物。如果已装船的货物被没收,则只有在承租人有权拥有这批货物的情况下,该货物才能被放行。"参见张忠晔主编:《各国和地区海商法比较》,人民交通出版社 1994 年版,第 121 页。

活性；而第 87 条要求承运人在合理限度内留置货物，则移植了当时的台湾地区"民法"第647 条"按其比例，对于运送物，有留置权"。这两个规定都是吸收了移植对象合理的安排，后者甚至突破了传统留置权理论的不可分性[①]，完善了我国当时民法留置权较为简单的规定。

4. 第 88 条主要移植并改造苏联《海商法典》

《海商法》第 88 条专门规定的目的港无人提货时，对留置货物的处分和优先受偿的安排，结构上移植的是当时台湾地区"民法"第 650 条，只专门针对无人受领或拒绝受领设置的寄存拍卖权[②]，但未规定收货人不支付运费时，承运人留置权（第 647 条）的具体行使方式。[③] 同时，《海商法》第 88 条内容设计上则基本吸收了 1968 年苏联《海商法典》第 157 条、第 159 条关于目的港无人提货的处理条款，规定了最少 60 日（两个月）的留置期，易于腐烂的可以先行拍卖，出卖所得价款不足可以找托运人追偿的安排。[④] 第 88 条的结构和内容，相对于当时《民法通则》及其司法解释对留置权的规定来说，都是特别的安排。

5. 通过法院拍卖处分留置物的做法移植日韩商法

在《各国和地区海商法比较》一书引用的日韩两国法规中，船舶所有人要实现对海

[①] 崔建远：《物权法》，中国人民大学出版社 2017 年版，第 574 页。

[②] "台湾地区'民法'第 650 条（运送人之通知并请求指示义务及运送物之寄存拍卖权）受货人所在不明或拒绝受领运送物时，运送人应即通知托运人，并请求其指示。如托运人之指示，事实上不能实行，或运送人不能继续保管运送物时，运送人得以托运人之费用，寄存运送物于仓库。运送物如有不能寄存于仓库之情形，或有腐坏之性质或显见其价值不足抵偿运费及其他费用时，运送人得拍卖之。运送人于可能之范围内，应将寄存仓库或拍卖之事情，通知托运人及受货人。"参见张忠晔主编：《各国和地区海商法比较》，人民交通出版社 1994 年版，第 121 页。

[③] "台湾地区'民法'第 647 条（运送人之留置权与受货人之提存权）运送人为保全其运费及其他费用，得受清偿之必要，按其比例，对于运送物，有留置权。运费及其他费用之数额有争议时，受货人得将有争执之数额提存请求运送物之交付。"参见张忠晔主编：《各国和地区海商法比较》，人民交通出版社 1994 年版，第 120 页。

[④] "1968 年前苏联《海商法典》第 157 条第 3 款和第 4 款：在船舶到达港口两个月内，交付保管的货物仍未予领取，托运人又未付清该项运输中应当支付承运人的一切费用，承运人有权将货物出卖，无人认领的易腐货物，可以在上述期限届满以前出卖。在苏联海上商港内，货物在收货人提货前的保管期限和保管手续，以及无人认领货物的出卖手续，由苏联海运部按本法典第五条颁发的规章规定。第 159 条 出卖货物所得款项（本法典第 157 条）扣除应支付承运人的各项费用后，由承运人存入银行，以便交给应得的人。如果出卖所得金额不足抵偿支付承运人的各项费用以及货物保管和出卖的费用，承运人有权向托运人追偿少收的金额。从货物出卖之日起六个月内，如无人对出卖货物所得金额声明他的权利，出卖无人提取货物所得金额作为苏联国库的收入。出卖无单证货物所得的款项，作为承运人的收入，用以抵补因偿付货物灭失的索赔所引起的损失。"参见张忠晔主编：《各国和地区海商法比较》，人民交通出版社 1994 年版，第 120 页。

运货物的优先受偿,须经过向法院申请的手续,方能拍卖货物。① 我国的《海商法》在规定承运人实现留置权的第 88 条,一定程度上借鉴了该设计,表现为"可以申请法院裁定拍卖"。虽然担保的效果和我国《海商法》中的承运人留置权大致相同,但日韩两国是通过两项权利(扣留权+拍卖权)共同实现,而且日韩两国的承运人对于已交付的货物仍有申请拍卖并优先受偿的权利,优先受偿并不以占有为前提,这种拍卖权的权利性质具有明显的大陆法系优先权(privilège)属性,和我国的留置权差距较大,如果不通过法院拍卖,恐怕无法实现。但我国《海商法》第 88 条并不像日韩海商法那样强制拍卖,从条款内容上看,拍卖是一种选择,如果依据民法留置权的规定进行折价或者变卖,也未尝不可。

(二)改造移植对象体现与民法留置权接轨的立法意图

前面分析了《海商法》承运人留置权对各国规定的融合,单从文义相似度上看,最为接近《各国和地区海商法比较》一书所引苏联的规定。为了深入了解移植对象的立法目的,本书遂将《海商法》第 87 条和第 88 条与 1968 年苏联《海商法典》进行对比,再结合《各国和地区海商法比较》一书援引的各国法条进行比较法研究,发现为了实现与我国民法留置权的融贯,《海商法》将权利性质和用途完全不同的域外法作为移植对象,单纯移植其形式而剥离其与域外法律体系的联系,改造和拼凑成了第 87 条和第 88 条的安排。

根据《各国和地区海商法比较》的介绍,《海商法》第 87 条参考了"苏联《海商法典》第 154 条第 2 款和第 3 款"的规定,赋予了承运人因特定海运债权而有留置权。根据 1968 年苏联《海商法典》的完整英文译本,其第 154 条是关于收货人不履行目的港债务,承运人可以拒绝向收货人交货的安排。② 第 154 条第 1 款和第 2 款,先规定了托运人和

---

① "日本《商法》第 757 条(船舶所有人的运输物品拍卖权)第一项 船舶所有人为领取第 753 条第一项所定应支付的金额,经法院许可,可以拍卖运输物品。第二项 船长虽然在运输物品交付收货人之后,但船舶所有人仍可以在其运输物品上行使权利。但是自交付之日起经过两周时,或第三人已取得其占有时除外";另见"韩国《商法》第 804 条(船舶所有人对运送货物的拍卖权)(1)船舶所有人为收取第 800 条第(1)款规定之款项,经法院许可,可以拍卖运送货物。(2)船长将运送货物交给收货人。船舶所有人仍然可以对其运送货物行使前款规定之权利。但自交付货物之日起 30 日后,或第三人已经取得占有的情形除外。"参见张忠晔主编:《各国和地区海商法比较》,人民交通出版社 1994 年版,第 120 页。

② 1968 年苏联《海商法典》第 154 条 承运人应当支付的一切款项,由寄件人(或者承租人)支付。在寄件人(或租船人)与承运人达成协议的情况下,以及在船舱运输中,根据现行海上运输规则的规定,应允许向收件人转移付款。如果以前没有支付运费和滞期费,收货人在收到货物时,有义务向承运人支付运费和滞期费,则有义务赔偿承运人因货物而承担的必要费用;如果是共同海损,则有义务支付海损费或提供足够的担保。承运人在支付本条第 2 款规定的金额或者提供担保之前,可以不交付货物。英译本原文为 Article 154. All payments due the carrier shall be paid by the sender(or charterer). In instances provided for by agreement of the sender(or charterer) with the carrier, and, in carriage in cabotage, by the rules in force on maritime transport, transfer of payments to the recipient shall be allowed. The recipient shall be obliged upon receiving the goods to pay the carrier the freight and payment for demurrage which are due, if this was not done previously, to compensate him for necessary expenses borne by the carrier on account of the goods, and, in case of general average, to make the average payment or to provide adequate security. The carrier may not deliver the goods before payment of the amounts, or provision of the security, specified in paragraph 2 of the present Article. Butler, William E. & Quigley, John B., *The Merchant Shipping Code of the USSR*(1968), London: Johns Hopkins Press, 1970, pp.82-84.

收货人对承运人的债务范围,托运人(或承租人)负担应向承运人支付的一切款项,该债务根据约定或者法定,可以转移给收货人;而收货人应支付承运人未收到的运费、滞期费,以及因为货物产生的必要花费,还有共同海损分摊。第154条第3款在第2款的基础上规定,第2款所指的费用付清或者提供担保前,承运人可以不交付货物。

可以看出,1968年苏联《海商法典》第154条与我国《海商法》第87条规定的立法目的不同,赋权性质不同。苏联法为保护承运人债权的实现,直接规定了收货人有付款义务,收货人是运费等债务法定的当然的债务人,法律同时赋予承运人的权利是"不交货",行为仅针对收货人,性质属于同时履行抗辩权或者"债权性留置"(right of retention)。然而,我国《海商法》第87条并未确定目的港待付的运费的义务人,只是直接赋予承运人"留置"权,该权利具有占有+处分并优先受偿的物权效力。再与《各国和地区海商法比较》一书中其他域外法相比,围绕着保护承运人运费等航运相关债权的立法目的,各国赋予了不同性质的担保权利,赋予承运人担保性权利成为一种国际普遍做法。这么看来,我国《海商法》第87条只是移植了苏联法具体的债务项目,并以此实现了国际做法的接轨,但对权利前提、权利性质则根据我国民法留置权的一般规定进行了改造。

我国的民法留置权事先框定了《海商法》承运人留置权条款的性质和结构,这一点在第88条的法律移植中更为明显。1968年苏联《海商法典》第157条规定的是目的港交货不能时对货物的处理方式,与第154条规定的承运人的同时履行抗辩并没有明显的联系①,但我国《海商法》第88条却将1968年苏联《海商法典》第157条的第3款移植

---

① 1968年苏联《海商法典》第157条 如果提供的货物少于整船,并且在目的港收货人没有主张或拒绝收货,承运人有权在通知寄件人后,将货物交付仓库或其他可靠地点保管,费用和风险由寄件人承担。如果整艘船可供运输货物,船长有义务毫不迟延地将收货人不到场或拒绝接收货物的情况通知寄件人。只有在卸货期和附加期届满后,货物才能由船长卸货并交付保管,条件是在这些期限内没有其他指令来自发件人。承运人交付保管货物所用的时间,视为滞期。自船舶到达港口之日起两个月内,交付保管的货物无人认领,寄件人未向承运人支付该次运输的全部应付款项的,承运人有权将货物变卖。易腐货物无人认领的,也可以在指定期限届满前变卖。在苏联海上商港内,货物在收货人提货前的保管期限和保管手续,以及无人认领货物的出卖手续,由苏联海运部按本法典第五条颁发的规章规定。英译本原文为 Articic 157. If less than the entire vessel was made available for carriage of the goods and at the port of destination the recipient did not claim the goods or refused them, the carrier shall have the right, after notifying the sender thereof, to deliver the goods for safekeeping to a warehouse or other reliable place at the expense and risk of the sender. If the entire vessel was made available for carriage of the goods, the master shall be obliged without delay to notify the sender of the recipient's failure to appear or refusal to accept the goods. The goods shall be unloaded and delivered for safekeeping by the master of the vessel only after expiration of the periods for unloading and additional laytime and on condition that within these periods no other order comes from the sender. Tine spent by the carrier to deliver the goods for safekeeping shall be considered as demurrage. If within two months from the day of arrival of the vessel at the port goods delivered for safekeeping are not claimed and the sender does not pay the carrier all amounts due for the given carriage, the carrier shall have the right to sell the goods. Perishable unclaimed goods may be sold before expiration of the specified period as well. In Soviet seaports, the periods and procedure for safekeeping of goods before they are accepted by recipients, as well as the procedure for sale of goods not claimed by recipients, shall be determined by rules promulgated by the Ministry of the Maritime Fleet of the USSR in accordance with Article 5 of the present Code. Butler, William E. & Quigley, John B., *The Merchant Shipping Code of the USSR*(1968), London: Johns Hopkins Press, 1970, pp.83-84.

并改造,结合当时台湾地区"民法"的权利结构安排,将第 88 条形成以承运人留置货物(第 87 条)为前提的留置权行使条款。《海商法》第 88 条"断章取义"地移植了 1968 年苏联《海商法典》第 157 条的第 3 款规定"两个月"债务履行期,改造为更精确的"60 日";增加了货物已被承运人留置的双重前提;移植了出卖货物所得款项的处理;移植了货款不足履行债务的部分由托运人承担的责任分担,从文义形式上高度相似。

综上,虽然《海商法》第 87 条和第 88 条的表现形式,分别与 1968 年苏联《海商法典》第 154 条第 2 款和第 3 款、第 157 条第 3 款相似,但适用的前提条件差异较大,保护承运人债权的立法目的有所延续,但调整路径完全不同。因此,第 87 条和第 88 条对移植对象的融合改造,都服务于与民法留置权接轨的立法意图,我国民法对其产生的影响和域外移植对象的影响都非常重要。

(三)承运人留置权条款特点蕴含的立法目的

虽然《海商法》承运人留置权条款的法律移植不是全盘照收,对移植对象经过了结构和用途的调整,但是《海商法》立法时,同时代的多国海商法,都借助滞留＋仓储＋拍卖等权利排列组合,以担保承运人债权得以实现的形式[①],这可能才是《海商法》借助对1968 年苏联《海商法典》的形式上的拼凑移植,想要实现的立法意图之一———与国际主要做法的接轨,实现对承运人债权的担保。因此,条款的国际化面向,成为在解释条款立法目的时不可忽视的因素。

1. 担保承运人因海上运输获得的债权

与民法留置权的一般规定相比,承运人留置权最突出的特点在所担保的债权范围被特定化于海运场景,包括运费、共同海损分摊、滞期费、为货物垫付的必要费用、其他费用,明确这些债权项目的立法目的就是为了保护航运业者与行业发展相关的利益。

从与国际接轨的立法目标来看,第 87 条担保的债权范围与《各国和地区海商法比较》一书中援引各大陆法系国家留置/滞留权的债权范围较为接近(参见前文表 1-5),与《海商法》同时代的英美法国家的海商法对承运人 lien 权担保范围的规定也极为相似

---

① 比如当时的"韩国《商法》第 800 条(收货人的义务和船长的留置权)(1)收货人领取运送货物时,应当依照运送合同或者提单规定,负有支付运费附加费用、垫款、停泊费和按照运送货物的价值支付共同海损或者为海难救助所应承担款项的义务。(2)收货人未支付前款规定的款项,船长可不尽交付运输货物之义务。第 804 条(船舶所有人对运送货物的拍卖权)(1)船舶所有人为收取 800 条第(1)款所规定之款项,经法院许可,可以拍卖运送货物。(2)船长将运送货物交给收货人,船舶所有人仍然可以对其运送货物行使前款规定之权利。但自交付货物之日起 30 日后,或第三人已经取得占有的情形除外"。日本《商法》的规定与韩国极其相似,不再赘述。参见张忠晔主编:《各国和地区海商法比较》,人民交通出版社 1994 年版,第 421～422 页。亦参见 1992 年仍在生效期的 1894 年英国《商船法》第 497 条至第 498 条,美国 1952 年《统一商法典》(Uniform Commercial Code,以下简称 UCC)第 7条至第 307 条,都有滞留＋仓储＋拍卖以担保承运人债权实现的结构。

（参见下文表 1-6）①，可见这种安排在当时具有国际普遍性。

表 1-6　我国承运人的留置权与英美海商法承运人担保性权利（carrier's lien）担保的债权对比

《海商法》承运人的留置权	1976 年版 GENCON 合同的 lien 条款	英国普通法中的 lien②	英国合同中的 lien③	美国统一商法典中 carrier's lien
运费	运费	运费	运费	货物存储或运输费用
共同海损分摊	—	共同海损分摊	共同海损分摊	—
承运人为货物垫付的必要费用	—	船东因保护货物而引致的费用	—	保存货物所支出的必要费用
滞期费	滞期费	—	滞期费	滞期费和港口费
应当向承运人支付的其他费用	空舱费	—	空舱费	依据法律将货物出售而支出的费用
	延滞损失	—	延滞损失	

资料来源:《海商法》;GENCON 1976;US UCC;Wilson,John,*Carriage of Goods by Sea*(7th Edition),Longman,2010,pp. 306-309

有学者认为第 87 条担保对象内部的性质不同，导致了留置权的性质不统一，因运费、共同海损分摊、垫付的费用是为了实现合同目的，所以产生物权性留置权；但滞期费、空舱费则属于因合同约定而产生的费用，赋予的是债权性留置权，后者对扣留货物无处分权，只有经法院或法院许可才能拍卖、变卖留置物，并对价款无优先受偿性。④ 赞同者补充，滞期费和空舱费不属运输合同的目的利益，不属于法律意图优先保护的内

———————————

①　美国 UCC 第七编"权利凭证"（Document of Title）规定了承储人留置权（warehouse keeper lien）和承运人留置权（carrier lien）。单从承运人留置权来看，管辖的对象包括海陆空各类运输的承运人，属于占有型留置权（possessory lien），占有的对象是货物，担保的范围"货物存储或运输费用，包括滞期费和港口费，以及运输过程中为保存货物所支出的必要费用和依据法律将货物出售而支出的费用"，有时可以对抗持有提单的第三人，实现方式是自行变卖、销售或拍卖，参见美国 UCC 第 7-307 条。另见 1976 年国际标准合同 GENCON 第 8 条规定:船舶所有人得因未收取的运费、空舱费、滞期费和滞留损失而对货物有 lien。

②　Wilson 认为,此处普通法上的 lien 权,担保的是合同义务的实现,具有传统 lien 理论的根基,强调一方付出劳务让担保对象保值增值,给予承运人 lien 是为了保证公平,See Wilson,John,*Carriage of Goods by Sea*(7th Edition),Longman,2010,pp.306-309.

③　Wilson 认为,这一类 lien 只能通过合同约定,因为它们只担保合同责任,没有传统 lien 理论保护公平价值的根基,See Wilson,John,*Carriage of Goods by Sea*(7th Edition),Longman,2010,pp.306-309.

④　李志文:《论我国海上货物运输中货物留置权的性质及其影响》,载《中国海商法年刊》1995 年第 00 期。

容,根据过错原则产生;从债权发生的原因分析,它们不会对货物产生任何利益。[1] 这些观点刚好与英国普通法的安排(区分担保运费、共同海损分摊的法定留置权和担保滞期费、空舱费的合同留置权)相一致。不同的观点则认为,我国的承运人留置权条款未像英国法一样做分类,而是都只赋予债权性留置权的效力。[2]

　　本书不赞成上述学者的观点,认为根据《海商法》使用"留置权"术语法律移植域外海商法 lien 条款的做法,其立法意图在于赋予承运人对运费、共同海损分摊、垫付的费用,以及滞期费、空舱费同样的物权性的担保权利。《海商法》第 87 条的这个立法意图通过第 88 条条文的设计可以得到支持,物权性的留置权具有对世性和对留置物的支配性,对世性表现为合法占有留置物后,可以对抗所有外界的侵夺,其支配性在第 88 条对留置物变卖后优先受偿的安排可以体现出来。再者,我国民法一直没有"债权性留置权"之说,若单独在《海商法》中对滞期费、空舱费产生的承运人留置权进行这种定性,恐难以被接受。

　　总之,《海商法》第 87 条担保的债权范围,实现了与国际接轨的目标,为承运人的航运相关债权提供了充足的保护。

　　2. 通过对留置货物的权属要求维护船货利益平衡

　　对于《海商法》第 87 条的"留置其货物"的表述,究竟是不是要求留置债务人的货物,一直存在争议。支持第 87 条对权属有要求者,常以民法留置权的一般条款进行解释;本书认为第 87 条对权属没要求者,常以法律移植域外法规定来解释。其实,对于"留置其货物"的理解,关涉对承运人留置权条款的整体立法目的和具体立法意图的解释。

　　本书认为,第 87 条"留置其货物"背后的立法意图既不完全等同于我国民法留置权,也不同于某些域外海商法不问权属的安排,三者的立法意图与其所属的法律体系、所保护的特殊价值有着紧密联系,都应结合体系解释加以理解。《海商法》第 87 条意图通过对留置货物的权属要求,维护提单制度的有效性,维护船货利益的平衡,蕴含着保护海商法特殊价值的目的。

　　(1)民法留置权对《海商法》第 87 条"留置其货物"的影响

　　民法留置权的一般规定要求"留置债务人的动产"的立法目的在于,对留置对象加以权属要求,则能让留置权经过公平原则和利益平衡原则的检测,不任由债权人随意留置而影响第三人的利益。[3] 而民法中的承运人留置权条款(《合同法》第 315 条,《民法典》第 836 条),规定的是一种典型留置权,成立要件放宽对留置运输货物的权属要求。其原因包括,一是虽然是担保物权,但还是合同上的权利,有约定空间;二是订立运输合同时,并不以托运人拥有货物为前提,留置也不需要这样规定;三是运输中货物的所有权经常转移,对权属严格要求会架空承运人的留置权。[4] 本书认为,结合《民法典》其他的典型留置权来看,它们都是为担保在先给付的劳务提供者债权而设,成立要件对留置

　　① 许俊强:《目的港受领迟延法律问题研究》,大连海事大学 2011 年博士学位论文。
　　② 陈晶莹、张军伟:《试论承运人留置权之特殊性》,载《国际商务研究》2000 年第 5 期。
　　③ 常鹏翱:《物权法的展开与反思》,法律出版社 2017 年版,第 315 页。
　　④ 蒋新苗、朱方毅、蔡唱等:《留置权制度比较研究》,知识产权出版社 2007 年版,第 169 页。

物都没有权属要求,意图保护的是这些人的交易安全,可见,这种典型留置权也有其保护的特殊价值,所以要件上有不同的规定。

在讨论是否可以据《海商法》第 87 条承运人"留置其货物"以留置非债务人的货物,必然涉及民法留置权的相关规定,尤其是在《合同法》第 315 条规定——"承运人对相应的运输货物享有留置权"出台后,似乎从法律上给留置第三人货物以支持。[①] 这其实涉及《海商法》留置权的体系定位,以及与民法典型留置权的相互关系问题。司玉琢等人认为《海商法》第 87 条的规定,优先于《合同法》第 315 条,只能留置债务人的货物。[②] 也有学者不赞成严格要求权属。[③] 亦有部分学者赞成部分放开权属要求,强调仍应附加条件以限制承运人滥用留置权。典型如陈晶莹认为,若允许航次租船船东留置提单下货物,不仅提单要并入租约中的留置权条款,还应强调不能对抗善意第三人。[④] 这种观点也不同于《合同法》第 315 条的安排,多了个重要例外——不能留置对提单(或其并入的租约)所记载的债务不知情的提单持有人的提单下的货物,此例外的典型情况是提单为运费预付提单,则承运人不能对持有此提单的第三人索要运费或留置其货物,因为该第三人对运费债务是善意的,从提单表面无从知晓债务的存在,以此例外排除了对不受债务约束的第三人的影响。本书在本章第四节将结合《海商法》留置权的体系定位,分析《合同法》第 315 条(《民法典》第 836 条)与《海商法》承运人留置权条款的相互关系。

可见,民法留置权的一般条款和民法上的典型留置权条款(承运人留置权条款)对权属要求的规定不同,但都影响了《海商法》第 87 条的解释,由于没有明确它们之间的体系定位和关联,也没能结合《海商法》第 87 条的特殊立法意图,所以单靠民法留置权的理论和条款,没能产生权威性的解释。

(2)《海商法》第 87 条与大陆法系海商法的责任制度差异导致对权属要求的不同规定

根据《各国和地区海商法比较》一书记载,我国《海商法》第 87 条和第 88 条移植借鉴的域外承运人留置权相关权利中,参考当时的德国《商法典》第 614 条、日本《商法》第 753 条、韩国《商法》第 800 条都先规定收货人在目的港时,根据运输合同或提单对承运人未收的运费等负有债务,而苏联《海商法典》第 154 条、挪威和瑞典《海商法》第 113 条则直接规定收货人必须为承运人未收的运费等债务承担责任。总之,这些条款是在明确收货人在目的港对运费等债务负有责任的前提下,才允许承运人留置/滞留所运输的货物,对抗收货人的提货权。因此,这些国家的规定无须对承运人留置/滞留货物的权属提出规定,立法已明确债务是收货人之债,承运人留置/滞留收货人有权提货的货物,会对收货人起到心理压力,实现催其还债的效果,保障了承运人债权的实现,设置留置

---

① 《合同法》第 315 条 托运人或者收货人不支付运费、保管费以及其他运输费用的,承运人对相应的运输货物享有留置权,但当事人另有约定的除外。

② 司玉琢:《海商法》,法律出版社 2003 年版,第 72、112 页;孟雨:《论承运人的海上货物留置权——兼论〈海商法〉第 87 条、第 88 条的完善》,载《北京航空航天大学学报(社会科学版)》2008 年第 1 期。

③ 许俊强:《目的港受领迟延法律问题研究》,大连海事大学 2011 年博士学位论文。

④ 陈晶莹、张军伟:《试论承运人留置权之特殊性》,载《国际商务研究》2000 年第 5 期;周燁:《中国海上货物运输承运人留置权的实务与创新——兼论〈海商法〉第 87 条释义》,载《中国海商法研究》2015 年第 1 期。

权/滞留权以保证公平的价值得以保障。因此,这些大陆法系国家的海商法的立法意图是一个连贯的整体,先明确收货人在目的港的运费等债务责任,再配以收货人不履行债务时,赋权承运人留置/滞留本应交付收货人的货物,从法律上实现了权利义务的平衡。

相较之下,我国承运人留置权条款没有规定收货人就是运费等债务的债务人,这可能是出于法条的简洁和全面性的考虑,由于上述债务在我国的海运合同中可能有多种承担的约定,托运人和收货人都可能成为债务人,如果不考虑这个前提的差异,而像其他大陆法系国家海商法的规定一般,允许承运人留置运输的货物,只会对收货人产生心理压力,在托运人与收货人身份不重合,托运人才是债务人的情况下,对因持有提单而成为收货人的运输合同第三人,无法实现权利义务的公平分配。所以,法律之间体系关联效应在此显现,《海商法》第 87 条在移植该条时,特地区别与大陆法系其他国家留置"运输的货物"的规定,而专门设计了"留置其货物"的安排,恐有平衡此利益的考虑。如果收货人不是债务人,收货人对货物有利益,托运人对货物已经没有利益,此时唯有将"留置其货物"解释为留置债务人的货物,才能阻止承运人留置权对善意的已经付出对价的收货人利益的伤害,实现与大陆法系海商法一样的船货权义平衡。

此外,我国的海运合同中,托运人和收货人都可能成为债务人,所以我国《海商法》第 87 条避开对具体债务人身份的描述,借鉴当时我国台湾地区"民法"第 647 条第 1 款的前半部分表述"运送人为保全其运费及其他费用,得受清偿之必要",而将后半部分表述"按其比例,对于运送物,有留置权①",改造为"承运人可以在合理的限度内留置其货物"。但要注意,当时我国台湾地区"民法"第 647 条的是一般承运人(包含海陆空各种交通方式)的留置权,而我国台湾地区"海商法"没有对承运人留置权的专门规定,因此该条的制度设计不是针对海上货运场景,《海商法》第 87 条对其进行改造,提示了对海商法特殊价值的保护,蕴藏在改造部分里。

(3)从英美海商法的留置例外看我国"留置其货物"的立法意图

虽然《海商法》第 87 条和第 88 条形式上主要移植了大陆法系海商法的内容,但为了实现接轨国际,英美法系海商法的影响绝不可忽视。英国普通法允许海运承运人因为运费和共同海损债权,对提单下的货物有 lien 权②,表面上对留置/滞留货物的权属没有要求,实际上,根据 1992 年英国《海上货物运输法》(Carriage of Goods by Sea Act

① 张忠晖主编:《各国和地区海商法比较》,人民交通出版社 1994 年版,第 121 页。

② Wilson,John,*Carriage of Goods by Sea*(7th Edition),Longman,2010,p.305;Kasi,Arun,*The Law of Carriage of Goods by Sea*,Springer,2021,pp.412-413;傅郁林:《法律术语的翻译与法律概念的解释——以海上货物留置权的翻译和解释为例》,载《北大法律评论》1999 年第 1 期。

1992)第 3 条①,提单持有人被视为已成为货物运输合同的缔约一方,负有合同义务,包括接受提单上的运费等相关债务和 lien 条款,成为债务人;另外,只有合同才能约定因滞期费和空舱费债权产生对货物的留置权,但合同约定只对合同相对方有效,因此,也不允许因为滞期费和空舱费债权而留置非托运人的货物。② 普通法允许租约明确并入提单的情况下,租约约定的 lien 才可以对持有提单的第三人产生约束力③,可见英国法对第三人持有提单下的货物行使 lien 亦有一定的前提和例外。美国 UCC 第 7—307 条也规定在提单注明的情况下,承运人才可对第三人持有的提单下的货物拥有 lien。④ 英美法相关规定的立法意图,都在于保护持有提单的善意第三人的权利。如果考虑第 87 条和第 88 条与国际接轨的立法目标,也不应允许承运人任意留置运输的货物,否则与在全球颇有影响的英美海商法相冲突。

从目的解释的角度出发,《海商法》第 87 条和第 88 条绝不是对某些域外法条的照

---

① UK Carriage of Goods by Sea Act,1992 Section 3 Liabilities under shipping documents.(1) Where subsection(1) of section 2 of this Act operates in relation to any document to which this Act applies and the person in whom rights are vested by virtue of that subsection—(a)takes or demands delivery from the carrier of any of the goods to which the document relates;(b)makes a claim under the contract of carriage against the carrier in respect of any of those goods; or(c)is a person who,at a time before those rights were vested in him,took or demanded delivery from the carrier of any of those goods, that person shall[by virtue of taking or demanding delivery or making the claim or,in a case falling within paragraph(c) above,of having the rights vested in him] become subject to the same liabilities under that contract as if he had been a party to that contract.(2)Where the goods to which a ship's delivery order relates form a part only of the goods to which the contract of carriage relates,the liabilities to which any person is subject by virtue of the operation of this section in relation to that order shall exclude liabilities in respect of any goods to which the order does not relate.(3)This section,so far as it imposes liabilities under any contract on any person,shall be without prejudice to the liabilities under the contract of any person as an original party to the contract.

② Kasi,Arun,*The Law of Carriage of Goods by Sea*,Springer,2021,pp.412-413.

③ Wilson,John,*Carriage of Goods by Sea*(7th Edition),Longman,2010,p.305;傅郁林:《法律术语的翻译与法律概念的解释——以海上货物留置权的翻译和解释为例》,载《北大法律评论》1999 年第 1 期。

④ US UCC Section,7-307. Lien of Carrier.(a) A carrier has a lien on the goods covered by a bill of lading or on the proceeds thereof in its possession for charges after the date of the carrier's receipt of the goods for storage or transportation,including demurrage and terminal charges,and for expenses necessary for preservation of the goods incident to their transportation or reasonably incurred in their sale pursuant to law. However,against a purchaser for value of a negotiable bill of lading,a carrier's lien is limited to charges stated in the bill or the applicable tariffs or,if no charges are stated,a reasonable charge.(b) A lien for charges and expenses under subsection(a) on goods that the carrier was required by law to receive for transportation is effective against the consignor or any person entitled to the goods unless the carrier had notice that the consignor lacked authority to subject the goods to those charges and expenses. Any other lien under subsection(a) is effective against the consignor and any person that permitted the bailor to have control or possession of the goods unless the carrier had notice that the bailor lacked authority.(c) A carrier loses its lien on any goods that it voluntarily delivers or unjustifiably refuses to deliver.

搬照抄,而是对我国民法留置权和国际规则融会贯通的结果,具有国际化和本土化的双重面向,不能单纯依赖某一方法条或理论进行目的解释,需结合各国海商法共同保护的特殊价值,以及我国国情进行研判。海运业中特有的提单制度衍生了《海商法》对提单的特有规定,提单的可流转性加速了货物贸易流转的速度,推动了贸易的繁荣,为了保护涉及提单的运输的健康发展,保证提单交易的安全性,英美法系海商法中担保承运人债权的设计纷纷对留置第三人持有的提单下的货物加以特别规定,限制承运人留置权对善意第三人合法权益的侵犯。现行的德国海商法也从早先大陆法系的传统做法,规定收货人为债务人并对其行使履行抗辩的形式,转化为通过规定留置货物的权属来限制承运人的担保性权利(pfandrecht)。① 同样地,为了保护我国海运业中的提单交易安全,让贸易者对流转中的提单代表的货物权益保持信心,也应该对承运人留置第三人持有的提单下的货物加以合理限制。将第87条的"留置其货物"解释为留置债务人的货物,对于保护提单制度的效果具有重要意义,由于善意的通过支付对价获得提单的第三人对提单货物所产生的债务无从知晓,让他成为运输合同的债务人于法无据,他就因此受到该条款的保护,免于承受货物被留置的后果;而通过提单并入租约,对运费等债务知情的当事人,依然接受提单,视为同意承受该债务,成为债务人,则应该承担承运人行使留置权带来的不利后果。从而,将第87条的"留置其货物"解释为留置债务人的货物,才能实现保护承运人的同时不伤害提单流转的立法目的,如果解释为留置所运输的货物,则加强对承运人保护的同时,持有提单的善意第三人的利益会受损,不仅短期会影响船货利益平衡,长期还会导致人们因为无从预测货物被留置的风险而不愿意接受提单,将从根本上伤害提单制度。

《海商法》的总体立法目的是保护航运业的发展,保护承运人的债权虽是第87条的首要意图,但是,平衡船货利益也是《海商法》的另一方面重要追求。如果一味保护承运人而允许其任意留置货物,不仅会影响提单制度的效力,也会与英美海商法中的承运人lien权相冲突,过于广泛的承运人留置权会导致国际货主不愿选择我国的承运人,降低我国承运人在国际市场上的竞争力。本书认为第87条通过"留置其货物"的规定,呈现的立法意图是阻止留置善意的提单持有人(非运输合同方)提单下的货物,实现船货利益的平衡和提单交易的安全。

3. 适用于交货不能的全部情形

《海商法》第88条只规定了"货物自船舶抵达卸货港的次日起满60日无人提取的"情形的留置权行使方法,似乎不包括收货人出现但拒绝履行债务,或收货人拒绝收货的

---

① 2016年修订的德国《商法典》第495条(承运人的留置权)承运人根据一般货物运输合同提出的一切索赔,对交付给它运输的货物,不论是属于托运人、收货人,还是同意运输货物的第三人,都有留置权。根据与托运人订立的有关海运、货运、转运和储存的其他合同,承运人对托运人的货物享有留置权。留置权延伸至随附文件。亦参见《海商法》立法时生效的德国《商法典》第614条(收货人之付款义务,承运人之交货义务)一、收货人收货时,根据承运合同或者提单中之有关规定交付运费、其他杂费和滞期费并补偿已由承运人支付的关税和其他费用,履行其他各项义务。二、在收货人交付运费并履行其他各项义务后,承运人应提交货物。第615条(承运人之留置权)未交付共同海损分摊费用、打捞救助费用前或为此提供担保前;承运人可以不提交货物。参见张忠晔主编:《各国和地区海商法比较》,人民交通出版社1994年版,第120~121页。

情形。如果这样理解该条的立法意图,会导致后两种情形发生时,承运人得适用民法留置权的一般规定来行使留置权,可能无法顾及海运承运人的特殊利益,从而影响立法目的实现。

结合目的解释和历史解释,作为第 88 条移植对象之一的 1968 年苏联《海商法典》第 157 条的第 3 款,是为了在"收货人不领取货物或拒绝收货"("the recipient did not claim the goods or refused them")①场景下,保护承运人利益而设;而《海商法》第 87 条和第 88 条的结构参考了当时我国台湾地区"民法",其第 650 条也规定了运用于"受货人所在不明或拒绝受领运送物时",也是保护承运人在所有非自己原因而交货不能时的权利。可见,《海商法》第 88 条移植对象的适用情形比第 88 条文义中体现的内容更多样化。由此推断这种差异,极有可能是翻译的失误导致的。也就是说,《海商法》第 88 条的立法意图本是用于无人提货、拒绝收货、不履行债务而不能领取货物等各种承运人交货不能的场景,与移植对象的适用情形保持一致。

结合法律效果考虑,第 88 条移植了债务履行的期限,以及鲜活易腐货物的特殊行权方式,充分考虑到了海运货物的特点,在立法当时比《民法通则》及其司法解释中的留置权条款更有可操作性,更能实现保护海上货物运输的承运人债权的立法意图,应该适用于所有承运人需要行使留置权的情形。

因此,结合目的解释和历史解释,第 88 条"无人提货"应作扩张解释,适用于所有承运人交货不能而留置货物的场景,这样的解释更符合保护承运人债权实现的目的。

综上,《海商法》第 87 条和第 88 条承运人留置权,是在民法留置权权利结构的基础上,融合多国(地区)海商法进行的综合移植。其特殊性源于对许多移植对象的拼凑式模仿,但其立法意图则往往有别于移植对象,相较于民法留置权也体现出了保护海商法特殊价值的特点。整个条款的立法目的在于:通过保护承运人的海运中产生的特定债权的实现,推动航运业的发展,但同时也照顾到船货双方利益的平衡。该条款有别于民法留置权一般规定的特殊之处,均与该立法目的密切相关。

三、出租人留置权条款特点的产生原因及其立法目的

《海商法》第 141 条规定了定期租船合同出租人留置权②,该条款位于第六章"船舶租用合同"的第二节"定期租船合同"中,第六章整体是关于定期租船合同(也称期租合同)和光船租赁合同(也称光租合同)的非强制性规定。相较于民法留置权的一般规定,出租人留置权条款的特殊之处在于:赋予期租出租人这类专门的主体,对于特殊债权"租金或者合同约定的其他款项"的担保性权利;其特殊性还在于留置权行使对象的多元性,包括了"属于承租人的货物和财产以及转租船舶的收入"三类。另外,从条款逻辑结构来看,该条款非常简单,只规定了主体、担保的主债权、权利客体,并以"有留置权"来概括法律效果,这与同时代的民法留置权条款和其他《海商法》留置权条款不同,后两

---

① Butler, William E. & Quigley, John B., *The Merchant Shipping Code of the USSR* (1968), London: Johns Hopkins Press, 1970, pp.82-84.

② 《海商法》第 141 条 承租人未向出租人支付租金或者合同约定的其他款项的,出租人对船上属于承租人的货物和财产以及转租船舶的收入有留置权。

者都以文义清楚表达了"占有＋处分并优先受偿"的二次效力。

（一）出租人留置权条款特点源于对国际标准合同的法律移植

国际上，没有国际公约统一调整租船合同，出租人同承租人订立合同时，往往会依靠一些影响广泛的标准合同。因此部分标准合同起到了准公约的效果，被《海商法》选择作为法律移植对象。① 根据张忠晔于 1994 年主编印发的《各国和地区海商法比较》，《海商法》第 141 条立法时参考的是波罗的海国际航运公会（BIMCO）制定的《统一定期租船合同》（Uniform Time Charter），代号为 BALTIME。② BALTIME 于 1909 年制定，后面出版了 1939 年版本，1974 年修订，并于 2001 年再次修订。③ 根据制定时间推断，BALTIME 1974 第 17 条是《海商法》法律移植的对象。

从权利客体来看，《海商法》第 141 条的出租人留置权的客体包括"船上属于承租人的货物"＋"船上属于承租人的财产"＋"承租人转租船舶的收入（包括转租运费和转租租金）"3 种；BALTIME 1974 第 17 条 lien 的规定是承租人的货物＋承租人的转手运费＋所有的提单运费 3 种④；由此，第 141 条移植了 BALTIME 1974 第 17 条的权利行使对象，并对其进行了适当改造，增加了"船上属于承租人的财产"，主要是船舶燃油和垫舱物⑤，《海商法》亦结合实践，将对出租船舶进行再转租或者转运而产生的收入这个客体，归纳为"承租人转租船舶的收入"。对于留置权担保的主债权，第 141 条也是直接翻译移植 BALTIME 1974 第 17 条，从而产生了有别于民法留置权一般规定的特殊性。

另外，从条款的逻辑结构上，第 141 条以"有留置权"来概括法律效果，也是直接翻译移植了 BALTIME 1974 第 17 条。前文已经分析过，《海商法》为了不破坏移植对象严密的逻辑结构，一般对移植对象的实质性条款都会直接移植，加上用民法"留置权"术语，将该条款纳入我国的民法留置权体系，在不破坏立法目的的情况下，可以用民法留置权条款进行补充，所以这样简单的规定，也有利于提高立法效率，实现法条的简洁。

（二）出租人留置权条款特点蕴含的立法目的

赋予出租人留置权，就是为了保证出租人在出租船舶后能及时获得租金等收益，这是我国《海商法》第 141 条法律移植国际标准合同的立法意图。

期租船舶的出租人，作为航运业的重要参与者之一，为其他航运参与者提供船舶并

---

① 杨景宇：《关于〈中华人民共和国海商法（草案）〉的说明》，http://law.npc.gov.cn/FLFG/flfg-ByID.action？flfgID＝42252＆showDetailType＝QW＆zlsxid＝23，下载日期：2021 年 3 月 23 日。

② 张忠晔主编：《各国和地区海商法比较》，人民交通出版社 1994 年版，第 167 页。

③ BIMCO：BALTIME 1939（as revised 2001）Overview，https://www.bimco.org/contracts-and-clauses/bimco-contracts/baltime-1939-as-revised-2001，下载日期：2020 年 9 月 7 日。

④ BALTIME 1974 第 17 条 lien 条款 船舶所有人得因根据本租船合同提出的任何索赔，对属于定期承租人的所有货物和转手运费以及任何提单运费行使留置权。承租人得因事先支付但未获得的所有款项而对船舶有留置权。原文为 BALTIME 1974 17. Lien The Owners shall have a lien upon all cargoes and sub-freights belonging to the Time-Charterers and any Bill of Lading freight for all claims under this Charter，and the Charterers shall have a lien on the Vessel for all moneys paid in advance and not earned.

⑤ 张湘兰：《海商法》，武汉大学出版社 2008 年版，第 177 页。

配备船员以收取租金,保护其租金利益有助于鼓励租船业,实现航运业的发展,所以《海商法》第 141 条和其移植对象都为其提供专门的法律保护。

第 141 条规定留置的货物必须是承租人的货物,这与移植对象 BALTIME 1974 第 17 条一致,是为了保护出租人债权的同时,防止因为留置而产生对具有货物利益的第三人的侵害。因为承租人定期租船,往往是为了自行经营承揽运输,获取运费,或者转租他人,获得租金[1],航运过程往往形成租赁链条(charter chain),运输关系和租船合同关系交错,卷入多方当事人,法律关系较为复杂。如果允许出租人通过合同中设立 lien 条款留置非承租人之物,则突破了合同相对性(privity doctrine),会对租船合同外的第三人造成伤害。出租人因为提供船舶、船长和船员,常是租船合同链条上的实际承运人,形式上占有与自己无直接合同关系的货方的货物。但学理上,有学者认为这不是一种占有,而是基于别人的合同的占有而产生的占有辅助,所以不满足留置权的成立要件而不能成立出租人对非承租人货物的留置权。[2] 另外,由于我国民法留置权和英美法海商法 lien 制度本身的价值出发点都在于保护公平,允许债权人占有和处分不履行租船合同义务的债务人的动产符合该价值评价,构成有效机制以防止对第三人利益的侵犯。因此,第 141 条的立法目的除了保护出租人的租金债权,还在于平衡船货利益,不因为行使留置权而伤害对货物有利益的租船合同外第三人。

《海商法》第 141 条也试图移植 BALTIME 出租人对"属于承租人的转运运费和本租船合同下所有的提单运费"("sub-freights belonging to the Time-Charterers and any Bill of Lading freight for all claims under this Charter")的 lien 条款。BALTIME 设计这项权利的目的在于充分保护出租人的债权,期租船载的货物一般不是承租人的货物,出租人难以通过对货物行使留置权来受偿,因此,通过赋予对转租、转运收入的 lien 或留置权,目的在于加强对出租人的债权的保护。在英国普通法中,这种权利是通过出租人通知转租承租人,由后者将转租债务直接对出租人履行而实现的[3],我国《海商法》的立法资料称之为对转租收入的"截留"[4]。《海商法》第 141 条移植这部分条款的目的,同移植对象一致,在于多给予出租人一种债权担保的方式,以对出租人货物留置权的严苛性再次平衡软化,目的还是保护出租人的租金债权得以实现。

BALTIME 1974 的 lien 条款还赋予承租人对船舶的 lien,当租船人预付的租金和其他费用没有得到相应对价,租船人对所租船舶拥有 lien 权,有学者研究英国判例认为,这种 lien 不是占有型的担保权利(possessory lien),性质比较特别,具体做法是,还船时,承租人请求英国法院发出一种禁令,禁止出租人继续使用和控制船舶的一种抗辩

---

① 张湘兰:《海商法》,武汉大学出版社 2008 年版,第 171 页。

② 王晓林:《论合同承运人与实际承运人的海上货物留置权》,载《安徽大学学报》2000 年第 4 期。

③ Wilson,John,*Carriage of Goods by Sea*(7th Edition),Longman,2010. pp.306-307;Kasi, Arun, *The Law of Carriage of Goods by Sea*,Springer,2021,pp.412-413;Dry Bulk Handy Holding Inc and Another v Fayette International Holdings Ltd and Another(The Bulk Chile)[2013]2 Lloyd's Rep 38,UK;Tradigrain SA and Others v King Diamond Marine Ltd(The Spiros C)[2000]2 Lloyd's Rep 319,Canada;Western Bulk Shipowning III A/S v Carbofer Maritime Trading ApS(The Western Moscow),[2012]2 Lloyd's Rep 163,UK.

④ 交通部政策法规司:《〈海商法〉学习必读》,人民交通出版社 1993 年版,第 84 页。

权,承租人不能对此优先受偿。① 而吉摩尔的《海商法》一书分析了美国的普通海商法,认为这是一种 maritime lien,性质如同我国的船舶优先权,不以占有船舶为前提,并可通过对物诉讼程序强制执行,在船方有过错的情况下,承租人或货物所有人才能行使。② 《海商法》第 141 条未对这部分条款进行移植,这是因为立法目的的不同。移植对象出于平衡租船双方权利义务的考量,而第 141 条的立法目的侧重保护出租人的债权。《海商法》放弃移植期租人对船舶的 lien 权,同时还有体系性的考虑,方能使我国的船舶担保制度与 1967 年《船舶优先权公约》的船舶担保性权利系统保持一致,尽量减少船舶优先权担保的债权,以减少对船舶融资的影响,保护航运业可持续发展。

总之,《海商法》第 141 条立法意图是赋予出租人对承租人之货物、财产的担保物权和对转租收入的截留权,以共同保护出租人债权的实现,同时该意图也受船货利益平衡的制约,阻却因行使权利而伤害对货物有利益的租船合同外第三人,最终以实现保护航运业整体可持续发展的立法目的。

四、拖航人留置权条款特点的产生原因及其立法目的

《海商法》第 161 条规定了承拖人的留置权,条款位于第七章"拖航合同"中。③ 相对于民法留置权的一般规定,拖航人留置权条款的特殊之处在于权利主体特定为承拖人,担保的主债权为"约定支付拖航费和其他合理费用",权利客体为"被拖物",法律效果为"有留置权"。可以看出,行文方式和出租人留置权条款相似,将法律效果用"留置权"术语简单规定,由于"被拖物"可能包含被拖船和船上物品,而且对留置物没有权属要求,有别于民法留置权的一般规定。

(一)拖航人留置权条款特点源于对标准合同的法律移植

拖航自 19 世纪 20 年代蒸汽桨拖船被发明之后才成为一种商业运作④,所以拖航法律的发展也相对有限,台特雷认为"拖航合同一直为国际公约所忽略"⑤。加之拖航作业的契约性极强,主要靠国际标准合同进行调整。由于没有国际公约可以移植,国务院原法制局在关于制定《海商法》的说明中写道,"第七章关于海上拖航合同的规定是参考国外立法的一些实例和标准合同拟订的"⑥。

本书检索了包括我国在内的 11 个航运国家最新的海商法成文法⑦,只有法国运输

---

① 陈安、赵德铭、何丽新主编:《国际海事法学》,北京大学出版社 1999 年版,第 390～391 页。

② [美]G.吉尔摩、C.L.布莱克:《海商法》(上册),杨召南等译,中国大百科全书出版社 2000 年版,第 283 页。

③ 《海商法》第 161 条 被拖方未按照约定支付拖航费和其他合理费用的,承拖方对被拖物有留置权。

④ Rainey,Simon,*The law of tug and tow and offshore contracts*(4th Edition),Informa Law from Routledge,2017,p.1.

⑤ [加]威廉·台特雷:《国际海商法》,张永坚等译,法律出版社 2005 年版,第 149 页。

⑥ 杨景宇:《关于〈中华人民共和国海商法(草案)〉的说明》,http://law.npc.gov.cn/FLFG/flfg-ByID.action? flfgID=42252&showDetailType=QW&zlsxid=23,下载日期:2021 年 3 月 23 日。

⑦ 包括中国、挪威、瑞典、丹麦、荷兰、韩国、法国、德国、日本、印度、菲律宾的海商法成文法。

法典(code des transports)与我国一样专章规定了拖航,还有 5 国家将拖航纳入其他航运制度一起规定,作为一种航运形式出现①,重要的是,我国是唯一在立法中规定承拖人的留置权的国家。这体现了我国重视保护承拖人利益的立法意图,也体现了我国通过法律手段对立法当时新兴的拖航业的引导和鼓励。

根据张忠晔于 1994 年主编出版的《各国和地区海商法比较》,在《海商法》第 161 条立法时,参考了当时的日本拖带合同条款:"17. 留置。拖船船东就拖带价格、全部或任何部分附加赔偿金以及根据本合同被拖方所欠的款项与费用,包括因追偿上述款项的费用,有权对被拖船进行留置。"②其结构、用语和《海商法》第 161 条比较接近,对承拖人留置权条款产生了较大的影响。

(二)拖航人留置权条款特点蕴含的立法目的

《海商法》第 161 条特殊权利主体和担保特殊债权,立法目的都在于保护拖航人在拖航作业中债权的实现,从而支持拖航业的发展,最终实现对航运业发展的保护。在这一点上,第 161 条和移植对象是一致的,相对于民法留置权的一般条款,具有保护海商法特殊价值的考虑。

而第 161 条的权利客体是"被拖物",即可包括被拖船和被拖船上的动产,这一点与民法留置权的一般规定,以及移植对象的规定都不相同。通过与移植对象的对比可以发现,《海商法》第 161 条的规定更为简单,但保护更全面。第 161 条只规定了承拖人留置权担保的范围是"约定支付拖航费和其他合理费用",规定了权利产生的原因是"未得到支付",规定留置对象是"被拖物"。该留置对象比移植对象种类更多,不仅可以包括被拖船,还有被拖物,比如钻井平台、被拖船上货物等,总的价值比日本标准拖船合同中只留置被拖船的价值更高,而且可能具有可分性,容易实现适度留置,对承拖人的担保更为到位。另外,日本标准拖航合同所使用的"留置"术语,只有滞留货物的第一次效力,因为日本《商法》一直是结合留置+保管+拍卖三项权利以实现对航运业者的担保的③,所以,我国民法上的"留置权"术语在第 161 条的使用,目的在于为承拖人提供比移植对象更全面的保护。

若从与国际接轨的立法意图来看,赋予承拖人占有并优先受偿的担保性权利(留置权的两次效力),也与当时主流的拖航标准合同,以及英国判例法一致,实现了国际接轨。1992 年以前国际上常用的标准合同的范本,主要包括 BIMCO 于 1985 年制定的

---

① 包括挪威、瑞典、丹麦、荷兰、韩国、法国海商法的成文法。

② 张忠晔主编:《各国和地区海商法比较》,人民交通出版社 1994 年版,第 175 页。

③ 《海商法》立法时生效的日本《商法》第 753 条(收货人的义务和船长的留置权)第一项 收货人领取运输物品时应当依照运输合同或载货凭单的意旨,负有支付运输费、附带费用、垫款、停泊费和按照运输物品的价格支付共同海损或为救助应负担的金额的义务。第二项 如果不是与交付同时给付前项规定的金额时,船长不要交付运输物品。第 757 条(船舶所有人的运输物品拍卖权)第一项船舶所有人为领取第 753 条第一项所定应支付的金额,经法院的许可,可以拍卖运输物品。第二项 船长虽然在运输物品交付收货人之后,但船舶所有人仍可以在其运输物品上行使权利。但是,自交付之日起经过两周时,或第三人已取得其占有时除外。参见张忠晔主编:《各国和地区海商法比较》,人民交通出版社 1994 年版,第 121~122 页。而现行日本《商法》也沿袭了这种结构。参见日本《商法》(平成二十九年法律第四十五号による改正)第 741 条、第 742 条。

International Ocean Towage Agreement(Daily Hire/LUMPSUM),代号 TOWHIRE/TOWCON,英国的 Standard Conditions for Towage and Other Service,1986,代号 UK-STC。① TOWHIRE/TOWCON 规定了 lien 条款,而 UKSTC 没有规定。TOWHIRE/TOWCON 所用的术语是"possessory lien",明确表达承拖人的权利是一种占有型的担保,赋予承拖人对被拖物(包括船和货物)的占有和优先受偿权。根据台特雷的引用,在英国的判例法中,可以对被拖物实施约定的占有留置权(possessory lien)。② 可见,《海商法》第 161 条的立法目的在于对承拖人利益的充分保护,不仅接轨了国际做法,也展现出我国《海商法》中的留置权种类的全面性。

相比我国民法留置权,承拖人留置权的一个特点在于不问留置物的权属,这也和移植对象日本拖带合同,并和 TOWHIRE/TOWCON 以及英国海商法的判例法保持一致,1999 年英国判例 Lukoil v. Tata and Global 中,法官赞同根据 TOWCON 拖航合同,承拖人可以就所应支付的费用,对被拖船舶拥有 possessory lien,可以通过申请法院扣船的形式来行使。③ 这样设计的立法目的在于保护承拖人的债权和鼓励拖航,体现了海商法保护的特殊价值。

综上,承拖人留置权条款的立法意图是通过赋予承拖人对被拖船/货的留置权,全面保护承拖人债权,并鼓励拖航业的发展,而最终的立法目的还是保护航运业的发展。

五、救助人留置权条款特点的产生原因及其立法目的

《海商法》第 188 条第 3 款和 190 条共同组成了救助人留置权条款,它们位于《海商法》第九章"海难救助",均没有使用"留置权"术语。④ 除了术语的差异,救助人留置权条款与民法留置权条款一般规定的特殊之处还在于,权利主体特定为救助人,担保的债权是救助款项,权利客体是"获救的船舶和其他财产"。这些特殊设计的背后,带有什么样的立法目的,下面通过与其移植对象和民法留置权对比,探索其原因。

(一)第 188 条第 3 款的特点源于对 1989 年《国际海难救助公约》的移植

《海商法》第 188 条第 3 款位于"海难救助"一章,规定了在未提供担保前,被救船舶和财产未经救助方同意不能离开,赋予了救助方滞留被救船物的效果。为何不用"留置

---

① Baatz, Yvonne, *Maritime Law*(4th Edition), Informa Law from Rourledge, 2018; See Rainey, Simon, *The law of tug and tow and offshore contracts*(4th Edition), Informa Law from Routledge, 2017, p.406;卢仰东:《对使用拖航和重大件运输标准合同的一些建议》,载中国航海学会编《2009 年度救捞论文集》2009 年版;参见 GARD.: Gard Guidance to the Rules 2020, http://www.gard.no/web/publications/document/chapter? p_subdoc_id=20748005&p_document_id=20747880,下载日期:2020 年 8 月 3 日。

② [加]威廉·台特雷:《国际海商法》,张永坚等译,法律出版社 2005 年版,第 156 页。

③ Lukoil V. Tata and Global. [1999]1 Lloyd Rep. 365, UK;[1999]2 Lloyd's Rep. 129, UK.

④ 《海商法》第 188 条 被救助方在救助作业结束后,应当根据救助方的要求,对救助款项提供满意的担保。在不影响前款规定的情况下,获救船舶的船舶所有人应当在获救的货物交还前,尽力使货物的所有人对其应当承担的救助款项提供满意的担保。在未根据救助人的要求对获救的船舶或者其他财产提供满意的担保以前,未经救助方同意,不得将获救的船舶和其他财产从救助作业完成后最初到达的港口或者地点移走。

（权）"术语，是因为《海商法》第 188 条直接翻译移植了 1989 年《国际海难救助公约》（International Convention on Salvage，1989，以下简称《海难救助公约》）第 21 条第 3 款，移植对象原文是"The salved vessel and other property shall not，without the consent of the salvor，be removed from the port or place"[①]，完全未涉及"lien""maritime lien""possessory lien""retention""detain"等相关术语。这表明《海难救助公约》只是给救助人阻止被救船舶和货物离开的权利，无意赋予救助人 possessory lien 和/或 maritime lien。同样地，《海商法》的法律移植过程忠实地保留了这种属性上的区别，亦没有将其命名为救助人留置权，虽然立法资料表明立法者实际上有意赋予救助人以留置权。此外，不将其命名为"留置权"，也还存在着与《民法通则》实现对接的考虑：《海商法》立法时，《民法通则》第 89 条第 4 款将留置权限制于担保合同之债的范围，但是，海难救助除了以合同为前提的"无效果无报酬"救助和雇佣救助，还有非合同之债的纯救助，为了鼓励各类救助，且与当时《民法通则》的规定进行体系化协调，遂未使用"留置权"术语。[②]

另外，第 188 条第 3 款虽起到了担保作用，但担保对象也不是救助款项本身，而是担保救助人能获得债务人和/或受益人为救助款项提供的担保，这与民法留置权的一般规定主要担保债务受偿的设计思路不同，前者实现的概率大于后者。鉴于 1989 年《海难救助公约》的较大影响力，直接翻译移植的目的除了不破坏移植对象的逻辑结构[③]，也是为了和国际普遍做法保持一致。[④] 虽然如此，但因为第 190 条的存在，第 188 条与其移植对象的立法意图产生了背离，这种背离也是需要通过体系化的视角进行分析，才能够被发现。

（二）第 190 条的特点源于对《海商法》第 88 条的模仿

《海商法》第 190 条另外规定了对获救满 90 日的船舶和货物，救助人有权"申请法院裁定强制拍卖"，拍卖所得价款支付救助款项。张忠晔 1994 年主编出版的《各国和地区海商法比较》（该书为《海商法》立法资料汇编）列举了 1894 英国《商船法》的第 553 条

---

① 《海难救助公约》第 21 条　提供担保的义务 3. 在对救助人的有关船舶或财产的索赔提供满意的担保前，未经救助人同意，获救的船舶或其他财产不得从完成救助作业后最初抵达的港口或地点移走。原文为 International Convention on Salvage，1989 Article 21 Duty to provide security 3. The salved vessel and other property shall not，without the consent of the salvor，be removed from the port or place at which they first arrive after the completion of the salvage operations until satisfactory security has been put up for the salvor's claim against the relevant vessel or property. 亦参见杨景宇：《关于〈中华人民共和国海商法（草案）〉的说明》，http://law.npc.gov.cn/FLFG/flfgByID.action？flfgID=42252&showDetailType=QW&zlsxid=23，下载日期：2021 年 3 月 23 日；参见初北平：《〈海商法〉下海难救助制度的架构完善》，载《环球法律评论》2019 年第 3 期。

② 李志文：《论我国船舶留置权的概念》，载《中国海商法年刊》1996 年第 1 期。

③ 郭日齐：《我国〈海商法〉立法特点简介》，载《〈海商法〉学习必读》，人民交通出版社 1992 年版，第 23 页。

④ 初北平：《〈海商法〉下海难救助制度的架构完善》，载《环球法律评论》2019 年第 3 期。

为我国《海商法》第 190 条的参考对象①,但两个条款的相似度较低。后者是赋予海难管理人的权利,而且拍卖扣留财产是在双方同意救助额度或法律裁判明确救助费用的前提下,才允许在 20 日后拍卖船舶,是一种纠纷解决方案的强制执行手段,和《海商法》第 190 条的制度设计截然不同。因此,本书倾向认为《海商法》第 190 条是模仿承运人留置权的行使条款(《海商法》第 88 条)而制定的,因为两条用语高度一致,尤其在拍卖所得价款的处理上,采取了类似的方案;甚至在第 190 条中出现了与第 88 条相同的“保管”字样②,由于第 188 条只规定救助人有同意被救船物离开的权利,并未规定救助人要对其进行“保管”,所以第 190 条规定了救助人对被救船物的“保管”与第 188 条无法融贯,但同时,第 190 条只能以第 188 条第 3 款的不同意离开为前提,方可行使,否则《海商法》的其他条款没有给第 190 条提供占有船舶进行拍卖的制度前提。且第 190 条本身未使用民法的“留置(权)”术语,也为其借助民法留置权条款进行解释制造了障碍。但无论立法上存在着多少冲突,因为第 190 条的存在,配合第 188 条,使得救助人拥有了民法留置权“占有＋处分并优先受偿”的核心属性。

(三)救助人留置权条款特点蕴含的立法目的

根据立法资料,前文已分析并明确第 188 条的立法意图在于给予救助人留置权,该权与救助人享有的船舶优先权,共同保护救助人救助款项的清偿,防止被救船舶沉没导致的船舶优先权无法实现的情况。③

同承拖人留置权一样,救助人留置权与民法留置权一般条款的差异,也存在着对留置对象没有权属要求的特点。之所以给予救助人更宽松的留置成立要件,同样在于鼓励海难救助行业的发展,以实现海上安全的公共利益,最终实现保护航运业发展的目的。

此外,救助人留置权和其他《海商法》留置权也存在不同,行使其他《海商法》留置权的主要立法意图是担保债务得到清偿,承运人留置权条款规定了也可以为了获得担保而留置,而救助人留置权条款则只规定为了获得担保而留置,并未直接要求债务人清偿债务。这样规定与 1989 年《海难救助公约》的安排相一致,也与救助实务中确定债权债务的周期较长相匹配,通过对被救船物的留置/限制离开,可以要求对留置对象主张利益的任何人提供担保,得到担保便可放行被救船货,全面保护救助人债权的同时,不因

---

① 1894 年英国《商船法》第 553 条(由海难管理人对扣留财产的拍卖)(1)如果负有支付救助报酬义务的人的财产被扣留后,海难管理人在下列情况下可以拍卖扣留财产:如果对救助报酬的数额没有纠纷,在数额确定的 20 日内没有支付的;如果对救助报酬的数额有异议,但对一审法院的判决没有提出上诉的;在一审法院作出判决后的 20 日内未支付的;对救助报酬的数额有异议的,并且对一审法院判决向其他法院提出上诉的,但在一审法院作出判决之后的 20 日内既不支付又不进入上诉程序的。参见张忠晔主编:《各国和地区海商法比较》,人民交通出版社 1994 年版,第 213 页。

② 《海商法》第 88 条 承运人根据本法第 87 条规定留置的货物,自船舶抵达卸货港的次日起满 60 日无人提取的,承运人可以申请法院裁定拍卖;货物易腐烂变质或者货物的保管费用可能超过其价值的,可以申请提前拍卖。拍卖所得价款,用于清偿保管、拍卖货物的费用和运费以及应当向承运人支付的其他有关费用;不足的金额,承运人有权向托运人追偿;剩余的金额,退还托运人;无法退还、自拍卖之日起满一年又无人领取的,上缴国库。

③ 交通部政策法规司:《〈海商法〉学习必读》,人民交通出版社 1993 年版,第 100 页。

为处理纠纷的时间较长而导致船舶滞港。

另外，在海难救助领域，1989年《海难救助公约》有着巨大的国际影响，与之接轨可提升我国海上救助业的国际竞争力和国际参与度，因此也不能忽略救助人留置权条款还肩负着和国际普遍做法接轨的立法意图。

六、《海商法》留置权条款具有共同的立法目的：保护航运业发展

前文综合文义解释、历史解释、目的解释、体系解释等解释方法，发现各《海商法》留置权条款的立法意图虽是赋予不同海商法主体对特定留置物"占有＋处分并优先受偿"的担保物权，以实现对特定债权的担保，最终都指向相同的立法目的——保护航运业的发展，体现了有别于民法留置权立法目的的特殊性。而这个共同的立法目的，就是各《海商法》留置权条款间紧密的"意义关联"，亦即将这些条款紧密联系在一起的体系化线索，是造成《海商法》留置权和民法的其他留置权存在区别的根源。

具体来说，船舶留置权条款专门为造修船人的造修船费用提供特殊的优先性的担保，保护造修船业发展的同时，也考虑到对船舶融资的体系性影响，所以严格控制权利主体范围，最终目的还是助力航运业的整体发展。承运人留置权条款为承运人的运输合同债权提供担保，与各国通过各种制度设计实现的"滞留＋拍卖＋优先受偿"的法律效果接轨，并保持与民法留置权一致的对留置物的权属要求要件，意在保护作为船方的承运人的同时，不减损提单制度的有效性，减少侵犯持有提单的非运输合同当事人的利益，最终也是保护航运业健康发展。出租人留置权条款赋予出租人对承租人之货物、财产的担保物权和对转租收入的截留权，以共同担保出租人债权的实现，该意图也受船货利益平衡的制约，阻却因行使权利而伤害对货物有利益的租船合同外第三人，最终以实现保护航运业整体发展为目的。承拖人留置权条款的立法意图是通过赋予承拖人对被拖船/货的留置权，比民法留置权一般规定更宽松的成立要件和多元化的留置物范围，意在鼓励拖航业的发展，护航航运业的发展。海难救助人留置权条款的立法意图在于给予救助人留置权，该权与救助人享有的船舶优先权，共同担保救助人救助款项的清偿，亦对留置物没有权属要求，意在鼓励海难救助，最终立法目的还是保护航运业发展。《海商法》留置权间共同的立法目的，也与我国《海商法》的总立法目的"维护当事人各方的合法权益，促进海上运输和经济贸易的发展"相协调，体现了《海商法》留置权条款存在的意义。

《海商法》留置权条款专门适用于特殊的海上场景，各条款中存在和民法留置权相异之细节，特殊的细节主要表现在权利主体、受担保的权利范围、留置对象范围、成立要件方面，这些特殊细节由共同的立法目的作为线索贯穿始终，通过保护5类海上活动中的主要义务承担者的债权，像拼拼图一样，共同构成了对航运业的保护机制之一。《海商法》留置权条款的这些特点也承担着和国际接轨的使命，海洋的相通造就了各国的海运参与者拥有趋同的利益，要参与国际海运和贸易，就应该为我国的海运主体提供与国际上相同水平的保护。

因此，《海商法》留置权条款是特别的民法留置权条款，两者的立法目的相互协调，但前者在后者保护公平的基本目的的基础上，进一步发展出特殊价值，即对主要航运业者实现实质公平。基于这个相互关系，《海商法》留置权条款在适用时，不可以民法留置权条款随意替代，但《海商法》留置权条款的解释适用常常离不开民法留置权条款的补充。

第四节 《海商法》留置权的体系定位

《海商法》留置权条款共同的立法目的,就是各类《海商法》留置权之间的内在关联,因为该关联的存在,《海商法》留置权条款的解释和适用将彼此支持,换个角度看,这种支持也是一种彼此制约,相对于适用民法留置权一般规定,在适用《海商法》留置权条款时须多一层对该立法目的的考虑。更进一步,《海商法》留置权的体系定位体现了各项权利在整个法律体系中的关联网络,明确其体系定位,方能借助体系内外不同层次的立法目的,准确解释《海商法》留置权条款,厘清与民法留置权条款、《海商法》其他条款的适用边界。

一、法律体系中的类型与子体系理论

(一)类型与子体系的概念

在一般意义上,"类型"是重复出现且具有大致相同的外部特征的对象。[①] 在法律意义上,拉伦茨为"类型"下的定义是:"彼此相关之多数的规整(融贯)的集合体,其构成要素包含规范内容及其意指的生活关系"[②]。"子体系"也称为"类型系列"[③]或"类型谱"[④],是密切相连但又有区别的、有一定顺序安排的类型的集合。[⑤] 类型系列被黄茂荣视为法律体系的初步结构,拉伦茨认为,抽象概念、类型、原则、功能概念共同构建了法律体系,类型组成的类型系列,建构成可变的部分体系[⑥],因此本书将"类型系列"也称为"子体系"。

可以说,"类型"和"子体系"(类型系列)是一种认识法律的方法论,也是一种法律规则的属性。根据拉伦茨为类型下的定义,类型=社会现实+抽象规范,比起抽象的法律概念对特殊性的完全摈弃,类型结合了社会现实,体现了特殊性,也就是说,作为一种类型,必须包含社会现实(的特殊需要)和抽象规范两个要件。

(二)类型与子体系的认识论意义

首先,透过类型和子体系这两种法的构造类型,有助于理解规范的立法目的。要观察和辨认出类型及其构成的子体系,需要在众多的差异化的法律规则中,运用一定的抽象思维,发现规则间的内在体系性联系,即拉伦茨的"认识不同规整整体的内在有意义的脉络关系"[⑦]。魏德士认为即使是一部法律中分散四处的法律规范,也可能存在相同的价值评价,往往在遍览了这些规范并把它们视为子体系之后,才能确定每个条款的适用领域及其特殊的立法目的。[⑧] 这也正是本书将分散的《海商法》留置权条款作为一个研

---

① 许中缘:《体系化的民法与法学方法》,法律出版社 2007 年版,第 99 页。
② [德]卡尔·拉伦茨:《法学方法论》,陈爱娥译,商务印书馆 2005 年版,第 340 页。
③ [德]卡尔·拉伦茨:《法学方法论》,陈爱娥译,商务印书馆 2005 年版,第 347 页。
④ 黄茂荣:《法学方法与现代民法》,中国政法大学出版社 2007 年版,第 594 页。
⑤ [德]卡尔·拉伦茨:《法学方法论》,陈爱娥译,商务印书馆 2005 年版,第 348 页。
⑥ [德]卡尔·拉伦茨:《法学方法论》,陈爱娥译,商务印书馆 2005 年版,第 344 页。
⑦ [德]卡尔·拉伦茨:《法学方法论》,陈爱娥译,商务印书馆 2005 年版,第 347 页。
⑧ [德]卡尔·拉伦茨:《法学方法论》,陈爱娥译,商务印书馆 2005 年版,第 66 页。

究对象进行研究的原因,试图探索它们之间是否有共同的特殊规范目的/"有意义的脉络关系"。由于法律体系是由大量的类型、子体系为基础构成的,因此,对局部的类型及其构成的子体系的发现和研究,为整个法律体系的体系解释和立法目的的发现奠定了基础。

其次,把类型和子体系作为思考形式,才会重视包含于整体、类型中的"丰盈的个别特征"①,可以弥补高度抽象化的法律概念的欠缺。若只借助抽象概念和形式逻辑搭建法律体系,将法律隔离于社会生活而自我封闭,缺乏发展空间,因此,拉伦茨认为类型是法律体系中联结抽象概念和社会生活的必需环节。海商法最早源于商人实践的总结,我国的《海商法》也展现出丰富的航海实践的特征,如果不重视类型和子体系,各类《海商法》留置权在法律体系中只能被抽象为一般的民法留置权,其个体价值和特殊性不能受到尊重,有别于民法的立法目的可能也会被忽视。

再次,由于法律体系中的特定类型必然存在与其他类型的或多或少的联系,将拥有明确共同价值评价的类型视为整体——类型系列/子体系,可通过触类旁通以降低认识上的劳动强度②,便于法官找法和人们适用法律,便于法学教育。

最后,类型和子体系可以用来检查法律体系局部的融贯性,利用上下级类型之间的对应,可以查出应规定而未规定之法律漏洞,或有无冲突矛盾的情形。

(三)类型与子体系的特征

由于本书所指的子体系,就是类型系列,是将有密切联系的类型视为整体,成为类型的类型,所以下面阐述的类型的特征也适用于子体系。

首先,类型必须是经验性+规范性的结合,对于经验性的层面来说,黄茂荣认为类型能让价值与生活相接③,突出社会生活的特点和需要;对于规范性层面来说,类型与概念一样,有一些不可或缺的坚定的"意义核心"或者说特殊价值,所有要素均围绕该核心依一定次序排列组合,构成整体。④

其次,类型具有要素可变性,组成类型的要素,部分的变更甚至欠缺,不会导致影响其类型系列的属性。这是类型打破抽象概念体系的封闭性,维持法律体系开放性的重要功能。拉伦茨认为,借助要素及其权重的变化,类型可以流动为另一种类型。⑤

最后,类型是体系的有机组成部分,所以类型和子体系均应该规整(融贯)。黄茂荣认为子体系已经初步具有体系的结构,内部应避免逻辑上的冲突,子体系中的类型应坚持靠拢共同的特殊价值,并且类型和子体系都应与整个体系中的原则所体现出来的价值保持一致。⑥

二、《海商法》留置权符合法学理论中"子体系"的构成标准

根据前述理论,民法的法律体系也是由大量的抽象概念、类型、子体系、法律原则构

---

① [德]卡尔·拉伦茨:《法学方法论》,陈爱娥译,商务印书馆 2005 年版,第 66 页。
② 黄茂荣:《法学方法与现代民法》,中国政法大学出版社 2007 年版,第 583 页。
③ 黄茂荣:《法学方法与现代民法》,中国政法大学出版社 2007 年版,第 575 页。
④ 李可:《类型思维及其法学方法论意义——以传统抽象思维作为参照》,载《金陵法律评论》2003 年第 2 期。
⑤ [德]卡尔·拉伦茨:《法学方法论》,陈爱娥译,商务印书馆 2005 年版,第 345 页。
⑥ 黄茂荣:《法学方法与现代民法》,中国政法大学出版社 2007 年版,第 583 页。

成的整体，这些形式被称为"法的构造类型"①。本书认为，《海商法》留置权的 5 组条款将生活经验结合抽象概念，分别形成特别的留置权类型，又因为这 5 种类型中存在密切的内在联系，共同构成类型的集合——子体系。

首先，《海商法》留置权的 5 组条款设置了《海商法》留置权的 5 种类型。法律体系中的"类型"就是抽象规范与生活经验的组合。从类型的抽象规范的层面来看，各类《海商法》留置权的"留置权"本身就是一个抽象概念，内部要素被高度抽象且缺一不可。而根据本章第一节和第二节的分析，《海商法》上的 5 组留置权条款，多数采用了共同的民法"留置（权）"术语，即使未使用该术语的救助人留置权，也在条款中呈现了留置权专有的占有＋处分并优先受偿的二次效力结构。从类型的社会生活经验层面看，《海商法》上的 5 组留置权条款通过法律移植域外海商法，传承了部分商人习惯法、商事惯例的内容，因此分别适用于不同的合同场景，赋权于不同的主体，担保不同的债权实现，这些就是将社会现实引入抽象规范而必然产生的差异。因此，《海商法》上的 5 组留置权条款构成了 5 种留置权类型。按照同样的思路分析，《民法典》合同编的典型留置权条款中也体现了 4 种类型的留置权：保管人留置权、承揽人留置权、承运人留置权、行纪人留置权，《信托法》中又规定了一种新的留置权类型，即信托人留置权。

其次，《海商法》留置权的 5 种类型间，具有比其他民法留置权类型更为密切的价值关联。从立法意图上看，它们都具有实现权利国际化和本土化的双重面向，为此，5 种《海商法》留置权类型移植了域外海商法的担保性权利/制度，而且都对域外法进行了本土化的改造；虽然民法留置权最初也是移植而来，但与国际接轨的任务并未成为其主要的立法意图。从立法目的上看，《海商法》留置权条款都在于保护航运业者的利益和航运业的发展。《海商法》中的留置权行使的场合在海上，行使的主体主要是海上运输业中的船方②，行使场景中往往涉及船舶，包括装载在船上的货物，上述主体和客体承担着有别于陆地的海上特殊风险，而海商法区别于民法的特殊价值也就源于这些特殊因素。学者们达成共识的是，海商法保护的特殊价值是海运业的发展和效率。③ 这是《民法典》的留置权一般规定和典型留置权条款所无法顾及的价值。

将这个特殊价值细化到《海商法》5 组留置权条款中，通过保护修造船人、承运人、出租人、承拖人、救助人等海商法上合同的主要义务承担者（本书统称之为"船方"）的债权，体现出了一定的秩序安排，以实现保护航运业发展的目的。又由于这个共同的特殊目的使然，《海商法》立法者通过放宽留置要件，同时缩小权利主体，缩小留置权所担保的权利范围，以倾斜保护海上运输主要义务承担者的债权，兼顾船货利益的平衡，导致《海商法》留置权条款呈现出与民法留置权不同的特殊性。比如根据主合同的不同特

---

① ［德］卡尔·拉伦茨：《法学方法论》，陈爱娥译，商务印书馆 2005 年版，第 344 页。

② 之所以把造修船人也归入船方，是因为造修船人作为占有船的一方，在造修船合同中是主要的服务提供者，他们的造船、修船行为是合同的主要目的。

③ 何丽新、陈永灿：《海商法特性论》，载《中国海商法年刊》2008 第 00 期；胡正良、孙思琪：《海商法基础理论的内涵、研究现状与研究意义》，载《中国海商法研究》2017 年第 1 期；陆佳微、胡正良：《论中国海商法的基本原则》，载《海大法律评论》2006 年第 00 期；张新平：《海商法》，五南图书出版股份有限公司 2008 年版，第 7 页。

点,呈现出对某些留置权要件的取舍,造修船人的船舶留置权、承拖人留置权、救助人留置都允许不问留置物权属而产生,体现了对造修船业、承拖业和救助业的最大限度保护,而承运人和出租人留置权对留置物的权属都有要求,则意在平衡留置权的行使对提单制度、货方利益的损害,实现航运业的可持续发展。

综上,《海商法》中5种类型的留置权将社会现实融入抽象规范,具有共同的保护航运业者和航运业发展的共同价值,这层特殊的联系是它们与民法上其他留置权类型的差别之所在,本书因此认为《海商法》留置权符合民法留置权子体系的标准。从法理上看,自菲利普黑克最早提出法律体系由外部体系和内部体系构成,拉伦茨、黄茂荣等学者都采用这套概念对法律体系进行研究,外部体系是将抽象概念、类型等要素,以形式逻辑整合成的法律规范的存在形式,内部体系则隐藏在外部体系之中,是价值评价和利益,常表现为法律原则。① 这种分类亦成为我国《民法典》编纂的主流话语。② 对于《海商法》留置权子体系来说,其也具有初步的体系结构,则其外部体系主要就是涉及5类留置权的5组条款构成的整体,内部体系则是保护航运业发展的共同的价值评价和立法目的。

三、《海商法》留置权是民法留置权下具有特殊立法目的之子体系

了解《海商法》留置权子体系在民法体系中的具体定位,是准确适用《海商法》留置权的前提。由于民法体系层次庞大繁复,本书只选取和《海商法》留置权有直接联系的民法留置权部分进行分析。对于每种《海商法》留置权类型来说,"表明该类型特色之特征,以使其与毗连类型相连的特征更可以清楚显示出来",才能清楚地显示其本质内容,从而能够正确适用法律。③

(一)民法留置权体系结构和《海商法》留置权的定位

现行法中,只有《民法典》、《海商法》和《信托法》存在设置本书所称民法意义上的留置权的条款。④ 经前文论证,我国民法体系中各类留置权条款承载的留置权,都保护共同的公平价值,都是具有相同的二次效力结构的担保物权,这样的共性决定了它们在整个民法体系中的定位更近,形成了规则的体系。本书进一步认为,以立法目的作为划分标准,民法留置权体系还可以分出4个子体系:非典型留置权、《民法典》典型留置权、《海商法》(典型)留置权、《信托法》(典型)留置权子体系,而每个子体系下或包含着一种或多种权利类型。民法留置权体系的结构如表1-7所示。

① [德]卡尔·拉伦茨:《法学方法论》,陈爱娥译,商务印书馆2005年版,第318~319页;黄茂荣:《法学方法与现代民法》,中国政法大学出版社2007年版,第616页。
② 方新军:《内在体系外显与民法典体系融贯性的实现——对〈民法总则〉基本原则规定的评论》,载《中外法学》2017年第3期;谢鸿飞:《民法典的外部体系效益及其扩张》,载《环球法律评论》2018年第2期。
③ 许中缘:《体系化的民法与法学方法》,法律出版社2007年版,第105页。
④ 经在北大法宝数据库中检索,民法意义上的"留置(权)"术语,仅出现《民法典》《海商法》《信托法》《破产法》《海关法》中;在《破产法》《海关法》中涉及的条款未设置新的留置权,只是对民法留置权在涉及破产纠纷、海关监管时的一般规定,参见《海关法》第37条、《破产法》第37条。

表 1-7　我国民法留置权体系

类型集合	（下级）类型集合	具体类型	成立要件适用的法律	行使该留置权适用的法律	是否存在相对应的商事留置权
民法留置权	非典型留置权	因侵权行为之债产生的留置权　—	《民法典》物权编第19章"留置权"下的第447条、第448条、第449条	《民法典》物权编第19章"留置权"下的第450~457条	否（不符合产生要件）
		因不当得利之债产生的留置权　—			
		因无因管理之债产生的留置权　—			
		因合同之债产生的非典型留置权			
	典型留置权　《民法典》规定的典型留置权	承揽人的留置权	《民法典》合同编第17章"承揽合同"第783条	不违背立法目的下的第450~457条《民法典》物权编第19章"留置权"下的第450~457条	若发生在企业之间，从事持续经营活动时，债权人可以不考虑同一法律关系要件，留置对方之动产
		承运人的留置权	《民法典》合同编第19章"运输合同"第836条		
		保管人的留置权	《民法典》合同编第21章"保管合同"第903条		
		行纪人的留置权	《民法典》合同编第25章"行纪合同"第959条		
	《海商法》规定的典型留置权	造修船人的船舶留置权	《海商法》第2章"船舶"第25条	在不违背立法目的时，适用《民法典》物权编第19章"留置权"下的第450~457条补充	否（不符合立法目的）
		国际海运承运人留置权	《海商法》第4章"海上货运运输合同"下的第87条	主要适用《海商法》第19章第88条，在不违背立法目的时适用《民法典》物权编第19章"留置权"下的第450~457条补充	
		期租船舶出租人留置权	《海商法》第6章"船舶租用合同"下的第141条	国际海运和内河运输中，主要适用《海商法》第88条，在不违背立法目的时适用《民法典》物权编第19章"留置权"下的第450~457条补充；我国沿海和内河运输，主要适用《民法典》物权编第19章"留置权"下的第450~457条	若发生在企业之间，从事经营活动时，债权人可以不考虑同一法律关系要件，留置对方之动产
		拖航系物人留置权	《海商法》第7章"海上拖航合同"下的第161条	行使该船舶的留置，适用《民法典》物权编第19章"留置权"下的第450~457条	
		海难救助人留置权	《海商法》第9章"海难救助"下的第188条	行使对被拖货物和留置，同出租人留置权一样"双轨制"适用确；《海商法》第9章"海难救助"下的第190条，在不违背立法目的时，适用《民法典》物权编第19章"留置权"下的第450~457条补充	若发生在企业之间，从事经营活动时，债权人可以不考虑同一法律关系要件，留置对方之动产
	《信托法》规定的典型留置权	信托受托人的留置权	《信托法》第57条	在不违背立法目的时，适用《民法典》物权编第19章"留置权"下的第450~457条补充	

《民法典》非典型留置权子体系完全根据《民法典》留置权一般规定产生,因此该子体系的立法目的与民法留置权体系的目的保持一致,但更侧重保护形式公平。根据债产生的原因不同,该子体系包含合同之债的非典型留置权、侵权之债留置权、无因管理之债留置权、不当得利之债留置权4大类型。这些权利的成立要件和行使方式,应严格遵守《民法典》物权编留置权章的一般规定。

《民法典》典型留置权子体系共同的立法目的是保护部分合同中在先履行的劳务提供者的交易安全,该子体系包括《民法典》合同编中的承运人、承揽人、保管人、行纪人留置权,这4类权利根据《民法典》合同编中的典型留置权条款产生,除了共同的立法目的,它们最大的共同点在于,成立要件都不包含对留置物权属的要求,这与它们充分保护劳务提供者利益的立法目的有关,为的是设置比非典型留置权更低的成立门槛,凸显出对劳务提供者利益的特殊保护。这4类留置权依《民法典》合同编的典型留置权条款产生,但条款中都未规定留置权具体的行使方式,在不违背条款立法目的的情况下,可以依据《民法典》物权编中留置权的一般规定行使。

《信托法》留置权子体系只包含信托受托人留置权一项典型留置权,立法目的在于保护信托受托人的合法利益,权利根据《信托法》第57条产生,在不违背立法目的的情况下,可以用《民法典》物权编中留置权的一般规定补充。

目前在司法实践上,还没有太多"非典型留置权"进入纠纷。但开放性是法律体系应有的特点,而法学理论引入类型和子体系以构建体系,也就是考虑到类型是可以根据生活经验通过要素的增减而变化出新类型。学说讨论中,早有学者赞成留置权不应该只限于法律明文规定的典型留置权的范畴。① 因此,"非典型留置权"的存在,为留置权的发展留下空间,对法律体系的发展颇有意义。

还值得注意的是,《海商法》留置权子体系中,船舶留置权的立法意图包含着可以适用民法留置权条款产生留置船舶的权利(将在第三章详细分析),这就是法学理论中"混合的权利类型",体现法律体系的"类型"自我发展的能力,可有效调整社会生活。② 目前有可能产生这种留置船舶的权利的条款,包括《民法典》物权编第19章"留置权"下的第447条、第448条、第449条关于非典型留置权的规定,《民法典》合同编第21章"保管合同"下的第903条保管人留置权条款,《信托法》第57条信托受托人留置权条款,由于这些混合的权利类型权利涉及船舶这个特殊留置物,行使留置权的效果也可能影响到船舶上的船舶优先权、船舶抵押权的实现,关乎保护航运业发展的立法目的,不能将它们单纯纳入一个子体系。

(二)《海商法》留置权与《民法典》典型留置权子体系的界分和意义

在民法留置权体系中,《民法典》的典型留置权与《海商法》留置权存在较多共同点,它们主要都赋予特定主体根据特定合同之债而产生的留置权,它们的成立要件都与《民法典》对留置权的一般规定存在差异。甚至有部分条款的调整范围十分接近,即《海商

---

① 费安玲:《比较担保法》,中国政法大学出版社2004年版,第451页;章程:《论我国留置权的规范适用与体系整合——民法典时代的变与不变》,载《法商研究》2020年第5期。

② 许中缘:《体系化的民法与法学方法》,法律出版社2007年版,第103页。

法》中的船舶留置权和《民法典》的承揽人留置权都调整因承揽合同产生的留置权,《海商法》中的承运人留置权和《民法典》的承运人留置权都调整因运输合同产生的留置权。

将《海商法》留置权与《民法典》典型留置权界分为两个子体系的依据是立法目的差异,以此能够解释两个子体系内的留置权为何拥有不同的成立要件和行使后果。《海商法》留置权保护的是航运业者的债权和航运业的发展,价值中带有一定的政策性和公益性,所以其中船舶留置权、承拖人留置权、救助人留置权的成立对留置物没有权属要求,但承运人留置权和出租人留置权对留置物权属有限制,是为了保护海商法特有的提单制度的交易安全;而《民法典》典型留置权保护的是劳务提供者的交易安全,出于对劳动价值的尊重和对弱势的在先提供劳务者的保护,导致《民法典》典型留置权对留置物都没有权属要求。

将两部法律中的留置权作为并列的子体系进行界分,意义在于司法适用的"找法"过程,能够通过对立法目的的分辨找到应该适用的法律。尤其是对于前述两组调整范围接近的法条,基于它们所属不同的子体系,为准确选择法条进行适用奠定了基础。海运业面临着不同于陆地的风险环境,为了实现《海商法》留置权子体系保护的价值,《民法典》合同编中承运人留置权条款(第 836 条)调整的是除国际海上运输合同范围之外的运输合同关系中的留置权,《民法典》承揽人留置权条款(第 783 条)调整的是船舶造修合同之外的承揽合同关系中的留置权。理论研究和司法实践中,对于《海商法》承运人留置权条款和《民法典》(《合同法》)承运人留置权条款的适用存在较多争议,认为前者是后者特殊类型的观点,常会以后者解释前者,从而将《海商法》第 87 条,"留置债务人的货物"扩大解释为"留置运输的货物",或者法律适用中直接用后者取代前者,从而破坏《海商法》第 87 条通过对留置物的权属要求,以保护提单制度,实现船货利益平衡的立法意图。

(三)《海商法》留置权与企业间留置权的关系

另外,本章第一节已分析过,商事留置权(我国也称为企业间留置权)和民事留置权的主要区别在于成立要件中是否包含"同一法律关系",如果商事主体间存在多次交易,从而产生了债权集合,为了担保该债权集合的整体或局部,产生的留置权就可以适用商事留置权的特别规定,对留置物放宽"同一法律关系"的要求。如此,在因合同之债产生民法留置权的类型中,只要主体和债权具有商事特征,目的是保护商事交易的公平和安全,就可以产生商事留置权,商事主体的多次反复的商事交易一般以合同之债为基础,所以非合同之债产生的民法留置权中,难以产生商事留置权。

《海商法》留置权主要是因合同之债产生的留置权类型[①],在符合立法目的的前提下,《海商法》留置权类型被商事主体在商事债权中适用,也可能产生商事留置权。因此,商事留置权不应该和典型留置权(包括《海商法》留置权)处于并列关系。[②] 考虑到我

---

① 在纯救助法律关系中,救助人因为无因管理而产生债权,其留置权的获得并不是建立在合同之债基础上的,这种情况在海上打捞关系中也会出现。

② 熊丙万认为民法留置权下面包含三个子体系,一般民事留置权、一般商事留置权、民法和特别法中规定的特别的民事留置权,和本书观点不同,参见熊丙万:《论商事留置权》,载《法学家》2011 年第 4 期。

国采取民商合一的立法安排,在上述树状结构的二维体系中,商事留置权应从横纵之外的第三维度上有一席之地,即依附于合同之债留置权子体系,每一种合同之债留置权只要符合商事留置权的规定,又不违背所依附的民事留置权的立法目的,就可以产生商事留置权。但由于《海商法》留置权的保护价值具有特殊性,部分权利若放弃同一法律关系要件行使,会破坏立法目的,所以不是全部的《海商法》留置权都存在相应的商事留置权,造修船人的船舶留置权由于受偿顺序优先于船舶抵押权,如果允许造修船人留置非产生造修费债权的船舶,无异于扩大了该权利对船舶抵押权的影响范围,妨碍船舶融资,最终影响立法目的的实现,所以不应允许企业间的船舶留置权存在,下文还将结合司法适用情况详细分析。

四、《海商法》留置权与船舶担保物权的关系

民法体系庞大而复杂,《海商法》留置权与船舶担保物权因为共同拥有船舶留置权这个权利类型而发生关联,因此,在适用《海商法》第 25 条船舶留置权条款的过程中,就要同时考虑两套子体系的立法目的和立法意图,考虑船舶留置权的适用对两套子体系其他规范的影响。

《海商法》船舶担保物权包括船舶优先权、船舶留置权、船舶抵押权[①],是以船舶为担保物的担保物权类型的集合,这些权利类型之间最重要的联系在于,它们形成了船舶优先权优先于船舶留置权受偿,船舶抵押权劣后于船舶留置权受偿的顺序。本章第二节已分析过,这个顺序的产生源于对 1967 年《船舶优先权公约》的移植,移植对象的制度设计,是为了统一并减少各国船舶担保物权的类型,从而减少该权利对船舶融资的影响,鼓励航运业发展。对于我国来说,移植这套船舶担保物权子体系,既有与国际接轨的意义,更有保护我国航运业发展,并重点保护我国造修船业发展的目的。

除了权利类型中都包含船舶留置权,《海商法》留置权与船舶担保物权两套子体系还有另外一项关联,即救助人对被救船舶同时拥有留置该船舶的权利和船舶优先权。《海商法》船舶担保物权子体系中的船舶优先权,法律移植自 1967 年和 1993 年《船舶优先权公约》关于 maritime lien 的规定,是一种非占有型的担保物权,也是一种秘密依附在船上的优先性债权,主要担保具有公益属性的债权[②],而这些债权一般情况下属于船舶所有人的债务,因此其立法意图与主要担保船方债权实现的《海商法》留置权正好相反。船舶优先权担保的债权之一"海难救助款项的给付请求",与救助人留置权担保的债权出现了重叠,都是为了担保救助款项债权的实现,但受偿顺序不同,《海商法》条款

---

① 还包括根据《海商法》之外的民法留置权条款留置船舶的权利,下文的分析中将进行详细论述。

② 参见《海商法》第 22 条 下列各项海事请求具有船舶优先权: (一)船长、船员和在船上工作的其他在编人员根据劳动法律、行政法规或者劳动合同所产生的工资、其他劳动报酬、船员遣返费用和社会保险费用的给付请求; (二)在船舶营运中发生的人身伤亡的赔偿请求; (三)船舶吨税、引航费、港务费和其他港口规费的缴付请求; (四)海难救助的救助款项的给付请求; (五)船舶在营运中因侵权行为产生的财产赔偿请求。载运 2000 吨以上的散装货油的船舶,持有有效的证书,证明已经进行油污损害民事责任保险或者具有相应的财务保证的,对其造成的油污损害的赔偿请求,不属于前款第(五)项规定的范围。

中未对此进行协调,在司法适用中可能发生冲突。

总而言之,本章梳理了民法留置权的发展历程和《海商法》留置权具体条款的价值评价,从而逐步实现魏德士所说的,从《海商法》中搜集到"距离遥远的"关于留置权的条款"马赛克",并且像"拼图游戏"一样拼成完整的图画①,先认识到《海商法》留置权间具有最密切的关联网络,即它们之间共同维护的法律秩序,再认清这幅图在整个民法留置权体系大图中的定位,虽然画面还有些模糊,但这是评价规则设计的合理性、寻找具体规则适用问题成因的起点。后面的章节中,将结合司法实践数据,以及体系化的理论,逐渐还原这幅图画的全景。

---

① 〔德〕魏德士:《法理学》,丁晓春、吴越译,法律出版社 2013 年版,第 67～68 页。

第二章

体系化检视《海商法》留置权的司法适用

以上一章结论为基础,《海商法》留置权作为民法留置权这个规则体系的组成部分,并且作为一个由一系列有联系的类型构成的子体系,是一种初步的体系,已具有一定程度的体系化结构①,意味着其中的每一种留置权类型,都应受到子体系共同立法目的的指导,同时也可能与子体系外部的条款发生互动、彼此影响。

《海商法》留置权的子体系结构和在民法留置权体系中的定位,不仅具有认识论层面的意义,让人们能准确认识单一条款和单一权利类型的内涵外延,更具有方法论层面的意义,将子体系结构和定位运用于法律实践,则在司法适用中更能准确解释法律,在法律条文发生冲突时能通过其子体系结构选择应该适用的法律,实现法律的安定性和形式正义,在发生法律未规定的新问题时,也能通过清晰的子体系结构发展出解决方案。② 总之,贯彻共同的立法目的和理念、统一司法裁判尺度、实现(子)体系的自我发展,这就是对《海商法》留置权子体系应有的体系效益的期待。③

那么,在《海商法》施行近 30 年来,《海商法》留置权子体系在司法适用中是否发挥了其体系效益呢? 本章将借助体系效益理论,检视《海商法》留置权的司法适用数据。从每一个《海商法》留置权条款的司法适用数据出发,点面结合,既研究每个条款的司法适用准确性,也从子体系整体俯瞰,了解该子体系的实际效益。

第一节 《海商法》留置权条款司法适用之特点

为了全面、客观地呈现《海商法》留置权的法律适用情况,本书对"中国裁判文书网"中涉及《海商法》留置权内容的文书逐一阅读和分类,试图通过司法数据的量化加质化

---

① 黄茂荣:《法学方法与现代民法》,中国政法大学出版社 2007 年版,第 594 页。

② 张翔:《基本权利的体系思维》,载《清华法学》2012 年第 4 期;侯学勇:《什么是有效的法律规范?——法学中的融贯论》,载《法律方法》2009 年第 00 期;张明楷:《刑法修正案与刑法法典化》,载《政法论坛》2021 年第 4 期。

③ [德]魏德士:《法理学》,丁晓春、吴越译,法律出版社 2013 年版,第 329 页;[德]卡尔·拉伦茨:《法学方法论》,陈爱娥译,商务印书馆 2005 年版,第 137～144 页;梁迎修:《方法论视野中的法律体系与体系思维》,载《政法论坛》2008 年第 1 期。

分析,最大程度还原《海商法》中的留置权的法律适用情况,并从中发现、提炼司法适用中具有代表性的问题。

虽然对法律的适用并不必然进入司法诉讼程序,相关当事人可依法适用《海商法》中的留置权条款自行调整权利义务,但此类法律适用情形无从量化和研究。相较之下,裁判文书较为客观地记载了《海商法》留置权条款的法律适用过程,并对适用的争议进行解释说理和裁判/调解,还可能反映司法者对法条的法律续造。法条本身的设计在法律适用中的优势、劣势和法律漏洞均能通过裁判文书体现出来,具有较高的研究价值。

本书以"《中华人民共和国海商法》+第 X 条"为关键词,在"中国裁判文书网"上分别检索援引《海商法》中的 5 组留置权条款进行裁判的法律文书,统计截止时间为 2020 年 12 月 20 日,总共检索出 414 份相关裁判文书[①],这些文书制作的时间跨度自 2008 年至 2020 年[②],构成了本书进行实证研究的基础数据库。具体条款的适用文书篇次如表 2-1 所示。

表 2-1　《海商法》中的留置权条款在"中国裁判文书网"中的适用情况

条款	船舶留置权(第 25 条)	承运人留置权的成立(第 87 条)	承运人留置权的行使(第 88 条)	出租人留置权(第 141 条)	承拖人留置权(第 161 条)	救助人留置权的成立(第 188 条)	救助人留置权的行使(第 190 条)
适用文书篇次	222	110	40	30	0	11	1

资料来源:根据"中国裁判文书网"数据绘制(统计时间截至 2020 年 12 月 20 日)

"中国裁判文书网"是最高院主办的权威网站,但由于建立时间(2013 年 7 月 1 日开通)较短,主要收录的是 2000 年以后的裁判文书,而搜索"海商海事纠纷"案由,则能检索到的最早的文书是 2008 年制作的,所以,本书检索到的 414 份裁判文书,只能反映近 10 余年的《海商法》留置权的适用情况,具有一定的局限性。[③]

如表格统计,《海商法》留置权各条款在司法适用中呈现参差的适用频率,纠纷较多集中在船舶留置权和承运人留置权条款的适用中,一定程度上反映了这两项权利被适用得较多,但单从适用文书篇次的数据,无法看出该权利的司法适用效果,仍需对案件逐一解读分析。另外,涉及出租人留置权的案件也达到了一定的数量,但均未涉及出租人对转租收入的留置权的局部条款。而且,规定承拖人留置权的第 161 条几乎未在司法裁判中被适用。救助人留置权的行使条款第 190 条也极少在司法裁判中被行使,而

---

① 《海商法》第 87 条和第 88 条经常被同时适用,所以两者的数据有部分重叠,最终适用第 87 条和/或第 88 条的文书为 138 份。适用第 190 条的裁判文书,也适用了第 188 条,所以最终适用第 188 条和/或第 190 条的文书为 11 份。

② 由于"中国裁判文书网"是 2013 年建立的,其收录的文书存在时间上的限制,检索海商海事纠纷案由,能搜索到的文书的最早年份为 2008 年。

③ 本书亦适当结合"北大法宝"网站的案例数据进行补充,"北大法宝"是由北京大学自 1985 年起创办的数据库,收录了部分 20 世纪的司法裁判文书,但由于其主办机构的民间性,搜集的文书范围有限,只能对"中国裁判文书网"起到少量补充的作用。

第 188 条赋予救助人阻止被救船货离开的条款,作为第 190 条拍卖被救船货的前提,却被司法相对更多地适用,其中原因也值得进一步探索。

一、涉船舶留置权裁判趋于援引民法留置权条款

对"中国裁判文书网"上 222 个涉及"《中华人民共和国海商法》第二十五条"的案件进行逐一阅读筛查(最后检索时间:2020 年 12 月 20 日),排除只被当事人所引用未被裁判意见采纳,或者被执行文书引用而未讨论条款实质内容的文书,余下 102 份民事裁判文书实际援引了第 25 条对当事人权利义务进行裁判,或者讨论了船舶留置权的法律适用。

这 102 份文书最显著的特点是,超过 1/3(36.27%)的案件适用了民法留置权条款进行裁判,其中甚至有 5.88% 的文书单独适用民法留置权条款,以解决船舶留置权争议的情况,具体如表 2-2 所示。

表 2-2 "中国裁判文书网"上涉及船舶留置权的民事裁判文书的裁判依据

项目	高级法院	海事法院	合计
涉及船舶留置权的裁判文书数量(份)	22	80	102
单独适用民法留置权条款的文书数量(份)	5	1	6
单独适用民法留置权条款的文书所占比例	22.73%	1.25%	5.88%(权重)
同时适用《海商法》第 25 条和民法留置权条款的文书数量(份)	10	27	37
单独或同时适用民法留置权条款裁判的文书比例	45.45%	33.75%	36.27%(权重)

资料来源:中国裁判文书网,数字由本书自行统计(统计时间截至 2020 年 12 月 20 日)

再对这些适用非《海商法》第 25 条的其他民法留置权条款的数据进行深入挖掘,两级法院共 37 份裁判文书中,《物权法》第 230 条(留置权的一般规定)被适用 11 次,包括 3 次单独适用(排除了《海商法》的规定),《物权法》第 231 条(企业间留置权)被适用 5 次,第 232 条(留置权适用范围的限制性)被适用 1 次,《物权法》第 236 条(留置权的行使)被适用 4 次,《物权法》第 173 条(担保物权担保的范围)被适用 2 次,《物权法》第 240 条(留置权丧失)被适用 1 次。《合同法》第 264 条承揽人的留置权被适用 5 次,第 119 条(阻止损失扩大)被适用 1 次。《担保法》第 82 条(留置权的行使方式)被适用 5 次,《担保法》第 83 条(留置担保的范围)被适用 3 次,《担保法》第 86 条(保管义务)被适用 1 次。《〈中华人民共和国民事诉讼法〉司法解释》(以下简称《〈民诉法〉司法解释》)第 157 条(法律扣押不影响留置抵押质押等担保物权)被适用 4 次。适用比例较高的条款以图 2-1 表示。

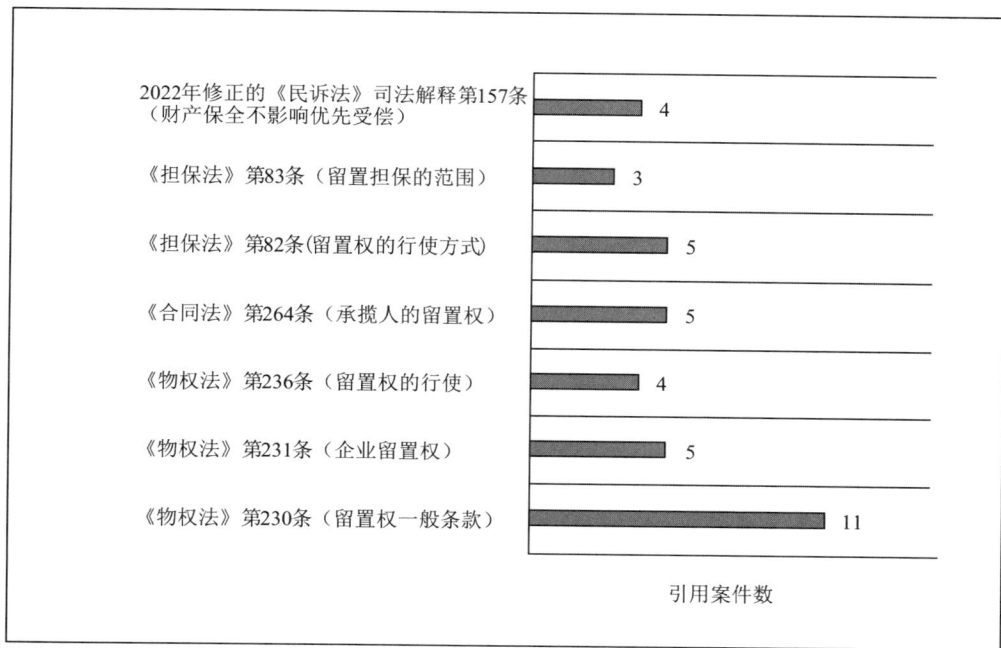

图 2-1   在涉船舶留置权案件中被高频援引的非《海商法》条款

资料来源：中国裁判文书网，数字由本书自行统计（统计时间截至 2020 年 12 月 20 日）

从图 2-1 的数据可以看出，涉船舶留置权案件适用的民法留置权条款主要用于确认船舶留置权人享有优先受偿权，船舶留置权的主体和权利范围，以及解释用何种方式来实现船舶留置权的优先受偿效力。

其中，《物权法》第 230 条、《担保法》第 82 条被适用频率最高，共计 16 篇次，它们是对留置权的一般规定，适用的主体范围广于《海商法》第 25 条，而且明确了权利人的优先受偿性，在案件中配合《海商法》第 25 条船舶留置权条款共同使用，可以强化《海商法》第 25 条船舶留置权的二次效力属性，同时适用《海商法》第 25 条和上述民法留置权一般条款的文书，往往未阐明同时援引的具体原因①；此外，规定留置权具体行使方式的《物权法》第 236 条、第 173 条，《担保法》第 82 条、第 83 条、第 86 条，在这些案件中被适用共计 15 篇次，也填补了《海商法》未规定船舶留置权行使方式的空白②；另外，用于说

---

① 比如"徐志伟、浙江久弘石油运输有限公司与项心极船舶建造合同纠纷"，（2012）甬海法台商初字第 88 号民事判决；"舟山宏浚港口工程有限公司与台州市园山船务工程有限公司、舟山市安达船务有限公司船舶修理合同纠纷"，（2014）甬海法台商初字第 88 号民事判决。

② 比如"汤达强、防城港港宇国际船务有限公司、防城港近洋船务有限公司保管合同纠纷"，（2018）桂 72 民初 265 号一审民事判决书；"浙江腾龙造船有限公司、朱国华船舶建造合同纠纷"，（2018）浙 72 民初 1789 号民事判决书；"福建省宏港船业有限公司与日照华勇海运有限公司、刘建平海事诉讼特别程序案件"，（2016）闽 72 民初 907 号一审民事判决书。

明司法保全不影响担保物权效力的《〈民诉法〉司法解释》第 173 条也被 4 篇次的文书援引。[①] 可见,民法留置权条款的使用,趋于填补《海商法》第 25 条未规定的内容,可能具有一定的补充性,而在有一些案件中的使用则与《海商法》第 25 条内容重复,具有相互印证性。但留置权一般规定中,对于留置物有"债务人的动产"的权属要求,与《海商法》第 25 条规定"可以留置所占有的船舶"存在冲突,而上述判决书并未对这些冲突进行协调。

作为法律移植的重要手段,《海商法》留置权子体系使用"留置权"术语的立法意图包括,适当的条件下可援引民法留置权条款进行补充和解释。而且《海商法》第 25 条基本翻译移植自国际公约,具有公约条款的碎片化特征,往往需要借助民法留置权条款方能完成适用。但以体系化视角观之,船舶留置权法律移植的背后,伴随着《海商法》对整个船舶担保体系的移植,并且受《海商法》留置权子体系共同目的的指导,该权利位于多个(子)体系的交界环节,受到多重的立法意图和立法目的的约束。若没有清晰的体系化思维,对立法目的认识不足的话,高频的民法留置权条款使用率,容易错用/滥用民法留置权条款,破坏《海商法》第 25 条的立法意图。下一节将结合具体的裁判文书,展现第 25 条立法意图在司法实践中的实现情况。

二、承运人留置权条款多数适用于目的港交货不能的责任划分

对"中国裁判文书网"上涉及《中华人民共和国海商法》第八十七条和/或第八十八条"的裁判文书进行逐一阅读筛查(最后检索时间:2020 年 12 月 20 日),其中共有 138 份裁判文书依据《海商法》第 87 和/或第 88 条进行司法裁判。

与船舶留置权案件不同的是,在处理承运人留置权的成立、行使、消灭相关法律问题时,只有少数案件借助了民法的留置权条款[②],约 97%的案件都依据《海商法》第 87 和/或第 88 条裁判承运人留置权问题。本书认为这种差别可能与承运人留置权的制度

---

① 比如"宁波满洋船舶有限公司与浙江勤丰海运有限公司船舶修理合同纠纷",(2017)浙 72 民初 198 号一审民事判决书;"广州市新怡船舶修造有限公司与广州市仕泰海运有限公司船舶修理合同纠纷",(2019)粤 72 民初 1878 号民事一审判决书;"原告福安市恒兴船业有限公司诉被告芜湖市晨光船务有限公司海事债权确权纠纷确权",(2015)厦海法确字第 14 号民事判决书;"宁波满洋船舶有限公司、浙江勤丰海运有限公司船舶修理合同纠纷",(2017)浙民终 539 号二审民事判决书。

② 参见"泰州市兴达钢质船厂与顾宗年、漯河市归帆航运有限公司船舶建造合同纠纷",(2018)鄂 72 民初 855 号民事判决书;"乐清市江丰船务有限公司与南京连润运输贸易有限公司船舶买卖合同纠纷",(2016)浙民终 315 号一审民事判决书;"舟山市定海区经济担保有限公司、舟山富生船舶修造有限公司、浙江涌禾运输有限公司船舶修理合同纠纷",(2019)浙民申 1049 号再审审查与审判监督民事裁定书;"舟山富生船舶修造有限公司与浙江涌禾运输有限公司船舶修理合同纠纷",(2017)浙民终 127 号民事判决书。参见"永大公司、宁波远通海外渔业有限公司航次租船合同纠纷二审民事判决书",(2019)闽民终 212 号民事判决书;"纸创有限公司与元泰海空通运有限公司、元泰国际货运(中国)有限公司宁波分公司海上、通海水域货物运输合同纠纷",(2016)浙 72 民初 227 号民事判决书;"纸创有限公司与元泰海空通运有限公司、元泰国际货运(中国)有限公司宁波分公司海上、通海水域货物运输合同纠纷",(2016)浙 72 民初 240 号民事判决书;"天津市滨海新区泰长领钧实业发展有限公司(以下简称领钧公司)与被上诉人秦皇岛富航货运代理有限公司(以下简称富航公司)航次租船合同纠纷",(2019)津 72 民初 633 号民事判决书。

设计有关,它是《海商法》留置权中唯一详细规定了留置权要件、行使留置权二次效力的方式和法律后果的法律规范①,在司法适用中,对于某些案件实现了自足性,基本无须再借助民法留置权进行补充。

这些裁判文书最突出的特点是,在运用《海商法》第 87 和/或第 88 条进行实体权利义务裁判的 127 份文书中,有 77 份都是用于承运人在目的港交货不能的场景,具体包括目的港无人取货、收货人退货、托运人退运等。其中的 55 个案件中,托运人运用第 87 条抗辩承运人对目的港交货不能的求偿,认为承运人此时有留置义务,均被法院以承运人留置权是一种权利而不是义务驳回。另有 22 个案件,托运人结合《合同法》第 119 条的非违约方减损义务②,要求承运人根据第 87 条和第 88 条行使留置权,对交货不能的损失进行减损,未处分留置货物的承运人不能就扩大的损失获赔,部分案件获得法院支持。第 87 条和第 88 条的立法意图是赋予承运人因海运产生的债权以担保,并不是为目的港交货不能而设置的责任划分,这样广泛地适用于目的港交货不能纠纷,可能影响了立法目的的实现。下面一节将结合裁判文书内容进行详细分析。

三、涉出租人留置权条款案件均遇承租人失联/停业情形

在"中国裁判文书网"上,以"《中华人民共和国海商法》+ 第一百四十一条"为关键词,可以查询到 30 份法律文书(最后检索时间:2020 年 12 月 20 日),在"北大法宝"网站上还可查询到 1 份仲裁文书。在这 31 份文书中,有 28 份法院裁判和 1 篇仲裁裁决,均援引《海商法》第 141 条对出租人的货物留置权进行实体裁判。

法院的 28 份裁判文书均涉及相似案情,期租出租人与承租人签订定期租船合同,承租人再另行揽货运输或者转租下家,但在货物到达卸货港前,发生了承租人停止营业、失联失踪的情形,承运人没有完成期租合同的义务,影响了正常的运输、靠港、卸货和交货流程,出租人代为完成全部运输后,欲留置船上货物担保相关债权而产生的纠纷。这类案件往往涉及多方当事人,影响面较大,其中一个承租人的停止经营事件,形成了一系列 23 份裁判文书。③ 从数据可见,这种情形在我国发生频率较高、影响范围较广,反映了我国海运期租实务中的一种常见情形,对《海商法》相关问题的法律供给提出了现实要求。这 28 篇法律文书最终都没能依据第 141 条赋予出租人对货物的留置权,因为船上的货物属于转手租船人或者托运人,不符合第 141 条对留置物必须属于承租人的严格要求。

同时,第 141 条规定的出租人对"转租船舶的收入有留置权"这部分条款的适用,未在裁判文书中得到体现。这与该部分条款的制度设计是否存在关系,下面的章节将对具体案情、裁判说理和第 141 条适用中存在的问题进行分析。

---

① 公丕祥主编:《法理学》,复旦大学出版社 2016 年第 3 版,第 221 页。

② 《合同法》第 119 条第 1 款　当事人一方违约后,对方应当采取适当措施防止损失的扩大;没有采取适当措施致使损失扩大的,不得就扩大的损失要求赔偿。

③ 23 份裁判文书均涉及宁波鸿勖有限公司向上海勖源公司期租"鸿勖 01"号的系列案件。

四、救助人留置权条款的适用均支持救助人从受益人处获得担保

在"中国裁判文书网"上，以"《中华人民共和国海商法》＋第一百八十八条"为关键词，可以查询到 11 篇法律文书援引第 188 条，但真正用第 188 条进行实体裁判的只有 9 篇，以"《中华人民共和国海商法》＋第一百九十条"为关键词，可以查询到 2 篇文书，进行实体裁判的只有 1 篇，该篇同时也援引了第 188 条（最后检索时间：2020 年 12 月 20 日）。

这 9 篇引用第 188 条和/或第 190 条的裁判文书中，全部用以支持救助人获得救助款项的"担保"，不是直接实现债务的履行，而是对债权起到间接的保障作用。条款直接被解释为被救助货物的受益人有提供救助款项担保的义务，甚至有文书否认该条款的留置权属性。① 8 篇文书明确救助人如果无法收到担保，依据第 188 条有权滞留货物/船舶，但未提及处分船舶/货物并优先受偿的权利；只有 1 篇文书同时提及第 190 条，说明救助人对滞留货物有拍卖权，亦未明确救助人因此拥有留置权。即便 9 份文书的裁判观点都没有明确救助人根据第 188 条和/或第 190 条拥有的权利是留置权，但也实现了担保救助人债权实现的立法意图，推动了《海商法》留置权的立法目的实现。在上述裁判文书中进一步体现为，救助合同纠纷依法被判由他人承担救助款项，救助人仍有权保留获得的担保，担保款项提供者只能自行对救助合同债务人追偿。②

---

① 参见"秦皇岛金茂源纸业有限公司与宁波鸿勋海运有限公司、上海勋源海运有限公司、洋浦中良海运有限公司、浙江满洋船务工程有限公司海难救助合同纠纷"，(2018)浙72民初1640号一审民事判决书；"宁波鸿勋海运有限公司、上海勋源海运有限公司因与被上诉人秦皇岛金茂源纸业有限公司、洋浦中良海运有限公司、浙江满洋船务工程有限公司海事海商纠纷"，(2019)浙民终54号二审民事判决书；"宁波鸿勋海运有限公司、上海勋源海运有限公司海事海商纠纷"，(2019)浙民终33号二审民事判决书；"中国人民财产保险股份有限公司、河北省曹妃甸分公司、广东华钢贸易有限公司、浙江满洋船务工程有限公司、通海水域货物运输保险合同纠纷"，(2019)浙72民初9号一审民事判决书；"中国人民财产保险股份有限公司、河北省曹妃甸分公司、广东华钢贸易有限公司、浙江满洋船务工程有限公司通海水域货物运输保险合同纠纷"，(2019)浙民终651号二审民事判决书；"宁波鸿勋海运有限公司、上海勋源海运有限公司因与被上诉人山东惠民惠星塑料制品有限责任公司、洋浦中良海运有限公司、浙江满洋船务工程有限公司海事海商纠纷"，(2018)浙72民初1564号一审民事判决；"宁波鸿勋海运有限公司、上海勋源海运有限公司因与被上诉人山东惠民惠星塑料制品有限责任公司、洋浦中良海运有限公司、浙江满洋船务工程有限公司海事海商纠纷"二审民事判决书；"中国人民财产保险股份有限公司河北省曹妃甸分公司、宁波鸿勋海运有限公司、上海勋源海运有限公司海上通海水域货运海商海事纠纷"，(2020)浙72民初884号一审民事判决书。

② 参见"中国人民财产保险股份有限公司河北省曹妃甸分公司、广东华钢贸易有限公司、浙江满洋船务工程有限公司通海水域货物运输保险合同纠纷"，(2019)浙72民初9号一审民事判决书；"宁波鸿勋海运有限公司、上海勋源海运有限公司因与被上诉人秦皇岛金茂源纸业有限公司、洋浦中良海运有限公司、浙江满洋船务工程有限公司海事海商纠纷"，(2019)浙民终54号二审民事判决书；"宁波鸿勋海运有限公司、上海勋源海运有限公司因与被上诉人山东惠民惠星塑料制品有限责任公司、洋浦中良海运有限公司、浙江满洋船务工程有限公司海事海商纠纷"，(2018)浙72民初1564号一审民事判决书；"宁波鸿勋海运有限公司、上海勋源海运有限公司因与被上诉人山东惠民惠星塑料制品有限责任公司、洋浦中良海运有限公司、浙江满洋船务工程有限公司海事海商纠纷"，(2019)浙民终59号二审民事判决书。

另外,从留置对象的角度看,有 9 份文书涉及对被救船上货物的,讨论对被救船舶的留置的文书只有 1 份,多数条款使用的场景是被救货物货主提货的时候,救助人要求其提供对救助费用的担保。

综上,除了承拖人留置权条款被司法适用得极少外,其他 4 类主体的留置权条款都进入了司法裁判者的视野,并且在适用中呈现截然不同的特点。涉及船舶留置权条款的裁判文书有三分之一以上与民法留置权条款同时使用;而承运人留置权条款一半以上(77/127=60.6%)适用于目的港无人取货的纠纷;出租人留置权条款的适用全部遭遇承租人停业/失联的情景,而且出租人的留置权在此时往往未能担保出租人的债权;救助人留置权条款在司法适用中全部用于实现占有的一次效力,以要求受益人提供担保的形式实现了子体系的立法目的。这些数据特点成为条款适用问题分析的数据背景,接下来将围绕立法目的实现、子体系外部的干扰两大主题,呈现《海商法》留置权条款的适用问题。

第二节　部分裁判违背《海商法》留置权
子体系立法目的

本书第一章已明确,《海商法》留置权子体系承载着保护航运业发展的共同立法目的,该共同目的将各类《海商法》留置权密切联系在一起。子体系内的留置权类型各自受到立法方式、相关制度的影响,还会产生带有特殊立法意图的特别规定,但这些立法意图最终都是与子体系的立法目的相融贯。在各类型的《海商法》留置权适用中,共同的立法目的既发挥价值指引的作用,是适用条款所要实现的目标,也用于评价具体条款是否准确适用。

一、船舶留置权或被造修船人之外的主体所取得

从《海商法》第 25 条的行文看,清晰地专门赋予造修船人以船舶留置权,立法意图就是只给予造修船人这种受偿顺序优先的担保,方能减少该权利对船舶融资、船舶抵押的干扰。但在 102 份适用第 25 条进行裁判的文书中,尚有 5 份文书涉及船舶看管人因为看管费用未得到清偿,而向法院诉请获得船舶留置权,并在判决中获得支持;其余 97 份文书均是在造修船合同的前提下探讨船舶留置权条款,部分裁判强调唯造修船人可适用第 25 条。[①]

这 5 份承认船舶看管人可以依据第 25 条享有船舶留置权的裁判文书中,(2018)桂 72 民初 265 号民事判决书涉及修船厂在留置船舶期间,另外雇请专门的看管公司看管

① 参见"乐清市江丰船务有限公司与南京连润运输贸易有限公司船舶买卖合同纠纷",(2015)甬海法温商初字第 86 号一审民事判决书;"中国民生银行股份有限公司杭州分行、杭州银行股份有限公司舟山分行等与德勤集团股份有限公司等普通破产债权确认纠纷案",(2017)浙 0902 民初 958 号一审民事判决书。

船舶,法院判决看管公司主张的看管费用可由船舶留置权担保。① 虽然本书认同此项费用属于留置船舶的保管费用,符合民法留置权一般规定中的担保范围,可得到《民法典》第389条②(《担保法》第83条和《物权法》第173条)的法律支持,也应获得第25条船舶留置权的担保。但是,根据立法意图应该由造修船人先行支付看管人后,再由造修船人作为船舶留置权人主张,而不像该案中由看管公司直接主张其看管费享有船舶留置权的担保。而其余4个案件,对船舶留置权的争议均源于专门的"船舶看管合同""船舶住排合同",主张权利的人即是看管人,案件未涉及造船或者修船,但法院均以《海商法》第25条支持看管人的船舶留置权。③

《海商法》第25条有意将船舶留置权的权利主体严格限制于修船人、造船人,目的是保护造修船行业的发展,同时不过多影响船舶抵押权人的权利。由于第25条的船舶留置权比船舶抵押权更优先受偿,两者之间存在着张力,如果享有第25条权利的主体过多,必然影响到船舶抵押权的效力。赋予船舶看管人的看管费债权以船舶留置权,尤其当该权利与船舶的修理和造船合同无直接联系的情况,是对《海商法》第25条的误用,过多的主体享有船舶留置权,会影响船舶融资,直接与整个《海商法》留置权子体系保护航运业发展的立法目的相悖。

二、承运人留置权或被转化为承运人减损义务

《海商法》第87条和第88条的立法意图是通过赋予承运人对货物的留置权,以担保海上运输中产生的债权得以实现。因此,留置权对承运人来说是一项权利而不是义务。但在司法适用的过程中,仍有部分裁判文书违背留置权的权利属性,完全将其转化为承运人在目的港无人取货时的唯一减损义务,让没有留置意愿的承运人,背负留置并处分货物的法律义务,而且得为自己不履行"义务"的行为承担部分损失的法律后果,冲击了第87条和第88条对承运人赋权的立法意图。

(一)裁判结果的分歧

127份涉及对承运人留置权进行实体权利义务裁判的文书中,有55份裁判文书的承运人向托运人主张目的港交货不能产生的损失,托运人以《海商法》第87条和第88条抗辩承运人,要求承运人必须先行使留置权处分货物,不能受偿的部分再行向托运人索赔,法官则运用《海商法》第87条,判决留置权是承运人的一项权利而不是义务,承运

---

① 参见"汤达强、防城港港宇国际船务有限公司、防城港近洋船务有限公司保管合同纠纷",(2018)桂72民初265号一审民事判决书。

② 参见《民法典》第389条 担保物权的担保范围包括主债权及其利息、违约金、损害赔偿金、保管担保财产和实现担保物权的费用。当事人另有约定的,按照其约定。

③ 参见"福建省宏港船业有限公司与日照华勇海运有限公司、刘建平海事诉讼特别程序案件",(2016)闽72民初907号一审民事判决书;"福建国安船业有限公司诉被告泉州市锦程海运有限责任公司、石狮市豪港储运有限责任公司船舶看管合同纠纷",(2016)闽72民初324号一审民事判决书;"原告福建国安船业有限公司诉被告石狮嘉华船务有限公司船舶看管合同纠纷",(2016)闽72民初325号一审民事判决书;参见"舟山精驰机械制造有限公司、上海油汇船务有限公司等海事诉讼特别程序案件",(2016)浙72民初465号一审民事判决书。

人不留置货物的,并不影响其向托运人主张目的港交货不能产生的损失。这 55 份裁判文书包括 1 份最高院判决、7 份高级法院判决和 47 份海事法院判决,在承运人留置权案件中占比最大。这些裁判强调了承运人留置权是一种权利而不是义务,符合法律的规定。可以看出,这些案件当事人对该法条的援引,是托运人为减少自己在目的港无人取货情形的责任,有意误用第 87 条和第 88 条,并被法院纠正,案件数量之多,一定程度上反映了法条设计中存在容易被误解误用的情况。

　　裁判数据的分歧发生在,当托运人将诉求变换为承运人没有行使留置权,违反了其减损义务时①,10 份文书认为承运人根据第 88 条拍卖货物是无人提货的减损义务,不拍卖会任由损失扩大(滞箱费为主),承运人不能向托运人主张未减损的损失②;12 份文书认为承运人根据第 88 条拍卖、变卖留置物实现留置权的二次效力是减损手段之一,如果不能证明承运人已经采取其他减损手段,或者目的港无法拍卖变卖留置物,则承运人不能主张扩大的损失。③ 后面这两类裁判观点(共 22 份文书)实质上将留置权由权利属性部分转化为义务属性。最终,这 22 份判决对承运人索赔的支持程度可以分为三类。

　　第一类,只支持对扩大损失的合理部分的索赔。22 份文书中有 16 份作此类判决,法院认为承运人因长期占有货物但不积极采取下一步措施,导致更大损失,因此对损失扩大的部分,不支持承运人的索赔。从证明责任分配的角度,法院以承运人未证明自己采取积极措施(主要是处分留置物)防止损失扩大,或者未证明因为目的港的法律和其他情况导致其止损不能,从而驳回了承运人对扩大损失的"不合理"部分的索赔请求。对于如何界定"扩大损失的合理部分",各法院标准不同,(2011)广海法初字第 522 号民事判决书,按 120 天计算合理的滞箱费,(2015)民提字第 119 号民事判决书所涉的一审裁判文书中,法院按集装箱价格算滞箱费,认为集装箱滞箱费达到集装箱价格后,可以重新购买集装箱进行止损,超出集装箱价格的部分属于不合理扩大的损失部分,不予支

---

　　①　这些案件中,承运人减损义务的法律依据是《合同法》第 119 条　当事人一方违约后,对方应当采取适当措施防止损失的扩大;没有采取适当措施致使损失扩大的,不得就扩大的损失要求赔偿。

　　②　参见"马士基航运有限公司与日照大海工贸有限公司海上、通海水域货物运输合同纠纷",(2016)鲁 72 民初 1529～1535 号系列民事一审判决书;"马士基航运有限公司与山东金海洋纸业有限公司海上、通海水域货物运输合同纠纷",(2018)鲁 72 民初 2046～2048 号系列一审民事判决书。

　　③　参见"中远海运集装箱运输有限公司与杭州国佳纸业有限公司、五矿物流浙江有限公司海上、通海水域货物运输合同纠纷",(2016)浙民终 901～906 号系列一审民事判决书;"新鑫海航运有限公司与武汉弈帆工贸有限公司海上、通海水域货物运输合同纠纷",(2018)鄂 72 民初 185 号一审民事判决书;"上海蝉联携运物流有限公司深圳分公司、上海蝉联携运物流有限公司等与上海蝉联携运物流有限公司深圳分公司、上海蝉联携运物流有限公司等海上、通海水域货物运输合同纠纷",(2015)民提字第 119 号再审民事判决书;"原告 A.P.穆勒-马士基有限公司诉被告上海蝉联携运物流有限公司深圳分公司、上海蝉联携运物流有限公司海上货物运输合同纠纷"(2012)广海法初字第 329 号一审民事判决书;"原告 A.P.穆勒-马士基有限公司与被告舟山明宇水产有限公司海上货物运输合同纠纷",(2015)甬海法商初字第 974 号一审民事判决书;"上海和明航运服务有限公司厦门分公司诉中天(中国)工业有限公司海上货物运输合同纠纷"(2014)厦海法商初字第 317 号一审民事判决书;"以星综合航运有限公司与山东大申进出口有限公司海上、通海水域货物运输合同纠纷",(2015)闽民终字第 1654 号二审民事判决书。

持。这种计算方式在很多单纯涉及滞箱费的案件中被采用。而(2017)鄂 72 民初 1967 号判决书考虑到该案承托双方对尽快拍卖货物已达成一致,于是法院只保护其 60 天的滞箱费,扩大的损失不予保护。(2016)鲁 72 民初 1529~1535 号 7 份民事判决书认定拍卖货物的期间为 60 日,所以只保护 60 日的滞箱费,并对滞箱费加以集装箱价值的上限为最高限额。可见"60 日"与"集装箱价值"是计算"扩大损失的合理部分"临界值的关键参数,该"60 日"源于《海商法》第 88 条规定的行使留置权的债权人应给予债务人的 60 日履行期限。

第二类,完全不支持承运人对损失的索赔。根据(2018)鄂 72 民初 185 号民事判决书,认定承运人未证明采取有效措施及时处理涉案货物以弥补和降低损失,而是一直等待到外国海关拍卖货物,法院最后完全没支持承运人对托运人的滞箱费诉求。

第三类,支持承运人对在目的港损失的全部索赔,根据(2014)厦海法商初字第 317 号判决书,考虑到外国目的港无人提货导致货物未清关,承运人亦无法拍卖,所以驳回托运人说承运人没有合理减损的抗辩,支持承运人的全部索赔。

注意到在这 22 份文书之外,前述裁判留置权的性质是承运人权利而不是义务的 55 份文书中,也有 37 份文书亦关注承运人在目的港的减损问题,明确对于滞箱费的损失,承运人减损义务是在滞箱费的增长超过了一个集装箱的价格时,应及时购买新箱以防滞箱费的无限增长。[①]

总之,对第 87 条和第 88 条是"权利"还是"减损义务"观点的不一致,以及处分留置物的"合理时间"的观点不同,造成了在目的港交货不能的情况下,承运人向托运人索赔的案件呈现同案不同判的复杂情形。

(二)从对《海商法》第 87 条和第 88 条的目的解释看裁判分歧

留置权是一种法定担保物权,其权利属性并不因为"法定"而被削弱,并不是因为《海商法》第 87 条和第 88 条有规定,承运人就必须行使留置权。注意到上述有分歧的 77 份裁判文书,都涉及了目的港无人取货时的债权和费用无人承担,裁判焦点其实在于无人取货的责任分配。《海商法》未设置专门条款对该责任进行分配,尽管根据《合同法》第 65 条、第 304 条[②],责任承担者都指向了托运人,但《海商法》第 87 条和第 88 条却

---

① 参见"马士基航运有限公司与普罗旺斯番茄制品(天津)有限公司、天津欧尚国际货运代理有限公司海上、通海水域货物运输合同纠纷",(2016)津 72 民初 946~948、959~961、1026~1043、1046~1050 号、(2017)津 72 民初 129 号、(2017)津 72 民初 22~25 号共 34 份一审民事判决书;"劳雷尔航运(毛里求斯)有限公司与天津新凯乐国际贸易有限公司海上、通海水域货物运输合同纠纷",(2019)鄂 72 民初 1519 号一审民事判决书;"以星综合航运有限公司与义乌嘉裕进出口有限公司海上、通海水域货物运输合同纠纷",(2016)粤 72 民初 28 号一审民事判决书;"马士基公司与丹东鸿洋食品有限公司、华扬国际物流(大连)有限公司海上货物运输合同纠纷一案",(2019)辽 72 民初 978 号一审民事判决书。

② 参见《合同法》第 65 条 当事人约定由第三人向债权人履行债务,第三人不履行债务或者履行债务不符合约定,债务人应当向债权人承担违约责任。第 304 条 托运人办理货物运输,应当向承运人准确表明收货人的名称或者姓名或者凭指示的收货人,货物的名称、性质、重量、数量,收货地点等有关货物运输的必要情况。因托运人申报不实或者遗漏重要情况,造成承运人损失的,托运人应当承担损害赔偿责任。

被用于给承运人增加留置义务,或者设定减损义务。这种对条款的目的性扩张,可能涉及《海商法》法律体系的制度供给不足和法律漏洞填补的问题,后面的章节将从体系化的角度另行解释。

在第 87 条和第 88 条的立法意图中,没有调整目的港无人取货时责任分配的立法计划。另外,第 87 条和第 88 条赋予承运人的留置权,意图是基于承运人一种补充性质的担保物权,让承运人基于客观条件选择适用,因为其所属的第四章,调整的是国际货物运输,当目的港是国外港口时,各国法律关于承运人留置权相关权利的规定不尽相同,有些国家甚至未赋予承运人留置权。此时要求承运人根据我国《海商法》第 87 条和第 88 条来行使留置权,不具有现实可能性。所以从立法意图来讲,不可能将第 87 条和第 88 条作为目的港无人取货时,承运人唯一的减损义务,因为有一些承运人局限于客观条件限制,无法行使留置权,这种减损义务对承运人可能并不公平。虽然第 88 条条文涉及"无人取货"场景,如前文所述,是对移植对象 1968 年苏联《海商法典》第 157 条法律移植的结果,而该移植对象本身的立法意图,就是用于解决目的港无人取货问题的责任划分和处理,立法意图与第 87 条和第 88 条完全不同。

从履行海上货物运输合同的角度看,根据《合同法》第 119 条,承运人在目的港无人提货/收货人弃货/托运人退货的情况下,已经完成运输合同的主要义务,是运输合同的守约方,无人提货/退运时承运人的确有减损义务。但在国际航运实践中,承运人可用于减少目的港损失的方式至少有 5 种:一是请求港口国当局根据当地法律进行拍卖并可能有权获得部分款项;二是退运;三是行使承运人留置权以处分货物优先受偿;四是我国《海商法》第 86 条规定了船长可以卸货在目的港仓库,对货物造成的风险和损失由收货人承担;五是针对承运人的滞箱费,当其超过箱子本身价格时,承运人应选择重新购买一个集装箱来止损,不应任滞箱费无限扩大,且此举不受目的港法律限制,完全由承运人自己控制。上述 5 种承运人对目的港无人取货的减损方式,哪些可行并且行使起来更为经济,应结合案情综合判断,比如根据某些港口国的法律,目的港无人提取的货物只能请求当地海关拍卖或者退运,此时,不可要求承运人通过行使留置权的方式减损;而有的案件中托运人要求退运,此时亦不应采取行使留置权的方式。因此,如果承运人证明自己已经通过可行的方式履行减损义务,或者由于目的港的条件限制,承运人无法行使留置权,则法院不应支持要求承运人通过行使留置权减损的诉求。

综上,本书认为《海商法》第 87 条和第 88 条赋予承运人的是留置货物的权利,将其作为承运人在目的港交货不能时唯一的减损方式,并要求承运人承担未实现货物留置权时扩大的损失,有违《海商法》留置权子体系的立法目的。但有时可以适当援引第 87 条和第 88 条作为目的港无人取货时,承运人的减损义务之一,只是适用的条件应该严格限制,即根据目的港法律和现实条件,允许行使对货物的留置权,而且这项权利的行使,比起目的港通过其他方式处理货物(比如当局拍卖、退运、卸货)更为经济合理,另外,滞箱费的损失计算则应以承运人重新购买集装箱所需金额为主,法律适用应尽量减少对承运人留置权的立法目的的偏离。

三、程租合同承运人的运费债权难以通过留置货物获得担保

在第一章中已经分析,《海商法》第 87 条和第 88 条的首要立法意图是保护承运人

的运费等债权的同时,其次还要实现船货双方的利益平衡,通过限制留置货物的权属要求来保护提单的有效流转。在司法适用中,127 份援引第 87 条和第 88 条裁判的法律文书中,只有 8 份的焦点与该立法意图相关①,都涉及航次租船合同出租人的留置权,而且各文书得出了一致的结论,程租承运人应留置债务人的货物,涉案的程租船上的货物都不是承租人的,所以,航运实践中的程租承运人一般无法达到承运人留置权的成立要件,运费债权无法得到留置权的担保。这是航运实践和法律设计共同作用的结果。在航次租船合同关系中,承运人将船按航次出租给承租人,多数情况下承租人会选择向下家揽货运输或者转租,这时船上的货物自始不属于承租人。虽然这 8 个案件中的承运人都有明确留置意愿,因为收货人/提单持有人不是运费等债务的义务人,提单中又未明确说明运费由提单持有人承担,则被法院判定为留置权不能成立。

8 份裁判文书呈现了法院对航次租船承运人留置权纠纷的三项裁判要旨:一是肯定国际海运中的承运人只能对债务人的货物行使留置权,其中(2016)最高法民申 530 号民事判决书强调,国际海上货物运输中承运人留置货物的条件之一是拟留置的货物由负有支付运费及其他运输费用义务的债务人所有,(2013)沪高民四(海)终字第 108 号民事判决书也认为第 87 条规定意在留置债务人的货物,这是目前司法实践的统一认识;二是承运人留置权是法定担保物权,对留置物的权属要求不可通过合同约定排除,当承运人以所采用的是航次租船标准合同 GENCON 中的 lien 条款,主张可以留置所有运输的货物时,法院均以留置权只能依据第 87 条的规定行使,而不能由当事人随意创设,驳回航次租船的承运人留置第三人货物的请求②;三是租船合同并入提单,收货人/提单持有人并不当然地成为运输合同的债务人,除非租船合同以明确文字标明债务由收货人承担,并使收货人知悉,此时承运人才可以留置提单下的货物。如果运输使用的是运费预付提单,又没有其他证据表明收货人/提单持有人知道、确认运费应由自己承

---

① 参见"山东翔龙实业集团有限公司、金源海运有限公司海上、通海水域货物运输合同纠纷案",(2016)最高法民申 530 号再审审查与审判监督民事裁定书;"常州英德索特工业盐进出口有限公司、泰格散货第二有限公司海上通海水域货物运输合同纠纷",(2019)浙民终 1031 号民事判决书;"上诉人古瑞发林塔斯船务有限公司与被上诉人大连金阳进出口有限公司海上货物运输合同纠纷",(2016)沪民终 112 号民事判决书;"中国人民财产保险股份有限公司上海市分公司与自然环保集团(私人)有限公司、自然环保集团有限公司等海上保险合同纠纷",(2013)沪高民四(海)终字第 108 号民事判决书;"常州英德索特工业盐进出口有限公司与泰格散货第二有限公司、中国船东互保协会海上、通海水域货物运输合同纠纷案",(2018)浙 72 民初 186 号民事判决书;"大连金阳进出口有限公司与古瑞发林塔斯船务公司、连云港联合船舶代理有限公司海上、通海水域货物运输合同纠纷",(2015)沪海法商初字第 237 号民事判决书;"滨海港湾集团航运(香港)有限公司与天津唯诚兴能源贸易有限公司申请海事强制令案"(2016)鲁 72 民初 629 号民事判决书;"自然环保集团(私人)有限公司与上海世威国际货物运输代理有限公司运输合同纠纷",(2012)沪海法商初字第 105 号民事判决书。

② 参见"常州英德索特工业盐进出口有限公司、泰格散货第二有限公司海上通海水域货物运输合同纠纷",(2019)浙民终 1031 号民事判决书;"常州英德索特工业盐进出口有限公司与泰格散货第二有限公司、中国船东互保协会海上、通海水域货物运输合同纠纷案",(2018)浙 72 民初 186 号民事判决书。

担,则他们不是债务人,承运人不可留置货物。① 虽然法院允许承运人留置权效力有条件地延及持有提单的第三人,但条件比较苛刻,不太符合航运实践简明高效的习惯,至今"中国裁判文书网"中无法搜索到航次租船人成功留置的裁判文书。

再结合上一节中对裁判统一程度的分析,在目的港无人取货、收货人弃货的情况下,当承运人起诉托运人要求对相关损失进行赔偿时,托运人经常以《海商法》第87条和第88条为依据,要求承运人先行使留置权,也有要求承运人以行使留置权来减损的抗辩,55份判决以留置权是权利为由,驳回托运人要求,但仍有10份文书认为行使留置权是承运人义务,12份文书认为行使留置权是承运人减损义务的方式之一。

综上,承运人留置权条款在我国司法实践中处于尴尬的局面,想通过行使留置权担保运费债权的航次租船出租人,因为货物不属于债务人,不符合留置物的权属要求而不能留置;目的港无人取货时,不想留置货物的承运人,有时会被迫留置货物,否则将承担一定的不利后果,这样一来,承运人留置权条款保护承运人的目的完全无法实现。虽然最高院处理的案件中,有意适当放宽对留置物的权属要求,但放宽后的要求依旧严格而不符合航运实践的做法。

四、期租合同出租人无法援引出租人留置权条款担保租金债权

《海商法》第141条明确将留置物必须属于承租人作为出租人留置权的成立要件,以保护租船合同外第三人对船上货物的利益。航运实践中,承租人期租船舶,多数也是为了转租、转运,期租船上极少有承租人的货物。因此这28篇文书中,法官最终都未援引第141条来实现对出租人债权的担保。法院的28篇裁判文书中有5篇,出租人为了主张自己收取租金的权利,援引民法留置权条款中的《合同法》第315条"留置运输的货物",以突破《海商法》第141条的严格的留置物权属要求,但全部被法院以特别法优先一般法而驳回。②

从实现子体系立法目的角度来考察,由于这28份文书都发生在承租人停业失联的场景下,案件的起因是承租人不履行期租合同的义务,从交易全流程考虑的话,如果出租人不可要求留置船上的货物,也没有适合的路径对船舶的转租收入进行"留置",那么,在我国前些年并不鲜见的承运人"破产跑路"的情况下,出租人往往缺乏法律武器保

<hr>

① 参见"大连金阳进出口有限公司与古瑞发林塔斯船务公司、连云港联合船舶代理有限公司海上、通海水域货物运输合同纠纷",(2015)沪海法商初字第237号民事判决书;"中国人民财产保险股份有限公司上海市分公司与自然环保集团(私人)有限公司、自然环保集团有限公司等海上保险合同纠纷",(2013)沪高民四(海)终字第108号民事判决书。

② 参见"钦州市翔利物流有限公司与厦门毅成达船务有限公司非法留置船舶、船载货物、船用燃油、船用物料损害责任纠纷案",(2016)闽72民初960号民事判决书;"厦门良翔海运有限公司、江苏纬泰物流有限公司、广西新闻航海运有限责任公司非法留置船载货物纠纷案",(2016)闽民终1393号二审民事判决书;"佛山市航泰货运代理有限公司与上海勋源海运有限公司、宁波鸿勋海运有限公司非法留置船舶、船载货物、船用燃油、船用物料损害责任纠纷案",(2018)鲁72民初1645号民事判决书;"厦门良翔海运有限公司、江苏纬泰物流有限公司非法留置船舶、船载货物、船用燃油、船用物料损害责任纠纷案",(2017)最高法民申1698号民事裁定书;"广西西江现代国际物流集团有限公司南宁分公司与铜陵市华远船务有限责任公司行为保全",(2018)辽72行保1号民事裁定书。

护自己的权益。如果货物的托运人或收货人的确未向承租人支付运费/租金,出租人又无法援引第 141 条主张对货物的留置权,意味着允许未付对价的收货人提货,则可能发生托运人/收货人不当得利,但出租人白白受损的情况,这并不公平,在航运实践中,遭遇此种情形也难以指望出租人主动配合交货,将造成法律与实践脱节的尴尬局面。

其实,《海商法》对前述情形已有相应制度设计,《海商法》第 141 条规定的出租人对"转租船舶的收入有留置权"这部分条款,就是为了应对货物的托运人或收货人未向承租人支付运费/租金的情况,可弥合这种事实上的不公平。这个条款只在转运/转租的后手尚未付运费/租金时发生效力,避免了对已经支付对价的收货人造成的不利影响。作为第 141 条移植对象的 BALTIME 标准合同条款,亦是出于如此考虑。可惜的是,"中国裁判文书网"上所有引用第 141 条的文书,无一提及"转租收入的留置权"。

从第 141 条的立法原意来看,要求出租人只能严格留置承租人的货物,同时给予出租人突破合同相对性,对转租收入有留置权,一紧一松的规定是相辅相成的。虽说"中国裁判文书网"中对"转租收入的留置权"这部分条款没有适用数据,并不意味着该法条没有发挥起指导人们行为的作用,可是,亦有资深法官撰文分析第 141 条认为,出租人几乎不能"控制"转租收入,所以实务中的难以实现。[①] 其论述侧面反映实务中,法官们极少考虑适用"转租收入的留置权"这部分条款。

综上,《海商法》对出租人租金债权的两大保护方式中,对货物的留置因为权属要求严格而难以实现,对转租收入的留置极少被适用,形成了我国《海商法》对出租人租金担保的空心化的局面,立法目的完全无法实现。

总而言之,以《海商法》留置权子体系的共同目标进行宏观的检测,涉及承租人留置权条款和出租人留置权条款的案件中,多数难以实现保护航运业者的立法目的,船舶留置权被过度扩张使用的案件,也会影响子体系共同目的的实现。

第三节　民法留置权条款的不当适用
影响同案同判

作为民法留置权体系下的一个子体系,《海商法》留置权在法律适用中,不仅需要本子体系立法目的的统一指导,还往往借助上一级民法留置权体系条款补充,必然与相邻子体系、上下级体系结构中的条款发生相互作用。如果体系间的立法不够融贯,或者司法中没带着体系化思维,子体系外的条款也可能干扰具体权利的准确适用,导致无法实现同案同判,最终还是影响《海商法》留置权子体系立法目的之实现。

《海商法》留置权条款是特殊的民法留置权条款。司法实践中,与民法留置权条款的"纠缠"尤为频繁,主要体现为对依据民法留置权条款留置船舶的合法性问题,裁判结果不一致。《海商法》第 25 条船舶留置权适用数据显示,1/3 以上的文书(37 份/102 份)结合民法留置权条款进行裁判。这样的援引,有一些是符合第 25 条立法目的的,比如

---

① 许俊强:《目的港受领迟延法律问题研究》,大连海事大学 2011 年博士学位论文。

补充第 25 条未规定的船舶留置权的行使方式,或者印证船舶留置权具有优先受偿的二次效力。在《民法典》颁布前,《担保法》《物权法》《合同法》存在一定的条款内容重叠,补充适用《海商法》第 25 条时,选取民法留置权法条的标准不统一,这个现象会随着《民法典》的实施而得到改善。

但司法实践出现的"依据民法留置船舶的权利",却引起了同案不同判的情况,争议案情具体可分为三大类,一类是援引民法上的留置权一般规定,设立《海商法》未提及的以船舶为留置对象的权利;另一类是援引民法上的典型留置权条款赋权造船人留置船舶权;还有一类是援引民法上的"企业间的留置权"条款,突破《海商法》船舶留置权条款的具体规定。可见,在涉《海商法》留置权案件中,适用民法留置权条款的尺度该如何把握,何时得适用特别法优于一般法的规则,在实践中并未被厘清。

一、依民法留置权的一般规定留置船舶的正当性招致争议

研究的 102 份民事判决书中,有 3 份判决书涉及船舶卖方主张自己对船舶拥有民法上的留置权,在买方未按约定支付款项时,请求对所售船舶拥有留置权。两份来自基层和海事法院的判决都以"《海商法》是特别法,特别法优先于一般法"的理由,驳回了船舶卖方要求确认拥有民法上的船舶留置权的请求[①];唯一的高级法院的裁判文书仅依据《物权法》第 230 条,支持了卖船人的请求,但并未对法律推理论证的部分进行说理。[②]

对于是否可以根据民法留置船舶,理论上也有不同声音。张湘兰认为其他船舶占有人可以享有民法上的船舶留置权,因为海商法是民法的特别法。[③] 她还认为救助人对待被救船舶的相关规定也是民法上的船舶留置权,因为未规定变价和优先受偿,只能依靠民法实现。[④] 韩立新认为当时随着《物权法》出台可以产生广义上的"船舶留置权",区别于《海商法》第 25 条规定的狭义船舶留置权,也就是说,韩立新赞同成立"物权法"上的船舶留置权。[⑤] 但台特雷则总结大陆法系的做法(包括中国),认为大陆法系各国用于动产之上的担保物权,是不能直接用在船舶之上的。[⑥]

本书在本章第一节已论述过,我国《海商法》第 25 条规定的"船舶留置权"的术语设计,容易被误解为"以船舶为留置对象的权利",其实两者间并不对等。"船舶留置权"被明确界定为造修船人专有的优先性权利,其存在并未阻碍"以船舶为留置对象的留置权"的生成。《海商法》第 161 条拖航人留置权的存在,侧面印证了这个观点。

虽然《海商法》立法目的没有排斥其他主体拥有"留置船舶的权利",但若允许根据

---

① 参见"乐清市江丰船务有限公司与南京连润运输贸易有限公司船舶买卖合同纠纷",(2015)甬海法温商初字第 86 号一审民事判决书;"中国民生银行股份有限公司杭州分行、杭州银行股份有限公司舟山分行等与德勤集团股份有限公司等普通破产债权确认纠纷案",(2017)浙 0902 民初 958 号一审民事判决书。

② 参见"乐清市江丰船务有限公司与南京连润运输贸易有限公司船舶买卖合同纠纷",(2016)浙民终 315 号一审民事判决书。

③ 张湘兰:《海商法》,武汉大学出版社 2008 年版,第 61 页。

④ 张湘兰:《海商法》,武汉大学出版社 2008 年版,第 62 页。

⑤ 韩立新、李天生:《〈物权法〉实施后对〈海商法〉中留置权的影响》,载《法律适用》2008 年第 9 期。

⑥ [加]威廉·台特雷:《国际海商法》,张永坚等译,法律出版社 2005 年版,第 386 页。

其他民法留置权条款留置船舶,适用中还会出现一个问题:对民法担保物权受偿顺序与《海商法》船舶担保物权受偿顺序的差异需要协调。《海商法》第 25 条移植了 1967 年《船舶优先权公约》中船舶担保物权的受偿顺序,规定船舶优先权优先于船舶留置权,船舶留置权优先于船舶抵押权。再看根据民法产生"以船舶为留置对象的留置权",虽然该权利可以根据民法的规定优先于船舶抵押权受偿,但该权和船舶优先权的受偿顺序是无法可依的,还可能因为优先于船舶抵押权的权利主体过多,而影响《海商法》第 25 条规定的船舶留置权保护船舶融资的立法意图的实现。这个问题若在法律适用中能充分发挥体系化思维,综合体系解释和历史解释《海商法》留置权条款可以得到合理解答,将在本书第三章详细阐述。

回到司法适用的 3 份裁判,如何给予船舶卖方相应的利益保护,是值得探讨的问题。我国船舶交易中,往往先将船舶所有权登记到买方名下,方便买方贷款融资以支付买船款,如果卖方没有相应法律依据阻止船舶交付以及船舶所有权的再次变更,在面对不履行合同付款义务的买船人时,很可能"赔了夫人又折兵"。除了留置船舶外,司法保全是实践中产生的另一种保护途径,(2015)甬海法温商初字第 86 号民事判决书提出:(船舶卖方)向法院申请对买船人的财产(船舶已经登记到买船人名下)采取保全措施,符合法律规定,法院裁定准许之日,可以中止履行向买方交付船舶的合同义务。这种做法的法律依据是《中华人民共和国海事诉讼特别程序法》(以下简称《海诉法》)第 21 条第 19 项,以诉讼保全的形式暂时维护自己的权利,但相比行使对留置船舶的权利,诉讼保全需要提供担保,且要依靠法院进行,不如前者方便高效。此外,《民法典》第 416 条规定的因价款债权而抵押被售物,该抵押权具有超级优先权,其受偿顺序仅次于留置权人,这个条款亦为卖船人提供一种新路径,将变更登记的船舶在销售后 10 天内进行抵押,获得超级优先权。

综上,司法实践对于"卖船人的民法上的留置船舶的权利"存在争议,部分法院认为根据《海商法》第 25 条,只有造修船人拥有留置船舶的权利,特别法优先于一般法适用,所以卖船人不能根据民法对船舶行使留置权。这是对《海商法》第 25 条立法意图的错误理解,该条并未排斥当事人根据其他法律规定留置船舶的权利,但若要根据民法留置权条款留置船舶,还需要解决这些权利与其他船舶担保权利的受偿排序问题,防止对整个船舶担保物权体系的立法意图的破坏,从而影响保护航运业的发展的立法目的,后面章节将结合《海商法》留置权司法的体系化水平再深入分析。

二、依民法典型留置权条款赋造船人船舶留置权引发分歧

在司法适用中,有 2 个裁判文书只适用《合同法》第 264 条承揽合同留置权条款(《民法典》第 783 条),配合《物权法》第 230 条留置权一般条款,赋予造船人对船舶的留置权。[①] 这样的裁判方式数量虽不多,但反映了一个重要的问题:在我国的司法适用中,尚有部分法官混淆《海商法》留置权条款与其他典型留置权条款的适用边界。

---

① 参见"舟山富生船舶修造有限公司与舟山千岛船务有限公司船舶买卖(建造、修理、改建和拆解)合同纠纷",(2008)浙民三终字第 176 号二审民事判决书;"泰州市兴达钢质船厂与顾宗年漯河市归帆航运有限公司船舶建造合同纠纷",(2018)鄂 72 民初 855 号一审民事判决书。

在我国,造船合同往往都被定性为承揽合同,所以从表面上看,《海商法》第25条、《合同法》第264条承揽合同(《民法典》第783条)都给予了作为承揽人的造船人以留置权,说明海商法和民法在保护承揽人方面效果一致,但这两个条款在造船合同中会不会产生法律效果的差异? 答案是肯定的,虽然依据承揽人留置权条款也能给予造船人留置权,但这个条款没有像《海商法》第25条一样规定与其他船舶担保物权的受偿顺序,所以单纯适用民法条款时,无法解决行使造船人留置权拍卖船舶后,拍卖款项分配的所有情况。就算根据民法,留置权优先于抵押权受偿,但船舶上可能附有特有的船舶优先权,还是得援引《海商法》第25条解决受偿顺序问题。再退一步,就算这条船恰巧没有负有船舶优先权,适用《海商法》第25条和《民法典》第783条的效果完全一致,但仍应该适用《海商法》第25条,以保证对《海商法》留置权子体系共同立法目的的保护。

本书第一章在分析《海商法》留置权子体系的定位时已阐明,《民法典》合同编(《合同法》)中规定的典型留置权与《海商法》留置权子体系是同级并列的关系,两者的立法目的不同,前者侧重保护劳务提供者的权利,后者侧重保护航运业者的债权和航运业的发展,价值中带有一定的政策性。而且,适用《海商法》第25条解决造船人船舶留置权的纠纷,才能够维护船舶担保物权体系的整体安排。实践中出现裁判依据不统一的情况,源于对《海商法》第25条的立法目的和体系定位认识不清,混淆了《海商法》留置权与民法中典型留置权条款的适用边界。

因此,涉及造船人的留置权纠纷,必须适用《海商法》第25条,但可以适用《民法典》留置权条款对权利的二次效力属性、权利的担保范围和行使方式等进行补充,不可适用《民法典》第783条的承揽人留置权进行调整,这种错误适用,直接破坏了《海商法》留置权保护的特殊价值。

三、依企业间留置权条款赋修船人对船舶的商事留置权裁判不一

在司法实践中,出现了两类修船人的商事留置权之争,争论修船人是否可以结合《物权法》第231条(《民法典》第448条)关于企业间的留置权的规定,留置曾经失去占有的船舶和姐妹船,而且各地各级法院赞同和反对修船人的企业间留置权的观点势均力敌,同案不同判的情况比较普遍。

第一种情况姑且称为修船人对船舶的"失而复得",即船舶被修理好后,未付修理费即允许离开,之后再次送修时,以上次修理费未付为由扣留船舶。这种情况出现在11份裁判文书中。船舶作为一种价值较大、技术结构较为复杂的运输工具,为保持其航行的安全和良好的技术状态,需要进行定期维护和修理。船东或实际经营人往往与修船厂形成长期的船舶维护合作往来,案件中,修船厂在第一次修理好船后,没有收到维修款的同时也没有以留置船舶的形式主张修理费,而是允许船舶离开,在第二次或者更后面次数船舶进厂维修后,为了主张之前修理欠下的修理费而留置船舶。对于这种情况,有5份裁判文书认为:"修船厂可根据(原)《物权法》第231条的企业留置权条款享有船

舶留置权,以担保之前修理船舶的维修费用"。① 相反地,有 5 份裁判文书反对这种"失而复得"的船舶留置权,主要根据特别法优先于一般法的规则加以否定,"《海商法》第 25 条相对于(原)《物权法》第 231 条是特别法,前者明确规定了船舶留置权在造修船人丧失对船舶的占有后即消失,此时不应再适用(原)《物权法》"。②

第二种情况可以称为姐妹船的留置,即同一修船厂为了追索之前欠下的对 A 船的修理费,而留置同一船东的 B 船的情况。不支持姐妹船的留置的 2 份判决中③,法官也以特别法优于一般法为由,否认当事人选择适用《物权法》第 231 条的行为效力,认为不符合物权法定原则。但(2017)浙民终 127 号民事判决书持相反意见,法官考虑国情分析道:"将商事留置权适用于船舶,符合当前我国航运业、船舶修理业的实际。由于近年来很多航运企业经营不景气,资金周转困难,故船舶修理企业在完成船舶修理后,一般会给予船东一定的宽限时间支付船舶修理费用,而非通过行使船舶留置权来主张船舶修理费用,这既有船舶修理企业对于航运市场现状的现实考量,也体现了船舶修理企业愿意与船东企业共渡难关的商业善意。在船东企业经营出现严重问题或者积欠船舶修理费用过高时,赋予船舶修理企业商事留置权,既符合我国当前航运业、船舶修理业的实际情况,也有助于船舶修理企业控制经营风险,体现法律对于船舶修理企业商业善意的肯定。"④该法官也从法律适用角度进行了说理:"商事留置权属于我国(原)《物权法》规定的法定物权之一,而我国《海商法》虽规定了船舶留置权,但对于船舶的商事留置权并无规定,据此,将(原)《物权法》第 231 条规定的商事留置权适用于船舶既符合物权法

---

① 参见"舟山市沥港船舶修造有限公司、浙江舟山新宏舟海洋工程有限公司、华融金融租赁股份有限公司海事债权确权纠纷",(2017)浙 72 民初 681 号民事判决书;"江门市江海区礼乐骏航船舶修造有限公司与台山市港航船务有限公司船舶修理合同纠纷",(2017)粤 72 民初 643 号民事判决书;"舟山市市长峙外轮船舶修造有限公司与舟山绿宝石洗舱有限公司船舶修理合同纠纷",(2018)浙 72 民初 79 号民事判决书;"舟山市市长峙外轮船舶修造有限公司与舟山绿宝石洗舱有限公司船舶修理合同纠纷",(2018)浙 72 民初 131 号民事判决书;"台州南洋船舶有限公司申请陈清华海事诉讼特别程序案件",(2016)浙 72 民初 2834 号民事判决书。

② 参见"舟山富生船舶修造有限公司与宜昌市鑫隆船务有限责任公司船舶修理合同纠纷",(2015)甬海法商初字第 364 号民事判决书;"舟山富生船舶修造有限公司与宜昌市鑫隆船务有限责任公司船舶修理合同纠纷",(2015)甬海法商初字第 365 号民事判决书;"舟山富生船舶修造有限公司、舟山市正大船舶事务有限公司破产债权确认纠纷",(2016)浙 09 民终 626 号民事判决书;"舟山富生船舶修造有限公司与舟山市正大船舶事务有限公司破产债权确认纠纷案",(2016)浙 0902 民初 1729 号民事判决书;"舟山富生船舶修造有限公司、嵊泗县昌盛海运有限责任公司管理人留置权纠纷",(2016)浙 0922 民初 146 号民事判决书。

③ 参见"舟山富生船舶修造有限公司与浙江涌禾运输有限公司船舶修理合同纠纷",(2016)浙 72 民初 2446 号民事判决书;"舟山市原野船舶修造有限公司与上海竞帆海运有限公司船舶修理合同纠纷",(2015)甬海法商初字第 480 号一审民事判决书。

④ 参见"舟山富生船舶修造有限公司与浙江涌禾运输有限公司船舶修理合同纠纷",(2016)浙 72 民初 2446 号民事判决书;"舟山市原野船舶修造有限公司与上海竞帆海运有限公司船舶修理合同纠纷",(2015)甬海法商初字第 480 号民事判决书;"张利华、中国民生银行股份有限公司杭州分行普通破产债权确认纠纷",(2018)浙 09 民终 93 号民事判决书。参见"舟山富生船舶修造有限公司与浙江涌禾运输有限公司船舶修理合同纠纷",(2017)浙民终 127 号民事判决书。

定的基本原则,也未违反(原)《物权法》第 8 条"其他相关法律对物权有特别规定的,依照其规定"的内容。"①

因此,在是否可以依据民法留置权的一般规定中的企业间留置权,留置"失而复得"船和姐妹船,引起了司法裁判较大的分歧,动摇了航运业的秩序稳定。从《海商法》留置权的立法目的来看,要保护航运业发展,确实要加强对造修船人债权的保护,但保护的同时,如果允许修船人任意留置和修船债权没有牵连关系的船舶,尤其是姐妹船,则会大大提升船舶被留置和拍卖的概率,由于船舶留置权优先于船舶抵押权受偿,则会降低抵押权人的受偿概率,长此以往会影响船舶融资,最后伤害航运业的发展。所以,允许修船人适用民法的企业间留置权条款行使船舶留置权,影响同为船舶担保物权体系下的其他权利的行使,这种做法与《海商法》留置权的立法目的是相悖的。

综上所述,上述问题都涉及《海商法》留置权条款与民法中其他留置权条款的关联问题,如果对这些跨子体系的关联没能形成统一的解释规则,则必然会影响司法适用中裁判尺度的统一,法律安定性被破坏,则子体系未能发挥其效益,就失去了存在的意义,子体系蕴含的特殊的立法目的也就无从获得保护。

---

① 参见"舟山富生船舶修造有限公司与浙江涌禾运输有限公司船舶修理合同纠纷",(2017)浙民终 127 号民事判决书。

第三章

问题反思:《海商法》留置权立法与司法的体系化困境

第二章的司法适用分析显示,《海商法》留置权子体系的体系效益没能得到充分发挥,影响了《海商法》留置权的立法目的完全实现。反思上述"应然"和"实然"的背离,《海商法》留置权作为一个子体系,以及民法留置权体系的组成部分,具有一定的体系化结构①,但如果该体系化结构所支撑的体系化程度较低,使得法律适用者难以认识到其中的体系关联,将直接削弱体系效益。

本书所称"体系化",学者们有着不同的表述,但都朝向一个目标,即法律规范之间无逻辑矛盾,能够相互支持与证立,通过立法的呈现和司法的适用共同实现法律的整体价值评价追求。拉伦茨称之为法的"规整"②,德沃金称之为法律的"整全性"③(integrated),并被我国学者以立法的"融贯性"(coherence)概念引进。④ "立法的体系化"和"司法的体系化"是法学家们关注的话题,它们分别被称为法律的一次体系化和二次体系化⑤,两者前后相继、相互影响,有学者认为法律体系化更多依赖司法者对法律的诠释工作。⑥ "体系化"是一种程度,但不是法律形成体系的充要条件,体系化程度较低的法律体系,只是更难以发挥体系效益,整体的法律理念和价值评价难以通过法律适用得到彰显,但不影响该法律的正当性。⑦

欲理解《海商法》留置权司法数据呈现的体系效益无法彰显的问题,法律体系化理论就提供了契合的理论工具。因其立法的体系化程度有限,司法的体系化思维不足,与

---

① 黄茂荣:《法学方法与现代民法》,中国政法大学出版社 2007 年版,第 594 页。

② [德]卡尔·拉伦茨:《法学方法论》,陈爱娥译,商务印书馆 2005 年版,第 317 页。

③ [美]罗纳德·德沃金:《法律帝国》,许杨勇译,生活·读书·新知三联书店 2016 年版,第 178 页。

④ 雷磊:《融贯性与法律体系的建构——兼论当代中国法律体系的融贯化》,载《法学家》2012 年第 2 期。

⑤ [美]罗纳德·德沃金:《认真对待权利》,信春鹰、吴玉章译,中国大百科全书出版社 1998 年版,第 15 页;陈金钊:《体系思维的姿态及体系解释方法的运用》,载《山东大学学报(哲学社会科学版)》,2018 年第 2 期;雷磊:《融贯性与法律体系的建构——兼论当代中国法律体系的融贯化》,载《法学家》2012 年第 2 期。

⑥ 雷磊:《融贯性与法律体系的建构——兼论当代中国法律体系的融贯化》,载《法学家》2012 年第 2 期。

⑦ 雷磊:《融贯性与法律体系的建构——兼论当代中国法律体系的融贯化》,载《法学家》2012 年第 2 期。

体系外部的融贯程度不够,都阻碍了体系效益的发挥,它们共同构成了《海商法》留置权的体系化困境。

第一节 《海商法》留置权立法的体系化程度有限

立法的体系化程度之高低,对于法律的安定性具有重要的影响,因为体系化程度越高,法律规范之间越和谐,适用于现实生活时,更难以产生矛盾冲突,让个体能够清晰地预见到其行动指向的后果,也就能更为合理地做出选择和规划生活,实现稳定的利益和自由。[①] 费安玲使用"追求法律结构的和谐"来描述立法的体系化,她认为包括法律理念、逻辑两个方面的和谐。[②] 雷磊认为立法的体系化程度可分为三个层次,分别是逻辑无冲突性、内容相互支持和关联、价值评价的体系化,逻辑无冲突是对体系化最低限度的要求,即这个体系中不能存在过多有明显冲突的法律规范;内容相互支持和关联,指的是条款需要彼此借鉴来理解自身,在相互冲突时有事先安排好的优先顺序,条款之间的逻辑关联有着清晰的呈现,让法律适用者易于理解;价值评价的体系化指的是,法律体系内部要素的价值评价一致,立法目的和立法意图协调无矛盾,法律体系若与外部存在矛盾冲突,也有超越体系的价值评价对矛盾进行协调。[③]

一、《海商法》留置权内部尚存逻辑冲突

形式逻辑的基本规律是矛盾律、同一律和排中律。梁迎修认为尽管法律规范具有目的论特质,但形式逻辑作为思维的普遍法则,不得违背。[④] 雷磊也将符合形式逻辑作为立法体系化的基本要求,认为一个逻辑上无法自洽的(子)体系无法满足形式正义的要求,一方面使得法律适用者个体难以做出选择,另一方面,根据选择结果分裂法律适用者群体,日积月累可能会危及法律体系正当性,并造成社会的分裂。[⑤]《海商法》留置权条款间,就存在着多个形式逻辑上的问题,且并未有条款协调这些冲突和问题。

(一)船舶留置权与拖航人对被拖船的留置权的"逻辑矛盾"

形式逻辑中的矛盾律是指,一个思维对象只能是某概念,或者不是某概念,不能既是某概念又不是某概念,一个思维对象及其否定,只有一个是真的。[⑥] 根据《海商法》第25条船舶留置权条款,只有造修船人享有"船舶留置权",将主体限定狭窄的目的是强化

---

① 雷磊:《融贯性与法律体系的建构——兼论当代中国法律体系的融贯化》,载《法学家》2012年第2期。

② 费安玲:《比较担保法》,中国政法大学出版社2004年版,第445页。

③ 雷磊:《融贯性与法律体系的建构——兼论当代中国法律体系的融贯化》,载《法学家》2012年第2期。

④ 梁迎修:《方法论视野中的法律体系与体系思维》,载《政法论坛》2008年第1期。

⑤ 雷磊:《融贯性与法律体系的建构——兼论当代中国法律体系的融贯化》,载《法学家》2012年第2期。

⑥ 华东师范大学哲学系逻辑学教研室:《形式逻辑》,华东师范大学出版社2016年版,第162页。

对造修船人债权的保护,同时减少对船舶抵押权人受偿的影响(因为船舶留置权优先于船舶抵押权受偿),保护船舶融资,从而保护航运业可持续发展;但同时,《海商法》第161条承拖人条款又规定,拖航的承拖人"对被拖船有留置权"。因此,第161条似乎突破了第25条对于主体的限制,人们很容易认为,"船舶留置权"概念在第25条中指向造修船人专属的权利,但在第161条中又指向造修船人之外的承拖人的权利,形成船舶留置权是造修船人专属却又不是造修船人专属的局面,违反了形式逻辑的矛盾律。

其实不然,第25条中规定的是"船舶留置权",与第161条规定的"留置船舶权(利)"是两种概念,并不存在逻辑矛盾。上述误解的症结源于汉语的语言习惯,在日常用语中,"船舶留置权"与"对船舶有留置权""留置船舶的权利""留置船舶权"是同义语。但《海商法》第25条第2款为"船舶留置权"术语专门进行了定义,意在将赋予造修船人的留置船舶的权利专门命名为"船舶留置权",该定义并没有排斥其他主体也拥有"留置船舶的权利"的可能性。也就是说,在《海商法》语境下,"船舶留置权"和"留置船舶的权利"/"对船舶有留置权"是两回事,《海商法》第25条和第161条的并存,也证立了这个论点。人们基于一般的用语习惯,将第25条第2款理解为,只有造修船人享有留置船舶的权利,所以产生了第25条和第161条存在逻辑冲突的误解,该逻辑矛盾实际上是不存在的。通观整部《海商法》,"船舶留置权"术语只用于造修船人行使对船舶的留置权的场合,所以严格来说,对该术语的使用并未违反形式逻辑的要求。

虽然第25条与第161条严格上来说不存在逻辑矛盾,但从语言学的角度来看,"船舶留置权"术语的设计还是存在一定的问题。术语系统往往是依照逻辑的上下位概念构成的树形结构,一个术语系统是使用相同核心语素的词汇群,比如"语法"包括"词法"和"句法"两类,"法"是它们共同的核心语素,共同语素彰显了它们之间的共性。[①] 也就是说,"船舶留置权"与民法"留置权"术语形成了上下位的术语结构,前者是后者的一种类型。但是,《海商法》中再未出现以"××留置权"结构的术语,船舶留置权成为该层次中唯一的类型,这明显和航运实践是不相符合的,也让人无法从体系解释的角度,理解"船舶留置权"不代表全部以船舶为留置对象的权利。因此,在司法适用的数据中,就出现了对援引民法留置权的一般条款留置船舶的裁判分歧,以及船舶看管人援引《海商法》第25条的船舶留置权以担保船舶看管费的错误,这些分歧和错误都源于对"船舶留置权"术语的误解,导致对《海商法》第25条的错误解释,从而影响了以船舶为留置对象的多项"留置船舶的权利"正当性的分歧。

(二)将出租人对转租收入的担保性权利命名为"留置权"违背逻辑同一性

第一章分析过,《海商法》第141条移植出租人转租收入"留置权"的意图,在于给予出租人多种债权担保的方式,以对出租人货物留置权的权属要求的严苛性进行平衡,目的还是保护出租人的租金债权得以实现,从而保护航运业的发展。该部分条款移植自国际标准合同中的规定,也有利于与国际规则的接轨。

1. 违背逻辑同一性导致条款被误解

形式逻辑的同一律是指,当某一确定概念用于描述思维对象,该思维对象必须确

---

① 李宇明:《谈术语本土化、规范化与国际化》,载《中国科技术语》2007年第4期。

定,具有清晰的内涵和外延。① 对法律规范来说,逻辑同一律的要求往往是对同一部法律或者同一个法律部门内部,同一术语应指向同一概念,除非进行了特别说明。

在《海商法》留置权子体系中,"留置权"概念与民法留置权保持一致,内涵为具有"占有＋处分并优先受偿"二次效力的担保物权。其中占有作为第一次效力,是留置权效力的核心,如果没有对留置物的先行占有,就不可能有优先受偿的结果,而且如果占有已经实现了担保债权实现的效果,第二次效力可以不发挥作用。民法理论上,占有的形式包括直接占有、间接占有、利用辅助人进行占有、与第三人共同占有等。②

《海商法》第141条本身赋予期租船舶的出租人以对货物、财产、转租收入的留置权,其中对货物和财产的留置权符合"留置权"的一般概念,但出租人对承租人转租收入的留置权,这部分权利和"留置权"概念的逻辑不同一,因为出租人对转租收入一般无法实现"事先占有"的留置权要件。一旦期租船被承租人用于转租/转运,转租/转运合同约束的是被转租人(比如第一手承租人)和转租人(比如第二手承租人),"转租船舶的收入"往往不由船东(第一手出租人)经手,因此无法成为出租人占有的对象。在程序法上,我国《海商法》及相关的《海诉法》,都未给予出租人"占有"转租收入的相应程序保障。因此,出租人对转租收入无法实现留置权的占有要件,不具有留置权概念的内涵,该权利从性质上看不是一种留置权。

第141条规定的出租人对转租收入的"留置权"的表述违背了逻辑的同一律,以理解其他《海商法》中的"留置权"的内涵看待这部分条款时,就无法理解这些文字表达的含义,可能会对法律适用造成影响。根据第二章的司法适用数据,第141条的转租收入留置权条款,在"中国裁判文书网"上未有适用的案例。资深法官也曾撰文分析第141条认为,出租人无法"控制"承租人的转租收入,所以第141条在航运实践中难以发挥作用。③ 可见,法律适用者们经由"留置权"术语的指引,认为出租人要事先控制、占有租金,方能行使对转租收入的担保性权利,这种解释有悖于航运实践的逻辑,被认为该权利难以实现,导致这部分条款基本被虚置。

2. 出租人转租收入留置权的准确内涵

《海商法》第141条采取直接翻译移植国际标准合同的方式完成立法,欲移植 BAL-TIME 1974 第17条规定的出租人对转租收入的 lien 权利,以全面保护出租人的租金债权。而我国法律界对英美法上的"lien"一般以"留置权"进行翻译④,但 lien 内涵很简单,即对债务的担保、保全。内涵越简单的概念外延越宽泛,因此 lien 的外延较"留置权"更广,不仅包括 possessory lien(占有型的担保),还包括非占有型的 maritime lien 和 equi-table lien,相较之下,"担保"是对 lien 更恰当的翻译。⑤ 我国的"留置权"概念,包含了"事先占有"这个内涵,转租收入事实上不可能被出租人事先占有,以"留置权"翻译对转

---

① 华东师范大学哲学系逻辑学教研室:《形式逻辑》,华东师范大学出版社 2016 年版,第 160 页。

② 崔建远:《物权法》,中国人民大学出版社 2017 年版,第 579 页。

③ 许俊强:《目的港受领迟延法律问题研究》,大连海事大学 2011 年博士学位论文。

④ 少见的例外便是对 1967 和 1993 年的《船舶优先权公约》中的"maritime lien"以船舶优先权进行翻译和法律移植,以示该专有概念和其他《海商法》留置权的区别。

⑤ 孙新强:《我国法律移植中的败笔——优先权》,载《中国法学》2011 年第 1 期。

租收入的"lien",两者内涵不对等,破坏《海商法》中"留置权"术语的逻辑同一律。

移植对象中对转租收入的 lien 权究竟是什么概念,英美法的同类 lien 具有一定的参考价值。在英国的海商法教科书《海上货物运输》(*Carriage of Good by Sea*)中,Wilson 总结判例,介绍了英国实践对转运运费如何实现 lien 权,通常是通知提单持有人或者转租船人运费应该直接付给船东来实现,也可以通过截留交给代理人的费用来实现。[①] 另一本海商法教科书《海商法》(Maritime Law)的作者 Baatz 专门指出,对转租收入的 lien 与对货物的 lien 性质不同,后者是建立在船东占有(货物)权利("the ownership right to retain possession")的基础上的,前者的权利实现是通过在下一手托运人支付转租运费前,船东向其通知欲行使运费的 lien,让其直接将运费交予船东实现。[②] 而在美国海商法教科书中,Force 认为根据合同相对性原理,船东与转租人彼此没有合同约束,分租人无须按总租合同中明示或者默示的条款受制于总租合同;但总租合同为保护船东的租金债权,可以有一项规定给予船东对转运运费的 lien,根据该规定,出租人取代承租人的位置(steps into the shoes of the charterer),获取承租人从运输货物中应取得的到期运费。[③] 另外,本书以"BALTIME + Lien"为关键词,查询了 WESTLAW 网站的案例库,找到 Oceanic Trading Corp v. American Renaissance Lines,Inc 一案,案中通过对物诉讼(in rem proceeding)的形式,BALTIME 合同的出租人通过海事法院冻结了承租人转运下家货物时收取的滞期费。[④] 就是说,对转租收入的 lien 的实现过程,就是债权人主动去通知以截留、借助法院扣留第三人本应流向债务人的该笔费用,这点完全不同于我国民法留置权的设计。留置权人对留置物的占有,是建立在合同或其他债权债务关系基础上的合法状态,是发生留置权之前就已经存在的占有状态,而在对转租收入的 lien 中,截留和扣留是在行使 lien 权的过程中发生的,是在债务已届清偿期后采取的救济措施,是 lien 权的一种实现方式。

《海商法》的立法资料记载,立法者提及:"出租人可对第二承租人向承租人支付的运费或租金进行截留。"[⑤]因此,第 141 条中出租人的转租收入的"留置权",立法意图是越过承租人,由出租人通知没有直接合同关系的后手转租/运合同中承租人、托运人、收货人,要求他们配合将未履行的转租/运合同的债务交给自己,以担保租金等债权实现的权利,缓和出租人对货物留置权的严苛的权属要求。反观之,我国法律意义上的留置权条款是支配权,无须债务人的配合,而且前提是事先占有留置对象。两种权利性质差异之大,亦无法共用"留置权"术语。

误用术语的后果直接导致司法实践对条款的解释错误,博登海默的理论对这类问

---

① Wilson,John,*Carriage of Goods by Sea*(7th Edition),Longman,2010,p.307.

② Baatz,Yvonne,*Maritime Law*(4th Edition),Informa Law from Rourledge,2018,p.173.

③ Force,R.,Johnson,N. F. & Makarian,K.,*Admiralty and Maritime Law*(2nd Edition),Tulane Law School,2013,p.406.

④ 基本案情是 OCEANIC TRADING CORP.(以下简称 OCEANIC)作为承租人期租得戴安娜号船,又以 BALTIME 合同转租给 American Renaissance Lines(以下简称 ARL)经营海上运输,ARL 在营运过程中运送大米到越南西贡,产生了一笔滞期费,滞期费由西贡收货人打给银行,在流转向 ARL 账户的过程中,被 OCEANIC 以对物诉讼的形式申请海事法庭冻结。

⑤ 交通部政策法规司:《〈海商法〉学习必读》,人民交通出版社 1993 年版,第 84 页。

题也有过很好的解释:如果立法意图在选定的法律术语中完全没有得到体现,法官就有理由拒绝使用这种背离文义,但完全依靠外部资料而得出的立法意图。[①] "lien on sub-freight/hire"的立法意图和实现方式,即是博登海默所谓的"外部资料",但这些被通过法律移植成为我国海商法上的第141条后,呈现为"留置权"术语,完全无法囊括移植对象的内容和含义,法官正确解释该条立法意图的逻辑线索被切断,立法意图难免落空。

综上,《海商法》第141条用留置权一词来对译lien,使得术语内涵在不同语言和不同法律体系间的移转发生了变形,部分违背了《海商法》留置权子体系的术语逻辑同一性,导致适用者无法准确解释第141条,该部分条款在司法适用中未被准确解释,连锁反应的后果是,直接导致了第二章司法数据体现的"定期租船出租人租金债权缺乏留置权保护"问题。

(三)救助人留置权条款用语未能与子体系逻辑一致

形式逻辑的排中律,指的是对某一思维对象的判断中,是与不是某一概念,必有一真,不可两可,也没有第三种情况。[②] 规定救助人留置权的《海商法》第188条和第190条,完全没有提及"留置(权)",用的是"未经同意,不得离开""保管""拍卖"等语言,让人难以意识到其留置权的属性。本书对其留置权性质的辨认,是结合第190条的二次效力结构,以及立法资料中立法者表示第188条"实质是对船舶或者货物进行留置"[③]而确认的。如果立法意图就是用留置权对救助人进行保护,却使用其他语言对权利进行描述,容易混淆适用者对其概念的准确认识。相同的用语提示条款间的逻辑联系,但救助人留置权条款(第188条、第190条)却因为坚守与移植对象表述的高度统一,没有使用"留置权"术语,这种立法形式违反了形式逻辑的同一律,一定程度上割裂了该《海商法》留置权类型与其他类型的体系性联系,也引发了司法适用中对该条款究竟是否赋予救助人留置权的二次效力的裁判分歧。

产生这种现象的直接原因是移植对象和《海商法》第188条立法目的的不一致。第188条是对1989年《海难救助公约》第21条第3款的直译移植,从移植对象的用语上看,救助方同意的意思表示("the consent of the salvor"),决定了被救船舶可被移走("be removed from the port"),但救助方从该条款中,并未获得明确的对救助船货的占有权,更缺乏处置船舶的优先受偿权,公约原文中也没有出现retain、retention、lien类似的术语,这种同意离开的权利,比债权性的履行抗辩的效力强度更低,和留置权的强效力相差甚远。因此,移植对象条款表现出来的立法意图,明显未赋予救助人《海商法》意义上的留置权。《海商法》第188条直译这样的条款,虽然和国际规则保持了一致,但与《海商法》设置救助人留置权的立法意图渐行渐远。民法留置权的第一重效力是占有,第188条的"未经救助方同意,不得将获救的船舶和其他财产从救助作业完成后最初到达的港口或者地点移走",从文字表达层面,不足以达到"占有"术语所要求的管领和控制的程度,因此该条从用语上难以达到作为救助人留置权的第一次效力条款的要求。

---

① ［美］E・博登海默:《法理学:法律哲学与法律方法》,邓正来译,中国政法大学出版社2017年版,第557页。

② 华东师范大学哲学系逻辑学教研室:《形式逻辑》,华东师范大学出版社,2016年版,第164页。

③ 交通部政策法规司:《〈海商法〉学习必读》,人民交通出版社1993年版,第100页。

另外,根据第一章的分析,《海商法》第 190 条是模仿第 88 条而创设,其给予救助人处分被救助物并优先受偿的立法目的较为明显,但该条也没有用到"留置(权)"术语。而且第 190 条规定了拍卖款项的受偿顺序,但该顺序只规定拍卖费用优先清偿,然后是赔偿救助人的救助款项,剩余的归还被救助人,完全未考虑该船上可能附着的船舶优先权和抵押权的受偿,这种做法直接与船舶担保物权体系的既有安排冲突,一举影响了船舶优先权、船舶留置权和船舶抵押权三项权利的立法目的。一旦第 190 条被法律适用,同一船上的船舶优先权、船舶抵押权的债权人的利益会受到直接的减损,这是对《海商法》船舶担保体系的破坏。另外,救助人同时对船舶又有船舶优先权,这种不同条款适用的优先顺序冲突和重叠的局面,由于出现在同一部《海商法》中,不能适用法律冲突的一般规则解决[①],也超出了《海商法》留置权单一子体系的范围,涉及其与船舶担保物权子体系的融贯性,只能在《海商法》体系下设计专门的优先排序加以解决。

综上,《海商法》留置权的 5 组条款中,有 4 组存在彼此之间,或者与整个子体系之间的真正或者不真正的逻辑冲突,容易招致误解和法律解释的分歧。第二章司法数据所呈现的船舶留置权条款被船舶看管人误用、依据其他民法留置权条款留置船舶的争议、定期租船出租人租金债权缺乏留置权保护,与子体系内部的逻辑冲突存在直接关联,立法的体系化程度不足是这些司法适用问题的直接原因。

二、《海商法》留置权条款间缺乏体系化线索的明示表达

体系化线索的明示表达指的是,用以明确地表达条款与条款之间的逻辑关系的文字。[②] 比如,《民法典》第 646 条指明,法律没有规定的有偿合同可以"参照适用买卖合同的有关规定"[③],将其他有偿合同和买卖合同之间的逻辑关系进行了明确表达,这就是体系化线索的明示表达的一种表现形式。

学者认为立法体系化的具体表现之一为:制定法律条文时,前面的选择会决定后面的选择,两者要相互考虑、条文上相互支持。[④] 也有更为细致的描述,称为立法上的"支持结构""证成结构""积极关联",具体为:个体条款需要彼此借鉴来理解适用;如果(子)体系中存在着法律规范的效果相互冲突的情形,它们间的优先关系也必须在(子)体系的视角下形成。[⑤]

在类似《民法典》的完整的法律体系结构中,往往存在成熟的"反思均衡"(reflective equilibrium)结构[⑥],抽象的法律规范支持一定数量的具体法律规范,而从具体的规范又可逻辑地推导抽象性规范。但《海商法》留置权只是一个(子)体系,未单独设置抽象出

---

① 即上位法优于下位法、特别法优于一般法、新法优于旧法的冲突规则。

② 谷青松:《英汉科技翻译中隐性逻辑的显性化》,载《中国科技翻译》2015 年第 3 期。

③ 《民法典》第 646 条 法律对其他有偿合同有规定的,依照其规定;没有规定的,参照适用买卖合同的有关规定。

④ 费安玲:《比较担保法》,中国政法大学出版社 2004 年版,第 445 页。

⑤ 雷磊:《融贯性与法律体系的建构——兼论当代中国法律体系的融贯化》,载《法学家》2012 年第 2 期。

⑥ 熊浩:《反思均衡、道德证明和融贯论》,载《哲学分析》2012 年第 4 期。

各权利关联的一般条款,其体系化的联系只能通过分散在各个章节的条款文义来体现,如果条款文义对这种联系表达得不够明显,则容易让人忽视子体系的存在。

《海商法》留置权子体系5组条款之间,已经呈现出一定程度的体系化安排,除了共同的"留置权"术语的使用外,船舶留置权和承运人留置权条款分别明确了留置对象为船舶、货物的二次效力结构,出租人留置权和承拖人留置权条款就未再重复该结构,仅以"有留置权"的简单表述概括,节省了立法笔墨,也让法条看起来更为简洁、避免和子体系内部其他条款重复。另外,在承运人留置权这项权利上,由第87条和第88条勾勒出完整的权利产生和行使方式,第88条开头便是"承运人根据本法第八十七条规定留置的货物",两个条款间的关联有了足够清晰的语言表达。

即便如此,该子体章节的留置权条款的体系化线索的明示表达匮乏,有些条款间的关系难以被一目了然地获取,加上条款分别位于不同的章节,加大了认识子体系的整体存在的难度,往往需要运用复杂的解释方法才可理解其间的体系关联,增加了同案不同判的风险。

(一)以货物为留置对象的权利间缺乏体系化线索的明示表达

面对分散在《海商法》5个不同章节中的留置权,除了根据主体不同可以分为5类,也可以根据留置对象的性质划分为以船舶为对象的留置权、以船上货物和财产为对象的留置权。

第87条和第88条承运人留置权条款根据海上货物运输的特点,详细规定了货物留置权的行使过程,是其中的典型条款,特殊的留置权行使安排承载了充分保护船方债权的立法意图,体现了推动航运业发展的子体系特有的立法目的。但是,均以货物为(部分)留置对象的承运人留置权条款、出租人留置权条款、承拖人留置权条款、救助人留置权条款之间,没有任何文字积极提及它们的相互联系。这样一来,第141条出租人留置权和第161条承拖人留置权条款,虽仅以"有留置权"的表述完成了对权利人的赋权,但是在留置权的行使方面,由于缺乏明显的积极关联,引导它们参照更为详细的承运人对货物行使留置权的方式,导致第87条和第88条无法支持第141条和第161条的适用。因此,第141条和第161条的使用者将根据"留置权"术语线索的指引,直接导向适用民法留置权的行使方式,这样做等于舍近求远。更重要的是,未充分重视《海商法》留置权(子)体系对海商法特殊价值的保护,忽视了本(子)体系内部的留置权行使条款(第88条)为海运特殊性的专门设计①,《海商法》的立法目的可能无法完全实现。

(二)以船舶为留置对象的权利间缺乏体系化线索的明示表达

第25条给"船舶留置权"下的定义,虽没有排除"留置船舶的权利"的合法性,但也没有肯定其合法性,对两者的联系进行了消极处理,缺乏体系化线索的明示表达,导致了"船舶留置权"术语容易被误解为留置船舶的所有权利类型,导致了对只有造修船人方可留置船舶的误解,也导致了对依据民法留置船舶的争议。若在第25条造修船人的船舶留置权和第161条承拖人对被拖船物的留置权间,增加体系化线索,比如至少有一

---

① 比如第88条承运人留置权的行使条款,比既有的《民法通则》留置权条款,多考虑了鲜活易腐货物的提前处分特例,细化了60日的合理留置期间。

条提及与对方条款的关系,则能让适用者通过体系解释方法,明确"船舶留置权"和"留置船舶的权利"(包括拖航人留置被拖船的权利)的并存关系,减少误解的发生才能实现立法目的。

把"船舶留置权""拖航人留置被拖船的权"放回法律体系中,它们不仅属于《海商法》留置权子体系,亦同时属于船舶担保物权子体系,要同时受两种子体系的立法目的约束。《海商法》移植1967年《船舶优先权公约》,将船舶优先权、船舶抵押权、船舶留置权,以及其他留置船舶的权利包含在船舶担保物权子体系内,"船舶留置权"术语的命名,与"船舶优先权""船舶抵押权"两种类型的术语构成了术语系统的树形结构,为三者间构呈现了积极联系,提升了该子体系局部体系化程度,但该子体系内部还包含其他适用频率相对较低的权利,比如承拖人留置船舶的权利,却未被按同样规则命名,命名上顾此失彼,割裂了子体系,子体系内共同的立法目的亦难以得到贯彻,人们便难以将包括承拖人留置船舶的权利在内的其他留置船舶的权利,放在船舶担保物权子体系中进行体系解释,从而可能将其受偿顺序排在船舶抵押权之前,影响船舶融资,影响立法目的实现。

提升体系化,就是要让条款之间实现相互的支持和证成,就算存在冲突,"优先关系也必须在(子)体系的视角下形成"[①]。因此,以船舶为留置权对象的权利之间,需要增加的体系化线索的明示表达要完成两个任务,一是明示船舶留置权和留置船舶的权利的并存的关系;二是理顺它们在子体系中的先后受偿顺序。因此,若在第161条承拖人留置权条款增加"承拖人对船舶的留置权在船舶抵押权之后受偿",则该体系化线索就是在包括船舶抵押权、船舶优先权在内的船舶担保物权子体系中,梳理承拖人留置船舶的权利与船舶留置权的先后顺序,通过与船舶抵押权的关系为桥梁,展现其与第25条船舶留置权的差异性,也同时证明承拖人留置船舶的权利与船舶留置权不存在逻辑冲突,具有合法性。这样方能实现两个条款相关联的立法意图,即减少对船舶抵押权实现的影响;也能实现两个条款共同的立法目的,即保护航运业发展。

(三)涉救助人留置权的两个条款缺乏必要的相互支持

《海商法》第88条作为承运人留置权的行使条款,开头便是"承运人根据本法第八十七条规定留置的货物",与第87条共同呈现了"占有+处分并优先受偿"的二次效力结构,实现了对权利属性的彼此支持。相较之下,《海商法》第188条和第190条虽共同规定了救助人留置权,不仅两条间穿插了毫不相干的189条,第190条也未使用任何与第188条关联的积极描述,导致两个条款之间对救助人留置权的属性不能相互支持。但两条之间确实有借助彼此而实现的需要,因为第190条要行使对货物的拍卖权,必须以占有或控制货物为前提,通观《海商法》的整个海难救助章节,只有第188条适合提供这个前提;另外第188条意在赋予救助人留置权,但在适用过程中,因为未适用"留置权"术语而难以被放入整个(子)体系中加以理解,亦需要通过第190条的证成而体现其具有留置权的二次效力内涵。

---

① 雷磊:《融贯性与法律体系的建构——兼论当代中国法律体系的融贯化》,载《法学家》2012年第2期。

综上，《海商法》留置权条款间缺乏明示的体系化线索的问题，影响了子体系立法目的在各项权利类型的司法适用中被贯彻，直接导致了第二章中司法数据呈现的，依据民法留置权条款留置船舶的争议、救助人留置权条款内容的留置权属性未被承认等问题的产生，也体现出了通过增加体系化线索的明示表达，提升子体系的体系化程度的现实需求。

三、《海商法》留置权价值评价的体系化被水上货物运输双轨制割裂

经由第一章对各条款的立法目的分析可以看出，我国《海商法》留置权内部实现了保护价值的体系化，各条款的立法目的和立法意图之间没有明显冲突，都是为了保护航运业发展的特殊价值。但《海商法》留置权立法体系化程度不高，一旦受到强势外部规范的影响，干预或者割裂其不清晰的体系化线索，可能影响该子体系效益的发挥，破坏子体系对各类海上留置价值评价的一致性，若没有超越体系的价值评价，对外部干预进行协调，或者以专门的规定排除体系外部的干扰，最终将影响子体系共同立法目的的实现。对《海商法》留置权来说，最典型的是水上货物运输双轨制的侵蚀。

长期以来，我国水上货物运输一直实行沿海内河运输和海上运输的双轨制（以下简称双轨制），《海商法》立法当时，沿海内河运输还处于完全的计划经济环境下，遵守1981年的《经济合同法》、1986年的《水路货物运输合同实施细则》、1987年的《水路货物运输规则》等法律法规，这些法规在最关键的承运人责任制度上，采取了严格责任制，与国际影响力巨大的《统一提单的若干法律规定的国际公约》（通常被简称"海牙规则"）的不完全过失责任制差异较大，经过激烈的争论，最终，《海商法》的核心章节——规定"海上货物运输合同"的第四章，不适用于沿海内河运输。[①] 双轨制的意图是保持内外水域运输者责任制度的区分，是适应当时国情的权宜之计。

实际上，双轨制会对涉海留置权的成立和留置权的行使两个方面造成影响。对留置权的成立条件造成的影响体现为，国际货物运输的承运人适用《海商法》第87条和第88条，对留置货物的权属有属于债务人的较高要求，而国内沿海内河货物运输的承运人，适用的是《合同法》第315条（《民法典》第836条）的承运人留置权，可以留置运输的货物而不问权属，留置成功率大大提升，保护承运人的目的比较容易实现。这种权利的不对等与双轨制的整体安排是协调的，也是受到客观条件局限的，因为沿海港口和内河运输只使用运单而非提单，运单没有物权凭证功能，不可转让，于是当事人间的关系相对简单透明，不涉及对运输合同外第三人利益的影响，也不会因为承运人留置权容易成立而造成船货利益失衡，从这个层面看，双轨制导致留置权成立要件的区分，与《海商法》留置权立法目的是协调融贯的。

但双规制对留置权的行使方式造成的割裂，就破坏了《海商法》留置权保护的特殊价值。因为，行使海运货物留置权适用的是《海商法》第88条，这是针对海上运输环境的专门设计，而沿海港口间的运输，同样发生在海上运输环境，承运人与国际海运承运

---

① 交通部政策法规司：《〈海商法〉学习必读》，人民交通出版社1993年版，第45页；《海商法》第2条 本法所称海上运输，是指海上货物运输和海上旅客运输，包括海江之间、江海之间的直达运输。本法第四章海上货物运输合同的规定，不适用于中华人民共和国港口之间的海上货物运输。

人面临基本相同的风险,对留置权行使方式会产生相同的却有别于陆地运输的要求,但双轨制直接将承运人留置权条款与其他留置货物的条款的一体的价值评价割裂,造成《海商法》留置权条款对抗海上特殊风险的设计无法辐射所有的海运情形。由于承运人留置权条款位于《海商法》的第四章,只适用于国际运输,但其中的第 88 条,又是《海商法》留置权条款中,唯一专门针对货物留置,且清楚规定了海运货物处分方式和优先受偿方式的条款。因为双轨制的存在,在司法实践中,出租人、承拖人在沿海运输中行使对货物留置权时,无法参照适用第 88 条的规定,只能根据民法留置权条款行使权利。因此历年来,在航运实践中,《民法通则》第 89 条及其司法解释第 117 条、《担保法》第 87 条、《物权法》第 236 条、《民法典》第 453 条都有可能用来实现对货物留置权的二次效力以优先受偿。这些条款未考虑海上运输的特殊风险和保护航运业发展的特殊价值,在出租人、拖航人、救助人处分所留置的沿海运输中的货物时,只能根据民法留置权条款,采取与陆地货物同样的处分方式,可能影响了《海商法》留置权保护价值的体系化和立法目的的实现。不仅如此,还造成了相同案情的案件,只因为发生地点不同,就得适用不同条款,可能会对当事人造成不公平的后果。

司法实践中曾发生 1998 年“顺通一号”轮租金争议案①,案件焦点之一涉及出租人如何实现出租人留置权,由于第 141 条只是简单规定了出租人具有对承租人货物、财产的留置权,并没有具体规定实现留置权的形式,当事人注意到《海商法》第 87 条和第 88 条的承运人留置权和第 141 条出租人留置权的体系化关联,认为应当比照适用第四章第 88 条承运人留置权的规定进行。但仲裁员根据双轨制的安排,援引了彼时生效的《担保法》第 87 条进行裁判,该条款未考虑鲜活易腐货物的特性,只规定债权人在留置两个月后方可拍卖、变卖、折价,对当事人的权利可能产生实质性影响。

双轨制对承运人留置权成立要件的影响受到我国航运业客观条件的制约,实现《海商法》留置权制度与双轨制的融贯,具有政策性意义;但对承运人留置权行使方式的影响则造成了《海商法》留置权保护的特殊价值在沿海运输领域被遗忘,可能造成对沿海运输承运人的实质不公平。

本轮《海商法》修订过程中,取消双轨制的呼声甚响,《海商法》修订征求意见稿中也采取了较大篇幅的改动。无论最后结果如何,从加强《海商法》留置权自身体系化建设的角度,如果能在立法上规定:出租人、承拖人对货物的留置权,参照第 88 条承运人留置权的方式行使,以此加强《海商法》留置权条款间的价值评价的体系化,则可以突破双轨制的“副作用”,通过“小改”的方式,进一步实现《海商法》留置权子体系自身价值的体系化。

---

① 参见北大法宝“上海×××国际贸易有限公司(以下简称申请人)与天津××海运有限公司期租合同纠纷”,民事仲裁裁决书。

第二节 《海商法》留置权司法适用的体系化思维不足

法律的体系化程度提升是一个渐进的、动态补足的过程。① 除了在立法中重视制度设计的体系化之外,提升司法体系化程度,即在司法适用中充分运用体系化思维,在体系的立法目的指导下解释法律,可以弥补立法体系化的不足,可以实现法律(子)体系的二次体系化提升。江必新等人认为,法律适用的体系化即规则系统蕴含的法价值和原则获得的适用者的认可与服从,体现在他们的决策和行动中。② 雷磊认为法律的体系化主要是在法律适用的过程实现的。③ 陈金钊也强调司法过程中对具体法律的再体系化,这是法治的基本要求,否则就会出现机械司法和执法。④

如何实现司法的体系化,法律体系理论的重要贡献者黑克认为,法官适用具体的法律条文,必须同时遵守条文背后隐藏的全局性的价值秩序,保护法律条文"认为值得保护的利益的整体"⑤。《海商法》留置权子体系的立法目的是担保航运业发展,因此《海商法》留置权对保护航运业者的债权利益持积极的法律评价,该立法目的由分散在各条款中具体的立法意图共同支撑。司法的体系化就是要求法官在裁判涉《海商法》留置权的案件时,无论是解释法律还是续造法律以填补漏洞,都必须贯彻该立法目的和价值评价。具体做法体现为法律解释方法的体系化、法律渊源的多元化、法律推理的体系化,最终都服务于实现立法目的。如果司法者没能带着体系化思维适用法律,没能跳出就单一法条单一方法进行适用的僵化思维,或者忽略体系价值评价对体系中每一个条款适用的指导,对于同一法律条款可能会出现多种解释,这样便只能任立法的体系化缺陷影响法律适用的稳定性和统一性,最终也会伤害司法的权威和立法目的的实现。

一、司法中过度依赖文义解释

萨维尼认为文义、目的、体系、历史的四种视角是法律解释的绝对方法,法律解释的首要目的就是考虑立法者的立场,并在解释后重复立法者的行为。⑥ 魏德士将解释和实现立法目的作为法律适用的目标。⑦ 带着体系化思维进行法律适用,首先要借助解释方式的体系化,探求法律的立法目的。本书中所称解释方法的体系化是指,在司法过程中结合文义、体系、目的、历史的解释方法,全面挖掘条款内涵,在充分辨清立法目的的基

---

① 雷磊:《融贯性与法律体系的建构——兼论当代中国法律体系的融贯化》,载《法学家》2012年第2期。

② 江必新、王红霞:《法治社会建设论纲》,载《中国社会科学》2014年第1期。

③ 江必新、王红霞:《法治社会建设论纲》,载《中国社会科学》2014年第1期。

④ 陈金钊:《体系思维的姿态及体系解释方法的运用》,载《山东大学学报(哲学社会科学版)》2018年第2期。

⑤ [德]菲利普·黑克:《利益法学》,傅广宇译,商务印书馆2016年版,第29页。

⑥ 杨代雄:《萨维尼法学方法论中的体系化方法》,载《法制与社会发展》2006年第6期。

⑦ [德]魏德士:《法理学》,丁晓春、吴越译,法律出版社2013年版,第301页。

础上,对法律条款进行解释适用。

第二章的司法适用数据,体现出了司法者对能否根据民法中留置权一般条款留置船舶存在争议,对救助人留置权的性质认定不清,这些分歧的产生,来源于部分法官只运用单一的文义解释方法,导致了立法目的的无法识别和无法实现。

(一)未准确解释以船舶为留置对象的权利类型和受偿顺序

《海商法》中,以船舶为留置对象的权利类型引发了理论界和实务界上的诸多意见分歧,包括第 25 条船舶留置权与第 161 条中承拖人对被拖船舶留置权是否存在冲突,第 161 条承拖人行使留置船舶的权利的受偿顺序如何,可否根据民法留置权一般条款留置船舶,可否根据民法中的承揽人留置权条款留置船舶,可否根据民法中的承运人留置权条款留置海运货物等。其实,这些问题在《海商法》留置权子体系立法时已有安排,即拉伦茨、魏德士所指的立法"计划"中已经进行了考虑①,只是由于法律条文缺乏对体系化线索的明示,加上法律适用时缺乏体系化的思维,多数法官只依赖对《海商法》第 25条的文义解释,认为只有造修船人拥有留置船舶的权利②,遂引发了裁判分歧。

1.《海商法》的立法意图允许根据民法中的留置权条款留置船舶

《海商法》允许根据民法中的留置权条款留置船舶的立法意图,必须结合历史解释、目的解释、体系解释、文义解释才能得出,而历史解释在此显得尤为重要。有学者曾经将对法律(子)体系的移植比喻做一台精密的机器,不可随意取舍某一具体制度,选择了其中一项,就等于选择对整个系统内一系列安排的整体移植。一旦忽视,会导致制度之间的矛盾、重复和浪费,甚至背离立法目的。③ 对《海商法》中以船舶为留置对象的权利类型的法律移植来说,这个比喻非常贴切。

本书在第一章中分析过,第 25 条造修船人的船舶留置权移植了 1967 年《船舶优先权公约》第 6 条第 2 款的规定,但该公约的第 6 条共有两款,共同构成公约对各国船舶担保制度的妥协性统一规则,其方案是,统一各国船舶优先权(maritime lien),设置优先于船舶抵押权(mortgage)的船舶留置权(lien or right of retention on vessels)保护造修船人,将各国国内法中既有的留置权(lien)和滞留权(right of retention),纳入公约中的其他留置/滞留权(other lien or right of retention)一项,排在抵押权(mortgage)之后受偿,以减少各国法自行设置这些权利对船舶抵押权的冲击,并吸引造修船大国参与公约。④ 各项涉船担保的优先顺序用数学符号表示为:

船舶优先权(maritime lien)＞造修船人的船舶留置权(liens of ship builder/

---

① [德]魏德士:《法理学》,丁晓春、吴越译,法律出版社 2013 年版,第 347～349 页。

② 参见"乐清市江丰船务有限公司与南京连润运输贸易有限公司船舶买卖合同纠纷",(2015)甬海法温商初字第 86 号一审民事判决书;"中国民生银行股份有限公司杭州分行、杭州银行股份有限公司舟山分行等与德勤集团股份有限公司等普通破产债权确认纠纷案",(2017)浙 0902 民初 958 号一审民事判决书。

③ 费安玲:《比较担保法》,中国政法大学出版社 2004 年版,第 3 页。

④ Francesco Berilingeri,The 1926 and 1967 Brussels Conventions,in CMI ed.,*Essays on Maritime Liens and Mortgages and on Arrest of Ships*,Antwerpen:Comité Maritime International 2018,pp.15-23.

repairer)＞登记的船舶抵押权和质权(registered mortgages and "hypothèques")＞内国法规定的其他的留置船舶的权利(other liens)①

另外,依据内国法而设定的造修船人滞留船舶权、其他的滞留船舶权(other rights of retention)因为没有优先受偿权,所以不参与排序,但仍能起到担保债权的效力,其中只有造修船人滞留船舶权能对抗登记的船舶抵押权和质权(registered mortgages and "hypothèques")。

我国《海商法》虽然只有第 25 条完整移植了 1967 年《船舶优先权公约》第 6 条第 2 款,未直接移植第 6 条第 1 款允许"内国法规定的其他的留置船舶的权利"(other liens),但是,《海商法》同时规定了第 161 条中承拖人留置船舶的权利,该条的存在就是我国法也允许"其他的留置船舶的权利(other liens)"的力证,证明《海商法》移植了 1967 年公约第 6 条整个船舶担保制度的意图。那么,所谓的《海商法》第 25 条和第 161 条的"冲突"自然就不存在了,承拖人留置船舶的权利是独立于造修船人的船舶留置权之外的,性质上类似于公约规定的"其他的留置船舶的权利(other liens)",虽也以船舶为留置对象,但其受偿顺序劣后于船舶抵押权,对船舶融资不会造成冲击。

通过上述历史解释、体系解释、目的解释的综合运用可知,《海商法》第 25 条和第 161 条的并存沿袭了公约允许造修船人之外的其他主体根据国内法留置船舶的权利的立法意图。同时,《海商法》留置权子体系运用"留置权"术语的立法意图之一,就是允许民法在适当的时候进行补充。两重立法意图相结合可得,除了《海商法》明文规定的承拖人留置船舶的权利、救助人留置船舶的权利外,根据民法留置权条款留置船舶,也是符合《海商法》立法意图的,但应注意不可与《海商法》留置权条款的立法目的相抵触。

需要注意的是,根据民法中的留置权条款留置船舶的权利与《海商法》第 25 条船舶留置权的差异在于,前者的受偿顺序都在我国的船舶抵押权之后,以减少对船舶融资的影响,保护整个船舶担保物权立法目的的实现。虽然前者产生和行使的法律依据主要是民法中的留置权条款,由于受偿顺序带有《海商法》特殊利益,所以仍受《海商法》留置权子体系的立法目的制约。

从整个民法担保物权体系来看,民法抵押权条款的担保对象直接列明了船舶和在建船舶,民法留置权的一般条款也没有排除船舶作为留置物的规定,因此,在《海商法》的特别规定外,允许根据民法留置船舶,才能实现《海商法》留置权(子)体系与上级民法担保物权体系的融贯,具有合理性。

再看《海商法》第 161 条的规定,其法条呈现对标准合同的翻译移植(参见本书第一章),内容相对简单,没有体现其受偿顺位,但与整个留置船舶的权利类型系列的体系结构并不冲突;而且第 161 条使用的术语是"留置权",而非第 25 条确立的"船舶留置权",也体现《海商法》立法时有意区别两者的性质,也符合公约规定的"内国法规定的其他的留置船舶的权利(other liens)"的设计。李海也曾提出承拖人留置权的受偿顺序应在船舶抵押权之后,但由于他一直认为《海商法》第 25 条的移植对象是 1993 年版公约的第 7

---

① International Convention for the Unification of Certain Rules relating to Maritime Liens and Mortgages,1967.

条,即我国的船舶留置权移植自无优先受偿性的滞留权(right of retention)①,因为没有优先受偿性,所以1993年版公约没有直接排定船舶滞留权与船舶抵押权的受偿顺序,这种误解导致李海无法援引1967年版公约的船舶担保体系来论证自己的观点②,造成了观点正确但无论据支持的结果。可见,对立法历史资料的充分研究,加上体系化的解释方法,才能实现对《海商法》这种移植法律的准确理解和适用。

2. 以体系视角厘清《海商法》中各类留置船舶权利的受偿顺序

由此看来,司法实践中依据《海商法》第25条赋予船舶看管人以"船舶留置权",是适用法律的错误,受偿顺序优先的"船舶留置权"是专属于造修船人的权利。但船舶看管人确实可以根据民法上的保管人留置权条款留置船舶。这种权利本质上是"根据民法留置船舶的权利",应符合《民法典》保管人留置权条款的成立要件,但基于其留置对象——船舶,承载着海商法保护的特殊利益,因此受偿顺序要服从《海商法》的安排,应该在船舶抵押权之后受偿,不能像造修船人一样享有优先的特权。在这一点上,它又不同于依据民法保管人留置权条款产生的陆地上的留置权法律关系,后者的受偿顺序在抵押权之前,也无须处理同优先权的关系。所以,船舶看管人留置船舶的权利要受到《海商法》留置权和《民法典》典型留置权两个子体系的双重制约。

而司法适用中,通过民法留置权的一般条款成立卖船人的留置权,赋予已将船舶登记到买方名下的卖船人以留置船舶的权利是合法的安排③,但是应注意,该权利必须在船舶抵押权之后受偿,所以对卖船人的保障有限。

部分裁判文书用《合同法》承揽人留置权条款赋予造船人留置权,没有考虑到船舶的特殊性,无法处理与船舶优先权、船舶留置权的准确的受偿顺序,这无疑是违背《海商法》留置权立法目的的错误判决。④

在《海商法》的立法意图中,规定救助人留置船舶的权利行使方式的第190条,也应是一种受偿顺序在船舶抵押权之后的留置船舶的权利。但第190条的内容直接架空船舶优先权和船舶抵押权单独受偿⑤,与相关条款和立法意图明显产生冲突,这是条款设

---

① 李海:《船舶物权之研究》,法律出版社2002年版,第211页。

② 因为1993年《船舶优先权公约》对担保权利的安排是:船舶优先权(maritime lien)>登记的船舶抵押权和质权(registered mortgages and "hypothèques")>内国法规定的其他船舶优先权(other maritime lien)造修船人的right of retention,由于不具有优先受偿性,不参与排序。因此不允许存在内国法规定的其他船舶留置权,只允许内国法规定其他排序在后的船舶优先权。

③ 参见"乐清市江丰船务有限公司与南京连润运输贸易有限公司船舶买卖合同纠纷",(2015)甬海法温商初字第86号一审民事判决书;"中国民生银行股份有限公司杭州分行、杭州银行股份有限公司舟山分行等与德勤集团股份有限公司等普通破产债权确认纠纷案",(2017)浙0902民初958号一审民事判决书;"乐清市江丰船务有限公司与南京连润运输贸易有限公司船舶买卖合同纠纷",(2016)浙民终315号一审民事判决书。

④ 参见"舟山富生船舶修造有限公司与舟山千岛船务有限公司船舶买卖(建造、修理、改建和拆解)合同纠纷",(2008)浙民三终字第176号二审民事判决书;"泰州市兴达钢质船厂与顾宗年漯河市归帆航运有限公司船舶建造合同纠纷",(2018)鄂72民初855号一审民事判决书。

⑤ 《海商法》第190条第2款 拍卖所得价款,在扣除保管和拍卖过程中的一切费用后,依照本法规定支付救助款项;剩余的金额,退还被救助方;无法退还、自拍卖之日起满一年又无人认领的,上缴国库;不足的金额,救助方有权向被救助方追偿。

计的明显瑕疵。加之救助人同时拥有船舶优先权和留置船舶的权利,在前述理论和司法实践数据中,都体现了该留置权的二次效力形同虚设,也就是说,赋予救助人滞留船舶的效力已经能够为其债权提供充分的担保,第 190 条没有设置的必要。

综上,我国《海商法》的船舶担保物权体系基本上移植了 1967 年《船舶优先权公约》的整体顺序,形成了有我国特色的船舶担保物权体系(如图 3-1),该体系和《海商法》留置权子体系共有部分要素,对准确适用以船舶为留置对象的权利,理解《海商法》留置权子体系的构成和定位,具有重要的意义。

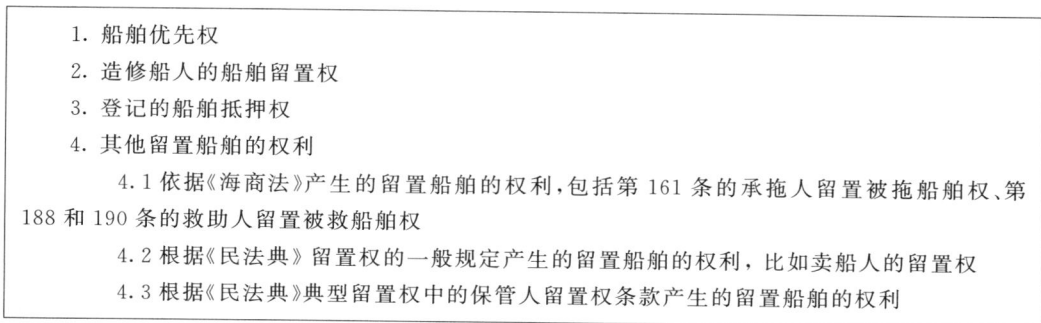

---

1. 船舶优先权
2. 造修船人的船舶留置权
3. 登记的船舶抵押权
4. 其他留置船舶的权利

    4.1 依据《海商法》产生的留置船舶的权利,包括第 161 条的承拖人留置被拖船舶权、第 188 和 190 条的救助人留置被救船舶权

    4.2 根据《民法典》留置权的一般规定产生的留置船舶的权利,比如卖船人的留置权

    4.3 根据《民法典》典型留置权中的保管人留置权条款产生的留置船舶的权利

图 3-1　我国 1992 年《海商法》中的船舶担保体系及其受偿顺序

资料来源:根据对 1992 年《海商法》的体系解释自行绘制

本书在分析根据民法留置权一般条款留置船舶的合法性时,重点运用了历史解释、体系解释,并充分结合了其他解释方法。先以文义解释方法解释第 25 条船舶留置权条款只适用于造修船主体,再结合历史解释和目的解释找到第 25 条的移植对象是 1967 年《船舶优先权公约》第 6 条第 2 款,理解第 25 条保护造修船人债权的立法意图和保护航运业发展的立法目的,并理解第 25 条允许民法留置权条款在不违背立法目的时,进行补充和解释的立法意图,再以体系解释的方法,结合《海商法》第 161 条承拖人对船舶留置权的存在,理解了《海商法》移植的是公约第 6 条第 1 款和第 2 款共同规定的整个船舶担保体系,立法意图是实现:船舶优先权＞船舶留置权＞船舶抵押权＞其他留置船舶的权利的完整系统,而根据民法留置权一般条款留置船舶的权利属于其他留置船舶的权利,符合《海商法》的立法意图。但在否定该权利合法性的判决书中[1],都是以《海商法》第 25 条文义上只赋予造修船人船舶留置权,特别法优于一般法,简单通过文义解释这种唯一的解释方法,完成了法律适用,从而导致了法律适用的错误。

(二)未准确解释《海商法》赋予救助人以留置权的意图

本书第一章在分析救助人留置权的性质时,先通过历史解释找到了第 188 条、第 190 条的法律移植对象,第 188 条移植自 1989 年《海难救助公约》,第 190 条是对第 88 条的模仿,明确其行文表达特殊性的原因在于与移植对象保持一致,为了实现与国际接

---

[1]　参见"乐清市江丰船务有限公司与南京连润运输贸易有限公司船舶买卖合同纠纷",(2015)甬海法温商初字第 86 号一审民事判决书;"中国民生银行股份有限公司杭州分行、杭州银行股份有限公司舟山分行等与德勤集团股份有限公司等普通破产债权确认纠纷案",(2017)浙 0902 民初 958 号一审民事判决书。

轨。再结合立法资料,对第 188 条、第 190 条进行目的解释,明确其立法意图是赋予救助人留置权,以弥补船舶优先权保护的不足。

但在司法实践中,检索到的所有裁判文书都只采取文义解释,承认第 188 条授权救助人要求被救助人提供担保[①],其中只有 1 份明确救助人拥有对被救船货的留置权,但其成立留置权的依据是《物权法》第 231 条关于留置权一般条款,最终也以救助人同时拥有船舶优先权,"优先权先于留置权受偿,无须再确认抢险救助费的留置权"[②]为由,未实现对留置物的二次效力。其余文书均用合同条款中的"拒绝提货"[③]"占有+变卖"[④]"堆存+拍卖"[⑤]来描述救助人的权利,并未明确其留置权属性。还有 2 份文书提及了不根据第 188 条及时提交担保,除了货物被堆存外,还可能被拍卖,却不提及被拍卖的依据是第 190 条。[⑥] 可见多数法官对第 188 条、第 190 条的留置权属性并不清晰,就算隐

---

① 参见"秦皇岛金茂源纸业有限公司与宁波鸿勋海运有限公司、上海勋源海运有限公司、洋浦中良海运有限公司、浙江满洋船务工程有限公司海难救助合同纠纷",(2018)浙 72 民初 1640 号一审民事判决书;"宁波鸿勋海运有限公司、上海勋源海运有限公司因与被上诉人秦皇岛金茂源纸业有限公司、洋浦中良海运有限公司、浙江满洋船务工程有限公司海事海商纠纷",(2019)浙民终 54 号二审民事判决书;"宁波鸿勋海运有限公司、上海勋源海运有限公司海事海商纠纷",(2019)浙民终 33 号二审民事判决书;"中国人民财产保险股份有限公司、河北省曹妃甸分公司、广东华钢贸易有限公司、浙江满洋船务工程有限公司通海水域货物运输保险合同纠纷",(2019)浙 72 民初 9 号一审民事判决书;"中国人民财产保险股份有限公司、河北省曹妃甸分公司、广东华钢贸易有限公司、浙江满洋船务工程有限公司通海水域货物运输保险合同纠纷",(2019)浙民终 651 号二审民事判决书;"宁波鸿勋海运有限公司、上海勋源海运有限公司因与被上诉人山东惠民惠星塑料制品有限责任公司、洋浦中良海运有限公司、浙江满洋船务工程有限公司海事海商纠纷",(2018)浙 72 民初 1564 号一审民事判决书;"宁波鸿勋海运有限公司、上海勋源海运有限公司因与被上诉人山东惠民惠星塑料制品有限责任公司、洋浦中良海运有限公司、浙江满洋船务工程有限公司海事海商纠纷",(2019)浙民终 59 号二审民事判决书;"中国人民财产保险股份有限公司、河北省曹妃甸分公司、宁波鸿勋海运有限公司、上海勋源海运有限公司海上通海水域货运海商海事纠纷",(2020)浙 72 民初 884 号一审民事判决书。

② "营口港务集团有限公司与利泉船务有限公司海难救助合同纠纷",(2018)辽 72 民初 674 号一审民事判决书。

③ "秦皇岛金茂源纸业有限公司与宁波鸿勋海运有限公司、上海勋源海运有限公司、洋浦中良海运有限公司、浙江满洋船务工程有限公司海难救助合同纠纷",(2018)浙 72 民初 1640 号一审民事判决书。

④ "宁波鸿勋海运有限公司、上海勋源海运有限公司因与被上诉人秦皇岛金茂源纸业有限公司、洋浦中良海运有限公司、浙江满洋船务工程有限公司海事海商纠纷",(2019)浙民终 54 号二审民事判决书;"宁波鸿勋海运有限公司、上海勋源海运有限公司海事海商纠纷",(2019)浙民终 33 号二审民事判决书。

⑤ "中国人民财产保险股份有限公司、河北省曹妃甸分公司、广东华钢贸易有限公司、浙江满洋船务工程有限公司通海水域货物运输保险合同纠纷",(2019)浙 72 民初 9 号一审民事判决书;"中国人民财产保险股份有限公司、河北省曹妃甸分公司、广东华钢贸易有限公司、浙江满洋船务工程有限公司通海水域货物运输保险合同纠纷",(2019)浙民终 651 号二审民事判决书。

⑥ 参见"中国人民财产保险股份有限公司、河北省曹妃甸分公司、广东华钢贸易有限公司、浙江满洋船务工程有限公司通海水域货物运输保险合同纠纷",(2019)浙民终 651 号二审民事判决书;"中国人民财产保险股份有限公司、河北省曹妃甸分公司、广东华钢贸易有限公司、浙江满洋船务工程有限公司通海水域货物运输保险合同纠纷",(2019)浙 72 民初 9 号一审民事判决书。

约意识到了该属性,由于法条文义上缺乏清晰的留置权术语,遂不敢肯定其属性,这就是单纯依靠文义解释造成的弊端。一旦权利的性质和目的不清晰,就难以对条款进行准确适用,还可能造成同案不同判的不公正后果。

二、司法中绕过海商法的法律渊源而向民法一般条款逃逸

司法适用体系化要求思维的素材多元化,才能全面分析相关事实,而思维的素材主要表现为法律渊源。[①] 解释法律时应对规范所承载的法律原理、学说案例、外国法移植对象进行综合考虑,这样才能准确找到立法目的,限制法官自由裁量的范围,减少裁判标准不一的情形。

(一)向民法一般条款逃逸的危害

对《海商法》留置权条款的解释来说,一是其保护的对象具有海商法的特殊利益和特殊价值,有着相较于其他民法留置权条款不同的立法目的,遇到涉及在海上留置的案情,如果不先穷尽《海商法》中的条款和海商法的理论学说,就向民法留置权的一般规则逃逸,则《海商法》留置权的特殊价值就无法得到保护,影响航运业的发展;二是国际化和本土化的双重面向是《海商法》留置权立法最重要的特点之一,因此,在对其进行法律解释的过程中,必须更加重视法律移植对象的相关域外法、判例、学说,从中发现各国海商法蕴含的共通的海商法价值,同时也不能忽略本土民法留置权的规范、原理、裁判的影响,只有将这些都视为体系化思维的对象范围,方能准确解释《海商法》留置权条款。

(二)依赖民法的合同效力条款处理出租人留置权案件

在《海商法》留置权的司法适用中,最为典型的"逃逸"做法,莫过于以民法关于合同效力的一般规定,解决期租合同中承租人失联/停业,出租人的租金和目的港费用等相关债权的纠纷。

涉及《海商法》第141条出租人留置权条款的28份法院裁判文书,都系国内港口间运输纠纷,并且涉及承租人停业/失联的情况,出租人继续替代承租人履行航程中的义务后,与转租/运合同的收货人另行订立新合同,以解决相关债权债务纠纷。28份文书的裁判都围绕该新合同的效力进行分析,根据新合同的内容,法院的处理结果分为三大类,对出租人权利的保护程度不一。

第一类,出租人与收货人订立新合同,要求收货人垫付期租合同的租金,方可放货,否则留置货物。28份法院裁判文书中,有5份涉及这类案情,涉案的海事法院、高级法院、最高法院对于这类案件的观点比较一致:认为出租人和收货人订立的新协议是乘人之危,收货人垫付租金的条款应被撤销,根据《海商法》第141条,出租人留置的货物不属于承租人,就是一种非法留置,并以此胁迫对货物有利益的收货人签订新合同,获得

---

① 陈金钊:《体系思维的姿态及体系解释方法的运用》,载《山东大学学报(哲学社会科学版)》2018年第2期。

的款项扣除必要的卸货支出,应返还收货人。① 可以看出,各级法院只允许出租人收取卸货时发生的必要费用,但不允许出租人使用留置权和订立新合同的方式,将租金义务转移到收货人身上。

第二类,出租人与收货人订立新合同,合同内容是收货人向出租人支付"管理费用的补偿""码头相关费用",出租人则在与承租人解除期租合同后,"出于善意,安排上述船舶继续航行至卸货港,并安排船舶靠泊卸货"等。对于这种新成立的合同,16 份裁判文书认为此举已形成一个新的货物运输合同法律关系。据此,出租人为各方货主利益而额外垫付的卸载、堆存等费用,有权要求收货人予以支付,同时,出租人享有留置相应价值货物的权利。② 在本类裁判中,法院认可出租人和收货人之间新成立的合同的效力,将两者原来租船合同链不同环节的间接联系,转化为直接运输合同关系,为原出租人行使对货物的留置权,以要求托运人承担卸货产生的债务提供了法律依据。

---

① 参见"钦州市翔利物流有限公司与厦门毅成达船务有限公司非法留置船舶、船载货物、船用燃油、船用物料损害责任纠纷",(2016)闽 72 民初 960 号一审民事判决书;"厦门毅成达船务有限公司、钦州市翔利物流有限公司非法留置船载货物纠纷",(2017)闽民终 419 号二审民事判决书;"厦门良翔海运有限公司、江苏纬泰物流有限公司非法留置船舶、船载货物、船用燃油、船用物料损害责任纠纷",(2017)最高法民申 1698 号再审审查与审判监督民事裁定书;"江苏纬泰物流有限公司与广西新闽航海运有限责任公司、厦门良翔海运有限公司非法留置船舶、船载货物、船用燃油、船用物料损害责任纠纷",(2016)闽 72 民初 227 号一审民事判决书;"厦门良翔海运有限公司、江苏纬泰物流有限公司、广西新闽航海运有限责任公司非法留置船载货物纠纷",(2016)闽民终 1393 号二审民事判决书。

② 参见"广西丰登物流有限公司与上海勖源海运有限公司非法留置船舶、船载货物、船用燃油、船用物料损害责任纠纷",(2018)鲁 72 民初 1896 号一审民事判决书;"广州市海恒物流有限公司、上海勖源海运有限公司非法留置船舶、船载货物、船用燃油、船用物料损害责任纠纷",(2018)鲁 72 民初 1886 号一审民事判决书;"佛山市海腾国际货运代理有限公司与上海勖源海运有限公司非法留置船舶、船载货物、船用燃油、船用物料损害责任纠纷",(2018)鲁 72 民初 1655 号一审民事判决书;"广州市十方物流有限公司、上海勖源海运有限公司非法留置船舶、船载货物、船用燃油、船用物料损害责任纠纷",(2018)鲁 72 民初 1646 号一审民事判决书;"佛山市航泰货运代理有限公司与上海勖源海运有限公司非法留置船舶、船载货物、船用燃油、船用物料损害责任纠纷",(2018)鲁 72 民初 1645 号一审民事判决书;"漳州市永鑫货运代理有限公司与上海勖源海运有限公司非法留置船舶、船载货物、船用燃油、船用物料损害责任纠纷",(2018)鲁 72 民初 1635 号一审民事判决书;"佛山市南海区西樵一诺货运代理有限公司与上海勖源海运有限公司非法留置船舶、船载货物、船用燃油、船用物料损害责任纠纷",(2018)鲁 72 民初 1633 号一审民事判决书;"上海勖源海运有限公司非法留置船舶、船载货物、船用燃油、船用物料损害责任纠纷",(2018)鲁 72 民初 1631 号一审民事判决书;"上海勖源海运有限公司非法留置船舶、船载货物、船用燃油、船用物料损害责任纠纷",(2018)鲁 72 民初 1626 号一审民事判决书;"上海勖源海运有限公司非法留置船舶、船载货物、船用燃油、船用物料损害责任纠纷",(2018)鲁 72 民初 1619 号一审民事判决书;"上海勖源海运有限公司非法留置船舶、船载货物、船用燃油、船用物料损害责任纠纷",(2018)鲁 72 民初 1616 号一审民事判决书;"上海勖源海运有限公司非法留置船舶、船载货物、船用燃油、船用物料损害责任纠纷",(2018)鲁 72 民初 1615 号一审民事判决书;"上海勖源海运有限公司非法留置船舶、船载货物、船用燃油、船用物料损害责任纠纷",(2018)鲁 72 民初 1614 号一审民事判决书;"上海勖源海运有限公司非法留置船舶、船载货物、船用燃油、船用物料损害责任纠纷",(2018)鲁 72 民初 1613 号一审民事判决书;"上海勖源海运有限公司非法留置船舶、船载货物、船用燃油、船用物料损害责任纠纷",(2018)鲁 72 民初 1612 号一审民事判决书;"上海勖源海运有限公司非法留置船舶、船载货物、船用燃油、船用物料损害责任纠纷",(2018)鲁 72 民初 1610 号一审民事判决书。

第三类,出租人与收货人新合同的内容,仍只要求收货人承担与卸货、收货有关的支出,但没规定出租人应完成原转租合同的合同义务,出租人在承租人失联后,未按照期租合同的原定航线把船开到原定卸货港,而是开到了其他港口,再通知收货人重新签约和卸货,给收货人造成了不必要的支出,在收货人支付各项卸货费用后才允许提货。法院认为该新合同仍存在胁迫和乘人之危,只部分承认新合同的效力,判处出租人归还收货人除集装箱堆存费之外的其余因收货支出的费用。[1]

三类裁判观点中,法院对出租人与收货人间新成立的合同的效力判定,考虑的因素是缔约时当事人的意思自治状态、当事人履约情况。援引的条款主要集中在《合同法》上规定合同的成立与生效相关条款,可见法院解决问题的思路集中在一般合同的效力层面,在通过认定新合同的法律关系和效力,来调节收货人和出租人的权利义务,如果新合同成立并生效,直接在出租人和收货人之间成立运输合同,出租人则转变身份为承运人,享有承运人留置权,反而反之。

本书进一步解读法院的判决,认为若从判决的法律效果看,实际上是新合同中出租人放货的对价决定了新合同的效力,以及出租人是否对货物享有留置权。如果新合同规定,收货人的义务是支付卸货港的合理支出,且出租人代替承租人履行承租人的原转租/运合同义务,则法院承认这类新合同的效力,并视为出租人和收货人之间直接成立运输合同,可以依法留置收货人的货物(上述案件中均是国内港口间运输,不可适用《海商法》第87条,根据2012年最高院《关于国内水路货物运输纠纷案件法律问题的指导意见》的规定,当时应适用《合同法》第315条,允许承运人留置所运输的货物)。如果新合同将期租合同承租人的义务全部转嫁到收货人头上,或者减轻出租人在期租合同中的义务,则新合同与原期租合同冲突的部分将被法院撤销。可以看出涉案法院均朝着有利于维护原期租合同的目标裁判,以减少承租人的停业失联对原运输、租赁交易的影响。而且,法院的裁判欲导向的结果是保护合同和交易完成。

本书认为,之所以完全用合同效力的一般规定裁判此类案件,是因为法官认为在承租人停业/失联情形下,出租人与收货人之间只有新的合同这一层直接的法律关系,忽视了《海商法》第141条出租人留置权条款允许出租人留置转租收入而建立的法定的法律关系。司法裁判这种保护交易的目的固然好,也保护了托运人/收货人的利益不受租船合同链上游合同解除的干扰,只是在出租人租金未收的情况下,对出租人的保护力度不足,司法裁判的结果只能保护其目的港债权的实现,而目的港债权相对于主要的租金债权,只是很少的一个部分。根据司法裁判的观点,不论收货人是否已履行其在后手转租/运合同中的义务,只需负担目的港费用即可提取货物,出租人在交货后,只能根据合同的相对性,对"落跑"的承租人进行追偿,这种案件中,承租人往往早已下落不明或资不抵债,终将导致出租人只能自行承担损失,这么做的实质后果可能并不公平。

其实,《海商法》第141条规定出租人对转租收入享有留置权的立法意图,就意在保护租船合同链条上各方的公平。根据本章第一节对转租收入留置权的解释,该权利在承租人和出租人之间,形成了一种类似民法上债权转让的关系,允许出租人突破合同相对性,直接获得后手承租人的未付租金/运费,该安排充分考虑海商法保护的特殊价值,

---

① 参见"福州明发船务有限公司与厦门鸿祥轮船有限公司非法留置船载货物纠纷",(2015)厦海法商初字第962号一审民事判决书。

实现对船货各方的实质公平,使得案件裁判结果与《海商法》子体系留置权的立法目的一致,从全局上维护航运秩序稳定。可惜的是,人们在法律适用中依赖文义解释,未准确理解第 141 条规定出租人对转租收入享有留置权的立法意图,"找法"过程遗漏了这个可以涵摄案件事实的大前提;导致只用合同效力的一般规定涵摄出租人和收货人的法律关系,未能保护《海商法》的特殊价值,保护航运业发展的立法目的或落空。

如果法官不是只从"留置权"术语入手,以民法对留置权的定义来解释该条款,而是穷尽海商法的法律渊源,从《海商法》第 141 条的法律移植对象 BALTIME 国际期租标准合同入手,找到该合同在英美海商法中的理论来源——衡平法的一种权利质押(equi-table charge)①,并从学说和判例中找到其具体实现形式是"通知+截留"租船合同链下游的债务②,就能理解出租人对转租收入的"留置权",实质上不是《海商法》留置权子体系意义上的留置权,是一种给予船舶出租人的特别担保,在承租人不支付租金时,可以一定程度超越合同相对性,通过截留租船合同链下游未履行的债务,以保护租金债权的实现。如果能理解这项权利的本质,就能充分发挥其用途,在面对我国实践中广泛存在的承租人失联/停业场景时,可能无须全部依赖民法合同效力一般条款处理涉出租人留置权的案件,从而更好实现《海商法》给予出租人特别保护的立法意图。

三、司法过程缺乏体系化的法律推理和论证

法律推理是指法律适用者从一定的前提(包括法律和有法律意义的事实)推导出法律结论的过程。法律推理自带着体系化的要求,具体是指法官必须全方位、多层面地找法,避免仅就表面可见的法律关系进行法律适用,而是尽量对可能适用的法律规范都进行考察③,在寻找适用于评价事实的法律条款时,法律适用者不能着眼于具体条款,他应在整个法律体系的视野中寻找法条,结合对全局性法律秩序的考量,对有法律意义的事实进行涵摄,涵摄结果不得影响法律体系内的其他规范,保证对同类事实和诉求的法律推理结果一致。④ 而当在司法实践中出现了法律规范未直接规定的情形甚至是法律漏洞的时候,就需要考察该问题是否符合现有条款的立法目的,符合则考虑采取类推或目的性扩张的方法解决该问题,有时可能得超越法律规范,借助道德伦理、政策、惯例等层面上的理念加以体系性思考,从而得到有效的,与各种要素融贯的结论。⑤

法律推理和论证过程中,对规范的解释和推理,都有助于立法体系化程度的提升。⑥ 但如果法律推理和论证本身就不注重体系化思维,那么,就无法起到弥补法律体系化不足的作用,还可能导致法律适用的错误。在《海商法》留置权的司法适用中,将民法中的企业间留置权条款用于赋予修船人留置权,将承运人留置权条款部分适用于解决承运人目的港交货不能的责任划分,适用特别合同之债留置权条款赋予造船人留置船舶的

---

① 陈安、赵德铭、何丽新主编:《国际海事法学》,北京大学出版社 1999 年版,第 390～391 页。

② Wilson, John, *Carriage of Goods by Sea* (7th Edition), Longman, 2010, p.307; Baatz, Yvonne, *Maritime Law* (4th Edition), Informa Law from Rourledge, 2018, p.173; Force, R., Johnson, N.F. & Makarian, K., *Admiralty and Maritime Law* (2nd Edition), Tulane Law School, 2013, p.406.

③ 王利明:《民法典的体系化功能及其实现》,载《法商研究》2021 年第 4 期。

④ [德]魏德士:《法理学》,丁晓春、吴越译,法律出版社 2013 年版,第 286 页。

⑤ 徐梦醒:《法律论证的规范性融贯研究》,载《法学论坛》2014 年第 6 期。

⑥ 同⑤。

权利,这些法律推理和论证的不当,加剧了《海商法》留置权体系化不足的不良影响。

(一)为实现单一条款的局部意图而忽视子体系的共同目的

在《海商法》留置权共同的保护航运业的立法目的下,各具体权利类型有着不同的要件,承载了各自的立法意图,但这些立法意图都不应与整体的立法目的相冲突,才能保证整个子体系的理念协调。在法律适用中,《海商法》留置权子体系的立法目的同样发挥着全局性的价值指导作用,以防子体系中的条款被过度解释,影响法律的安定性和形式正义。

《海商法》第25条的立法意图确实是保护造修船人造修船费债权的实现,但这个意图应在保护整个航运业发展的整体目的下协调实现。本书第二章援引的司法数据显示,有部分裁判文书为了片面地保护修船人债权实现,引用民法的企业间留置权条款,支持修船厂留置"失而复得"的船和姐妹船,过度扩张修船人留置权,影响《海商法》留置权子体系全局性的价值评价,也影响了船舶担保物权体系的有序性。

第一章已经分析,我国的企业间留置权和《海商法》留置权的关系是,在海上行使留置权时,如果债权债务双方都是企业主体,对于多次反复交易产生的商事债权,在不违反立法目的的前提下,是可以在《海商法》留置权条款的基础上,突破同一法律关系要件,适用企业间的留置权。但船舶留置权条款的立法意图包含了减少对船舶融资的影响,因而排斥成立企业间的船舶留置权。假设把"企业间的留置权"适用于我国修造船业的船舶留置权,从外观上,似乎真如(2017)浙民终127号判决书所言,是一种商事性很强的留置权实践,可以提升修船人债权实现的机会。但是,这样的法律推理和论证过于片面化,简单套用民法中的企业留置权条款,失去了体系化的考虑。

首先,修船人对"失而复得"的船舶或姐妹船无法达到成立要件"已持续占有他人之物"①,根本不能成立船舶留置权,亦不符合民法对留置权的一般规定。《海商法》第25条规定失去占有即丧失船舶留置权,从侧面描述了船舶留置权应符合持续占有要件,留置"失而复得"的船就是对占有要件的直接破坏。民法留置权理论中,一般都认为留置权没有追及效力,如果自愿放弃占有,则不能再主张留置权②,只允许留置物在被非法抢夺后,可基于《物权法》35条的规定,行使物权请求权,也可根据245条的规定请求排除妨害或消除危险,能重新恢复占有的,留置权不因此消灭。③ 司玉琢赞同前述观点之余还认为,对于被抢夺的留置船舶,原留置权人只能根据《海诉法》第21条第19项,通过司法扣船的手段恢复占有。④ 但在"失而复得"案件中,修船人再次占有船舶是基于新的修船合同,之前的失去占有是自愿行为,不是一种持续的占有或重新恢复占有,不能因而获得留置权。留置姐妹船的行为也多数不能达到留置权要求的占有要件,因为留置

---

① 崔建远:《物权法》,中国人民大学出版社2017年版,第582页。

② 谢在全:《民法物权论(下册)》,中国政法大学出版社2011年版,第1094页;崔建远:《物权法》,中国人民大学出版社2017年版,第590页。

③ 崔建远:《物权法》,法律出版社2017年版,第586~590页;《物权法》第35条 妨害物权或者可能妨害物权的,权利人可以请求排除妨害或者消除危险。第245条 占有的不动产或者动产被侵占的,占有人有权请求返还原物;对妨害占有的行为,占有人有权请求排除妨害或者消除危险;因侵占或者妨害造成损害的,占有人有权请求损害赔偿。占有人返还原物的请求权,自侵占发生之日起一年内未行使的,该请求权消灭。

④ 司玉琢:《海商法》,法律出版社2003年版,第75页。

权是基于依法在先占有①，而不是发生到期债务后再行占有，占有姐妹船的行为如果发生在债务到期后，无法达到先行占有的要件，也达不到留置权的已占有留置物要件。

其次，破坏第 25 条的立法意图和《海商法》留置权子体系的立法目的，船舶留置权条款的立法意图，在保护修船人的同时，要严格控制拥有该权利的主体数量，减少该权利的优先受偿性对船舶融资的影响，从而实现保护航运业的立法目的。一旦允许"企业间的船舶留置权"，船舶被留置和处分的机会大大增加，尤其是留置姐妹船，极大增加姐妹船的抵押权人的风险程度和不可预测性。由于造修船人的船舶留置权受偿顺序在船舶抵押权之前，船舶留置权人获赔的机会增加，则船舶抵押权人获赔的机会就会受到影响，银行接受船舶作为抵押物将资金出借的积极性会受到打击，终将影响我国整体的船舶融资，彻底破坏了立法目的。

最后，降低我国修船人的国际竞争力，移植对象公约的失去占有即丧失船舶留置权的设计，借鉴了英美海商法的 possessory lien in respect of vessel，那是一种占有型担保，一旦丧失占有，lien 即告消失。② 如果我国司法承认"企业间的船舶留置权"，将与公约背后多国法上的 lien 制度相冲突，虽然短期内保护我国修船厂的利益，但国际船舶会选择留置概率较低的外国修船厂，终将影响我国修船厂在国际企业中的竞争力。

在法律论证中，一类支持修船人的企业间船舶留置权的裁判文书从法律适用的技术出发，比如 (2017) 浙民终 127 号判决书认为商事留置权是《海商法》"没有规定的"，可以用"一般法补充"，但放到《海商法》留置权的价值评价中，其实这是立法中有意不规定的情形，若规定《海商法》第 25 条也可以产生企业间留置权，会违背第 25 条所属的船舶担保物权体系的价值评价——减少对船舶抵押权实现的影响，助力资金密集的航运业的融资能力；另一类法律论证方式，是从法律的社会效果出发，引入体系之外的政策性理念，开展了功能性的解释，比如有判决书考虑船舶行业的低迷，认为允许行使商事留置权对修船厂更为灵活，保护更周到。这种法律论证中，引入的政策性理念和整个船舶担保物权体系的价值评价并不融贯，允许留置"失而复得"的船和姐妹船，后果可能让银行的船舶抵押权被轻易地损害，银行不愿再给航运业提供金融服务，从根本上动摇修船业发展的基础。何况 (2017) 浙民终 127 号判决书所言船厂因航运业低迷而主动放弃留置，支持运输企业生产的情况并不普遍，无法反映我国国情的现实状况。在众多裁判文书中有记载，船厂为了保护自己的债权，修船合同往往写进"船厂在修理款交清前，对船舶有留置权"或类似的条款，强调了第 25 条赋予的权利。③ 可见，并不是所有船厂都愿意主动放弃对船舶的占有，待日后再行索赔修理费。本书也为此专门对福建省马尾造船股份有限公司进行了田野调查，作为福建省最大的国有造船修船企业，船厂方表示自己在实践中均依《海商法》第 25 条行使留置权，未出现留置"失而复得"船舶和姐妹船的

---

① 崔建远：《物权法》，中国人民大学出版社 2017 年版，第 582 页。

② Jackson, David, *Enforcement of Maritime Claims*, Informa Law from Routledge, 2005, p.572.

③ 参见 "浙江腾龙造船有限公司、朱国华船舶建造合同纠纷"，(2019) 浙民终 1783 号民事判决书；"乐清市江丰船务有限公司与南京连润运输贸易有限公司船舶买卖合同纠纷"，(2015) 甬海法温商初字第 86 号一审民事判决书；"项心极与徐志伟、浙江久弘石油运输有限公司船舶买卖（建造、修理、改建和拆解）合同纠纷"，(2013) 浙海终字第 109 号一审民事判决书；"台州南洋船舶有限公司申请陈清华海事诉讼特别程序"，(2016) 浙 72 民初 2834 号民事判决书；"福建省建力造船有限公司与南京康瑞水陆联运有限公司海事诉讼特别程序案件"，(2016) 津 72 民初 809 号一审民事判决书。

情况。实际上,多数船厂并未在实践中采取"企业间的船舶留置权"。何况,航运业低迷只是当时的情况,是经济发展的自然过程,本书写作的过程中,发生了"长赐号"堵塞苏伊士运河事件,之后全球航运业和造船业行情高涨。因此,不应该为了暂时性的低迷而朝令夕改,只要社会实践变化的剧烈程度还没动摇立法目的之生成基础,市场的自我调节是比法律更为有效的经济工具。

(二)背离子体系立法目的以《海商法》留置权填补"法律漏洞"

在对《海商法》留置权具体条款进行体系化法律推理时,即便是对其进行类推或者目的性扩张,用于填补其他法律关系的法律漏洞,都应该遵守《海商法》留置权子体系的立法目的,注重体系解释和目的解释方法的适用,可以防止条款被过度扩张使用,能让法律的发展一路沿着立法目的前进。

司法数据显示,《海商法》第87条和第88条大量用于处理"目的港无人提货、收货人弃货、退运"(简称"目的港交货不能")的责任划分,并且有7.87%的裁判文书(10份/127份)把承运人行使留置权拍卖货物,视为承运人对目的港交货不能的损失的唯一减损义务,若不拍卖会任由损失(滞箱费为主)扩大,承运人不能主张扩张的部分损失得到赔偿[①],此类裁判扭曲了第87条和第88条赋权承运人的立法意图,把权利完全转化为义务。另有12份文书认为承运人根据第88条拍卖、变卖留置物实现留置权的二次效力是减损手段之一,如果不能证明承运人已经采取其他减损手段,或者目的港无法拍卖变卖留置物,则承运人不能主张扩大的损失[②],这12份文书对第87条和第88条进行了目的性扩张,具有一定的合理性。

本书认为前述对第87条和第88条的错误适用和我国《海商法》对目的港交货不能的制度供给不足有关,虽然根据我国民法对合同履行的一般规定,无人取货的责任主要归于托运人,但民法规则同时也规定了守约方有减损义务。此时的减损,对于守约方和违约方都有积极意义。针对海运特殊场景的特殊风险,尤其是国际海运中,路途遥远,目的地适用法律不同,在目的港交货不能的情况下,《海商法》的立法计划中应该有对承运人减损方式的具体规定,以利于承运人和托运人双方损失程度的降低。实际上,《海

---

① 参见"马士基航运有限公司与日照大海工贸有限公司海上、通海水域货物运输合同纠纷",(2016)鲁72民初1529～1535号系列民事一审判决书;"马士基航运有限公司与山东金海洋纸业有限公司海上、通海水域货物运输合同纠纷",(2018)鲁72民初2046～2048号系列一审民事判决书。

② 参见"中远海运集装箱运输有限公司与杭州国佳纸业有限公司、五矿物流浙江有限公司海上、通海水域货物运输合同纠纷",(2016)浙民终901～906号系列一审民事判决书;"新鑫海航运公司与武汉弈帆工贸有限公司海上、通海水域货物运输合同纠纷",(2018)鄂72民初185号一审民事判决书;"上海蝉联携运物流有限公司深圳分公司、上海蝉联携运物流有限公司等与上海蝉联携运物流有限公司深圳分公司、上海蝉联携运物流有限公司等海上、通海水域货物运输合同纠纷",(2015)民提字第119号再审民事判决书;"原告A.P.穆勒-马士基有限公司诉被告上海蝉联携运物流有限公司深圳分公司、上海蝉联携运物流有限公司海上货物运输合同纠纷"(2012)广海法初字第329号一审民事判决书;"原告A.P.穆勒-马士基有限公司与被告舟山明宇水产有限公司海上货物运输合同纠纷",(2015)甬海法商初字第974号一审民事判决书;"上海和明航运服务有限公司厦门分公司诉中天(中国)工业有限公司海上货物运输合同纠纷"(2014)厦海法商初字第317号一审民事判决书;"以星综合航运有限公司与山东大申进出口有限公司海上、通海水域货物运输合同纠纷",(2015)闽民终字第1654号二审民事判决书。

商法》第86条已规定了一种承运人在目的港交货不能时的减损方式,即目的港无人提货时承运人可以卸货,由收货人承担风险和费用。① 但该规定太简单,不足以在航运实践纷繁复杂的情形下保护承运人利益。立法资料显示,立法者对于此条的立法意图是解决"迟延提取货物"问题,以实现疏港以及保护承运人的合法权益的立法目的。② 但在目的港无人提货且收货人不明的情形,第86条无法保障承运人在目的港费用以及到付运费的实现;就算收货人出现,当目的港在国外时,第86条可能因与当地法律冲突而无法适用。这就暴露出《海商法》对"目的港交货不能"的法律漏洞,制度设计未能提供多样化的减损方式,不仅不足以保护承运人利益,也可能导致托运人承担的责任范围扩大。在这种制度供给不足的情况下,由于《海商法》第88条提及"目的港无人提(货)",将其视为目的港交货不能时的减损途径之一,对保护承运人和托运人共同的利益上,确实可以发挥一定的作用。

因为在目的港无人提货/收货人弃货/托运人要求退运的情况下,承运人合法地事实上占有货物,他主观上可能没有留置货物的意思表示,但客观上实现了占有的状态。如果任由这种占有的状态无限延长,亦不采取其他可行手段减少不断扩大的损失,虽承运人没有明确意思表示表明自己在行使留置权,但客观上造成了相关权利义务的悬而未决状态,仍要求占有期间的损失由托运人赔付,确实对托运人不公平,也不利于货物和船舶的流转。更严重的,甚至可能造成船舶滞港,影响目的港交通,与《海商法》留置权保护航运业发展的价值相冲突,因此,此类行为也不应得到法院的保护。但是要对第87条和第88条进行目的性扩张,必须结合其他可能的减损手段进行充分评估,确认将其作为减损义务路径之一而不是唯一路径,确认留置权在目的港所在国有行使的合法性和可能性,并确认比起其他任何的减损手段,行使留置权是综合成本最低最方便的,且承运人未行使其他任何减损手段,才能以第87条和第88条来划分目的港交货不能的责任,保证承运人、托运人在目的港交货不能时的实质公平,方才与《海商法》留置权子体系的立法目的不冲突。但部分法官在进行法律论证中③,未考虑第87条和第88条的立法意图是赋权,也忽视整个《海商法》留置权子体系的立法目的是保护航运业者利益,更未考虑承运人可以采取退运、海关拍卖、卸货入库等多种减损方式,而将第88条作为承运人的唯一减损义务,不支持扩大的滞箱费损失。此举导致留置权被变相转化为承运人义务,割裂了承运人留置权与《海商法》留置权子体系的价值评价一致性,是一种仅就表面可见的法律关系进行漏洞填补,必然导致结果错误的法律推理方式。

(三)模糊民法承揽人留置权条款和《海商法》船舶留置权的适用边界

少量裁判文书适用民法中的典型留置权条款(《合同法》中的承揽人留置权)赋予造

---

① 《海商法》第86条 在卸货港无人提取货物或者收货人迟延、拒绝提取货物的,船长可以将货物卸在仓库或者其他适当场所,由此产生的费用和风险由收货人承担。

② 交通部政策法规司:《〈海商法〉学习必读》,人民交通出版社1993年版,第76页。

③ 《合同法》第119条第1款 当事人一方违约后,对方应当采取适当措施防止损失的扩大;没有采取适当措施致使损失扩大的,不得就扩大的损失要求赔偿。

船人留置船舶的权利①,是在造船人拥有造船费债权的事实基础上,寻找法律的错误,该法律条文对事实的涵摄,没有放眼整个民法留置权体系,没有适用保护海商法特殊价值的船舶留置权条款,法律推理失之体系化,造成了立法目的的落空,也给后续行使留置时,遭遇船舶优先权的冲突埋下隐患。这种司法适用进一步模糊了《海商法》留置权与《民法典》典型留置权的边界,导致后者对前者的不当影响。

可见,缺乏体系化的法律推理和论证,导致将《海商法》留置权不当地目的性扩张,错误填补了其他问题的法律漏洞,或者错误将《海商法》留置权有意不规定的部分,认定为《海商法》没有规定情况适用民法留置权一般规定,抑或混淆《海商法》留置权子体系与特殊合同之债留置权子体系的适用范围,这些做法不仅不能弥补子体系立法体系化的缺陷,还进一步模糊了《海商法》留置权的适用边界,将子体系的联系松散化了,最终影响共同立法目的的实现。

第三节 《海商法》留置权与子体系外部制度的融贯不足

法律体系的融贯意味着法律体系各个部分之间尽可能实现逻辑的协调,能够相互支持与证立,这是法治的目标之一,也是我国法律体系实现体系化的内在要求。② 不可否认,民法体系是一个相互联系,错综复杂的庞大网络,涉及社会生活的方方面面。《海商法》留置权虽因具有相同的立法目的而形成子体系,但仍是属于民法体系,乃至我国法律体系的一个部分,在子体系内部实现立法的体系化固然重要,也要兼顾与子体系外部其他制度的融贯,否则不仅会影响《海商法》留置权立法目的的实现,甚至会影响民法体系的其他制度的目的实现。

一、救助人留置权与船舶担保物权存在冲突

本书第一章曾提及,救助人既拥有对被救船舶的留置权(《海商法》第 188 条、第 190 条),又享有对被救船舶的优先权(《海商法》第 22 条),由于两种权利都属于船舶担保物权,根据《海商法》第 25 条应由船舶优先权优先于船舶留置权受偿,从而赋予船舶留置权的优先受偿效力没有意义。

在司法实践中,这种担忧被应验了,虽然多数适用《海商法》第 188 条、第 190 条救助人留置权条款的案件都未确认救助人享有的权利是留置权,但唯一一篇承认了救助人对被救船/物有留置权的裁判文书,最终也以救助人同时拥有船舶优先权,"优先权先于留置权受偿,无须再确认抢险救助费的留置权"为由,未实现对留置物的二次效力。③

---

① 参见"舟山富生船舶修造有限公司与舟山千岛船务有限公司船舶买卖(建造、修理、改建和拆解)合同纠纷",(2008)浙民三终字第 176 号二审民事判决书;"泰州市兴达钢质船厂与顾宗年漯河市归帆航运有限公司船舶建造合同纠纷",(2018)鄂 72 民初 855 号一审民事判决书。

② 方新军:《融贯民法典外在体系和内在体系的编纂技术》,载《法制与社会发展》2019 年第 2 期;雷磊:《融贯性与法律体系的建构——兼论当代中国法律体系的融贯化》,载《法学家》2012 年第 2 期。

③ 参见"营口港务集团有限公司与利泉船务有限公司海难救助合同纠纷",(2018)辽 72 民初 674 号一审民事判决书。

可见,救助人行使留置权产生的优先受偿效力,的确与同时拥有的船舶优先权发生冲突,优先受偿的二次效力会被船舶优先权的最优先受偿顺序所吸收。其实反映的就是船舶优先权对救助人留置船舶的权利的逻辑的破坏,同时赋予救助人船舶优先权和留置船舶的权利,确实给予了救助人债权更多的保障,但难以用到救助人留置权的第二次效力。结合司法实践中体现的结果,援引第 188 条的 9 个裁判,都支持救助人从受益人处获得救助款项的担保,单纯适用第 188 条,已经足以实现保护救助人债权实现的立法意图,可推动《海商法》留置权的立法目的实现,第 190 条的规定对于留置被救船舶的情形没有存在的意义。

另外,《海商法》第 190 条规定了救助人可以申请法院裁定强制拍卖保管的被救船货,拍卖款扣除费用后,优先支付救助款项,剩余的金额退还被救助方或上缴国库。这样的规定,完全未考虑到船舶上可能依附的其他担保物权,包括船舶优先权和船舶抵押权的受偿,是对船舶担保物权体系立法目的的彻底破坏。结合前文分析,第 190 条既可能被船舶优先权条款架空,又会破坏船舶担保物权体系,唯有在《海商法》修订中删除第 190 条,才能化解此处剧烈的体系间的冲突。

二、船舶司法扣押程序与船舶留置权的关系缺乏协调

船舶司法扣押程序是船舶优先权的实现方式,也是实现船舶抵押权和解决船舶所有权纠纷的途径之一,是《海商法》适用中重要的程序保障。有 12 份涉及船舶留置权的裁判文书明确指出:船舶司法扣押可能导致造修船人丧失对船舶的占有,但是不影响他们在船舶司法拍卖后优先受偿的法律效果。其中有 4 份文书援引《〈民诉法〉司法解释》第 157 条支持上述观点[1],也有文书直接援引《海商法》第 25 条船舶留置权条款说明,甚至有文书对此并不论证。[2] 有学者则以民法留置权理论对"占有"加以解释,认为司法扣押是将船舶由留置权人的直接占有变为间接占有,不会影响船舶留置权的优先受偿效力。[3]

虽然《海商法》子体系之外的法条和学说,都可用于支持司法扣船不影响造修船人留置权的法律效果,造修船人本应该配合司法扣船,但(2015)甬海法台权字第 33 号民事判决书记录下了当事人的抵抗:"本院数次告知原告港泰 2 轮已被扣押,要移泊离开码头,原告的债权可以通过债权登记、确权诉讼等合法程序解决,但原告却坚持以未收到船舶维修保养等费用为由阻挠该轮移泊。"[4]如果《海商法》条款直接规定司法扣船不影响船舶留置权的优先受偿效力,则有助消除船舶留置权人的担心,促其配合司法扣船,法官也有更为直接明了的依据裁判此类纠纷,避免因船舶留置权人对船舶的占有而

---

[1] 《〈民诉法〉司法解释》第 157 条　人民法院对抵押物、质押物、留置物可以采取财产保全措施,但不影响抵押权人、质权人、留置权人的优先受偿权。

[2] 参见"宁波满洋船舶有限公司、浙江勤丰海运有限公司船舶修理合同纠纷",(2017)浙民终539 号二审民事判决书;"原告福安市恒兴船业有限公司诉被告芜湖市晨光船务有限公司海事债权确权纠纷",(2015)厦海法确字第 14 号民事判决书;"广州市新怡船舶修造有限公司与广州市仕泰海运有限公司船舶修理合同纠纷",(2019)粤 72 民初 1878 号一审民事判决书。

[3] 张丽、赵鹿军:《海事私法中公权力行使的效力问题》,载《商业时代》2010 年第 4 期。

[4] 参见"浙江健跳造船有限公司、台州市港泰海运有限公司等海事诉讼特别程序",(2015)甬海法台权字第 33 号民事判决书。

造成对船舶上其他权利实现的妨碍。

针对上述案件中发生的对抗情况,根据船舶留置权移植对象国际公约的相关资料记载,1993 年《船舶优先权公约》规定造修船人的船舶滞留权(Right of retention)的第 7 条为此专门规定,"在船舶不再为造船厂和修船厂所占有时,这种船舶滞留权(Right of retention)应予取消,但船舶由于被扣留或扣押的原因除外",此条说明造修船人不会因司法扣押丧失占有而丧失船舶滞留权(Right of retention)权利。又在公约第 12 条"强制出售的效力"第 4 款规定:如在强制出售时,船舶为造修船人所占有并依法享有船舶滞留权(Right of retention),这种造修船人必须向买方交出其占有的船舶,但有权在第 4 条所指船舶优先权拥有人的索赔得到满足后,从售船所得中得到赔偿。公约通过明确规定,打消了船舶留置权人的顾虑,使其配合司法扣船和拍卖,从而让公约规定的对船舶的担保性权利(包括 Maritime lien、Right of retention 和 Mortgage)都得以实现。

本书认为,在既有的案件裁判中,以《〈民诉法〉司法解释》第 157 条来解释船舶留置权和船舶司法扣押程序的关系是必要的,这样才能保证法律论证的完整性,也保证经由船舶司法扣押程序行使的船舶优先权的实现,使得船舶留置权的行使不影响对《海商法》上船舶担保体系的准确适用和社会效果,也使司法扣船不影响船舶留置权人的利益,事关两个体系立法目的的实现。但是,第 157 条毕竟是民事诉讼一般规定,未考虑《海商法》的特殊价值,与船舶司法扣押程序这个海商法特别保全措施融贯不足,如果能模仿 1993 年《船舶优先权公约》的安排,在《海商法》或者《海诉法》(都属于我国的海商法的法律渊源)中对此情形进行专门规定,则法律设计更能贴合海商/事场景的特殊需求,让法律适用者更容易寻找到法律依据,更能实现法律的指示和教育作用,可以避免上述案件中出现的不必要的争议。

三、处分留置船舶之方式或影响其他船舶担保物权的实现

由于《海商法》第 25 条和第 161 条并未规定各类留置船舶的权利之优先受偿效力的实现方式,根据移植对象公约和《海商法》的立法目的,此时,应适用民法留置权的相关条款进行补充。目前,法官们在司法实践中普遍采取援引民法留置权条款以行使船舶留置权的做法:《物权法》第 236 条、第 173 条,《担保法》第 82 条、第 86 条都是关于留置权的行使方式,它们被船舶留置权案件引用的频率较高,分别规定了至少 2 个月的留置期限,留置权人妥善保管留置物的义务、通知义务,以折价、拍卖和变卖等方式实现优先受偿的途径。

对于优先受偿的途径,具体案件中有 3 份裁判文书针对留置物——船舶的特点,对船舶留置权人私下变卖船舶的行为进行了负面的评价,甚至要求该权利人承担对债务人船舶合理价金损失的损害赔偿责任,并分析了更合理的船舶留置权的具体实现方式。(2018)浙 72 民初 1789 号民事判决书强调:行使留置权应采取程序公开、公正的方式,且不能以明显不合理的价格,不得侵害对方的合法权益,船舶留置权人实现船舶留置权的形式应受到必要的限制,不能采取自行处置的方式[①](2019)鄂 72 民初 234 号民事判决书强调:为对船舶享有不同权利的权利人的合法权益的维护,船舶的处置应申请并通

[①] 参见"浙江腾龙造船有限公司、朱国华船舶建造合同纠纷",(2018)浙 72 民初 1789 号民事判决书。

过法院依法拍卖或变卖,由法院按法定受偿顺序对该轮拍卖或变卖所得价款予以分配①(2019)浙民终 1783 号民事判决书则综合了上述两个文书的观点:船舶留置权的行使方式,按照现有法律规定包括了拍卖变卖等。考虑到船舶本身价值较大,且可能还牵涉抵押权人、优先权人等多方利益,实务中宜倡导通过法院介入的司法途径来实现留置船舶的变价,但法律并未禁止留置权人依法变卖。留置权人采用变卖方式行使船舶留置权,为了保证变卖价格属于合理市场价格范畴,一般情况下,应通过公开的程序进行,或事先对留置船舶进行价格评估②三份文书共同强调了可以适用民法留置权的实现方式处分留置船舶,包括折价、拍卖、变卖,但合法合理的前提是,程序必须公开,效果应该是符合市场价格,更提倡法院司法程序来实现变价,得以保护船舶优先权人和船舶抵押人的合法权益。海商法的学者们也曾论及这个问题,司玉琢认为船舶留置权的二次效力通常要通过法院拍卖实现,理由一是船舶价值高,二是船舶上负有优先权,不经过法院拍卖的话很难实现。③

从立法目的上来说,《海商法》规定船舶留置权并严格限制其适用范围,就是为了船舶担保物权制度的整体逻辑自洽,保护船舶优先权和船舶抵押权的实现,如果因为没有明确船舶留置权的行使方式而影响了其他船舶担保物权的实现,则与立法目的背道而驰。在对船舶留置权的实现方式进行制度设计时,应该充分考虑船舶价值较大的特点,并顾及船舶留置权与其他船舶相关权利的联系,包括船舶上可能秘密依附的船舶优先权和该船的船舶抵押权的实现。这样看来,合理处分留置船舶才能保护海商法的特殊价值,立法应该为船舶留置权和其他留置船舶的权利量身定做行使方式,不应单纯依赖民法留置权的一般规定加以适用,方能实现船舶留置权个体和船舶担保物权整体的立法目的。

总而言之,本章借助法律体系化理论,探讨了《海商法》留置权在司法适用中没有发挥体系效益,导致立法目的无法实现的具体原因,分析了《海商法》留置权子体系的立法和司法体系化不足引发的困境。发现绝大多数司法适用问题都与立法的体系化程度不足和司法的体系化思维缺乏有关,而且立法制约了司法实现整个子体系内在的价值评价,司法中孤立、僵化地适用法条,也无法弥补立法者有限的理性、受时代局限的立法技术导致的体系化程度不足。另外,《海商法》留置权子体系和毗邻体系、上级体系在立法上也存在融贯不足的问题。立法和司法两端,在实现《海商法》留置权子体系的立法目的,保护我国航运业发展方面,都有较大的提升空间。

---

① 参见"江苏正源顺供应链管理有限公司与泰州市海陵区盛联船厂船舶买卖合同纠纷",(2019)鄂 72 民初 234 号民事判决书。

② 参见"浙江腾龙造船有限公司、朱国华船舶建造合同纠纷",(2019)浙民终 1783 号民事判决书。

③ 司玉琢:《海商法》,法律出版社 2003 年版,第 73 页。

第四章

困境化解：全面实现《海商法》
留置权的体系化提升

选择体系化进路以解决《海商法》留置权问题，是在体系化视角下反思《海商法》留置权子体系困境的思路延续。不得不承认，世界是一个复杂系统，多因多果的可能性远胜于一因一果，所以，立法和法律适用的体系化不足，不会是《海商法》留置权遭遇司法适用问题的唯一原因。但如果在体系化视野下，这些问题都能找到直接原因的话，那么解铃还须系铃人，从体系化进路入手破解《海商法》留置权体系化困境，发挥子体系效益，不失为一种更具系统性的、更彻底实现其立法目的的路径。

第一节　《海商法》留置权的体系化进路之选择

一、提升《海商法》留置权体系化程度的意义

本书第三章论证了《海商法》留置权立法和司法的体系化程度不足，作为一个民法留置权下的子体系，提升《海商法》留置权的法律文本和法律适用的体系化程度，能在以下四方面发挥效益，从而在根本上解决司法适用的分歧，并加强子体系自我发展以解决新问题的能力：

一是以（子）体系内统一的立法目的指导司法适用，这是体系化最重要的效益，可以确保法的安定性，实现司法适用"同案同判，类案类判"。因为体系化的法律条文之间具有紧密的内在联系，这些联系服务于共同的立法目的，法律间的联络越复杂，法律适用者自由解释的空间就越小，对法律适用和解释的事后审查和评价也更为容易[①]，在（子）体系的共同价值评价指导下进行目的解释，也能进一步提升法律适用的准确性和统一性。《海商法》留置权的司法适用中，仍存在一定数量的同案不同判情况，与缺乏统一的立法目的之指引有关，最终影响了《海商法》留置权子体系的安定性。适用者们若能确定援引《海商法》留置权条款会导向何种法律效果，方能满足他们对法律的合理期待。

二是体系化能够发现和弥补法律的漏洞并发展法律。法律难免滞后于社会发展，

---

① 谢鸿飞：《民法典的外部体系效益及其扩张》，载《环球法律评论》2018 年第 2 期。

在瞬息万变的当代社会,法律漏洞的出现更是必然。魏德士认为法律漏洞是立法计划的缺失,导致法律对某个问题没有预设的目的和价值评价。[①] 在出现新的法律漏洞时,运用体系化的思维方法可及时通过续造法律进行填补。对于缺乏立法目的的开放的漏洞,主要是通过类推适用和目的性扩张予以填补。[②] 高度体系化的法律,为司法上进行类推、目的性扩张和目的性限缩解释提供了法律体系和价值评价作为知识基础。在面对新情况新问题,法律以体系为基础,通过类推等方式,可以在不偏离核心价值的前提下让法律规范"自我繁殖"[③],实现法的可持续性发展。

三是体系化有助消除条款和不同法律间的冲突矛盾。拉伦茨将规则与立法目的相悖的情况和规则之间的冲突,称为"隐藏的漏洞"[④]。体系化的立法便于梳理和发现隐蔽的法律漏洞,提升立法体系化程度,具体做法是,协调规则间的冲突,强化规范间的体系化线索的明示表达,构建规则适用的优先次序。[⑤] 将形式逻辑的规则用于检验立法体系化程度,先确保规范之间的逻辑一致,同时结合体系化思维方式,在体系要素的相互关系间更容易发现隐蔽的冲突,并通过目的性限缩等方法加以解决。[⑥]

四是体系化可有效降低找法和法学教育成本。通过立法提升体系化程度,运用立法技巧在相关法条间搭建"转致"和"参照"等积极的体系化联系,精简立法笔墨,提升司法适用中的找法效率,外显的价值导向和明确的先后顺序,也能减少找法过程中的搜寻、比较、权衡的工作量。同样,方便适用的体系化的法律,也是最好的法学教科书。[⑦]

总之,体系化程度事关法律(子)体系"自治、自洽、自足"[⑧]状态的实现,提升《海商法》留置权子体系的立法和司法适用的体系化程度,比目前各个权利类型各自为政的分裂状态,能实现"1＋1＞2"的规模效益。

二、《民法典》对提升《海商法》留置权体系化的积极影响

《民法典》以"体例科学、结构严谨、规范合理、内容完整并协调一致"[⑨]为编纂目标,其立法技术体现了较高的体系化水平。《民法典》施行后,作为民法体系的根本大法,将《海商法》《公司法》等各个部门法协调在大民法体系下,其影响力也为各部门法立法修法提出要求,做出榜样。《海商法》留置权作为整个民法体系的一个组成部分,也必须紧跟《民法典》体系化的步伐。

---

① ［德］魏德士:《法理学》,丁晓春、吴越译,法律出版社 2013 年版,第 343 页。
② 王利明:《民法典的体系化功能及其实现》,载《法商研究》2021 年第 4 期。
③ 王利明:《民法典的体系化功能及其实现》,载《法商研究》2021 年第 4 期。
④ ［德］卡尔·拉伦茨:《法学方法论》,陈爱娥译,商务印书馆 2005 年版,第 249 页。
⑤ 苏永钦:《现代民法典的体系定位与建构规则》,载《交大法学》2010 年第 1 卷,第 60 页。
⑥ 王利明:《民法典的体系化功能及其实现》,载《法商研究》2021 年第 4 期。
⑦ 苏永钦:《现代民法典的体系定位与建构规则》,载《交大法学》2010 年第 1 卷,第 60 页。
⑧ 谢鸿飞:《民法典的外部体系效益及其扩张》,载《环球法律评论》2018 年第 2 期。
⑨ 王晨:《关于〈中华人民共和国民法典(草案)〉的说明》,http://www.xinhuanet.com/politics/2020lh/2020-05/22/c_1126021017.htm,下载日期:2020 年 5 月 22 日。

（一）《民法典》立法的体系化

《民法典》作为一个较为宏观的、完整的法律体系，实现了总则＋分则的"反思均衡"（reflective equilibrium）结构①，这种结构能够实现内部要素的彼此支持和证立，抽象的法律规范支持了一定数量的具体法律规范，而具体的规范又呼应并可推导出抽象性规范。具体来看，民法总则和各编通则是抽象的法律规范，对所有的法律规范分层次提取公因式，再由各分编和各章节作为具体规范，逐层对抽象内容进行个别化和具体化，这样的集约式立法节省了笔墨，避免不同分编、章节中不必要的重复，实现了整部法典的逻辑一致。

另外，《民法典》运用立法技术加强整个民法体系的体系化线索的明示表达。一是《民法典》注重用引致规范链接单行法，不仅实现了《民法典》和单行法之间的积极关联，也将单行法之间通过《民法典》关联在一起；二是《民法典》注重实现内部规范之间的参照适用关系，此举可以避免立法冗余，也发展了体系范围，提供了大量《民法典》未直接规定，但可通过参照以适用的条款②；三是组合《民法典》中不完全法条，形成完整的请求权基础，这对法官们的体系化思维提出较高要求，《民法典》有时也通过引致的方法，为这些不完全法条的结合提供了指引。③

《民法典》之所以能完成这个体系化的提升，取决于法条背后价值的联系性和层次化，编纂者发现并理顺法条间不同层次的体系性联系，再实现整体与个别、个别与个别法律之间的逻辑协调。此外，体系化立法的完整性和开放性在《民法典》的编纂中得到了充分体现，对实践中体现的新需求新问题进行了立法回应和补充供给，对于暂时无法解决或者不适合由《民法典》解决的问题，则通过留白、委任性规则、准用性规则等方式处理。

（二）《民法典》对《海商法》留置权提出提升体系化的要求

《民法典》所蕴含的体系性，使得《民法典》不仅是行为规范的集合，其整体的存在造就了一套思维规范。④《民法典》颁行后，它既是《海商法》《公司法》《保险法》《票据法》等民法特别法的上位法，它追求的价值和逻辑的体系性，也是各部门法的法律修订和法律适用的思维起点。因此，在《民法典》出台前后，各民法特别法都纷纷制定修法计划，当然，具体到《海商法》中的留置权条款的修改和适用，《民法典》编纂的体系化理念也应该得到贯彻。

在《海商法》留置权的法律修订中，贯彻《民法典》的体系化理念，首先要实现自身体系化，首先做到条款间的逻辑无明显矛盾，即便有矛盾也由事先安排好的先后顺序疏导；其次，各条款能够互相支持，凸显条款间的逻辑联系，引导在子体系中彼此解释补

---

① 反思均衡可以表现为一方面，一条相对抽象的法律规范支持着一定数量的具体法律规范；另一方面，相对抽象的规范又可以从相对具体的规范与其他附加前提一起逻辑地推导出来。参见雷磊：《融贯性与法律体系的建构——兼论当代中国法律体系的融贯化》，载《法学家》2012 年第 2 期；熊浩：《反思均衡、道德证明和融贯论》，载《哲学分析》2012 年第 4 期。

② 王利明：《民法典的体系化功能及其实现》，载《法商研究》2021 年第 4 期。

③ 王利明：《民法典的体系化功能及其实现》，载《法商研究》2021 年第 4 期。

④ 陈金钊：《民法典意义的法理诠释》，载《中国法学》2021 年第 1 期。

充;再次,各类《海商法》留置权能将保护航运业发展的理念外显,同时保持体系的完整性和开放性,结合我国航运实践需要,将实践中新发展的与《海商法》留置权相同立法目的的相关权利总结和推广,并考虑修订入《海商法》。同时,注重与《民法典》的整体融贯,与《民法典》留置权条款的具体融贯,在立法中体现《海商法》留置权作为特别的民法条款的定位,也应尽量通过文义明确与《民法典》留置权条款的边界。

在《海商法》留置权的司法适用中,贯彻《民法典》的体系化理念,就是要对《海商法》留置权所蕴含的价值进行排序,延续民法留置权一般条款中保护公平的价值之余,充分考虑海运的特殊性,协调好保护航运业者、衡平船货双方利益、保护公共利益等多方面的价值。同时,在司法适用中要充分依靠体系化思维,在解释法律时综合运用多种解释方法,提升体系解释的比重,应将每一类《海商法》留置权放到民法留置权的整个体系中进行定位;而进行目的解释、历史解释时,所依据的法律渊源不仅包括域外移植对象的公约、法律、判例、学说,同时也要充分考虑民法留置权体系在《民法典》中的具体条款、理论等资料,方能得出对《海商法》留置权的准确解释。

(三)《海商法》留置权应与《民法典》留置权实现体系化协调

《民法典》《海商法》两部法律中的留置权条款,保护价值的侧重点不同,这也构成了在《海商法》中另行规定留置权条款的意义,要实现它们的融贯,不仅在于追求价值的层次协调和有序,还在于各自的分工明晰,注重保护《海商法》留置权保护的特殊价值,明确条款的适用规则,减少因为适用分歧导致的同案不同判情形。

在《民法典》中,首次将原先分布在各部民法单行法的民法留置权条款进行了整合,实现了体系化编排,包括将关于留置权的一般规定作为物权编的一个专章加以规定,这些一般规定亦是产生一般民法留置权的规范基础;又将《担保法》《合同法》规定的特别民法留置权条款置于合同编的各典型合同章之中,这样的体系化编纂形式,更体现了非典型留置权和典型留置权并存的体系定位,而留置权的一般规定既适用于非典型留置权的产生和行使,也在与典型留置权条款的立法融贯时,对典型留置权条款进行补充。但前文也分析过,承担留置权一般规定作用的《民法典》物权编之留置权一章,由于同时作为非典型留置权的产生依据,所以其中第447条规定了对留置物的权属要求,这一点与多种典型留置权的成立要件冲突,导致第447条的抽象性不足,无法涵盖所有典型留置权的成立要件。

《民法典》和《海商法》是一般法与特别法的关系,谢鸿飞认为在界分《民法典》和特别民法的调整内容时,合理的安排是:由民法典设立总则性规定,由特别法作出具体规定。[①] 陈金钊认为,如果能从特别民法中抽象一般规定,将其纳入民法典,更为难得。[②] 目前,《民法典》的物权编对包括《海商法》留置权条款在内的民法留置权条款做出一般规定,前者相对于后者,是一般法与特别法的关系。《民法典》合同编则规定了特别合同之债的留置权类型,这些留置权条款与物权编中的留置权条款,也是特别法和一般法的关系,与《海商法》留置权条款是并列的关系。因此,为了实现与《民法典》留置权与《海

---

① 谢鸿飞:《民法典的外部体系效益及其扩张》,载《环球法律评论》2018 年第 2 期。
② 陈金钊:《民法典意义的法理诠释》,载《中国法学》2021 年第 1 期。

商法》留置权条款的协调融贯,关键在于《民法典》物权编的留置权一章与《海商法》留置权形成一般法与特殊法的融贯性,前者是对后者的抽象,后者则能从前者得到支持,两者的差异之处意在体现子体系特殊的立法目的——保护航运业的发展,这些差异应该被保留并且通过法律修订更为凸显,但在不具有海商法保护的特殊价值之处,《海商法》留置权条款应该与《民法典》留置权一般规定协调,甚至应删除重复冗余的一致规定,在司法适用中援引后者补充,实现两部法律的融贯。《海商法》留置权与《民法典》合同编的典型留置权之间是并列的关系,基于立法目的的不同,分别适用于不同的主体和场景,所以立法上存在不同规定就是出于对不同价值的保护,一般无须协调,但在立法语言和立法技术上应该保持一致,但后者应代替前者在涉海场景中适用。

如此看来,《民法典》《海商法》各自关于留置权的规定,已经实现了大体结构上的融贯。《民法典》目前并没有新增涉及《海商法》留置权的引致条款、参照条款等安排,这种做法将体系化融贯的立法任务更多地交给了《海商法》。

因此,所有的《海商法》留置权条款都应贯彻《民法典》的基本原则,而对于《民法典》中规定的留置权一般规定,从价值评价层面、术语使用、立法技术规范,《海商法》留置权条款要做好贯彻和协调,比如在整体立法目的上,不应偏离留置权一般规定保护公平价值的目标,在此基础上,对《海商法》保护的特殊价值——航运业的利益,应更为凸显;而对于《民法典》已明确的用词规范(比如区分"期间"和"期限",以精确的"六十日"代替"两个月"①),《海商法》留置权条款在修订中也应该保持一致。同时,《海商法》留置权由于保护着特殊的利益,必然较《民法典》对留置权的一般规定存在特点,《海商法》留置权条款的使命在于,为海上运输中发生的民事法律关系提供特殊化规定,比如制定船舶留置权的行使条款,基于留置对象的特殊性,船舶价值往往大于陆上动产、船舶上可能负有优先权和抵押权,应有专门的制度设计,以保护海商法承载的特殊目的。在保护价值一致的时候,为了避免立法的冗余重复,允许《海商法》留置权条款继续形成不完整条款,援引《民法典》留置权一般规定进行补充。另外,与《民法典》中其他保护价值有差异的典型留置权,必要时可通过立法明示划清适用的边界,比如明示《民法典》第783条承揽人留置权条款不适用于造修船人对船舶行使留置权的场合,《民法典》第836条承运人留置权条款不适用于国际海运的承运人留置货物场景。

三、域外海商法相关制度体系化经验的借鉴

《海商法》留置权具有追求国际化和本土化双重面向的目标,为了与国际接轨,法律移植国际公约、国际标准合同、外国法,并对其进行本土化改造,将其纳入我国民法留置权体系,以实现本土化适用。立法至今近30年,《海商法》留置权的法律移植对象中,除了未出现新的国际公约之外,国际标准合同有了许多新版本,而外国法亦有较大变化。审视这些移植对象的新发展,对我国《海商法》留置权的法律修订亦有参考。

本书选取了两大法系中9个海运国家的海商法进行比较法研究,包括德国、法国、日本、韩国、挪威、丹麦、瑞典、英国、美国的成文海商法和普通法中的海商法。各国海商

---

① 参见《民法典》第453条对《物权法》第236条的修订。

法赋予船方债权的担保性权利,虽然都与各自国内法中的担保体系有着紧密的联系,但仍呈现出全球趋同的形势。具体体现在:一是权利主体范围相近,主要包括承运人、期租船舶出租人,除大陆法系国家外,其他国家还通过海商法专门给予修造船人对船舶的担保性权利。二是权利效果相近,各国海商法的权利设计呈现多元化①,但最终实现的法律效果往往类似我国民法留置权"占有+处分并优先受偿"的效力。三是国际公约和本土法律对权利设计产生双重影响,各国航运业者的担保性权利多与民法/运输法上的陆上业者权利分离,单独在海商法上规定,即便民法/运输法上的同类权利不存在优先受偿权,海商法上的设计也会增加这种法律效力,加强对航运业发展的保护,比如日本《商法》规定了一般承运人的滞留权后②,在海商法编另行规定了海运承运人的滞留权和拍卖权,便是其中的典型③;另外,从德国、法国、瑞典的法条可以看出,这类权利体系和国内民法有着千丝万缕的联系,法条体现了对国内民法的直接引用和/或排除适用。从比较法中,得到对我国海商法留置权体系发展的启示如下。

(一)凸显体系化线索和主次结构

若要凸显《海商法》留置权的体系化线索和主次结构,须在相关条款中强调彼此的参照关系,以完善的核心条款和简洁的其他条款相搭配,便于发挥体系化效益,体现立法科学性。德国、韩国和北欧国家作为成文法国家,侧重将高频适用的条款(一般是承运人对货物的留置/滞留权)设计完备,其他权利主体对货物行使留置/滞留权时,根据条款的指引参照高频适用的条款。比如德国《商法典》第 495 条货运承运人留置权详细规定,同时第 552 条客运承运人留置权规定简单(详见表 4-1);又如韩国《商法》第 844 条期租船东对货物的滞留权和拍卖权条款,直接在条文中写明"适用承运人留置权的规定"(详见表 4-2)。这样的条款是对体系化线索的明示,体现立法者提升这些条款体系化程度的目的,亦方便法律适用者理解。2013 年挪威《海商法典》和 2018 年丹麦《海商法典》的第 345 条都规定,"程租合同中,出租人拥有和第 270 条承运人一样的滞留权(right of retention)";第 346 条也都规定,"程租合同中,出租人拥有和第 271 条承运人

---

① 英美德是一元设计的留置权(lien),法国是独树一帜的优先权(privilégié),日韩是二元设计的滞留+拍卖权,北欧国家是三元的滞留+仓储+拍卖权。

② 参见 2017 年修订日本《商法》第 574 条(承运人的留置权)仅在货物相关的运费、附随的费用以及垫付款(以下简称运费等)没有支付情况下,承运人可以留置货物。

③ 参见 2017 年修订日本《商法》第 741 条(收货人支付运费的义务等)收货人在收到货物时,应根据提单,对承运人负下列金额合计额的支付义务。一 运费、附随费用及垫付款;二 据货物价格应支付的救助费的额,以及共同海损的分担额。承运人在接受运费等的支付前,有权留置货物。

一样的仓储保管权和第 272 条一样的货物销售权"。①

表 4-1　2016 年修订的德国《商法典》的船方担保权利体系

权利	条款内容
第 495 条　货运承运人对货物的留置权(pfandrecht des verfrachters)②	1. 承运人根据合同产生的所有求偿对根据合同交给他运输的货物有留置权; 2. 该留置权在货物由承运人占有的期间持续存在; 3. 如果承运人在交货后 10 天内以法律行动主张留置权,并且货物仍在收货人手中,则留置权在交付后仍然有效; 4. 把留置权的对象视为质押物,出售质押物时,应根据德国民法典关于出售质押物的规定完成,包括向持有提单的收货人,无收货人时向托运人发出通知。

---

① See the Norwegian Maritime Code(24 June 1994 No.39,with amendments including Act 7 June 2013 No.30) & The Danish Merchant Shipping Act(consolidated act No.1505 of 17 December 2018) Section 345 (The receiver's and the voyage charterer's liability for freight). Right of retention By taking delivery of the goods,the receiver becomes liable for freight and other claims according to the provisions of Section 269. The voyage carrier may in any event demand payment from the voyage charterer according to the provisions of Section 273. The voyage carrier has a right of retention according to the provisions of Section 270. Section 346 Warehousing of the goods If the receiver fails to satisfy the conditions for delivery of the goods,or delays the discharge so that it cannot be completed by the agreed time or otherwise without unreasonable delay,the voyage carrier has the right to discharge the goods and warehouse them in safe custody on the account of the receiver. The receiver shall be notified of the warehousing. If the receiver refuses to take delivery of the goods or is not known or cannot be found,the voyage carrier shall notify the voyage charterer as quickly as possible. If the receiver does not appear soon enough to permit completion of discharge in time,the voyage carrier shall discharge and warehouse the goods. The receiver and the voyage charterer shall be notified of the warehousing. A notification according to paragraphs one and two shall state a reasonable time limit after the expiry of which the voyage carrier1 may sell or otherwise dispose of warehoused goods. Section 272 applies to the sale of or other measures adopted in respect of the goods.

② See Handelsgesetzbuch(HGB). Book 5 Maritime Trade of the Commercial Code(Amended on 5 July 2016)Section 495 Carrier's lien(Pfandrecht des Verfrachters). For all of its claims under a contract for the carriage of general cargo,the carrier shall have a lien on the goods delivered to it for carriage,whether they belong to the shipper,the Ablader,or a third party that has consented to the carriage of the goods. The carrier shall also have a lien on the goods of the shipper for all undisputed claims under other contracts concluded with the shipper regarding marine freight,freight,forwarding,and storage. The lien extends to the accompanying documents. The lien shall persist for as long as the carrier has possession of the goods,and specifically for as long as it has the right of disposal over them by means of a bill of lading,consignment bill,or warehouse warrant.The lien shall persist even after delivery,provided the carrier asserts the lien by legal action within ten(10) days after delivery,and provided the goods are still in the consignee's possession.The warning regarding the impending sale of a pledged item provided for by section 1234(1) of the Civil Code(Bürgerliches Gesetzbuch,BGB),as well as the notifications stipulated by sections 1237 and 1241 of the Civil Code,are to be addressed to the consignee,who holds the right of disposal pursuant to section 491 or section 520. If the consignee cannot be traced,or if the consignee refuses to accept the goods,then the warning and the notifications are to be addressed to the shipper.

权利	条款内容
第552条　客运承运人对旅客行李的留置权①	1. 承运人因为船费债权,对旅客行李有留置权。 2. 行李被承运人占有或保存时,留置权才存续。
第566条　定期租船出租人对承租人的财产、燃料、转租收入留置权(pfandrecht des zeitvercharterers)②	1. 为保证定期租船合同项下的应收账款,船东对船上财产,包括燃料,享有留置权,只要这些财产属于定期租船人所有。《民法典》第932条、第934条和第935条规定的善意取得所有权的规定不适用。 2. 为进一步保证定期租船合同项下的应收账款,船东还应对定期租船人已订立并打算使用船舶履行的运费和分时租船合同项下的应收账款享有留置权。一旦欠定期租船人的应收款项的债务人知道船东的留置权,债务人可以只向船东付款。但是,债务人有权将有关金额存入,直至租船人通知其留置权为止。 3. 尽管有第1款和第2款的规定,船东对任何未来的索赔没有留置权,船东也没有任何留置权来担保任何应收但尚未到期的租金。
第568条　定期租船出租人对自己的合同义务有履行抗辩权(zurückbehaltungsrecht)③	只要租船人拖欠到期应付的租金,船东可以拒绝履行其义务,包括船上货物的装载和积载以及提单的签发。

---

① See Handelsgesetzbuch(HGB). Book 5 Maritime Trade of the Commercial Code(Amended on 5 July 2016) Section 552 Carrier's lien(1) To secure its claim to the fare,the carrier shall have a lien on the passenger's luggage.(2) The lien shall continue in force only as long as the luggage is retained or deposited.

② See Handelsgesetzbuch(HGB). Book 5 Maritime Trade of the Commercial Code(Amended on 5 July 2016) Section 566 Owner's lien(Pfandrecht des Zeitvercharterers)(1) To secure its amounts receivable under the time charter contract,the owner shall have a lien on the property on board the ship, including the fuel,insofar as such property is owned by the time charterer. The provisions governing the acquisition of ownership in good faith under Sections 932,934 and 935 of the Civil Code(Bürgerliches Gesetzbuch,BGB) shall not apply.(2) To further secure its amounts receivable under the time charter contract,the owner shall also have a lien on the time charterer's amounts receivable under the freight and sub-time charter contracts which the latter has concluded and intends to fulfil using the ship. Once the debtor of an amount receivable owed to the time charterer becomes aware of the owner's lien,the debtor may make payment only to the owner. However,the debtor shall be entitled to deposit the amount in question until such time as the charterer notifies it of the lien.(3)Notwithstanding the provisions under subsections(1) and(2),the owner shall have no lien to secure any future claims to compensation,nor shall the owner have any lien to secure any hire receivable but not yet due for payment.

③ See Handelsgesetzbuch(HGB). Book 5 Maritime Trade of the Commercial Code(Amended on 5 July 2016) Section 568 Right of retention(zurückbehaltungsrecht)The owner may refuse performance of its obligations,including the loading and stowing of goods on board and the issuance of bills of lading,for as long as the charterer is in default with regard to a hire amount that is due and payable.

权利	条款内容
第585条　救助人对其他被救财产的留置权、履行抗辩权,对被救船舶的船舶优先权①(pfandrecht. zurückbehaltungsrecht)	1. 根据第596(1)条第4款的规定,要求救助报酬、特别补偿或补偿救助费用的债权人,就其债权而言,享有与被救助船舶的船舶优先权人相同的权利。 2. 债权人对其他被救助的财产也有留置权,以取得救助报酬或者赔偿救助费用;债权人是该财产的唯一占有人的,也有履行抗辩权。 3. 不能行使根据前款留置权和履行抗辩权的情况(1)为债权人的债权,包括利息和费用,提供了令人满意的担保;(2)被救助船舶或者其他被救助财产属于一国所有,或者船舶由一国经营,船舶或者其他财产用于非商业目的,在采取救助措施时,根据公认的国际法原则享有主权豁免;(3)如果被救助货物是一国捐赠的人道主义货物,但该国同意支付该货物的救助服务费用。

---

① See Handelsgesetzbuch(HGB). Book 5 Maritime Trade of the Commercial Code(Amended on 5 July 2016) Section 585 Lien, right of retention(1) Pursuant to section 596(1) number 4, the creditor of a claim to a salvage reward, to special compensation, or to reimbursement of the costs of salvage shall enjoy, for purposes of its claim, the same rights as a maritime lienor of the salved ship.(2) The creditor shall also have a lien on other salved assets in order to secure its claim to a salvage reward or to reimbursement of the costs of salvage; if the creditor is the sole possessor of the property, it shall also have a right of retention.(3) The creditor shall be barred from enforcing the lien or exercising the right of retention granted pursuant to subsections(1) or(2) in any of the following situations:1. When satisfactory security for the creditor's claim, including interest and costs, has been duly tendered or provided; 2. In cases in which the salved ship or other salved property is owned by a State or, in the case of a ship, in cases in which it is operated by a State, and if the ship or other property serves non-commercial purposes and, at the time of salvage measures, is entitled to sovereign immunity under generally recognized principles of international law; 3. If the salved cargo is a humanitarian cargo donated by a State, provided such State has agreed to defray the cost of salvage services for such cargo.

续表

权利	条款内容
第594条　共同海损分摊人对货物和燃料的留置权、履行抗辩权，对船舶的船舶优先权[①]（pfandrecht der vergütungsberechtigten. nichtauslieferung）	1. 有权获得共同海损支付的当事人的留置权；禁止交付为保证对共同海损支付的索赔，有权获得这种支付的当事人对分摊权益的燃料和货物享有留置权。 2. 上述留置权应优先于该等财产项目上的所有其他留置权，即使这些留置权产生较早。如果某一财产项目根据第1款受到若干留置权的约束，或者如果该财产根据第585条第2款也受到留置权的约束，则随后产生的索赔的留置权应优先于先前产生的索赔的留置权。同时产生的任何索赔的留置权应在它们之间享有同等的权利。第603条第（3）款在作必要的变通后适用。 3. 依据第1款所作的留置权，须自所担保的申索产生之时起一（1）年内消灭；第600(2)条须作必要的变通而适用。 4. 船东应当代表有权获得共同海损支付的当事人行使留置权。第368条及第495条第4款在加以必要的变通后，适用于对货物留置权的强制执行。 5. 在相应的出资额被调整或担保之前，应禁止船长根据第1款交付留置权担保的财产。船长违反第一句的规定，实际交付财产的，应当对因其过失或者疏忽给有权获得共同海损支付的当事人造成的损害承担赔偿责任。即使船长按照船东的指示行事，这也应适用。

资料来源：2016 年修订德国《商法典》Handelsgesetzbuch(HGB). Book 5 Maritime Trade of the Commercial Code(Amended on 5 July 2016)官方英译版

---

① See Handelsgesetzbuch(HGB). Book 5 Maritime Trade of the Commercial Code(Amended on 5 July 2016) Section 594 lien of the parties entitled to a general average disbursement; prohibition of delivery.(1) To secure their claims to a general average disbursement, the parties entitled to such disbursements shall have a lien on the fuel and cargo of the contributing interests.(2) Said lien shall take priority over all other liens on such property items, even if they arose earlier. If a given property item is subject to several liens pursuant to subsection(1), or if the property is also subject to a lien pursuant to section 585(2), then the lien for a claim arising later shall take priority over the lien for a claim arising earlier. Any liens for claims arising simultaneously shall rank pari passu as between themselves. Section 603 subsection(3) shall apply mutatis mutandis.(3) liens pursuant to subsection(1) shall be extinguished one(1) year from the time when the claim secured thereby arose; section 600(2) shall apply mutatis mutandis.(4) The Reeder shall exercise liens on behalf of the parties entitled to a general average disbursement. Section 363 and section 495(4) shall be applied mutatis mutandis to the enforcement of liens on the cargo.(5) The master shall be prohibited from delivering property encumbered by liens pursuant to subsection(1) before the corresponding contributions have been adjusted or secured. If, contrary to the first sentence, the master in fact delivers the property, he shall be liable for the damages that he caused, by his fault or neglect, to the parties entitled to a general average disbursement. This shall apply even if the master acted on the instructions of the Reeder.

表 4-2　2018 年修订的韩国《商法》的船方担保权利体系

权利	条款内容
第 807 条　收货人义务与船长滞留权①	1. 收货人收货时,应依运输合同或提单之意图,支付运费、杂费、代替他人捐赠、滞期费、与货物价值成比例之共同海损或救助费用。 2. 除非根据第 1 款支付款额,否则船长没有义务交付货物。
第 808 条　承运人拍卖货物之权利②	1. 承运人有权经法院许可拍卖货物,并为收取第 807 条第 1 款规定之金额而从拍卖款中获得优先受偿金。 2. 即使船长已将货物交付给收货人,承运人也可以对该货物行使本条第 1 款规定的权利;但自交付之日起 30 天后或者第三方已取得对该货物的占有权时,该权利不适用。
第 844 条　期租船东对货物的滞留权和拍卖权③	1. 第 807 条第 2 款和第 808 条的规定在作必要的修改后适用于定期租船人未能向出租人偿还租船费和替代付款等义务,以及与之类似的定期租船合同项下的其他义务的情况;但出租人不得对善意取得定期租船人签发的提单的第三方提出主张。 2. 出租人对货物行使第 1 款规定的权利,不得超过承租人就货物约定的租赁费用或者运费。

① See Korean Commercial Act (Act No. 15755, Sep. 18, 2018) Article 807 (Duty of Consignee, Right of Detention of Shipmaster) (1)When a consignee receives the cargo, he shall pay the freight, incidental expenses, substituted donation for another person, demurrage, general average according to the value of the cargo, or amount of charges due to the salvage according to the intent of a transport contract or a bill of lading. (2)A shipmaster shall have no obligation to deliver the cargo unless the payment of amount under paragraph (1) is interchanged.

② See Korean Commercial Act (Act No. 15755, Sep. 18, 2018) Article 808 (Carrier's Right to Auction Cargo) (1) A carrier shall have the right to sell cargo at auction with the permission of the court and receive the preferential payment in order to receive the amount specified in Article 807 (1). (2) Even if a shipmaster has delivered the cargo to a consignee, the carrier may exercise the right specified in paragraph (1) for such cargo: Provided, That the same shall not apply when 30 days have passed from the date of delivery or a third party has acquired the possession of such cargo.

③ See Korean Commercial Act (Act No. 15755, Sep. 18, 2018) Article 808 (Carrier's Right to Auction Cargo) (1) A carrier shall have the right to sell cargo at auction with the permission of the court and receive the preferential payment in order to receive the amount specified in Article 807 (1). (2) Even if a shipmaster has delivered the cargo to a consignee, the carrier may exercise the right specified in paragraph (1) for such cargo: Provided, That the same shall not apply when 30 days have passed from the date of delivery or a third party has acquired the possession of such cargo. See Korean Commercial Act (Act No. 15755, Sep. 18, 2018) Article 844 (Shipowners' Rights to Retain or Auction Cargo) (1) The provisions of Articles 807 (2) and 808 shall apply mutatis mutandis where a time charterer fails to repay obligations such as charterage and substitute payment to a shipowner, and other obligations under a time charter contract similar thereto: Provided, That no shipowner shall assert against a third party who has acquired, in good faith, a bill of lading issued by the time charterer. (2) No shipowner shall exercise his/her right on the cargo pursuant to paragraph (1) exceeding the extent of the charterage or freight agreed on the cargo by a timer charterer.

续表

权利	条款内容
第 845 条　租船费拖欠和合同终止等①	1. 定期租船人未按约定日期支付租金的,出租人可以解除或者终止有关合同。 2. 定期租船人与第三人订立运输合同装载货物后,在船舶航程中,出租人依照第 1 款的规定解除或者终止合同的,出租人对货物的利害关系人负有与定期租船人相同的运输义务。 3. 船舶所有人根据第 2 款向货物利害关系人书面通知解除或者终止合同,并表示有意继续运输的,出租人为取得租船合同、代付款、代付款等权利,应当视为已经确立了定期租船人有权向货物利害关系人主张的租船或者运费的质权(pledge),以及根据定期租船合同向定期租船人提出的其他类似索赔。 4. 第 1 款至第 3 款的规定不影响船东或与货物有利害关系的人向定期租船人提出的任何损害赔偿请求。
第 893 条　救助人的优先权②	1. 救助人要求救助报酬的,对被救助的货物享有优先权,但债务人将货物交付第三人后,不得对该货物行使优先权。 2. 第 777 条中有关优先权的规定应比照适用于第 1 款的优先权,除非与其性质相反。

资料来源:2018 年修订韩国《商法》상법 Korean Commercial Act(Act No. 15755,Sep. 18,2018)官方英译版。

---

① See Korean Commercial Act(Act No. 15755,Sep. 18,2018) Article 845(Arrears in Charterage and Termination of Contracts,etc.)(1)When a time charterer has not paid a charterage on an agreed date,a shipowner may cancel or terminate the relevant contract.(2)When a shipowner has cancelled or terminated a contract as prescribed by paragraph(1)on the voyage of a ship after a time charterer loaded cargo by concluding a transportation contract with a third party,the shipowner shall have the same obligation as the time charterer for transportation to persons interested in the cargo.(3)In cases where a shipowner has given a written notice to persons interested in cargo of the cancellation or termination of a contract and his/her intent to continue the transportation under paragraph(2),the shipowner shall be deemed to have established the right of pledge for the purposes of claim of the charterage or the freight which the time charterer has the right against persons interested in the cargo in order for the shipowner to secure the charterage,substitute payment,and other similar claims under a time charter contract against the time charterer.(4)The provisions of paragraphs(1)through(3)shall not affect any claim for damages by a shipowner or a person interested in the cargo to the time charterer.

② See Korean Commercial Act(Act No. 15755,Sep. 18,2018) Article 893(Preferential Rights of Salvors)(1)A claim for salvage charge of a person who has engaged in a salvage shall have the preferential right on cargo salvaged:Provided,That such right shall not be exercised on such cargo after an obligor has delivered it to a third acquisitor.(2)The provisions concerning a preferential right of Article 777 shall apply mutatis mutandis to a preferential right under paragraph(1)unless contrary to its nature.

(二)明确海商法对一般法留置权条款的参照适用关系和适用边界

多数国家海商法中留置/滞留权等相关权利,需要援引该国的国内法律体系中的一般法补充或解释,也可能被一般法干扰,一些国家直接在海商法的留置/滞留权等相关条款中,明确规定与一般法的关系,比如 2019 年修订的瑞典《海商法》第 39 条,规定造修船人占有船舶后,要销售船舶并优先受偿,应遵守该国《商人出售无人收货物品的权利的规定》(1985:982)。① 德国《商法典》第 495 条,规定货运承运人对货物的留置权应根据德国《民法典》关于出售质押物(pledged item)的规定完成,包括向持有提单的收货人,无收货人时向托运人发出通知(参见表 4-1)。德国《商法典》第 566 条,规定定期租船出租人对承租人的财产、燃料行使留置权时,明文规定德国《民法典》第 932 条、第 934 条和第 935 条的善意取得所有权的规定不适用(参见表 4-1)。这种做法再次强调了出租人行使留置权时,对其有严格的权属要求,不可通过民法留置权的善意取得条款加以突破。这样的安排,既实现了民法和海商法中留置权条款的体系化,避免民法已经详细规定的内容,在海商法上再次重复,而且厘清了民法条款不适用于海商法留置权的部分,有利于条款的准确适用。

(三)形成多层次的船方债权担保体系

目前我国主要依靠《海商法》上的留置权为造修船人和船方的债权进行担保,保护手段和水平相对单一。因此,我国对船方的债权担保措施有限,而且行使的要件较多、门槛较高,是第二章中司法数据呈现的——《海商法》留置权条款的立法目的无法实现的直接原因。通过比较法的分析呈现,多国法律通过滞留权、履行抗辩权、同意离开权、对货物的优先权等多层次的担保,辅助调整船货双方的利益格局,努力实现利益平衡,减少留置权所包含的二次效力给海上运输业和贸易造成的不良影响,这种思路也可供我国参考。

从表 4-1 中可以看出,作为大陆法系国家的立法技术集大成者,德国《商法典》赋予船方债权的担保性权利包括:货运承运人因为运费及相关债权对货物的留置权、客运承运人因为旅费之债的留置权;定期租船出租人对承租人的财产、燃料的留置权,对转租收入的债权转让担保(lien),同时出租人对自己的合同义务有履行抗辩权,只要租船人拖欠到期应付的租金,船东可以拒绝履行其义务;另外,对于救助人的债权担保采取了多重保护,包括对被救货物有留置权,同时还赋予救助人对船舶的船舶优先权和对其他被救财产的履行抗辩权,对被救船舶和财产同时还有同意离开权;对船方共同海损分摊中的分摊费的担保,也采取对货物和燃料留置权的形式,加上对船舶的船舶优先权进行保护。整体的保护方式非常丰富,建构的是一套留置权为主,履行抗辩权、船舶优先权

---

① See Sjölag(1994:1009 t.o.m. SFS 2019:351) 39 § Den som bygger, bygger om eller reparerar ett fartyg åt någon annan får hålla kvar egendomen till säkerhet för sin fordran på köpeskillingen eller annan ersättning. I fråga om rätt att i vissa fall sälja egendomen, att ta ut fordringen ur köpeskillingen och att bortskaffa egendomen finns bestämmelser i lagen(1985:982) om näringsidkares rätt att sälja saker som inte har hämtats. Dessa bestämmelser skall tillämpas även på övriga fall som avses i första stycket. Om förmånsrätt som följer med rätten att hålla kvar egendomen finns bestämmelser i förmånsrättslagen(1970:979).

等共同作用的体系。

此外,北欧各国的海商法也呈现全面保护的姿态,由于该地区各国的海商法高度相似,下面以 2013 年修订的挪威《海商法典》①、2018 年修订的丹麦《海商法典》②和 2019 年修订的瑞典《海商法典》③上的相关法条作为分析对象,各项权利和对应条款如表 12 所示。船方的权利担保主体体系由滞留+仓储保管+处分权三项权利共同组成,效果和我国的留置权相似,并且辅以对货物的优先权(maritime lien)、出租人对转租收入的债权转让担保、救助人对救助船和货的同意离开权,对航运业者的债权构成了强有力的担保。

表 4-3　2013 年修订的挪威《海商法典》、2018 年修订的丹麦《海商法典》
和 2019 年修订的瑞典《海商法典》的船方债权担保体系

权利	条款内容
造修船人对船舶的滞留权(right of retention)	2013 年挪威《海商法典》、2018 年丹麦《海商法典》第 54 条
造修船人对船舶的滞留并销售优先受偿权	2019 年瑞典《海商法》第 3 章第 39 条
依附于货物的优先权(maritime lien),担保:救助报酬、共同海损分摊而产生的海事请求;承运人为货物垫付的费用,或者自己货物为其他货主利益出售的货主的请求权;承运人因租约产生的请求权等	2013 年挪威《海商法典》、2018 年丹麦《海商法典》第 61 条;2019 年瑞典《海商法》第 3 章第 43 条
承运人对货物的滞留权(right of retention):因为对货物有优先权或者对收货人根据第 269 条(运输合同运费由收货人承担)有运费债权	2013 年挪威《海商法典》、2018 年丹麦《海商法典》第 270 条;2019 年瑞典《海商法》第 13 章第 20 条
承运人对货物的仓储保管权(warehousing of goods),产生于承运人对货物行使滞留权(right of retention)之后	2013 年挪威《海商法典》、2018 年丹麦《海商法典》第 271 条;2019 年瑞典《海商法》第 13 章第 21 条
承运人对(滞留后)无人提取货物的处分权(right of disposal of goods)	2013 年挪威《海商法典》、2018 年丹麦《海商法典》第 272 条;2019 年瑞典《海商法》第 13 章第 22 条
旅客运输承运人对行李的滞留权(right of retention)和销售优先受偿权	2013 年挪威《海商法典》、2018 年丹麦《海商法典》第 412 条;2019 年瑞典《海商法》第 15 章第 13 条

① 2013 年修订的挪威《海商法典》The Norwegian Maritime Code(24 June 1994 No.39,with amendments including Act 7 June 2013 No.30),文中所用的英文术语摘自 ILO 网站奥斯陆大学英译版法条,本书写作时最新版的修订颁布于 2020 年,但该版本未出权威英文版翻译,所以此处采用 2013 年版。

② 2018 年修订的丹麦《海商法典》The Danish Merchant Shipping Act(consolidated act No.1505 of 17 December 2018),文中所用的英文术语摘自丹麦政府网站官方英译版法条。

③ 2019 年修订的瑞典《海商法典》Sjölag(1994:1009 t.o.m. SFS 2019:351),文中所用的英文术语自行翻译自瑞典政府网站官方瑞典语法条。

权利	条款内容
程租合同中,出租人拥有和第 270 条承运人一样的滞留权(right of retention)	2013 年挪威《海商法典》、2018 年丹麦《海商法典》第 345 条
程租合同中,出租人拥有和第 271 条承运人一样的仓储保管权和第 272 条一样的货物销售权	2013 年挪威《海商法典》、2018 年丹麦《海商法典》第 346 条
期租合同中,承租人欠款的情况,出租人有履行抗辩权,还有对转租收入的转让权	2013 年挪威《海商法典》、2018 年丹麦《海商法典》第 391 条
救助人对救助船和货滞留权	2013 挪威《海商法典》、2018 年丹麦《海商法典》第 452 条;2019 年瑞典《海商法》第 16 章第 12 条

资料来源:2013 年修订的挪威《海商法典》、2018 年修订的丹麦《海商法典》、2019 年瑞典修订的《海商法》即 The Norwegian Maritime Code(24 June 1994 No.39,with amendments including Act 7 June 2013 No.30); The Danish Merchant Shipping Act(consolidated act no. 1505 of 17 December 2018); Sjölag(1994: 1009 t.o.m. SFS 2019: 351)的官方英译版

第二节　以修法提升《海商法》留置权体系化程度

在《海商法》修订过程中,应注重外显法律条文间的体系化关联,实现整体逻辑的连贯,形成《海商法》留置权子体系条款之间的彼此支持和证成,具体做法包括减少文义冲突、增加逻辑线索等;同时,注意协调子体系与外部其他条款、其他法律的联系,实现整部法律,乃至整个法律体系的融贯。由于本次《海商法》修订的基调是"小改"[①],在尽量减少改动幅度的基础上,提升《海商法》留置权子体系的体系化程度,这亦是本部分建议的出发点。

一、实现《海商法》留置权子体系立法的内外融贯

所谓立法的融贯性,体现在(子)体系内部,表现为逻辑上没有冲突,内容可以相互支持和证立,价值评价亦能协调有序;体现在(子)体系之间,表现为相互的冲突有更高层级的价值进行协调。[②]

(一)避免子体系内部条款间的逻辑矛盾

经过第三章的分析,本书发现《海商法》留置权子体系中尚存在两处明显逻辑矛盾,

---

① 参见初北平教授 2020 年 11 月 26 日于"长江海商法学会 2020 年年会暨民法典对海事立法与司法的影响学术讨论会"上所做:《〈海商法〉修改的本土协调和国际借鉴——〈民法典〉互动及外国法借鉴》观点。

② 雷磊:《融贯性与法律体系的建构——兼论当代中国法律体系的融贯化》,载《法学家》2012 年第 2 期。

包括第 141 条的出租人留置权条款中,对转租收入的"留置权"违背体系中术语的逻辑同一性,应进行修订,让其立法意图能够通过表达形式外显;第 188 条和第 190 条的立法意图是给予救助人留置权,但条款用语均缺乏与《海商法》留置权子体系的逻辑联系,让人误解该权利不具有留置权属性。应注意的是,该条的司法适用数据体现出,目前第 188 条"未经救助人同意不能离开"的条款形式已经实现了担保救助人债权实现的立法意图,加上前面讨论过的赋予救助人留置权的二次效力必然与救助人的船舶优先权相冲突,因此,是否通过在第 188 条中使用"留置权"术语,展现与《海商法》留置权子体系的逻辑关联,下文将结合我国的实践需求进一步讨论。另外,前文已论述"船舶留置权"术语容易被误会为指代所有留置船舶的权利,让术语结构不均衡,产生船舶留置权和拖航人留置权条款冲突的假象,但考虑到"船舶留置权"已适用多年,被广为接受,不宜对其进行修订,只能通过明确该术语的含义以确保准确适用,比如通过《海商法》明确赋予"其他留置船舶的权利"的合法性,将其与船舶留置权进行区别。

(二)明确子体系中主次条款间的参照适用关系

法律移植的立法手法既让我国《海商法》中留置权接轨国际做法,也带来了法律条款碎片化、不完整性、彼此不协调的特点,除了承运人留置权、救助人留置权之外,我国对船舶留置权、出租人留置权、承拖人留置权的条款都没有详细规定行为模式,意味着这 3 类条款都是不完全条款,必须依靠其他条款才能完成法律适用。由于 3 类条款本身对依靠什么样的条款进行适用,没有具体指示,诱发了司法实践不统一的后果。

本书认为,应该着重完善强制性的规则——船舶留置权、承运人留置权,把前者打造成以船舶为对象的留置权的核心条款,把后者打造成以货物为留置对象的留置权的核心条款,再加强这两项主要权利的辐射效应,把它们作为其他条款的"范式",允许其他留置权参照其规定。这种做法就如同《民法典》合同编中,买卖合同是其他有偿合同的范式,"没有规定的,参照适用买卖合同的有关规定"。[①] 由于另外两项留置权——出租人留置权和承拖人留置权是任意性规定,则可在它们的法条中补充规定,这两个条款的行使方式适用船舶留置权和承运人留置权的安排,一来强化了法律体系间的联系,二来可以避免重复。比较法上,北欧各国的海商法、韩国海商法也采取这样的模式。《海商法》修订征求意见稿中,将船舶留置权的规定由一条扩展为一节 3 条,并统一了船舶留置权的实现形式为拍卖,较好完善了船舶留置权的规定,为其他条款的参照援引奠定了基础。

(三)外显各类以船舶为留置对象的权利的体系关联

《海商法》留置权条款中,由于未厘清以船舶为留置对象的权利的体系结构,导致了各类以船舶为留置对象的权利的体系定位不清,这影响了司法适用中的体系化思维的发挥,造成司法适用中"依据民法留置船舶的权利"合法性之争,以及对船舶留置权和承拖人留置船舶的权利"逻辑矛盾"误解等问题。要提升各类以船舶为留置对象的权利的体系化水平,有"小改"和"大改"两种方案如下。

---

① 《民法典》第 646 条 法律对其他有偿合同有规定的,依照其规定;没有规定的,参照适用买卖合同的有关规定。

根据《海商法》的"小改"方向,幅度最小的调整方式,是对承拖人留置权的条款进行修订,明确承拖人的留置船舶的权利的受偿顺序列于船舶抵押权之后,但其行使方式与船舶留置权一致。这样既能明确其权利属性不是一项造修船人的专有的"船舶留置权",而是一项以船舶为留置对象的其他留置权,两者不存在冲突,也提供了承拖人留置权与船舶留置权的体系化联系,让两个条款隐含地对 1967 年《船舶优先权公约》第 6 条第 1 款和第 2 款整体移植立法意图外显,与《海商法》关于船舶优先权和船舶抵押权的规定融贯,结合整个《海商法》第二章"船舶"的相关条款,展现出我国船舶担保物权的完整结构和顺序:船舶优先权>船舶留置权>船舶抵押权>其他依据《海商法》《民法典》等法律留置船舶的权利。

所谓"大改"方案,是更为明确呈现立法意图的安排,即通过规定以船舶为留置对象的权利的一般条款,或者在《海商法》第 25 条第 1 款关于船舶担保物权受偿顺序的规定中,为"依据民法留置船舶的权利"和其他将来可能根据《海商法》留置船舶的权利,给予劣后于船舶抵押权的受偿顺序,肯定它们的合法性和正当性,准确传达《海商法》移植了整个 1967 年《船舶优先权公约》下船舶担保性权利顺序的立法意图。需要强调的是,根据我国《海商法》第 13 条,我国的船舶抵押采取登记对抗主义,不登记的船舶抵押权只对签订抵押合同的债务人有效,登记后的船舶抵押权人才能对抗第三人,因此,在列明船舶担保物权排序的条款中,参与和各类"以船舶为留置对象的权利"排序的,只能是"登记的船舶抵押权",而不能保持第 25 条中"船舶抵押权"的简单表述,这样改动才能实现整个船舶担保物权体系的融贯,也与其移植对象 1967 年《船舶优先权公约》第 6 条[①]保持相同的严谨用语。

(四)明示与子体系外相关条款在法律适用中的关系

本书第二章通过对司法数据的观察分析,得出民法留置权条款的不当适用造成《海商法》留置权的适用结果分歧的结论,第三章又分析了子体系与外部体系融贯不足,主要原因是立法上未与外部条款进行协调,司法上没能用立法目的和体系化思维指导法律解释,导致法律适用的不准确。既然《民法典》将体系化融贯的主要任务交给了《海商法》,那么《海商法》留置权条款可以经由条款明确表明与外部条款的关系,尤其是在《民法典》关于留置权一般规定与《海商法》留置权立法目的相冲突的情况下,比如第 25 条

---

① 1967 年《船舶优先权公约》第 6 条 2. 如对下述船舶允许留置权或滞留权,即:(1)为船舶建造人占有,以担保船舶建造的请求;(2)为船舶修理人占有,以担保此种占有期间进行修理的请求;则此种留置权或滞留权应排列在第 4 条所列的所有船舶优先权之后,但可排列在已登记的抵押权或质权之前。即使对船舶已有登记的抵押权或质权,此种留置权或滞留权仍可对该船行使。但是,当该船已不再为船舶建造人或船舶修理人占有时,此项留置权或滞留权即应消灭。原文为 Article 6 2. In the event that a lien or right of retention is granted in respect of a vessel in possession of: (a) a shipbuilder, to secure claims for the building of the vessel, or (b) a ship repairer, to secure claims for repair of the vessel effected during such possession, such lien or right of retention shall be postponed to all maritime liens set out in Article 4, but may be preferred to registered mortgages or "hypothèques". Such lien or right of retention may be exercisable against the vessel notwithstanding any registered mortgage or "hypothèques" on the vessel, but shall be extinguished when the vessel ceases to be in the possession of the shipbuilder or ship repairer, as the case may be.

船舶留置权条款,就应该增加"本条不适用《民法典》第 448 条关于企业间的留置权的规定",以排除造修船人留置"失而复得"的船舶和姐妹船,影响船舶融资,对航运业发展造成冲击。另外,针对是否可以根据民法留置权一般条款留置船舶的争议,也应明示"根据其他法律规定产生的留置船舶的权利,应在登记的船舶抵押权后受偿",以展现根据民法留置权条款留置船舶具有正当性。

二、实现《海商法》留置权子体系理性扩张

开放性是所有的法律体系的基本属性[①],在面对法律移植导致的法律漏洞的时候,在民法无法兼顾的具有海商法特殊价值的领域,为适应航运业迅猛发展的需要,增加《海商法》中的留置权类型的确能呼应航运实践中保护债权人利益的需求。《海商法》留置权条款的司法实践和修订建议稿,也体现了扩充留置权类型的趋势。但是,扩张应注意限度,一是考虑是否会伤害《海商法》留置权的立法目的,二是留置权是担保物权,可以导致处分他人之物,刚性较强,实施的社会影响面较广,过度扩张容易对他人利益造成不必要的伤害,从而影响公平的价值。此时应发挥体系的效益,对迅速扩张的《海商法》留置权进行体系性控制。

海运实践中,海难救助人、沉船打捞人、港口卸货人、港口仓储人,都因为对船舶和货物提供了服务而拥有打捞费、港口服务费等债权,他们的服务实现了船舶和货物的保值增值,是否通过《海商法》修订赋予其对船舶和船上货物的留置权,一直为学者们所关注。韩立新认为沉船起浮、港口经营人装卸、无因管理和侵权都可以成立广义船舶留置权[②],司玉琢认为以船舶为对象的留置权并不限于第 25 条的规定,甚至(原)《担保法》上的保管人,也可以留置船舶。[③] 李海援引亚太经合组织的海运立法指南,认为救助(salvage)和残骸清除(wreck removal)也可以产生船舶留置权。[④]

德沃金将立法和法律适用比喻为是"续写章回体小说",续写的内容应与既有材料协调,还要考虑后面的续写者想要或能够添加的空间,以及自身的"实质价值判断",这也被德沃金称为"整全的融贯性"(coherence as integrity)。[⑤] 因此,要通过立法赋予其他主体《海商法》留置权,本书建议应通过 3 道标准的检测:一是子体系核心价值标准,即立法目的和保护的价值与《海商法》留置权子体系的目的和价值相似;二是国际化标准,即能与国际普遍做法接轨;三是本土化标准,也称融贯标准,能与《海商法》既有条款和《民法典》等国内法融贯。这三项标准的建立是重视《海商法》留置权子体系的自我发展,实现法律的整体性和逻辑性的基本要求,强调《海商法》立法目的和价值的指导,亦呼应《海商法》国际化和本土化双重面向。

(一)不宜赋予救助人和打捞人留置被救/捞船舶的权利

在前文区分造修船人专有的"船舶留置权",以及其他主体根据《海商法》和民法留

---

① 张翔:《基本权利的体系思维》,载《清华法学》2012 年第 4 期。
② 韩立新、李天生:《〈物权法〉实施后对〈海商法〉中留置权的影响》,载《法律适用》2008 年第 9 期。
③ 司玉琢:《海商法》,法律出版社 2003 年版,第 71 页。
④ 李海:《船舶物权之研究》,法律出版社 2002 年版,第 211 页。
⑤ [美]罗纳德·德沃金:《法律帝国》,许杨勇译,生活·读书·新知三联书店 2016 年版,第 180 页。

置权条款享有"留置船舶的权利"的前提下,本书认为救助人不宜被赋予留置船舶的物权性权利,应还原《海商法》第188条的"同意被救船/货离开的权利"以单纯占有船舶的滞留权的本来面目,实现与其移植对象的一致,还应删除冗余的第190条。而对于沉船打捞人,由于《海商法》对其打捞作业产生的债权也已经有充分的保护,不宜再赋予其留置被打捞船舶的物权性权利。

以《海商法》子体系核心价值标准进行第一道测试,第188条实际起到了赋予救助人滞留船舶的效果,从第二章的司法数据上看,9个援引第188条的案件全部支持救助人获得担保,已经能够较好地实现担保救助款项的立法意图,从而实现保护航运业发展的立法目的。虽然立法者将其定性为留置权,意在防止船舶沉没等情况导致的船舶优先权落空[1],但从文义上难以辨识其留置权属性,就算对被救船舶行使了留置,理性的救助人在行使拍卖船舶的留置权二次效力时,必然会选择通过船舶优先权获得更为优先的受偿顺位,第190条毫无用武之地。这一推理在第二章展示的司法适用数据中得到了印证,检索到9个涉及第188条和/或第190条的案件中,只有1份文书同时适用了第188条和第190条,却也不承认救助人对船舶拥有留置权。[2] 另有一份文书援引《物权法》第231条,赋予救助人对被救船舶的留置权,却又承认"已就抢险救助费对被救船舶的船舶优先权予以确认,该船舶优先权先于留置权受偿,无须再确认抢险救助费的留置权"。[3] 实践证明,无须既赋予救助人船舶优先权,又赋予救助人留置船舶的权利。《海商法》第188条与第22条"船舶优先权"的共同作用,已经能够达到对救助人的最大化保护。因此,只须安排第188条,就已符合《海商法》子体系核心价值标准,第190条在司法实践中显得冗余。

以国际化标准进行测试,纵观各国海商法,为了鼓励海难救助,往往给予救助人对被救财产和被救船舶更优先的担保权利。2016年修订的德国《商法典》的第五书(Book V)管辖海上贸易(maritime trade)专门规定了在提供救助人满意的担保前,禁止被救助人移走船舶的权利(section 587 provision of security 担保条款)[4],该条和我国《海商法》第188条的思路一致,但该条专列一款阐述了如果船长违背救助人的意愿将船舶驶离,则

---

① 交通部政策法规司:《〈海商法〉学习必读》,人民交通出版社1993年版,第100页。

② 参见"中国人民财产保险股份有限公司、河北省曹妃甸分公司、广东华钢贸易有限公司浙江满洋船务工程有限公司通海水域货物运输保险合同纠纷",(2019)浙72民初9号一审民事判决书。

③ 参见"营口港务集团有限公司与利泉船务有限公司海难救助合同纠纷",(2018)辽72民初674号一审民事判决书。

④ 2016年修订的德国《商法典》Handelsgesetzbuch(HGB). Book 5 Maritime Trade of the Commercial Code(Amended on 5 July 2016). Section 587 Provision of security (3) Unless the salvor gives its express consent,the salved ship and other property may not be removed from the port or place at which they first arrive upon completion of the salvage measures until such time as the salvor's claims have been satisfied or until satisfactory security has been provided for the salvor's claim.

造成的损失由船长承担①,此条强化了对救助人获得救助费用担保的保障。可以看出,违背该条船长义务的救济思路是损害赔偿("he shall be liable for the damage"),明显不是一种留置权性质的保护。2013 年修订的挪威《海商法典》赋予救助人船舶优先权外,也要求被救助人在提供足够的担保前不能移走船舶。② 2018 年修订的丹麦《商船法》也有着和挪威基本一样的规定。③ 法国运输法典只给予救助人以船舶优先权作为担保④,2018 年韩国《商法》的海商部分第 893 条、2019 年日本《商法》第 802 条也只给予救助人对被救船舶、货物享有优先权的安排。⑤ 也就是说,我国《海商法》第 188 条的设计,与国际公约,并且和德国、丹麦、挪威等国现行的海商法思路一致,但没有明确证据表明公约和上述法律赋予了救助人处分担保物和优先受偿的权利。虽然有学者论证救助导致船舶"保值",效果和造船与修船相匹配,可以赋予他们留置权。⑥ 本书认为救助人的救助行为的确应该鼓励,但鉴于救助人已经对救助报酬拥有船舶优先权,并对被救物的离开有获得担保权和同意放行权,而且被救船船东的救助费属于非限制性债权,责任人对救助费不能进行责任限制应全额支付,《海商法》已经根据国际普遍做法给予其特殊保护,而第 190 条允许救助人申请法院拍卖被救船舶,则完全是我国对救助人权利保护的特殊规定,和国际普遍做法相异,过高的保护程度影响了我国救助行业的竞争力,不符合第二项标准,必须做出相应修改。

以本土化标准进行测试,第 188 条文义上规定的救助人同意被救船物离开的权利,与我国的法律体系并不冲突,通过测试。但是,第 190 条无法通过测试,因为一旦我国

---

① 2016 年修订的德国《商法典》Handelsgesetzbuch(HGB). Book 5 Maritime Trade of the Commercial Code(Amended on 5 July 2016). Section 587 Provision of security (4) If the skipper or master delivers salved cargo to be removed in contravention of subsection(3),he shall be liable for the damages that he has culpably caused the salvor. This shall also apply if the skipper acted on the instructions of the ship's owner,or if the master acted on the instructions of the Reeder.

② 2013 年修订的挪威《海商法典》The Norwegian Maritime Code(24 June 1994 No.39,with amendments including Act 7 June 2013 No.30). Section 452 At the request of the salvor,the person liable for the claims for salvage award or special compensation shall provide security for its payment. The security must also cover interest and the costs of the claim. When such security has been provided,the salvor cannot enforce a maritime lien in respect of the claim for salvage award. The owner and reder of the salvaged ship shall do their utmost to ensure that cargo owners provide security for their liability to salvors before the cargo is released. Before security according to paragraph one has been posted,the salvaged ship or salvaged objects cannot without the consent of the salvor be moved from the place to which they were brought on completion of the salvage operation.

③ 2018 年修订的丹麦《海商法典》The Danish Merchant Shipping Act(consolidated act No.1505 of 17 December 2018).

④ 2021 年修订的法国《运输法典》Code des transports(Dernière mise à jour des données de ce code: 12 mars 2021). Article L5114-8.

⑤ 2018 年修订的韩国《商法》상법 Commercial Act(Act No.15755,Sep. 18,2018);2017 年修订的日本《商法》(平成二十九年法律第 45 号による改正)。

⑥ 李璐玲:《对〈海商法〉中船舶留置权界定的反思》,载《法学》2009 年第 2 期;罗剑雯、宋妙艺:《论〈海商法〉中的船舶留置权》,载《学术研究》2002 年第 6 期。

救助人行使第 190 条完成对被救船舶的强制拍卖后，船舶上可能附有的船舶优先权、船舶抵押权如何处置，第 190 条并未写明，而是将拍卖款在偿付拍卖费用、救助款项后，剩余部分退还被救助人，这个法律冲突，会造成对船舶所附其他担保物权的直接伤害。①而且，第 190 条的用语没有为体系解释留下空间，直接规定了救助人对拍卖被救船舶款项受偿的唯一优先顺序，难以再将其解释为属于与承拖人留置权同类的"其他船舶留置权"，而位于船舶抵押权之后受偿。再者，救助人享有船舶优先权（《海商法》第 22 条）的最优受偿权利保护，如果再赋予其留置船舶的权利，救助人可以以行使留置船舶的权利之名占有船舶，再以行使船舶优先权之名享受最优先受偿，架空了船舶优先权非占有型担保，保护船舶经营流转的意义。

因此，保留第 188 条文义上呈现的救助人滞留船舶的权利，不再赋予救助人第 190 条的强制拍卖权，才能实现《海商法》留置权子体系与船舶担保物权体系的无矛盾性，在保护救助人债权的时候，减少对船舶融资的影响。

如果赋予沉船打捞人留置船舶的权利，同样的问题也会出现。由于沉船打捞涉及海上运输的公共安全、海洋的环境保护，在国际上也属于被鼓励和保护的对象。我国在《海商法》第十一章关于海事赔偿责任限制的规定中，为了沉船打捞人从事打捞清障工作，特地不对船东应支付的清除费用进行责任限制，2005 年《第二次全国涉外商事海事审判工作会议纪要》第 140 条补充："清除搁浅或者沉没船舶所产生的费用，可以在行使船舶优先权拍卖船舶的价款中先行拨付。"明确了沉船打捞人有优先位序较高的船舶优先权。这些都体现了对沉船打捞人的保护，这些保护已经实现了和国际普遍做法接轨，如果再给予沉船打捞人对船舶的留置权，即便是同承拖人相似的"其他船舶留置权"，则优先受偿顺序上，自带的船舶优先权和船舶留置权还是会出现冲突，其他国家的海商法上亦少见赋予沉船打捞人船舶留置权的做法，因此，本书认为不应给予沉船打捞人留置船舶的权利。

最后，从《海商法》留置权子体系的立法目的来看，允许留置船舶的权利品种和数量不宜过多，否则会影响船舶的使用价值，降低船舶运营和流转频率，最终不利于航运业的发展。因此，将第 188 条立法意图回归文义，赋予救助人单纯的滞留船舶的权利，能够同时实现保护《海商法》子体系的立法意图、与国内既有法律体系融贯、与国际接轨的三重效果。若《海商法》欲通过赋予担保性权利的形式，加强对沉船打捞人债权的保护，也可以采取相同的思路。

（二）赋予救助人和打捞人对被救/捞货物的滞留权

是否为救助人、打捞人设置货物留置权条款，也要经前述 3 道测试标准的检验。虽然海难救助人、打捞人留置船上货物符合《海商法》的主要立法目的，他们的工作保护了航运业的发展，他们的权利是海商法保护的对象，给他们货物留置权也与既有的留置权体系不会产生冲突，可以通过第一项核心价值测试和第三项"本土化"测试；但是，在

---

① 《海商法》第 190 条第 2 款 拍卖所得价款，在扣除保管和拍卖过程中的一切费用后，依照本法规定支付救助款项；剩余的金额，退还被救助方；无法退还、自拍卖之日起满一年又无人认领的，上缴国库；不足的金额，救助方有权向被救助方追偿。

第二项"国际化"测试时,发现赋予救助人和打捞人对被救货物有留置权的情形并不普遍,通观各国海商法,各国对于海难救助人都是以船舶优先权保护,具有最高的受偿顺位,并根据 1989 年《海难救助公约》,给予救助人同意被救船货离开的滞留权;各国对于被救货物规定则不同,英美海商法和北欧海商法给予对货物的非占有型担保(maritime lien)[1],德国给予对货物的留置权(lien)和对货物的滞留权(right of retention)[2],韩国给予对被救货物的非占有型担保(preferential rights),[3]日本同样给予救助人对被救助货物以"先取特权",准用关于对船舶先取特权的规定[4],可见多数国家未赋予救助人"占有+处分并优先受偿"的双重属性的担保权利,以对货物的滞留和非占有型担保为主。另外,鲜有外国法提及沉船打捞人对货物的担保性权益。船舶价值大,行使船舶优先权更能保障救助人和打捞人债权的实现,《海商法》规定已经和国际保护水平接轨,只要将第 188 条定性为赋予救助人单纯滞留被救船舶和被救物品的权利并加以善用,已经能实现担保救助债权的效果,对沉船打捞人也可赋予同类的权利。这种债权性的权利相比物权性的留置权更为灵活,保护债权的力度已经足够,借助行政法上"比例原则"的视角来看,是一种权利与其所达到的目的相称的状态。另外,我国作为 2007 年《内罗毕国际船舶残骸清除公约》的缔约国,每艘 300 总吨以上的船舶都必须配有强制保险或其他经济担保,以保证我国领海以外的沉船残骸清除工作的完成,给予在我国领海之外的从事沉船打捞主体以多一重保障。[5]

因此,本书认为我国亦无须赋予海难救助人、沉船打捞人对被救货物的留置权,只要赋予他们单纯滞留被救捞船舶和物品的权利,保持和被救捞船舶的担保性权利相一致,既方便实践的操作,对救助人和沉船打捞人的保护也能达致国际水平。

(三)赋予作为海运关系独立主体的港口经营人以货物留置权

随着航运业的发展,港口卸货人和港口仓储人的作业逐渐被视为是海运的延伸,可能因此享受承运人的责任限制和独特的归责原则,但国际上至今未对这些港口经营人的法律地位有统一定性。从各国司法实践来看,英美海商法的判例中常将港口经营人认定为承运人的代理人或独立合同人,大陆法系法官多认为是"履行辅助人"。从各国制定法来看,只对港口规费债权赋予船舶优先权(maritime lien),我国《海商法》已将这个安排体现在第 22 条船舶优先权的规定中。但港口规费属于公益性质债权,与港口卸货人和仓储人提供的私益性的服务并不相似。本书比较的外国海商法中,对于本处所指的私益性的港口经营人的卸货和仓储服务的债权担保,并未设置有类似留置权的专

---

① Force,R.,Johnson,N.F. & Makarian,K.,*Admiralty and Maritime Law*(*2nd Edition*),Tulane Law School,2013,p.175;The Danish Merchant Shipping Act(consolidated act No.1505 of 17 December 2018). Section 61;The Norwegian Maritime Code(24 June 1994 No.39,with amendments including Act 7 June 2013 No.30). Section 61.

② 2016 年修订的德国《商法典》的海商法部分 Handelsgesetzbuch(HGB). Book 5 Maritime Trade of the Commercial Code(Amended on 5 July 2016). Section 585.

③ 2018 年修订的韩国《商法》상법 Commercial Act(Act No.15755,Sep. 18,2018). Artcle 893.

④ 2017 年修订的日本《商法》(平成二十九年法律第 45 号による改正)第 742 条。

⑤ 2007 年《内罗毕国际船舶残骸清除公约》第 12 条。

门担保条款。①

但是,我国的法律文件中一直有通过留置权保护港口经营人的趋势,早在 2000 年颁布的原《港口货物作业规则》中,已经赋予港口经营人留置相应的货物的权利,这项规定随着原《港口货物作业规则》在 2015 年被废除而失效。② 2020 年《〈海商法〉修订审议稿》,专门用 2 个条款的篇幅,给予港口经营人对货物的留置权,并模仿承运人留置权的规定制定了详细的行使留置权条款。③ 从这个设置可以看出,该稿的意图是承认港口经营人在海上运输中的实质性地位,并赋予其具有海商法特点的担保性权益。

对港口经营人角色的法律定性决定了其行为是否是海商法上的主体,是否涉及海商法保护的特殊价值,这是能否赋予港口经营人《海商法》货物留置权的理论前提。基于这又是另外一个庞大的问题,牵涉整个海运制度,本书对此暂不评述。由于既有的《海商法》修订草案设计了该权利,加之《海商法》留置权体系应有其开放性,在修订后的《海商法》确认了港口经营人海商法主体地位的基础上,本书分析对港口经营人是否应赋予海商法留置权。

同样对港口经营人的留置权用"体系化—本土化—国际化"3 道测试标准进行检验,第一,港口经营人留置权符合《海商法》留置权的体系价值标准,如果我国修订后的《海商法》确定了港口经营人在运输中的独立主体地位,作为航运业者中的服务提供者,该主体在海上货物运输中为货物保值增值付出了劳动,具有和其他留置权相似的立法目的和共同的保护价值。第二,"国际化"标准,如前述,域外鲜少通过海商法赋予港口经营人留置权(lien),但这与港口经营人的海商法地位不明确不统一有关,各国一般法中多有仓储人留置权(lien)的规定,实际上起到了赋予港口经营人留置权的效果,我国《民

---

① 2016 年修订的德国《商法典》第 596 条第 1 款第 2 项 Handelsgesetzbuch(HGB). Book 5 Maritime Trade of the Commercial Code (Amended on 5 July 2016). Section 596 Secured claims (1) Creditors of any of the following claims shall have the rights of a maritime lienor: 2. Public charges such as vessel dues; port, canal and other waterway dues; and pilotage dues……。2013 年修订的挪威《海商法典》、2018 年修订的丹麦《海商法典》各自的第 51 条 The Norwegian Maritime Code(24 June 1994 No.39, with amendments including Act 7 June 2013 No.30); The Danish Merchant Shipping Act (consolidated act No.1505 of 17 December 2018). Section 51 Maritime liens and other rights in ships (1)The following claims shall be secured by maritime liens on the ship: (2)Public and private legal port dues, canal and other waterway dues as well as pilotage dues.

② 原《港口货物作业规则》第 40 条 应当向港口经营人支付的作业费、速遣费和港口经营人为货物垫付的必要费用没有付清,又没有提供适当担保的,港口经营人可以留置相应的作业货物,但另有约定的除外。

③ 原《港口货物作业规则》第 102 条 应当向港口经营人支付的货物作业费、港口经营人为货物的垫付的必要费用以及应当向港口经营人支付的其他费用没有付清,又没有提供适当担保的,港口经营人可以留置相应的货物。第 103 条 港口经营人根据本法第 102 条规定留置的货物,留置的次日起满六十日无人提取的,可以申请法院裁定拍卖或者变卖留置货物;货物易腐烂变质或者货物的保管费用可能超过其价值的,可以提前申请法院拍卖或者变卖留置货物。拍卖或变卖所得价款,用于清偿保管、拍卖或者变卖货物的费用以及应当向港口经营人支付的费用;不足的金额,港口经营人有权向作业委托人追偿;剩余的金额,退还作业委托人;无法退还、自拍卖或者变卖之日起满一年又无人领取的,上缴国库。

法典》也专门赋予保管人以典型留置权,也可实现同域外对等的保护水平。第三,"本土化"标准,既然修订中的《海商法》倾向承认港口经营人在海商运输中的地位,基于相同的法律原理,给予其债权以相应的留置权,与国内其他法律并不冲突。因此,我国《海商法》若赋予港口经营人留置权,是符合《海商法》发展和既有留置权体系性联系的安排,但可能开国际之先河,应慎重评估考虑。

综上,《海商法》中留置权种类的扩充也应该有一定的边界和标准,以保证发展不会破坏制度设计的立法目的,是一种良性的、增加社会整体收益的发展。通过《海商法》修订新发展出来的留置权,应符合既有《海商法》中的留置权共同的立法目的、保护的海商法特殊价值以及权利属性的体系性联系,才不至于破坏《海商法》中的留置权整体的制度设计,防止新旧权利间的冲突,保持《海商法》的整体逻辑自洽。还应根据各类留置权的体系性联系,为《海商法》留置权子体系"清理门户",对于已有与国际接轨的船舶优先权保护的救助人,只明确赋予其滞留被救船舶的权利,这对于实现留置权的公平价值,保持《海商法》留置权子体系与船舶担保物权体系的融贯性,防止干扰整个海运业的船货利益平衡,也极有意义。再者,呼应《海商法》其他制度的发展,比如在海运实践中,随着运输方式的进步和功能的延伸,港口经营人逐渐被视为承运人的辅助人甚至承运人,赋予他们同承运人一样的留置权则成为大势所趋,符合我国《海商法》保护的特殊价值。关于设置港口经营人货物留置权的具体内容,将在下文对《海商法》留置权具体条款的修订建议中呈现。

三、实现《海商法》留置权与《民法典》留置权条款的协调

根据本书第一章的分析,在《民法典》时代,我国的民法留置权体系稳定为:《民法典》物权编中关于留置权的专章规定为留置权的一般规定,而《民法典》债权编、《海商法》《信托法》中关于特定主体的留置权条款为留置权的特别规定,特别规定是典型留置权产生的依据,但特别规定多数是不完全条款,在不违反立法目的时,需要依靠一般规定的补充才能适用,留置权一般规定不仅是对特别规定的补充,也是众多非典型留置权产生的依据。《海商法》留置权条款作为留置权的特别规定,也必须在立法目的的指导下,做好与《民法典》留置权条款的协调。

在谈及《民法典》与特别法的规定不一致时,王利明认为首先要明确《民法典》是否意图更改特别法的规定,如果是的话,应当优先适用《民法典》,如果不是,那么应当遵循特别法优先于一般法的原则,适用特别法。① 因此,《海商法》本轮修订的重要任务之一,便是对《民法典》中相关条款的修订内容进行检视,对其中意在改变《海商法》条款的内容,修法应进行呼应和融贯。

第一章中已经分析,我国的民法留置权体系发展到《民法典》的阶段,已经较为稳定,主要是将一般规定、典型留置权条款分别在物权编和合同编下进行体系化编排,相较于既往的民法留置权条款,对留置权条款的具体内容只进行了微调和整合。下面,将对《民法典》对留置权条款的修订是否对《海商法》留置权条款提出相应的修订需求,进

---

① 王利明:《民法典的体系化功能及其实现》,载《法商研究》2021 年第 4 期。

行逐一的分析。

（一）与《民法典》留置权一章修订内容的协调

《物权法》留置权一章规定的是留置权的一般条款，《民法典》对其修改极少，保持原来 11 个条款的条数。只对其中 3 个条文进行了修改：第 448 条将"但"改为"但是"；第 453 条将"但"改为"但是"，两处"期间"改为"期限"，"两个月"改为"六十日"；第 454 条将"期间"改为"期限"。几处修改都没有实际改变留置权法律关系当事人的权利义务。

用"期限"取代"期间"，立法者意在凸显留置权人给予债务人履行期的自主性和非法定性。[①] 另外，将"两个月"改为"六十日"，实现了与《海商法》第 88 条承运人处分留置物的安排相一致，也体现了法律的稳定性和精确性。从上述修改的内容可以看出，我国的民法留置权的一般规定，发展到《物权法》已经趋于稳定和成熟，虽然《民法典》对物权编下的担保物权分编进行了为数不少的调整[②]，但留置权部分已无明显的实质性变化。鉴于目前的《海商法》留置权条款中，没有涉及"但""期间"等表述，因此无须进行相应修改，《海商法》修订中仍须注意与《民法典》的立法语言规范保持一致，并保持第 88 条的"六十天"的表述即可。

（二）与《民法典》运输合同章留置权条款及其修订内容的协调

《民法典》运输合同章分为一般规定、客运合同、货运合同、多式联运合同四节，其中第 836 条规定了货运合同承运人的留置权[③]，该条保留了《合同法》第 315 条的规定，只是在用语上将"运费、保管费以及其他运输费用的"改为"运费、保管费或者其他费用的"，本书认为此处去掉"费用"的定语"运输"，扩张了可以产生留置权的债权的范围。《民法典》第 836 条对留置物没有权属要求，规定为"相应的货物"，可以解释为与运输合同有牵连关系的货物，延续了《合同法》第 315 条的设计，调整的是国内水运和陆运承运人，作为劳务提供者在先履行后的公平价值，由于国内水运和陆运目前仍未明确如同国际海运一般灵活的提单制度，它们的法律关系较为简单，对合同外的第三人影响极少，因此对货物权属要求与《海商法》有不同的规定。由于保护的是不同的价值，适用的是不同的情形，所以《民法典》第 836 条货运合同承运人的留置权与《海商法》第 87 条和第 88 条承运人留置权之间，允许存在差异，不需要特别协调。

（三）与《民法典》承揽合同章留置权条款及其修订内容的协调

船舶修理合同一般被定性为承揽合同，但对于造船合同的属性仍存在争议，主要观点集中于买卖合同和承揽合同两类属性。[④] 由于本书焦点不在于造船合同，因此对其性

---

① 翟远见给"期限"下的定义是，是法律行为的附款之一，为民事主体控制法律行为效力发生或者消灭的任意手段，朱庆育也强调附期限的约定性，认为是"民事主体之行为自由的逻辑要求，也是私法自治之效果自主的题中之义"。参见翟远见：《〈民法典〉第 160 条（附期限法律行为）评注》，载《法学家》2020 年第 5 期；朱庆育：《民法总论》，北京大学出版社 2016 年版，第 125 页。

② 纪海龙：《民法典动产与权利担保制度的体系展开》，载《法学家》2021 第 1 期。

③ 《民法典》第 836 条 托运人或者收货人不支付运费、保管费或者其他费用的，承运人对相应的运输货物享有留置权，但是当事人另有约定的除外。

④ 刘伟军：《船舶建造合同法律性质之实证研究》，载《政法论丛》2015 年第 3 期；张敏、刘征宇：《买卖性造船合同下的所有权安排》，载《中国海商法年刊》2005 年，第 328～336 页。

质不加以讨论,但其与承揽合同存在密切关联,因此本书取《民法典》承揽合同章的留置权条款进行比对分析。

相较于《合同法》第264条关于承揽人留置权的规定,《民法典》第783条增加了"或者有权拒绝交付"①,该变动在原来承揽人享有对定作物行使留置权的基础上,赋予了承揽人履行抗辩权,让承揽人有更多的担保方式可进行选择。且不论条款设计的合理性,该改动至少体现《民法典》的合同编通过法律条文明确肯定承揽人可以选择单独行使债权性质的履行抗辩权,是立法反映社会生活需要的进步。

《海商法》留置权条款中,与《民法典》承揽人留置权关系最密切的是船舶留置权条款,因为造修船合同常被视为承揽合同。对于《海商法》第25条船舶留置权条款来说,在造修船人行使船舶留置权时,可否也应协调《民法典》第783条单纯行使履行抗辩权,增加规定单独滞留船舶而不可处分的新权利呢?由于两个条款所处的子体系立法目的不同,此时更应采取"用尽海商法"的方式评估,《海商法》第25条在法律移植过程中,对移植对象1967年《船舶优先权公约》第6条提供的"lien or right of retention in respect of vessel"进行了选择,选取了移植有优先受偿效果的"lien"权以对接国内民法留置权,第25条的法律关系客体是船舶,相较一般承揽合同的定作物具有特殊性。从保护海商法特殊价值的角度,如果造修船人长期滞留船舶,违背了船舶自身用于运输作业的目的,浪费资源并影响航运业和海上贸易。基于船舶的特殊性,对其实施滞留将产生巨额的滞留费用和保养费用,迅速增加债务人的债务数额,而且导致船舶使用价值减损,对债务人不公平,亦可能滞留码头锚地影响海上公共交通。因此本书认为没必要另行赋予造修船人单纯的履行抗辩权。

前文也论证了给予海难救助人和沉船打捞人的单纯滞留权,主要是因为他们同时拥有优先受偿的船舶优先权,再给予他们船舶留置权会造成两种权利相冲突,而《民法典》第783条对履行抗辩的规定,进一步证成了海难救助人和沉船打捞人获得单纯滞留权具有可相参考的制度规范和实践需求。

四、修订《海商法》留置权条款以实现国际化和本土化双重面向

下面,将结合《〈海商法〉修订征求意见稿》(2018年11月)和《〈海商法〉修改送审稿》(2020年1月),以提升《海商法》留置权的体系化为目标,分析《海商法》中涉及留置权的条款的修改情况并提出建议,有的放矢地化解《海商法》留置权条款的立法体系化困境。

(一)对船舶留置权一节修订稿的评述和建议

《海商法》第25条船舶留置权条款最明显的问题是:立法上与包括承拖人留置权在内的其他"留置船舶的权利"关系不够清晰,体系化程度不足;司法适用中与民法留置权条款边界不清,因为条款缺乏对行为模式和法律后果的规定,必须借助民法补充,其保护的特殊价值也因此易受民法干扰而无法实现。完善船舶留置权条款的关键在于:厘清与其他"留置船舶的权利"的区别和联系,补充对船舶留置权行使的规定以减少民法

---

① 《民法典》第783条　定作人未向承揽人支付报酬或者材料费等价款的,承揽人对完成的工作成果享有留置权或者有权拒绝交付,但是当事人另有约定的除外。

干扰。而且,应将"船舶留置权"相关条款建构成整个子体系的核心条款之一,供其他"留置船舶的权利"参照适用,同时赋予其他"留置船舶的权利"以正当性,并对所有船舶担保物权的受偿顺序进行排序,这对完善《海商法》留置权子体系建设,融贯与《民法典》留置权一般条款的关系,大有裨益。

在 2018 年颁布的《〈海商法〉修订征求意见稿》和 2020 年的《〈海商法〉修改送审稿》中,对《海商法》第 25 条的内容进行了大幅度修改,两个版本的修改内容一致,具体情况如表 4-4 所示。

表 4-4　《海商法》与《〈海商法〉修订征求意见稿》/《〈海商法〉修改送审稿》关于船舶留置权规定的对比

《海商法》	《〈海商法〉修订征求意见稿》/《〈海商法〉修改送审稿》　第五节 船舶留置权	修订内容和评述
第 25 条①	第 2.27 条　船舶留置权,是指造船人、修船人在合同另一方未按照约定支付船舶建造费用或者船舶修理费用时,留置其所占有的建造或者修理的船舶,并就该船舶优先受偿的权利	明确留置原因是造修船费,明确了其优先受偿性,去掉了对留置权消灭条件"丧失占有"的规定
	第 2.28 条　除另有约定外,造船人、修船人留置船舶满二个月后,债务人仍不履行债务的,可以依法拍卖所留置的船舶,从卖得的价款中优先受偿	增加了行使条款,并明确了拍卖为实现权利的方式
	第 2.29 条　船舶因他人申请被法院扣押并拍卖、变卖的,享有船舶留置权的造船人、修船人的受偿权利不受影响②	明确船舶留置权与司法扣船的关系,保障造修船人合法权益。但对该权利附随义务的描述不够明确,应要求留置权人配合司法扣船,交出占有的船舶
	第 2.3 条　船舶优先权先于船舶留置权受偿,船舶抵押权后于船舶留置权受偿	将原先在船舶留置权条款中规定的内容,提前至"船舶物权"章的"一般规定"一节

资料来源:《海商法》《〈海商法〉修订征求意见稿》(2018 年 11 月)、《〈海商法〉修改送审稿》(2020 年 1 月)

从表 4-4 可以看出,船舶留置权在《海商法》修订建议稿中的重要性明显提升。法条篇幅从原先 1 条中的 1 款拓展为 3 条,分别为一般规定、实现权利的方式、与司法扣船

---

①　《海商法》第 25 条　船舶优先权先于船舶留置权受偿,船舶抵押权后于船舶留置权受偿。前款所称船舶留置权,是指造船人、修船人在合同另一方未履行合同时,可以留置所占有的船舶,以保证造船费用或者修船费用得以偿还的权利。船舶留置权在造船人、修船人不再占有所造或者所修的船舶时消灭。

②　《〈海商法〉修订征求意见稿》第 2.27 条至第 2.29 条。

的关系。修订稿的权利结构更完整,对权利的行使的规定具有可操作性。

1. 完善船舶担保物权受偿排序以外显立法目的

本书认为《〈海商法〉修订征求意见稿》第 2.27 条作为船舶留置权的一般规定回应了司法需求,明确了船舶留置权的定义、发生原因和二次效力。在司法适用时,可以减少为此对民法留置权一般条款的援引。第 2.27 条将"船舶留置权在造船人、修船人不再占有所造或者所修的船舶时消灭"删除,是避免与《民法典》对留置权丧失的一般规定重复①,此举意在加强与《民法典》留置权的融贯。但引发的思考是,在已丧失对船舶的占有后,造修船人是否可以适用民法留置权一般条款中的"企业间留置权",留置"失而复得"的船舶和姐妹船,本书第二章司法适用数据显示法官们对此争议较大。② 前文业已分析,民法中的"企业间留置权"条款与造修船人的船舶留置权条款的立法目的、意图存在冲突,不可同时适用,因此,可直接对船舶留置权条款增加"不适用企业间留置权"的表述,以厘清与《民法典》企业间留置权条款的边界,平息司法适用纷争。

第 2.27 条删除了关于船舶优先权、船舶留置权、船舶抵押权受偿顺序的排序,将其前移至"船舶物权"一章第一节的"一般条款"第 2.3 条中,从法律体系化的角度来看,这个修订有一定的合理性,其规定的是各类船舶担保物权之间的关系,的确具有船舶担保物权一般条款的属性。但是,这个条款只是实现了位置的移动,内容却延续了《海商法》第 25 条,未像其移植对象一般,明确将"其他留置船舶的权利"排序于船舶抵押权之后,该排序的不完整性,仍旧会导致以船舶为留置对象的权利间的受偿顺序不清,无法辨明承拖人留置船舶的权利与造修船人船舶留置权的关系。本书第三章已分析,《海商法》的立法意图是允许根据民法设立受偿顺序在船舶抵押权之后的"其他留置船舶的权利",那么,在实现"其他留置船舶的权利"的时候,必然要考虑与同一船上所附的其他船舶担保物权竞存时的优先受偿位次。因此,建议将 2.3 条修改为"船舶优先权先于船舶留置权受偿,登记的船舶抵押权后于船舶留置权受偿,根据本法和其他法律规定留置船舶的权利在登记的船舶抵押权之后受偿",将整个船舶担保物权的类型和排序完整呈现,平息理论和司法实践中的纷争。

2. 应引导债权人"通过法院拍卖"行使船舶留置权以实现立法目的

第 2.28 条为实现船舶留置权的优先受偿效力的具体规定,明确了实现方式为"可以依法拍卖",这种规定虽不是强制性规定,但引导和提倡通过拍卖处分船舶,意在柔性地统一目前多样化实践操作,值得肯定。考虑到有些船舶在被留置前,已产生了随船而走的船舶优先权,而根据现行《海商法》第 28 条和第 29 条,船舶优先权应通过法院扣船行使,之后被法院强制出售方才消灭,如果允许造修船人自行拍卖、变卖,买受人处于信息不对称的状态,对于船舶有无在先权利(存在船舶优先权)没有把握,会严重降低拍卖成功概率,即便交易成功,也可能影响船舶优先权的保护,若条款有意引导船舶留置权

---

① 《民法典》第 457 条 留置权人对留置财产丧失占有或者留置权人接受债务人另行提供担保的,留置权消灭。

② 本书第二章数据显示,对于可否留置失而复得的船舶,赞成和反对的文书数量比是 5:6;对于可否留置姐妹船,赞成和反对的文书数量比是 1:2,分化的意见势均力敌。

的实现方式为申请法院拍卖,方可避免上述两个担心。[1]

司法数据中有 3 份裁判文书针对留置物——船舶的特点,对船舶留置权人私下变卖船舶的行为进行了负面的评价,甚至要求该权利人承担对债务人船舶合理价金损失的损害赔偿责任。[2] 法官们在裁判中都提倡应通过法院司法程序对船舶实现变价,得以保护船舶优先权人和船舶抵押人的合法权益。

从立法目的上来说,规定船舶留置权并严格限制其适用范围,就是为了给予造修船人特别保护的同时,不影响船舶担保物权制度的有序发展,保护船舶优先权和船舶抵押权的实现。船舶留置权同时属于《海商法》留置权子体系,以及船舶担保物权子体系。从体系化视角看,船舶留置权的行使方式对于实现两个子体系的立法目的至关重要。由于船舶的价值较大,加之船舶所依附的优先权的秘密性,以及船舶抵押权的受偿劣后性,处处体现出海商法的特殊价值,立法应该回应司法中的需求,为船舶留置权量身定做行使方式,以立法引导人们通过法院拍卖船舶而不只是修订稿中的"依法拍卖"。

另外,允许留置权人处分留置船舶的时间起点是"留置船舶满二个月后",有学者认为,这样的时间设计只是和《民法典》对留置权的一般规定协调,并没有考虑船舶的特殊性。[3] 从比较法上,英美海商法中并未规定造修船人的占有型留置权(possessory lien)行使的期限,而瑞典《海商法典》亦是要求造修船人在行使相关权利时遵守国内民法规定的安排。[4] 如果量身定做一个更适合留置船舶的时间安排,应该另行结合实践调研进行设计,本书不再展开。但是,《〈海商法〉修订征求意见稿》/《〈海商法〉修改送审稿》的"两个月"用语并不精确,与承运人留置权条款和《民法典》第 453 条的"六十日"不协调,至少应统一为"留置船舶满六十日后"更为合理。

3. 应明确船舶留置权人有配合法院扣押船舶的义务

第 2.29 条的新规定和 1993 年版公约第 12 条有着相同的立法目的,1993 年版公约为了通过司法强制售船以实现船舶优先权(maritime lien)或船舶抵押权(mortgage),在其第 7 条让以船舶滞留权(right of retention)占有船舶的船厂配合交船,并另行在公约的第 12 条"强制售船条款"规定了,如果强制售船,则当时已占有船舶的船厂,可以在船

---

① 司玉琢:《海商法》,法律出版社 2003 年版,第 73 页。

② 参见"浙江腾龙造船有限公司、朱国华船舶建造合同纠纷",(2018)浙 72 民初 1789 号民事判决书;"江苏正源顺供应链管理有限公司与泰州市海陵区盛联船厂船舶买卖合同纠纷",(2019)鄂 72 民初 234 号民事判决书;"浙江腾龙造船有限公司、朱国华船舶建造合同纠纷",(2019)浙民终 1783 号民事判决书。

③ 参见李志文 2020 年 12 月 11 日于"《民法典》与船舶物权制度的完善暨《海商法》船舶章修订研讨会"上所做:"《海商法》'船舶物权'修改思路及与《民法典》的衔接"的讲座观点。

④ 1994 年瑞典《海商法典》(2019 年修订)第 39 条第 1 款、第 2 款。

舶优先权(maritime lien)受偿之后分享售船款。^① 两条配合,缓和造修船厂的船舶滞留权与司法扣船实现船舶优先权/抵押权的矛盾,实现整个以船舶为担保物的体系的融贯。相较之下,第2.29条对船舶留置权人配合司法扣船的交船义务描述不够明确,仅说明船舶留置权人的权利不受船舶被法院扣押并拍卖、变卖影响,不足以为留置权人设置配合司法扣船的交船义务。

虽然我国的司法实践中,常用《〈民诉法〉司法解释》第157条支持造修船人的优先受偿权不受司法扣船影响^②,但该规定是民事诉讼法的一般规定,在《海商法》上对此问题进行专门解释,有助于与具有海商法特殊性的司法扣船的衔接,也与国际公约的做法接轨。鉴于第2.27条的表述过于模糊,可能影响适用者对立法意图的理解,所以行文中应明确规定,留置船舶的造修船人,在留置对象船舶被司法扣押时,有配合交船的义务。

综上,本书以2018年11月《海商法》修订征求建议稿为基础,对船舶留置权一节的内容提出修订建议,具体如表4-5所示。

表4-5 对《海商法》船舶留置权一节的修订建议

2018年11月《海商法》修订征求建议稿	修订建议
第2.27条	改为"船舶留置权,是指造船人、修船人在合同另一方未按照约定支付船舶建造费用或者船舶修理费用,亦未提供相应的担保时,留置其所占有的建造或者修理的船舶,并就该船舶优先受偿的权利。" 增加"本条不适用《民法典》第四百四十八条关于企业之间留置权的规定"。
第2.28条	"二个月"改为"六十日" "可以依法拍卖所留置的船舶"改为"可以申请法院拍卖所留置的船舶"

---

① See International Convention on Maritime Liens and Mortgages,1993 Article 12 Effects of forced sale 4. If at the time of the forced sale the vessel is in the possession of a shipbuilder or of a shiprepairer who under the law of the State Party in which the sale takes place enjoys a right of retention,such shipbuilder or shiprepairer must surrender possession of the vessel to the purchaser but is entitled to obtain satisfaction of his claim out of the proceeds of sale after the satisfaction of the claims of holders of maritime liens mentioned in article 4. 此条规定成为我国部分学者认定1993年版公约赋予造修船人的滞留权(right of retention)具有优先受偿性的依据。本书不赞同这种观点,从立法资料可以看出,1993年《船舶优先权公约》第7条规定的造修船人right of retention,本身并不能启动强制销售并带来优先受偿权,只是为了让造修船人配合其他附在船舶上的担保权利通过司法扣船得以实现,才给予造修船人分享强制售船价金的权利,如果没有别人启动强制售船,则造修船人只能一直占有船舶以实现担保效果。因此此条规定并未改变1993年版公约中造修船人的滞留权(right of retention)的债权属性。

② 《〈民诉法〉司法解释》第157条 人民法院对抵押物、质押物、留置物可以采取财产保全措施,但不影响抵押权人、质权人、留置权人的优先受偿权。

2018 年 11 月《海商法》修订征求建议稿	修订建议
第 2.29 条	整句改为"船舶因他人申请被法院扣押并处分的,享有船舶留置权的造船人、修船人应予配合,其对船舶价款的优先受偿权不受影响。"
第 2.3 条	修订为"船舶优先权先于船舶留置权受偿,登记的船舶抵押权后于船舶留置权受偿,根据本法和其他法律规定留置船舶的权利在登记的船舶抵押权之后受偿。"

资料来源:《〈海商法〉修订征求意见稿》(2018 年 11 月)

(二)对承运人留置权条款修订稿的评述和建议

1. 对《〈海商法〉修订征求意见稿》修订方案的评述

司法适用中,《海商法》承运人留置权条款第 87 条和第 88 条的问题主要体现为:对第 87 条是否包含对留置物权属要求存在争议;第 88 条容易被过度进行目的性扩张,成为目的港交货不能时承运人的唯一减损手段和减损义务。

为了解决对《海商法》第 87 条的争议,2018 年《〈海商法〉修订征求意见稿》第 4.47 条对《海商法》第 87 条改动较大,有意明确承运人可留置的货物范围,采取"一般＋例外"式立法,规定一般情况下"可以留置运输的货物";规定例外情况时,即当运输单证流转到第三人的情况,(1)因为运费债权而留置货物,排除对运费预付的单证下货物的留置。(2)因为"装货港发生的滞期费、亏舱费和其他与装货有关的费用"而留置货物,运输单证必须载明收货人、单证持有人承担上述债务,才留置货物。① 同时,第 4.48 条对《海商法》第 88 条进行了微调,只是将原来拍卖剩余的无法退还的金额"上缴国库",改为"依法提存"。

先看 4.47 条的修改,其动因是第 87 条要求承运人留置"其货物",司法实务中统一解释为"债务人的货物",学界普遍认为过于严格,司法实践中也出现了航次租船承运人难以留置货物的局面,修改稿中避开了对货物权属的描述,而是以例外的形式,排除了留置权对善意的持有提单的第三人收货的干扰。

(1)4.47 条关于"运费预付的提单"的留置例外

4.47 条的第一项例外是针对运费债权,当记载运费预付的提单流转到第三人处,此时承运人不可因为未收到/齐运费,而行使货物留置权,拒绝运输合同之外持有提单的第三人提取货物,但仍可以对抗作为运输合同相对方的托运人的提货请求。承运人与持有提单的运输合同以外第三人间的法律关系依靠提单来调整,提单/运输单证正面的

---

① 2018 年《〈海商法〉修订征求意见稿》第 4.47 条 应当向承运人支付的运费、共同海损分摊、滞期费和承运人为货物垫付的必要费用以及应当向承运人支付的其他费用没有付清,又没有提供适当担保的,承运人可以在合理的限度内留置运输的货物;但是,运输单证载明运费预付,并且运输单证已经转让给托运人以外的第三人的,承运人不得因运费未付清为由留置货物。虽有前款规定,运输单证未载明装货港发生的滞期费、亏舱费和其他与装货有关的费用由收货人、运输单证持有人承担的,并且运输单证已经转让给托运人以外的第三人的,承运人不得因上述费用未付清为由留置货物。

运费栏(freight and charge)会写明运费到付(freight collect)或者运费预付(freight pre-paid),第 4.47 条针对运费预付提单提出例外,承运人不能随意推翻自己在提单上关于运费预付的记载,既然没有未付债权,就不满足留置权的构成要件而不可行使留置权,该改动实现与英国普通法的安排一致,体现了对承运人签发预付运费提单的禁反言(es-toppel)。①

在目前适用《海商法》第 87 条的过程中,法院根据第三人持有的运费预付提单,判断其不是运费债权的债务人,所以不能留置"其货物",可以达到同样的效果,只是司法实务对第 87 条的解释,一直不能很好解决提单持有人不一定是货物所有人的理论障碍。多数学者赞同提单在流转到合同外第三人手中时,通过支付对价获得提单,代表了第三人对货物具有所有权②;却也有学者反对因为持有提单就拥有货物的所有权。③ 但严格说来,我国法律并未明文规定提单持有人对提单货物享有所有权,因为货物的所有权的转移是在货物买卖环节发生的,买卖双方可以约定所有权转移时间,没有约定则根据法定在交付时转移。④ 而在海商法上,增加了特有的提单制度,提单的流转算不算一种海商法特有的货物交付形式,并没有定论。因此,提单持有人并不必然是货物所有人。这也是一些学者反对在第 87 条中规定留置物必须属于债务人的理由,认为这样的规定过于严格。⑤ 2018 年《〈海商法〉修订征求意见稿》第 4.47 条避开经由权属要求保护提单持有人利益的路径,解决了这个问题。

而且,从第 4.47 条的规定中可以推出,收货人就是托运人时,或者收货人是第三人并持有运费到付提单时,承运人就可以因为运费债权而留置提单下的货物。再深入分析,持有提单的第三人通过提单记载已经了解到要提取货物必须支付运费,但该第三人仍选择受让该提单接受提单约束,该第三人因为知情成了负有运费支付义务的债务人。所以,4.47 条实现的效果与第 87 条的留置条件基本一致,但不用再考虑收货人究竟是否拥有货物的所有权,而是根据提单记载的内容进行判断,降低承运人的识别留置货物权属的难度,对于实践更具可操作性,也与我国的《海商法》整体融贯。

(2)4.47 条关于"装货港发生的滞期费、亏舱费和其他装货费用"的留置例外

对于运输单证未载明装货港发生的滞期费、亏舱费和其他装货费用由收货人、单证持有人承担,导致收货人、提单持有人从提单无从知晓债务的,承运人不可留置提单货物。这个例外体现了既有司法实践中对第三人知情的要求,通过知情,将第三人转化为债务人,承运人方可留置货物,规定亦与《海商法》第 87 条对留置"其货物"要求实现同

---

① Wilson,John F.,*Carriage of Goods by Sea*(7th Edition),Longman,2010,p.304.

② 司玉琢、汪杰、祝默泉等:《关于无单放货的理论与实践——兼论提单的物权性问题》,载《中国海商法年刊》2000 年第 00 期;胡正良、曹冲:《对提单的物权凭证功能的再思考》,载《中国海商法年刊》1996 年第 00 期。

③ 李海:《关于"提单是物权凭证"的反思——兼论提单的法律性质》,载《中国海商法年刊》1996 年第 00 期。

④ 《民法典》第 224 条 动产物权的设立和转让,自交付时发生效力,但是法律另有规定的除外。

⑤ 陈晶莹、张军伟:《试论承运人留置权之特殊性》,载《国际商务研究》2000 年第 5 期;周燡:《中国海上货物运输承运人留置权的实务与创新——兼论〈海商法〉第 87 条释义》,载《中国海商法研究》2015 年第 1 期。

样的效果。这个设计的合理之处在于，具体考虑了航运中的通常做法，除了运费外，对于装货港产生的债务（包括装货港滞期费、空舱费），一般是由托运人承担，目的港卸货产生的债务（包括卸货港滞期费、为货物垫付的费用等）和途中产生的债务（包括为货物垫付的费用、共同海损分摊等），则多数由收货人承担，如果因为装货港产生的债务而留置持有提单的第三人可提的货物，除非第三人对债务知情并愿意承担，否则对第三人明显不公平，这个设计将这种情况作为可留置的例外，保护了提单流转的交易安全，实现了船货利益平衡。

总之，这个修改主要将航运实践中对《海商法》第 87 条的适用情形转化为法律条文，最终实现和《海商法》第 87 条通过"留置其货物"用语在司法实践中被解释为"留置债务人有利益的货物"标准一样的效果，还避开了提单持有人与提单货物法律关系的理论争议。此举意在让法律的可操作性更强，将司法实践中的经验和做法用法律条文固定下来，出发点是积极的。但该规定仍较为严格，体现在持有提单的第三人对债务的"知情"程度上，第 4.47 条要求运输单证载明"装货港发生的滞期费、亏舱费和其他与装货有关的费用由收货人、运输单证持有人承担"方可留置，美国 UCC 第 7-307 条、挪威和丹麦的海商法第 269 条均只要求提单上记载该债务即可，并不要求记载债务由提单持有人承担。因此，第 4.47 条要求的知情程度更明确，实现难度更高，相比英美和北欧海商法，承运人对提单流转至第三人后的货物留置可能性仍然较低。

2. 对《〈海商法〉修改送审稿》修订方案的评述

在 2020 年的《〈海商法〉修改送审稿》上，《海商法》第 87 条再次进行了修改，2018 年《〈海商法〉修订征求意见稿》中复杂的"一般＋例外"结构消失了，直接将第 87 条的"其货物"改为"相应的货物"，彻底抛弃了对留置物的权属要求这个要件。修改后条文如下：

"第 99 条　应当向承运人支付的运费、共同海损分摊、滞期费和承运人为货物垫付的必要费用以及应当向承运人支付的其他费用未付清，承运人可以留置相应的货物。"①

本书认为这个方案会影响承运人留置权条款的立法目的实现，相较于 2018 年《〈海商法〉修订征求意见稿》的第 4.47 条，第二次修改的条文从烦琐走向极简，甚至删除了《海商法》第 87 条中"又没有提供适当担保"的表述，并以"相应的货物"取代"其货物"，该表述较为宽泛，表明了留置的货物和债权之间有牵连关系，也可以容纳留置货物范围应与债务数量相匹配的内涵。但是完全放开了对货物权属的要求，意味着即便提单流转到对债务不知情的第三人手中，承运人仍旧可以留置货物，把保护承运人的价值摆到最为优先的位置，放弃了提单交易安全的保护，允许承运人对持有提单的善意第三人的权利产生一定的影响。

如果把这个修订方案用海商法留置权子体系的 3 条检测标准——立法目的标准、"国际化"标准、"本土化"标准进行检测，则该修订方案无法通过该检测。对于立法目的标准，为了实现航运业的发展，虽要保护承运人债权的实现，但不能以此放弃海运业中重要的提单制度的交易安全，上述修订方案顾此失彼，因而背离了子体系的立法目的；从与国际普遍做法接轨的角度看，英美和北欧的海商法，对提单已经流转到运输合

_____

① 2020 年《〈海商法〉修改送审稿》第 99 条。

同之外第三人的情形,都设置了对该提单下货物行使留置权(lien)的特殊限制,往往必须以第三人知情债务为前提;大陆法系海商法中,现行德国《海商法》也受民法债权物权二分观念的影响,也从对留置物的权属要求入手立法,要求留置第三人的货物必须是第三人同意运输的,变相要求第三人流转取得提单或通过其他渠道知情运输合同债务,方可留置,实现了和英美海商法一样的特殊限制,而旧时德国海商法采取和现行日韩海商法一样的制度设计,直接将收货人规定为运输债务的债务人,再立法允许留置运输的货物。具体条款见表4-6。

表 4-6　域外海商法对承运人留置货物的相关规定及其效果

国别	法律效果	具体规定
英国	可以对运输合同提单下的货物行使 lien 权,对抗提单持有人的提货;但对租船合同的货物行使 lien,不得对抗持有提单的善意第三人	1992 年《海上货物运输法》Carriage of Goods by Sea Act 1992 第 3 条,在运输合同中,对提单所代表的货物享有 lien;在租船运的情况下,除非提单上对这项债务进行了明示,或者租船合同清楚并入提单并包含留置权条款,否则船东不可因租船运费之债,对持有提单的第三人的货物进行 lien
美国	承运人行使 lien 要对抗持有提单的第三人时,第三人应通过提单(并入合同)对债务知情。 例外是对合同外持提单的第三人的"合理费用"之债,虽无提单记载,承运人可以对货物行使 lien	《美国统一商法典》UCC 第 7-307 条:对提单所代表的货物享有 lien,但在对抗已支付对价取得流通提单的购买人时,承运人的 lien 仅限于提单上或有关费率表上注明的费用,如果未注明,则限于合理费用
德国	同中国一样,通过规定 lien 对象权属的方式来平衡船货利益。 分类安排。1. 运输合同中,承运人可以留置承运人、托运人、非善意第三人的货物。2. 其他涉及运输的合同,承运人只能留托运人的货物	2016 年修订的德国《商法典》Section 495 承运人的 lien:承运人根据一般货物运输合同提出的一切索赔,对交付给它运输的货物,不论是属于托运人、收货人,还是同意运输货物的第三人,都有留置权。根据与托运人订立的有关海运、货运、转运和储存的其他合同,承运人对托运人的货物享有留置权。留置权延伸至随附文件
日本	虽没有权属要求,但收货人被法定为债务人,滞留运输的货物就是滞留债务人的货物	2017 年日本《商法》第 741 条(海运收货人支付运费的义务)第 1 款规定收货人应承担运费等费用,第 2 款规定承运人在接受运费等的支付前,有权滞留货物
韩国	虽没有权属要求,但收货人被法定为债务人,滞留运输的货物就是滞留债务人的货物	2010 年修订的韩国《商法》,第 807 条(收货人责任和船长滞留权 duty of consignee,right of detention of shipmaster)说明收货人若不支付运费、滞期费、额外支出、共损等费用,船长可以不交付货物

国别	法律效果	具体规定
北欧各国	分类安排。1. 承运人可以不问权属,滞留有优先权(maritime lien)的货物。2. 滞留提单货物的前提是提单持有人对债务知情,滞留非提单货物的前提是收货人知情	丹麦、挪威、芬兰《海商法典》承运人拥有对货物的 maritime lien 的诉求(第 61 条):1. 救助报酬和共损分摊;2. 承运人根据合同约定的请求权,采取措施或垫付款项的请求权;3. 承运人根据租约产生的请求权。 收货人对承运人的债务(第 269 条):1. 根据提单交货的话,提单上记载的债务;2. 不是根据提单交货的情形,根据运输合同记载,或者收货人知晓或应当知晓的未付运费和其他债务。 承运人对货物的 right of retention(第 270 条):如果上述两类债务得不到清偿,承运人可以不必交货,或者要求提供担保
GENCON	承运人对所运货物行使 lien,可以不问权属	GENCON 1974 第 8 条 Lien Clause 规定:船东因为运费之债,拥有对货物的 lien;GENCON 1994 第 8 条 Lien Clause 规定:船东对货物和所有因为货物的转运运费拥有 lien

资料来源:各国海商法文本

可见,外国最新海商立法中,各国规定不尽相同,但达到的效果都是大方向保护承运人的利益,且不能因为承运人的留置或相关担保权利,而伤害持有提单的善意第三人的利益。为了加强对提单制度所代表海运效率的鼓励,多国对提单流转至租船合同外的第三人的情况进行专门规定,承运人若是要用留置权(lien)/滞留权(right of retention)等类似权利对抗持有提单的第三人的提货权,前提是该第三人知晓、愿意负担运输货物所产生的债务,通过知情的过程,将合同约束力扩张至提单持有人,使之转化为债务人,最终实现符合留置、滞留债务人所有的货物的效果。不减损善意第三人利益成为各国对承运人留置权(lien)/滞留权(right of retention)等类似权利设计的殊途同归的底线。

回到《海商法》修改送审稿》的方案,我国海商法对留置物权属没有要求,等于放弃了国际主流的立法,即放弃了对债务不知情的善意第三人持有的提单下货物的留置例外,则很可能对我国承运人的国际竞争力造成影响,国际运输中的当事人也可能因此不愿意选择《海商法》作为准据法。

3. 对承运人留置权条款修改的建议

根据对两版修改方案的比较,2018 年《〈海商法〉修订征求意见稿》是维持现行法律效果的修订,通过"一般+例外"的立法方式避开了提单持有人与提单货物法律关系的理论争议,2020 年《〈海商法〉修改送审稿》则对现行法进行了实质性修改,提升了对承运人的保护程度,但也放弃了对持有提单的第三人权益的平衡机制,不仅突破了合同相对性原理,甚至比民法留置权善意取得的门槛更低,即便承运人明知提单持有人没有履行运输合同债权的义务,也可以恶意留置提单下的货物。

跳出就法条论法条的思维,从《海商法》留置权体系的整体布局角度考虑,承运人留置权条款作为整个体系的核心条款之一,应与体系的立法目的保持一致,保护整个体系的价值平衡。《海商法》第87条现有法律效果已基本实现这个目标,但其立法技术受到我国民法体系"物权—债权"二分法传统的影响,也受到民法留置权将"留置债务人的动产"作为合同双方利益"平衡器"的立法模式的影响,以限制留置货物权属的"其货物"用语,作为保护持有提单的善意第三人的"平衡器"。但这种立法技术遭遇了海商法上特有的提单制度后,无法逾越提单持有人不一定是提单下货物所有人的理论障碍。英美海商法采取了另外一种立法进路,对承运人留置权的"平衡器"是善意的持有提单第三人例外,即持有提单的第三人和承运人之间的权利义务由提单调整,如果第三人通过提单无法知晓债务(善意),则承运人不能留置提单货物,即不可对抗第三人凭提单提货。这种立法模式符合合同的相对性原理,承运人也无须考察海运中复杂的货物权属关系,只需根据提单的记载情况判断持有提单的第三人是否善意,平衡了各方利益的同时,也给航运实践和司法带来便利,无怪乎德国《海商法》对承运人留置权的规定,从传统的大陆法系海商法的模式[①],逐渐向英美法的考察善意模式靠拢。

本书认为2018年《〈海商法〉修订征求意见稿》的修改方案采取了考察持有提单的第三人善意与否的利益平衡模式,更符合《海商法》留置权的立法目的,与子体系下其他条款更协调,并且与域外各国的保护程度更接近。但该方案也存在不足之处:首先法条规定较为复杂,不仅区分一般和例外,两个并列的第三人持有提单的留置例外中,还有两条线索,一条线索区分留置物,另一条线索区分提单记载的内容,适用者并不容易理解;其次,保护善意第三人例外的门槛较高,要求提单记载债务由收货人、提单持有人承担,这个要求与提单实务中简洁的语言书写习惯背离,英美和北欧海商法的善意第三人例外只要求提单记载债务,仍显得中国法过于严苛。现对《海商法》第87条的修订提出如下建议,分为两款:

"应当向承运人支付的运费、共同海损分摊、滞期费和承运人为货物垫付的必要费用以及应当向承运人支付的其他费用没有付清,又没有提供适当担保的,承运人可以在合理的限度内留置运输单证下的货物。

但当运输合同之外的第三人合法取得运输单证时,承运人留置货物的价值应当相当于运输单证上明确记载的本条第一款范围内未清偿债务的金额。"

本书的修改建议是采取"一般+例外"的立法模式,避开《海商法》第87条的权属要求,采取善意第三人的"平衡器",通过提单明确记载排除持有提单第三人不知道债务的情形。相比2018年《〈海商法〉修订征求意见稿》第4.47条,降低对提单记载内容的严格要求,只要求有"明确记载的本条第一款范围内未清偿债务",不要求明示债务必须是提单持有人的,将审查债务真实性的风险转移给提单持有人,要求其在买受提单时,对提单上记载的对承运人的债务是否清偿进行评估,以决定是否接受该提单,增强了对承运人的保护,但仍保留对船货利益平衡的协调机制。

---

① 现行日本《商法》、韩国《商法》,以及1998年德国《商法典》,先规定海运收货人对运费、共同海损、垫付费用等负有债务,再规定承运人可以留置运输的货物。

另外,本书在前面章节已论证,第 88 条的用语虽强调货物运抵目的港后"无人提取"的情形,其立法原意是为承运人的运费债权提供担保。由于我国《海商法》对目的港无人取货/收货人弃货的责任分摊出现了法律供给缺位,导致第 88 条的司法适用主要用于解决该问题,割裂了与第 87 条的紧密联系,并且在一些裁判文书中被过度扩张为承运人在目的港交货不能时必须通过留置减损的依据,"权利"属性被完全扭曲,从而无法实现自身的立法目的。而且第 88 条规定了适应海商法特殊需要的处分留置物方式,其对其他海商法留置权的示范价值也有待发挥。2018 年《〈海商法〉修订征求意见稿》第 4.48 条对《海商法》第 88 条进行微调,完善了几处细节,但仍未考虑司法适用中的高误用率。

本书发现,2019 年修订的瑞典《海商法典》其专门针对承运人拍卖滞留货物行为的"权利"属性进行了强调,该法第 23 条规定的是托运人对承运人运费应收款的责任,其中的第 2 款强调:承运人没有义务出售储存的货物,以获得收货人本应支付的付款,如果销售后不足以支付应收账款,则托运人应负兜底责任。[①] 前文分析过我国《海商法》中存在对目的港交货不能的责任划分的"法律漏洞",在特定情况下,将承运人行使对滞留在船上的货物行使留置权的二次效力拍卖权,视为承运人减损义务的途径之一,并不违背子体系的立法目的,所以可以适当对第 87 条和第 88 条进行目的性扩张以填补漏洞。因此《海商法》若未能在修订中填补该漏洞,则不宜像瑞典法一样,强调承运人没有义务出售储存的货物。

因此,建议在修法中不再强调"目的港无人提取"字眼,以减少对法条的误用,增强第 88 条规定对适用其他海商法留置权的范式效果。而《海商法》中除了第 86 条之外,还应该增加对托运人和收货人对目的港费用的责任划分,实现不同子体系间的协调,提升整部《海商法》的体系化程度,但这不是经由修订留置权条款所能够完成的任务,本书不再深入论述。

综上,本书建议对第 88 条再修改如下:

"承运人根据本法第 X 条规定留置的货物,债务人未能在约定的履行期间,或者未能自货物抵达卸货港或者交货地的次日起满六十日清偿债务,亦未提供相应的担保的,承运人可以申请法院裁定拍卖;货物易腐烂变质或者应当向承运人支付的费用加上货物的保管费用可能超过其价值的,可以申请提前拍卖。

拍卖所得价款,用于清偿保管、拍卖货物的费用和运费以及应当向承运人支付的其他有关费用;不足的金额,承运人有权向债务人追偿;剩余的金额,退还债务人;无法退还、自拍卖之日起满一年又无人领取的,依法提存。"

---

① 2019 年瑞典《海商法》Sjölag(1994:1009 t.o.m. SFS 2019:351) 第 23 条,23 § Lämnas godset ut till mottagaren utan betalning av en sådan fordran mot avsändaren som mottagaren skulle ha betalt, kvarstår avsändarens ansvar,om inte utlämnandet medför skada för avsändaren och transportören måste ha insett detta.Transportören är inte skyldig att sälja upplagt gods för att få betalt för en sådan fordran mot avsändaren som mottagaren skulle ha betalt. Om försäljning ändå sker utan att fordringarna täcks, är avsändaren ansvarig för bristen.

（三）对转租收入留置权部分条款的修订建议

《海商法》第 141 条船舶出租人留置权遭遇的最大问题是，立法上，出租人对转租收入的担保性权利，使用"留置权"术语，产生了逻辑矛盾；司法上，在期租船舶后，承租人多进行转租转运，出租人基本无从留置承租人的货物和其他财产，加上由于法律移植的方法不当，"出租人对转租收入的留置权"这部分法条难以被理解，导致在我国大量出现承租人失联/停业的情况下，对出租人债权保护不足。遗憾的是，在两份《海商法》修订建议稿中，第 141 条的原文被完整保留，本书认为第 141 条应进行修订。

"出租人对转租收入的留置权"会发生法律移植效果的偏差，翻译是产生问题的关键。我国一直以来将 lien 翻译为留置权，可能导致了部分移植概念提取错误的后果。关于如何准确翻译概念，傅郁林总结了对英美法术语的两类翻译观点：一类强调将法律移植对象的概念和制度，全部用与移植目标语言中功能相同相近的概念和制度来翻译；另一类强调只有法律移植对象目标之间的概念和制度的差异在任何情况下都不具有重要意义时，才可用于翻译，否则应造新概念进行翻译。[①] 对于第二类翻译观点，本书深以为是。这个做法在我国的"船舶优先权"对"maritime lien"的翻译中得以实践，不再把包含有 lien 的术语统一翻译为"××留置权"，而是制造新概念实现了较好的移植效果。除了出租人对转租收入的 lien，《海商法》留置权条款其他移植对象中的 lien 的性质都是占有型担保（possessory lien），与留置权的差异很小，而且并非实质性差异，不会导致内涵增衍或者遗失，可以对译；唯有出租人对转租收入的 lien，相对于"出租人对转租收入的留置权"，前者不以占有为前提，而后者强调占有是产生权利的要件，该差异具有重要意义，忽略差异强行翻译，导致了法条无法操作的问题。

因此，为了解决第 141 条的部分虚置问题，既要达到盘活"转租收入的留置权"这部分条款的作用，又不影响其他法条的司法适用，唯有替换掉这部分法条使用的"留置权"术语，将其排除出《海商法》留置权子体系，方能归还其原本面貌，发挥其保护出租人债权实现的作用。

通过此次《海商法》修订更改该术语，应借助更为系统、科学的法律翻译方法。翻译学在解决法律术语的跨文化翻译中，为了防止翻译的偏差，根据源语与目标语中就翻译对象是否存在对等术语，分为三类翻译方式：在中英文接近对等的情况下，直接翻译；在部分对等的情况下，用修饰语扩大或缩小中文词汇的意义；在完全不对等的情况下使用释义、中性词、借词或新词。[②] 第 141 条出租人对转租收入的留置权法律移植的对象是标准合同 BALTIME/NYPE 中的"lien on the sub-freight/sub-hire"，前文已分析过，这种权利在英国衡平法中被识别为一种权利质押（equitable charge），我国的学者认为其

---

① 傅郁林：《法律术语的翻译与法律概念的解释——以海上货物留置权的翻译和解释为例》，载《北大法律评论》1999 年第 1 期。

② 谭福民、向红：《从功能对等理论看法律英语术语的跨文化翻译》，载《当代外语研究》2012 年第 10 期。

性质接近我国民法上的债权转让。① 但本书认为出租人的"lien on the sub-freight/sub-hire"的属性与我国的债权转让只达到部分对等的程度,尚未达到接近对等。根据《民法典》第 546 条,债权转让的前提是形成转让人与受让人的合意,行为模式是转让人通知债务人债权转让,法律效果是债权转让对债务人生效,债务人向受让人履行债务。② 而且债权转让是我国法上一种债的变动形式,本身不是一种债权,转让后的结果才是让受让人获得债权。《民法典》强调由转让人通知债务人,意在防止债务人被欺诈,是对债务人和转让人权利的保护。相较之下,我国《海商法》第 141 条通过对出租人"lien on the sub-freight/sub-hire"的法律移植,最终形成的权利性质是一种法定权利,只要期租合同没有约定或者没有不同约定,权利就发生效力,并不完全以出租人和承租人的合意为前提;此外,在英美海商法的判例中,行为模式是由出租人通知次租船人行使对转租运费的 lien 权,从债权债务关系来看,即由债权的受让人通知债务人,上述两点差异构成了与我国债权转让的实质差别。在"lien on the sub-freight/sub-hire"与债权转让的含义部分对等的情况下,应采取第二种翻译方式——用修饰语扩大或缩小中文词汇的意义为妥。

在 2016 年修订的德国《商法典》第五书海上贸易—第二章运输合同—第二次章期租合同中,专门用两个条款规定对出租人债权的担保。第 566 条"船东的留置权"(pfandrecht des zeitvercharterers)规定了出租人的留置权,其第 2 款则对转租收入的 lien 进行了规定:为进一步保证定期租船合同项下的应收账款,船东还应对定期租船人已订立并打算使用船舶履行的运费和分租合同项下的应收账款享有 lien。一旦欠定期租船人的应收款项的债务人知道船东的留置权,债务人可以只向船东付款。但是,债务人有权将有关金额存入(提存),直至租船人通知其留置权为止。③ 可见,对于转租收入的留置权,德国法律一定程度上给予后手债务人配合义务,后手债务人知道一手租船合同债务后,可以只向船东付款,或者提存。此处的设计让其性质更融贯民法的债权转让,由租船人通知二手租船人债权转让的事实,以保护一手租船人的合法利益。也比我国法更为详细,更有可操作性。

本书认为,可以"出租人对承租人转租收入的法定债权转让"这一表达来翻译移植"lien on the sub-freight/sub-hire",增加定语凸显其与一般债权转让的区别,将第 141 条的留置权拆分为"出租人的留置权"和"出租人对承租人转租、转运收入的法定债权转让"两部分,共同配合以保护船舶出租人的租金债权。在这种特殊的债权转让中,应该学习德国法的做法,如果出租人通知后手债务人,则造成后手知情,启动该法定债权转让,但为了防止出租人欺诈后手债务人,后手可以选择向出租人付款,或者选择提存,待其合同相对方——承租人通知其债权转让后,完成民法意义上的债权转让,再向出租人

---

① 陈安、赵德铭、何丽新主编:《国际海事法学》,北京大学出版社 1999 年版,第 390~391 页;王恒斯:《困境与出路:中国法中的"转租收入"留置权——以〈中华人民共和国海商法〉第 141 条为视角的解释论》,载《中国海商法年刊》2011 年第 4 期。

② 《民法典》第 546 条 债权人转让债权,未通知债务人的,该转让对债务人不发生效力。债权转让的通知不得撤销,但是经受让人同意的除外。

③ 2016 年修订的德国《商法典》Handelsgesetzbuch(HGB)第 566 条。

付款。

而且,这个改动有一举两得的效果,不仅"激活"原被虚置的部分条款,同时也可以用于应对我国航运实践中大量出现的承租人失联/停业问题,实现在该情形下对出租人的保护。第二章的数据分析显示,在"中国裁判文书网"上援引第 141 条进行裁判的案件,都遭遇了承租人在租期中失联/停业的情形,承租人不履行原期租合同的义务,亦无法完成转租/运合同的运输义务,出租人和转租/运合同的相对方没有直接的合同关系,但在那种情况下,由出租人一并完成承租人在租船合同链上的义务,是对整个运输过程整体利益最大化的安排。为了鼓励出租人完成运输,同时保护出租人的合法权益,在这个情景下,应允许完成运输的出租人行使"出租人对承租人转租收入的法定债权转让",把转租/运合同的相对方尚未支付给承租人的租金/运费,直接法定转让与给出租人,起到稳定交易秩序的效果。从比较法的角度上看,韩国和北欧国家的海商法对承租人不履约的情形,采取了类似的处理措施。[①] 目前,本书获取的两份《海商法》修订稿均未对第 141 条进行修改,本书建议修改如下:

"承租人未向出租人支付租金或者合同约定的其他款项的,亦未提供相应担保的,在合理限度内,出租人对船上属于承租人的货物和财产有留置权。

该租船合同的转租、转运合同中,应收账款的债务人在得知债权人有对船舶出租人未履行前款规定债务的情形,应提存该应收账款,待运输完成后,或者待债权人通知时,直接向出租人支付。"

(四)对救助人留置权修订稿的评述和建议

前面章节已经充分论述,从立法目的、法律体系的逻辑性来看,都不宜赋予救助人以留置权,亦即救助人滞留被救船/物之权利不宜被视为《海商法》留置权体系的内容,而《海商法》第 190 条赋予救助人对被救船舶的拍卖权和优先受偿权的规定,会导致巨大的法律漏洞,破坏《海商法》的整个船舶担保体系的逻辑自洽。在《海商法》修订稿中,发现《〈海商法〉修改送审稿》第 219 条有将第 188 条的内容明确定性为《海商法》留置权的意图,本书认为应千万慎重其事。[②] 同时,必须删除《海商法》第 190 条。

(五)对其他相关条款的修订建议

1. 对承拖人留置权条款的修订建议

本书获取的两份《海商法》修订稿对第 161 条均未进行修改,为了加强《海商法》留

---

① 2010 年修订的韩国《商法》第 845 条(Right of retention in Charterage and Termination of Contracts,etc.)内容是:承租人违约,船舶所有人可以向货物利害关系人书面通知,表示有意继续运输,应当视为已经确立了定期租船人有权向货物利害关系人主张原期租合同债权的质权(Pledge);北欧国家的海商法中,也规定了期租合同中,承租人欠款的情况,出租人有履行抗辩权,还有对转租收入的转让权(Assigns to the time carrier any freight claims which the time charterer may have in connection with subchartering of the ship),参见 2018 年修订的丹麦《海商法典》第 391 条、2020 年修订的挪威《海商法典》第 391 条。

② 《〈海商法〉修改送审稿》第 219 条 第 3 款 在未根据救助方的要求对获救的船舶或者其他财产提供足额的担保以前,未经救助方同意,不得将获救的船舶和其他财产从救助作业完成后最初到达的港口或者地点移走,救助方对获救财产享有留置权。

置权的体系逻辑,明确法条含义,避免体系内部冲突,针对第161条的特点,本书建议法条区分留置物性质以行使该权利,并发挥《海商法》留置权的子体系效益,以参照条款关联子体系内的核心法条,避免立法冗余的同时实现立法科学性,修改如下:

"被拖方未按照约定支付拖航费和其他合理费用的,承拖方在合理的限度内对被拖的货物和财产有留置权,具体行使方式参照第 X 条(承运人留置权的行使条款)规定。承拖方也可对被拖船舶行使留置权,具体行使方式参照第 X 条(船舶留置权的行使条款)规定,承拖方对船舶的留置权在船舶抵押权之后受偿。"

2. 对《〈海商法〉修订审议稿》中港口经营人留置权条款的完善建议

从 2000 年颁布的原《港口货物作业规则》(2015 年废止)到 2020 年《〈海商法〉修订审议稿》第102 条,对港口经营人留置权的规定一脉相承地赋予港口经营人留置货物而不问货物权属的权利,而且 2020 年《〈海商法〉修订审议稿》第 102 条和第 103 条规定的港口经营人留置权的定性和行使,与原《港口货物作业规则》第 99 条和第 100 条的承运人留置权的定性和行使内容基本相同。《〈海商法〉修订审议稿》再次规定港口经营人留置权体现了两个重要的立法意图,首先反映了港口经营人在海商法中独立地位得到承认,其次反映了港口经营人的留置权被归入海商法留置权体系。以港口经营人被修订后的《海商法》赋予独立海商法主体地位为前提,考虑到港口经营人作为承运人海上运输的承前启后的角色,为货物经过运输实现保值增值付出了劳动,与其他海商法留置权有同样的法律原理和逻辑,应赋予其和承运人同样以货物为对象的留置权。作为《海商法》留置权体系的一部分,可以在子体系结构的前提下,运用立法技术参照适用承运人留置权法条。具体建议如下:

"应当向港口经营人支付的货物作业费、港口经营人为货物的垫付的必要费用以及应当向港口经营人支付的其他费用没有付清,港口经营人对相应的货物有留置权,参照适用第 X-Y 条承运人留置权的规定行使。"

第三节　以体系化思维指导《海商法》留置权的法律适用

一、遵循《海商法》留置权体系化适用的思维图谱

以体系化思维进行法律适用的过程中,解释每个条款时都应全面思考对其产生影响的各种因素,涉及法律体系内外,甚至是法律范畴之外。陈金钊强调具体规则的含义要在一定的体系范围内进行界定和协调,而传统上对法律的体系化思维存在封闭和开放两大类范围:狭义封闭范围是条款所在的部门法体系,至多是超越部门法的制定法体系;广义封闭范围是法律渊源体系,允许在各种法律的表现形式中寻求法律的意义;开放的范围是突破法律规范的形式束缚,在法律与社会的关系中探寻法律规范与社会的融洽性。[①]

---

① 陈金钊:《体系思维的姿态及体系解释方法的运用》,载《山东大学学报(哲学社会科学版)》2018 年第 2 期。

在适用《海商法》留置权条款的过程中,考虑到其立法特点是本土的民法留置权与域外条款的结合,立法意图中包含实现本土化和国际化双重面向,条款的理论源头较为复杂,作为法律移植对象的域外条款中还包含国际公约,本身具有各国利益博弈的色彩,带着较多的政策性考虑,适于本土实践的需要也是重要的思考因素。结合其特点,体系化的思维自然会将解释者的思路引向法律规范之外,在"开放的范围"内对条款进行融贯于体系的解释。

特别值得注意的是,司法适用的体系化思维也存在递进层次,如果在较小的紧密关联范围内,对条款的解释无法实现体系化的协调,那么在更大范围内的协调也就失去根基。封闭的范围包含的是确定的法律规范,具有较强的权威性和执行力,应先从最小的狭义封闭范围起步进行解释,即与待适用条款联系最为紧密的条款,再向广义封闭范围扩张,最后考虑开放范围。其他的社会规范或者社会因素要进入法律解释所依据的开放范围,应通过一定的法律方法,否则会给法律适用者过大的自由裁量空间①,影响法的稳定性,最终破坏社会公平。这样循序渐进地拓展解释范围,有助于实现体系化法律适用的效率和准确性。

回到具体的《海商法》留置权条款,应先在《海商法》留置权子体系内进行解释和体系化协调,再考虑其是否与《海商法》和"海商法"的整体价值一致,也不能忽略与整个民法体系乃至我国法律体系的协调,最后也应对航运实践中的需求和形成的新习惯做出反馈。

(一)优先在《海商法》留置权子体系内部寻求解释和支持

魏德士站在体系化思维的视角上分析法律适用,认为法官就应借助体系化视角把握一切既有的价值标准,并通过对各法条协调的解释,来实现法律秩序的评价统一。②这句话中强调了从体系的视角进行法律解释和适用,寻找共同的价值判断,以保证对内部法条的融贯解释,实现"同案同判"的基本司法要求。

不可否认,《海商法》内的5组留置权条款彼此间具有最强的功能联系和价值联系。因此,解释其中任何一个条款,都应放在《海商法》留置权子体系中,由/与其他条款相互支持和证成,借鉴彼此来理解自身,法律适用首先保证子体系内部条款间的体系化、融贯化。比如,《海商法》第141条和第161条中只规定出租人、承拖人享有留置权,但对其中"留置权"的含义和效力没有具体规定,对于这两条中以货物为对象的留置权,首先应根据《海商法》第87条和第88条的内容加以理解③,而以船舶为对象的留置权,则应根据《海商法》第25条的内容进行解释。

特别的是,船舶留置权同时跨《海商法》留置权和船舶担保物权两个子体系,对其进行解释时,要将其放在两个子体系中加以综合考虑。由于后一子体系的术语直接展现

---

① 陈金钊:《体系思维的姿态及体系解释方法的运用》,载《山东大学学报(哲学社会科学版)》2018年第2期。

② [德]魏德士:《法理学》,丁晓春、吴越译,法律出版社2013年版,第324页。

③ 由于我国水路运输采取双轨制,对《海商法》承运人留置权与出租人和承拖人留置权造成的体系化障碍,可能在修订后的《海商法》中得到化解,如果双轨制在新法中没有改变,则应采取上一节的修订方案,在《海商法》出租人和承拖人留置权条款中,明示参照关系。

了体系化联系,因此学者们倾向于将船舶留置权作为船舶担保物权的一个类型加以研究,而极少将其和《海商法》上其余的留置权条款相提并论。① 但是,共同的留置权属性,共同的保护船方债权目的,决定性地为船舶留置权和其他留置权形成了实质上的体系性关联。从这两点上看,船舶留置权条款所保护的对象是造修船方,行使的方式是对所造修船舶"占有+处分并优先受偿",船舶优先权的保护对象主要是社会公益和弱势群体,行使的方式是对船舶不以占有为前提的优先受偿,船舶抵押权保护对象是银行为主的抵押权人,行使的方式也是不以占有为前提的优先受偿,这三项船舶担保物权间的体系化关联在于都是以船舶为担保物,并且由《海商法》条款对它们的受偿顺序进行了安排。但在对第 25 条船舶留置权条款的法律适用中,两套子体系的价值都不能忽略,否则就像《海商法》第 190 条赋予救助人处分被救船舶并优先受偿的留置权二次效力,却与其他船舶担保物权相冲突的情形。

因此,对《海商法》留置权条款的法律解释中,应先发挥体系化关联的作用,优先将 5 组法条在彼此关系中解释、证成、参照或类推适用,这样做,相较于引用其他的法律或者民法留置权条款,更能保证法条背后的立法目的和价值的实现。

(二)围绕我国海商法的立法目的进行适用

法律适用的关键不在于对文本的服从,而在于实现文本真正想达到和应该达到的目的。② 而有层次的立法目的,是法律体系得以逐层构建的基础。《海商法》留置权子体系作为《海商法》,乃至我国海商法法律部门的组成部分,其立法目的与我国海商法整体的立法目的是相协调的,经由贯彻《海商法》留置权的立法目的,也是为了推动我国海商法保护的特殊价值的实现。

郭瑜曾提出解释《海商法》条款应"用尽海商法"③的观点,得到了学界的广泛认同。该理论的核心在于:海商法中包含着异于民法的特殊价值,为了实现对该价值的保护,首先,不是《海商法》没规定的,而是"海商法"没规定的才用民法解释和补充,将"海商法"学理、原则、一般规定、习惯等作为解释依据;其次,解释要反映立法的目的;再次,要允许海商法自我发展填补空白。④

虽然民法中已经有留置权条款,但《海商法》还区分 5 类不同的留置权加以细化规定,就是因为海商法体现并保护着不同于民法的特殊的价值——航运业的发展,因此,解释和适用《海商法》留置权条款时,唯有"用尽海商法"而不是动辄借助民法,才能实现《海商法》法条背后保护的价值。

---

① 司玉琢:《海商法》,法律出版社 2003 年版,第 69~76 页;傅廷中:《海商法论》,法律出版社 2007 年版,第 58~68 页;张湘兰:《海商法》,武汉大学出版社 2014 年版,第 59~62 页;郭瑜:《海商法教程》,北京大学出版社 2002 年版,第 31~33 页;李海:《船舶物权之研究》,法律出版社 2002 年版,第 204~236 页。

② [德]魏德士:《法理学》,丁晓春、吴越译,法律出版社 2013 年版,第 307 页。

③ 郭瑜:《海商法的精神——中国的实践和理论》,北京大学出版社 2005 年版,第 79~93 页。

④ 郭瑜:《海商法的精神——中国的实践和理论》,北京大学出版社 2005 年版,第 79~93 页。

《海商法》总的立法目的在其第 1 条就有体现,即保护海商事活动主体的利益①,这也是我国海商法部门的立法目的。但对于每一个条款来说,都还有其具体的适用场景和具体的立法意图,这些立法意图都围绕着我国海商法整体的立法目的,因此对每一《海商法》留置权条款的法律解释的过程,就是通过寻找每个条款的立法意图并加以适用,以最终实现我国海商法立法目的的过程。"用尽海商法"才能保证对法律的解释始终能处于保护海商法特殊利益的大前提下,这也符合"禁止向一般规则逃逸""特别法优先于一般法"的法律适用规则。注意此处"用尽海商法"的"海商法"是广义的海商法,不局限于成文的海(商)法(包括《海商法》《海洋环境保护法》《海关法》《国际海运条例》等法律法规、司法解释),还包括海商法学理、一般规定、习惯等非法律规范。法律移植的立法方式给《海商法》中的留置权条款带来双重属性,导致舶来的法条与其原先所生长的理论"土壤"相对分离,给寻找立法目的和背后原理的工作增加难度,尤其不能忘记域外的移植对象及其背后的外国海商法历史和理论。本书第一章的分析即显示,在解释《海商法》留置权条款立法目的的过程中,域外海商法的学说、判例、国际公约的历史资料,都对准确理解《海商法》留置权条款发挥了重要作用。

另外,除了在"用尽海商法"的视野下解释《海商法》留置权条款,还应该让这些解释或者制度设计与我国海商法的其他条款,以及海商法保护的特殊价值相融贯,实现我国海商法法律体系的和谐。

(三)兼顾与我国民法体系的协调

作为特殊的民法部门,海商法的内容与民法有着千丝万缕的联系,《海商法》留置权条款的性质基调早已由民法"留置权"术语决定,《海商法》留置权子体系的上层系统是民法留置权,价值评价上也是特殊与一般的关系,上下级系统间自然有着实现体系化融贯的要求。《海商法》留置权与民法体系的协调,主要表现为与民法留置权的融贯,目前主要体现为和《民法典》物权编的留置权一章,以及合同编中的典型留置权条款的关系上。由于民法调整的范围更为广泛,未考虑海商法保护的特殊利益,将其在涉海留置权案件中加以适用,前提须经过《海商法》留置权子体系立法目的的筛选,把握好运用民法留置权条款进行解释的边界。

1.《海商法》与民法留置权条款的冲突规则

涉海留置权纠纷中,摆在法官面前的一个棘手问题是,究竟适用民法还是《海商法》加以裁判,共同的"留置权"术语的使用,从表面上看似乎造成了法条竞合。但由于民法和《海商法》对留置权的主体、对象、行使方式、法律后果规定不同,条款适用的不同将会对当事人的实体权利义务产生截然不同的影响。

从体系解释方法入手,该方法包含两条传统的冲突规则——特别冲突规则与时间冲突规则,可用于解决法条竞合的问题。前者指的是特别法优于一般法(lex specialis derogat Iegi generali)规则;后者是后法优于前法(lex posterir derogat legi priori)。② 另

---

① 《海商法》第 1 条 为了调整海上运输关系、船舶关系,维护当事人各方的合法权益,促进海上运输和经济贸易的发展,制定本法。

② [德]魏德士:《法理学》,丁晓春、吴越译,法律出版社 2013 年版,第 324 页。

外,特别法优于一般法规则经后世发展被解读为,特别法有规定的适用特别法,特别法没有规定的适用一般法。《海商法》相对于民法是特别法,这点早已达成共识。但本书第一章分析过,取代了《物权法》《担保法》《合同法》的《民法典》中,既有留置权的一般规定,也有对典型留置权的特别规定,而这些典型留置权共同保护了劳务提供者的债权,和《海商法》留置权子体系保护的船方债权的立法目的存在一定差异,两个子体系之间是并列的关系,没有一般和特别之分。因此,不能笼统地说《民法典》留置权条款是一般法,《海商法》留置权条款是特别法,要具体条款具体分析。

另外,《民法典》及被其取代的《物权法》《担保法》《合同法》法律制定颁布施行时间都晚于《海商法》,是否意味着这些民法的留置权条款都"新法优于旧法",可以适用于海商法案件呢?答案必然是否定的。法律适用的目标在于实现立法目的,"特别法优于一般法"是在先规则,如果新的一般民法的条款有悖于旧的《海商法》留置权条款的立法目的,则仍应适用"特别法优于一般法"规则。《海商法》留置权适当引入民法补充的立法意图,也只限于援引《民法典》留置权的一般规定,并注意如下冲突规则:

第一步,《海商法》留置权条款和《民法典》的留置权一般规定都有规定的情况下——特殊法优于一般法;第二步,《海商法》留置权条款没规定,《民法典》的留置权一般规定有规定——考察立法意图。第二步可再分细为两种情况,情况一,立法意图有意不规定的,不可用《民法典》的留置权一般规定;情况二,立法意图有意不规定而允许适用《民法典》的留置权一般规定的,乃适用民法。

比如,第87条承运人留置权和第141条出租人留置权都要求留置的货物应属于债务人,立法意图在于保护非合同当事人的交易安全,实现船货双方的利益平衡,这样的规定就不应因为适用《民法典》的典型留置权条款而突破,因为《海商法》留置权条款与《民法典》的典型留置权条款都是特殊条款,不可彼此适用。而对于《海商法》留置权和《民法典》的留置权一般规定的冲突规则,适用第一步的典型情况是,第88条详细规定了承运人对留置货物进行处分的方式,承运人应优先适用第88条处分留置货物,就无须再援引《民法典》第453条的处分规则加以适用。适用第二步的情况一体现为第25条船舶留置权规定了权利主体是造修船人,对留置对象却没有权属要求,这是为了最大化保护造修船人的债权,与国际接轨,属于《海商法》有意不规定的情况,不是"特别法没有规定的情况";相较之下,《民法典》留置权的一般规定要求留置债务人的动产,若对造修船人行使船舶留置权的案件适用该《民法典》条款,就会破坏第25条的立法意图。适用第二步的情况二体现为,《海商法》留置权条款均未规定留置权人对留置物的妥善保管义务,亦未规定当事人可以约定放弃留置权,但民法留置权的一般条款有这样的规定,这些安排与立法目的和海商法价值不冲突,符合《海商法》留置权子体系的立法意图之一——以用民法留置权制度来补充《海商法》法条规定的不足,符合"特殊法没有规定的,以一般法补充"的情形。至于哪些条款规定的细节中隐含的海商法特殊利益,则需通过文义解释、体系解释、目的解释、历史解释的方法综合获得。

2.《海商法》留置权可由《民法典》留置权条款补充的内容

通过前文对《海商法》留置权条款立法目的的解读,不涉及海商法保护的特殊利益的,《海商法》允许民法补充。主要包括留置权的可约定排除、留置的限度与债务相称(其中以不可分割的船舶为对象的权利除外)、留置权人的保管义务、收取孳息的权利、留置权的消灭等相关规定。专门应该指出的是,《民法典》第453条给予履行期限和留置物的处分,实际规定的是留置权的行使方式,在以往的司法实践中,《担保法》《物权法》中的类似条款被海商法留置权案件高频援引,以弥补《海商法》移植而来的留置权条款的逻辑结构缺陷。经过本书分析,对于《海商法》各项留置权来说,适用民法来行使权利,不利于保护海商法特殊价值。一是由于船舶作为留置物的特殊性,通过法院拍卖船舶的形式才能更好保护债权人、债务人和第三人的权利,对此,《海商法》修订征求意见稿已有动作,也必须经由《海商法》修订才能实现海商法特殊利益的保护;二是以货物为对象的留置权,则因为同一法律中同一体系的第88条已经规定了更为贴近海上货运实际的处理方式,最好参照适用同一体系的法条,更能实现《海商法》的立法目的,当然,还得逾越《海商法》第87条和第88条只适用于国际海运的障碍,有赖《海商法》进行全方位的体系化修订。

考虑到现行《海商法》留置权各自的立法意图,下表将归纳行使《海商法》留置权可以同时援引《民法典》留置权法条的情形。另外,由于规定救助人留置权的行使条款——《海商法》第190条,实际上被救助人的船舶优先权架空,本书亦认为不应赋予救助人以留置权,因此不在表4-7展现第188条和第190条规定的救助人留置权。

表4-7 《海商法》留置权条款允许《民法典》留置权章补充的内容

《民法典》\《海商法》	第25条 船舶留置权	第87条 和第88条 承运人留置权	第141条 出租人留置权	第161条 承拖人留置权
第447条 要件1债务到期未清偿,要件2合法占有债务人动产;法律效果	可占有非债务人的船舶	√	√	可占有非债务人的船舶和财产
第448条(前半句)同一法律关系要件	√	√	√	√
第448条(后半句)企业间留置权	不可成立企业间船舶留置权,影响鼓励船舶融资的立法意图	√	√	√(承拖人的留置船舶的权利也可以成立企业间留置权,不会破坏立法意图)
第449条 可约定排除留置对象	√	√	√	√
第450条 留置与债务等值财产	船舶为不可分物	√	√	船舶为不可分物,但留置被拖货物时可适用
第451条 债权人的保管义务和赔偿责任	√	√	√	√

《民法典》＼《海商法》	第25条 船舶留置权	第87条和第88条 承运人留置权	第141条 出租人留置权	第161条 承拖人留置权
第452条　收取孳息权	√	√	√	√
第453条　履行期和处分留置物方式	√（但处分方式应考虑船舶的特殊性）	√	√	√（但处分船舶的方式应考虑船舶的特殊性）
第454条　债务人请求法院处分留置物	√（只有留置的船舶是债务人所有的情况下才可适用）	√	√	√（只有留置的船舶、货物是债务人所有的情况下才可适用）
第455条　留置物处分后,超额部分归债务人所有,不足清偿部分由债务人清偿	√（只有留置的船舶是债务人所有的情况下,超额部分才可归债务人所有）	目的港交货不能时,不足部分由托运人承担	√	√（只有留置船货是债务人所有的情况下,超额部分才可归债务人所有）
第456条　留置权受偿顺序	船舶根据《海商法》第25条顺序受偿	√	√	其中的船舶受偿顺序在船舶抵押权之后
第457条　消灭原因	√	√	√	√

资料来源:《民法典》《海商法》

（四）融贯航运实践需要与海商法的国际发展

法律反映和调整社会关系,社会的发展和需求对法律解释的影响从未缺席。哲学上的普遍联系的规律要求:法律规范与其他社会规范、法律与社会之间也应该协调融洽。魏德士认为,解释法律的自由时而受到限制,时而允许扩大,其依据的是当时的政策目的和时代需求。[①] 博登海默也认同:如果一个法律规范所依赖的社会情势、习俗和一般态度产生了显著的、实质性的和明确的变化,法官能很大程度肯定这种变化会对当事人的法律制定者产生影响,那么对法律的解释也应该与这种变化相协调。[②]

从司法数据可以看出,在我国的期租实践中,承租人停业、失联的现象频发,占据"中国裁判文书数据库"中涉《海商法》第141条出租人留置权条款案件的100%,这对《海商法》提出了在此等情形下,保护出租人租金等债权的新需求,目前实践中根据民法

---

① 　［德］魏德士:《法理学》,丁晓春、吴越译,法律出版社2013年版,第301页。

② 　［美］E·博登海默:《法理学:法律哲学与法律方法》,邓正来译,中国政法大学出版社2017年版,第558页。

一般合同规则进行法律适用,无法实现对期租船舶出租人特殊利益的全面保护,这个社会发展的新情况对完善《海商法》中的出租人留置权条款就提出了更高的要求。而承运人留置权条款被广泛运用于目的港交货不能案件中的责任划分,该司法数据也揭示了我国实践对完善的海运目的港交货不能责任制度的需求,根据第三章的分析,《海商法》第 87 条和第 88 条只能在不影响《海商法》留置权子体系立法目的的情况下,适当进行目的性扩张,以填补海运目的港交货不能责任制度的法律漏洞。

另外,作为《海商法》上的条款,这 5 组留置权的解释也必须考虑到国际化和本土化的双重面向,为了和国际规则相接轨,在参与国际航运竞争时能充分保护本国航运业者,同时不影响其国际竞争力,国际条约和外国法中的政策性考量,虽不一定有法理基础,但也是不得不考虑的。比如《海商法》第 25 条船舶留置权,移植的是 1967 年《船舶优先权公约》,该公约专门赋予造修船人具有优先于船舶抵押权受偿的担保性权利,就是出于吸引北欧造船业大国参与公约,具有政策性考量,而将其他留置船舶的权利排在船舶抵押权之后受偿,同样是考虑到保护船舶融资,同时兼顾统一各国多样性的规定,也不具有太多的法理基础,这些安排仍与最新的 1993 年《船舶优先权公约》融贯。因此,在解释第 25 条时,这些政策性因素,也是法律解释的重要依据。虽然近 20 年来,涉及《海商法》留置权方面的国际条约没有明显的发展,但各国国内海商法中的相关制度还在不断完善,呈现出来的是船方债权担保体系内留置权/lien 类型的增加,体系内权利层次的多元化等,这也为我国在实践中适用《海商法》留置权条款提供了参考借鉴。

二、梳理《海商法》留置权子体系保护的价值权重

体系化的更高境界是,将把具备内在关联的规则整合协调,最终达致法的基本原理与原则,这些基本原理和原则可以包容法律体系内的各种矛盾,同时,也给法学争论提供答案。① 反观《海商法》留置权子体系,作为民法留置权体系中的类型的系列,难以也无须在子体系内部形成原则,但各《海商法》留置权保护价值的一致性构成它们之间最紧密的内在关联,相同的立法目的和价值权重排序的方式仍可以发挥类似法律原则的指导作用,在法条解释和司法实践中解决争议。

比如,在适用《海商法》第 87 条和第 88 条行使承运人留置权时,其立法意图是保护承运人债权实现,同时不影响海运提单制度的交易安全,两种意图均受更高一层价值——对航运业的保护这个立法目的之统领,但由于两种意图通过不同的权利主体发生作用,所以有些情况下会产生冲突。当这两种价值发生冲突的时候,得根据权重做出排序。允许承运人留置货物侧重对承运人利益的保护,同时,对留置的货物有权属要求,则能实现持有提单的善意第三人的交易安全。我国法院系统之所以对第 87 条"留置其货物"做出统一的有权属要求的解释,考量在于将第三人(主要是货方)的交易安全排在保护承运人之前,以此来保持提单流转的有序顺畅,从而更有利于实现航运业的保护之目的。

① 杨代雄:《萨维尼法学方法论中的体系化方法》,载《法制与社会发展》2006 年第 6 期。

下面区分留置对象,对《海商法》留置权子体系所保护的价值权重进行梳理。第一个类型系列是《海商法》上各类以船舶为留置对象的权利,包括造修船人的船舶留置权、承拖人对船舶的留置权、其他依据民法留置权条款产生的留置船舶的权利,目的是保护造修船人、承拖人、看管人、经营人、船东等主体债权实现,同时不对船舶融资造成过多影响。对于这些主体的保护,体现了不同的价值评价,最终统一于保护航运业发展的立法目的上。由于造修船人对航运业的意义较为重大,也出于扶持我国造船业的政策考虑,加上与国际公约接轨的需要,所以赋予其仅次于船舶优先权保护的价值的重要性;为了继续和国际公约设立的整套船舶担保物权优先顺序接轨,减少对船舶融资的影响,承拖人留置船舶的权利劣后于船舶抵押权受偿,但该权利还有鼓励拖航业发展的价值评价,对于海上公共安全有益,因此价值排序仍高于其他留置船舶的权利,留置船舶不受船舶权属的限制[①];船舶经营人、船东等的债权保护顺序被置于最后,他们留置船舶的权利晚于船舶抵押权受偿,同时由于依据民法留置权一般规定产生,只能留置债务人所有的船舶。[②] 通过这样的排序,展现了对不同保护价值的差异化的重视程度,处理了价值冲突,减少了留置船舶对船舶抵押权的影响,保护了船舶融资,从而也保护了航运业的发展之本,实现了共同的海商法特殊价值。第二个类型系列则是以货物为留置对象的权利,这些权利保护债权时,不能影响提单的交易安全,交易安全的价值高于债权实现的意义,除了承运人受到留置货物权属要求的限制外,出租人留置权也有同样的限制,目的是不伤害租船合同链上后手租船人、托运人的交易安全;拖航人和救助人由于其作业带有一定的保护海上公共安全的价值,出于对这两个行业的鼓励和保护,其保护价值的权重较高,公共安全高于交易安全,因此对其留置货物的权属没有限制,比其他留置货物的权利更容易实现。

三、综合运用体系解释与其他法律解释方法

法律解释的方法论一直是法学家们关注的问题,萨维尼在 1840 年就总结了法律解释的四个基本要素,指出它们始于罗马法和中世纪的意大利。他的学说被后世的奉为圭臬[③],逐渐演化为文义解释、目的解释、历史解释、体系解释。对于四种解释要素的配合,萨维尼认为:不能根据个人偏好来选择解释方式,必须将这些不同的方式统一起来,才能得到准确解释。[④] 至今,大陆法系国家的法学家和法官仍用这套方法来解释和适用法律。

在体系化思维指导下,体系解释和目的解释成为体系化路径最为重要的两种法律解释的方式。王利明将体系解释规则概括为:推定解释对象属于一个完整的体系内,运

---

① 看管人可适用《民法典》的典型留置权条款,视为保管合同的保管人留置船舶。

② 救助人在《海商法》上同时拥有留置船舶的权利和船舶优先权,后者的受偿顺序架空了前者,所以不将救助人的留置船舶的权利进行排序。

③ [美]E·博登海默:《法理学:法律哲学与法律方法》,邓正来译,中国政法大学出版社 2017 年版,第 533 页;[德]魏德士:《法理学》,丁晓春、吴越译,法律出版社 2013 年版,第 301 页;[德]卡尔·恩吉施:《法律思维导论》,郑永流译,法律出版社 2013 年版,第 87 页。

④ 转引自[德]魏德士:《法理学》,丁晓春、吴越译,法律出版社 2013 年版,第 301 页。

用解释循环学的理念,了解整体才能理解部分,了解部分帮助把握整体;强调法律概念的体系化,避免违背形式逻辑的三条基本定律;遵循法律竞合时的优先规则。① 本书已运用这些规则,解释了《海商法》留置权子体系对留置船舶的系列权利的整体安排,解释了《海商法》留置权子体系在民法中的定位等。还有学者强调了体系解释应重视运用法律体系中所包含的法律原则、立法目的进行利益权衡,化解冲突;体系解释方法还涵盖了类比等特别法律解释方法,通过实质平等并超出其文义之外来运用某个规范;强调判例解释、历史解释、比较解释等方法的综合运用。② 本书也因此解释了"根据民法留置船舶的权利"符合立法目的,承运人留置权成立含有权属要件,解释了救助人留置权的立法目的是赋予救助人具有二次效力的留置权等问题。还存在一些影响力较小的体系解释方法,比如按照通常含义解释一部法律中的术语,导致该条与同一部法律内其他条款巨大差异、荒谬不堪,以至于法官可以确信立法意图背离该术语的通常含义,法官可以做出其他的解释。③ 据此,出租人对转租收入的担保性权利(规定于第 141 条的局部),被解释为留置权后,会与"留置权"术语产生剧烈的逻辑冲突,因此把该条做"截留"解释,就能够适用;以及将"船舶留置权"按通常理解为"留置船舶的权利"的话,会将《海商法》第 25 条的造修船人船舶留置权与第 161 条的承拖人留置船舶的权利对立,法官就可以相信"船舶留置权"术语是为造修船人专设,但并不排斥其他人拥有"留置船舶的权利",就可以化解第 25 条和第 161 条之间的"不真正冲突"。但是,这是一种基于体系化思维的反向推理,对法官提出了过高的要求。

体系解释与目的解释相辅相成,运用体系解释通常也是为了寻找条款真正的目的,而体系解释又要以立法目的为基础进行。魏德士认为任何法律解释方法的运用,都应当有助于实现立法目的。应先遵循最初的立法目的,当规范所调整的社会关系或者价值评价标准已经改变时,就必须检验当时的立法目的是否依然具有重要意义,再做出调整解释的决定。④ 在为体系内的冲突做出价值衡量的时候,立法目的就是依据的标准,体系内的法律规范本身往往并不能提供足够的参考;立法目的也为社会上"政治—道德理念"⑤成为解释法条的依据,提供了法律的接口,并提出了与既有法律体系融贯的要求。比如《海商法》第 25 条为造修船人提供了比其他航运业者更高顺位的保护,带有一定的政策性,究其源头是国际公约签订时的造船大国博弈的胜利,但亦符合我国的本土利益,保护造船业的目的就影响了以船舶为留置对象的各种权利的整体受偿顺序排序。

四、运用体系化思维填补涉《海商法》留置权的"法律漏洞"

"法律漏洞"通常被认为是整个现行法律秩序为标准的法律秩序的"违背计划的非

---

① 王利明:《法律解释学导论——以民法为视角》,法律出版社 2017 年版,第 279~284 页。

② 雷磊:《融贯性与法律体系的建构——兼论当代中国法律体系的融贯化》,载《法学家》2012 年第 2 期。

③ 雷磊:《融贯性与法律体系的建构——兼论当代中国法律体系的融贯化》,载《法学家》2012 年第 2 期。

④ [德]魏德士:《法理学》,丁晓春、吴越译,法律出版社 2013 年版,第 307 页。

⑤ 雷磊:《融贯性与法律体系的建构——兼论当代中国法律体系的融贯化》,载《法学家》2012 年第 2 期。

完整性"。① 本书更赞同魏德士所下的定义,认为法律漏洞是立法者在立法时没有预见或忽视的,甚至由于他们的有限理性,根本不能认识到的纠纷。随着实践发展,法院就会认为法律秩序中出现了"漏洞",对于某类问题缺乏预设的价值判断,但法官不能拒绝案件,就得自行判断填补漏洞的目的和价值,从而平息纠纷,此举超出了法律解释的认知行为,因此也称为"法律续造"。② 学者总结的填补"法律漏洞"的方式包括类推、反向推理、目的性扩张和目的性限缩等。③ 填补法律漏洞必须依靠体系性思维,具有相同的社会目的是适用类推等方法的前提。④ 体系性思维对被用于"堵漏"的《海商法》留置权法条施以体系目的控制,使其不会被堵滥用。如果,随意由法官根据主观偏好进行选择类推的法律,就会伤害法律的稳定性和可预测性。

涉及《海商法》中的留置权案件遭遇的法律漏洞并不多,但体系化思维有助于判断这些漏洞填补的恰当性。首先,第 190 条规定的救助人强制拍卖被救船舶的权利,该权利与其他船舶的担保物权的受偿顺序未被考虑,存在漏洞,但由于第 190 条在司法适用中,由于立法体系化程度较低而不能被正确解释,加之救助人船舶优先权对其留置权二次效力的冲突,第 190 条在司法实践中难以被适用,无须进行漏洞填补,而要消除这个漏洞的方法,就是将第 190 条删除,这样能更好实现《海商法》留置权的立法目的。其次,我国对目的港交货不能的责任承担制度缺乏《海商法》的专门规定,存在漏洞,致使第 88 条承运人在无人提货时行使留置权的方式的规定被目的性扩张,用以填补这个漏洞。体系性思维有助于判断这种扩张是对条款的滥用,因为第 88 条的立法目的是通过保护承运人的运费等债权来保护航运业利益,在此却可能被用于给承运人施加处分货物的义务,伤害航运业利益,因此这种漏洞填补方式应该进行限缩。最后,期租承租人转租/运后"失联/停业",出租人无以保护租金和其他债权,即便租船链条下家未向承租人缴交租金,出租人也无法直接向转租租金的义务人要求清偿。这严格说来不是漏洞,因为《海商法》第 141 条已经通过出租人对转租收入的"留置权"这部分规定进行了调整,但再次由于这部分规定的立法体系化问题,影响了对其准确解释,导致司法实践目前是用合同法关于合同效力的一般规定填补"假"漏洞,通过判断出租人与收货人间的新合同效力,只能保证出租人目的港费用这部分债权的清偿,而任由租船链末端的收货人未支付对价的情况下,出租人的租金债权因为合同相对性的障碍而无法获得赔偿。这也是没有充分发挥体系化思维方式,向一般规定逃逸以填补不存在的法律漏洞,是一种不恰当的法律适用。

综上,无论《海商法》留置权条款修订的情况如何,作为一个有特定立法目的和保护

---

① 王泽鉴:《民法思维》,北京大学出版社 2009 年版,第 197 页。

② [德]魏德士:《法理学》,丁晓春、吴越译,法律出版社 2013 年版,第 332 页。

③ [德]魏德士:《法理学》,丁晓春、吴越译,法律出版社 2013 年版,第 366 页;参见王泽鉴:《民法思维》,北京大学出版社 2009 年版,第 200 页。

④ 乌尔比安(Ulpian)的"任何东西只要被法律所采用,就会有良机通过解释或至少是裁决的方式而被扩大适用于涉及相同社会目的的其他案件"。朱里安(Julianus)说"并不是所有的特殊情形都能在法律和元老院的议案中加以规定,但是当他们的含义在某情形里是明确的时候,行使管辖权者就必须运用类推方法使用该规定,并以此方式行使审判权",参见[美]E·博登海默:《法理学:法律哲学与法律方法》,邓正来译,中国政法大学出版社 2017 年版,第 547 页。

的特殊价值的子体系,其中的条款的适用,都应在体系化思维的指导下开展,实现司法的体系化。具体应做到从子体系内部条款间,子体系与《海商法》的其他条款和整体间,子体系与整个民法体系间,子体系与航运实践和国际航运秩序的发展,逐层推进地进行体系化思考,综合运用体系解释和其他解释方法开展法律适用,以实现四个层次的体系化融贯。而体系化法律适用的目的,就是要通过多层次的联系,限制条款随意解释的空间,通过同案同判,实现《海商法》留置权子体系承载的共同立法目的,在各条款间各自保护的价值发生冲突时,要从体系的高度,对各种冲突价值的权重进行梳理,尤其重视与民法留置权条款间的冲突协调,以及厘清《民法典》留置权一般规定对《海商法》留置权的补充和支持关系。在涉及《海商法》留置权条款的法律漏洞填补时,也要受到立法目的和共同价值评价的制约,减少顾此失彼,因为漏洞填补而造成对既有法律秩序的伤害。最终,从源头上改善《海商法》留置权的立法目的部分无法实现,裁判尺度不一的现状,充分发挥子体系保护航运业发展的作用。

结语

　　《海商法》中的留置权条款通过对域外海商法的法律移植和改造，赋予 5 类主体以"占有＋处分并优先受偿"的法定担保物权，其性质仍是特别的民法留置权条款，但最终是为了实现共同的立法目的——保护航运业发展。这个立法目的具有海商法的特殊性，像无形的网络紧密地将《海商法》中 5 类留置权联结起来，决定了它们在民法留置权体系下拥有自己的子体系地位，对它们立法和法律适用提出了体系化的要求。该子体系地位还决定了《海商法》留置权条款与《民法典》物权编留置权一章（第十九章）的条款是特别法与一般法的关系，决定了它们与《民法典》合同编各典型留置权条款是并列且不互相适用的关系，为条款的准确适用奠定基础。

　　通过司法适用数据可以看出，《海商法》留置权条款远未实现保护航运业发展的使命，应该发挥的体系效益却没能实现。虽然船舶留置权条款、救助人留置权条款的司法适用基本实现对造修船人和救助人债权的担保，但前者适用主体的范围被不当扩张，而后者的留置权属性则未被承认；相较之下，承运人留置权和出租人留置权条款的司法适用直接背离了立法目的，前者常被用于目的港交货不能的责任划分纠纷，航次租船承运人也往往因无法满足留置物权属要求而失去留置权保护，后者则未能处理航运实践中广泛涉及的承租人失联/停业导致的租金纠纷，出租人的债权利益得不到适当的担保。《海商法》留置权在民法留置权体系中定位不清，与典型留置权条款、与民法留置权一般规定的适用边界不清晰，往往导致裁判尺度不一。

　　以法律体系化的理论对《海商法》留置权子体系效益无法彰显的现象进行反思，发现上述问题的实质是：《海商法》留置权子体系的立法和司法体系化均存在困境。《海商法》留置权立法的体系化程度有限，制约了司法的体系化适用，包括子体系内部条款间存在逻辑冲突，缺乏体系化线索的明示表达，不能借助彼此加以支持和理解，不完整的条款只能由民法留置权条款补充，忽视了子体系保护的海商法特殊价值，子体系外的水上货物运输双轨制，直接将国际海运和我国沿海港口间运输适用的法律条文进行了分化，造成《海商法》留置权条款立法目的无法辐射所有的海运场景中的留置权。与此同时，《海商法》留置权条款司法适用的体系化程度较低，不仅不能弥补立法体系化的缺陷，还导致了更多司法适用问题的产生。一些法官在裁判中过度依赖文义解释，法律推理和论证失之体系化，未穷尽海商法的法律渊源而向一般民法留置权规则逃逸。另外《海商法》留置权与关系紧密的船舶担保物权体系、海事保全制度不够融贯，都加剧了《海商法》留置权子体系的立法目的无法实现的后果。

《民法典》的编纂和实施，标志着我国民法立法和司法的体系化水平提升到了一个新高度，其影响力必然辐射至作为民法特别法的《海商法》。从体系化进路入手解决《海商法》留置权问题，不失为一种更具系统性的、更彻底解决问题路径。本书针对《海商法》留置权条款的修订，提出了去除逻辑矛盾，加强主次条款间的体系关联，提出对发展《海商法》留置权的体系化测试标准，建议通过技术性微调实现与《民法典》留置权条款的体系化融贯。对《海商法》留置权条款的具体建议包括：船舶留置权条款的行使方式应引导向更符合海运特点的法院拍卖，应补充对"其他留置船舶的权利"的受偿顺序的安排；承运人留置权条款应该保留并升级对持有提单的第三人权益的平衡机制，同时将该留置权的行使条款扩大至所有承运人债权未实现的场景，与"目的港无人取货"脱钩，避免过度地目的性扩张；对于出租人留置权条款，除了明确参照承运人留置权的行使条款适用，保护航运业的特殊价值外，为出租人对转租收入的"留置权"正名，以"出租人对承租人转租收入的法定债权转让"呈现其立法意图；对于承拖人留置权，则增加具体行使方式参照其他留置权条款的规定；对于救助人留置权条款，删除第 190 条的拍卖权，保留第 188 条单纯的滞留权就足以实现担保的效果，也减少与船舶优先权的冲突；应赋予港口经营人与承运人留置权的成立要件一致的货物留置权。

要走出《海商法》留置权目前的困境，单靠提升立法的体系化是不够的，强调以体系化思维指导《海商法》留置权的法律适用同样重要。本书提炼出对《海商法》留置权体系化适用的思维图谱，必须先在联系最紧密的子体系内部实现互相支持和证成，同时强调用尽海商法认识条款的立法目的，下一步是兼顾与我国民法体系的协调，把握好民法留置权条款在海上留置情形补充和适用的边界，最后在立法目的的指导下考虑协调航运实践的需要和国际立法的发展。在法律适用中，还必须梳理《海商法》留置权子体系保护的价值及其权重，才能处理好具体留置权之间在成立要件上的差异和受偿先后顺序。综合运用体系解释与其他解释方法，把握《海商法》留置权在民法体系中的准确定位，运用法律体系内联系的相互制约，在续造法律应对社会实践新需求的同时，不影响法律适用的统一性和权威性。

最后，超越整个民法留置权体系之外，从担保法体系的更宏观视野来看，《民法典》实现了我国的担保法体系的大发展，以非典型担保、流质流押条款的法律效力得到（部分）承认最具代表性，此举体现出《民法典》对物权法定主义的缓和姿态，为担保物权的法律适用者提供了多元化的法律供给，也展现了法律体系的开放性本质。然而，纵观整部《海商法》，留置权是保护船方和造修船人债权的唯一法定担保手段。但基于留置权的对世权属性，成立要件较为严苛，只依靠《海商法》留置权子体系担保航运业者债权，难免失之周全。《海商法》留置权子体系天然具备开放性，利用各项留置权"类型"的可变性特点，发展新类型或相邻类型，形成多层次的船方债权担保体系，是《海商法》留置权子体系的可持续发展的一种变通路径，能更好实现保护航运业发展的立法目的。可以考虑通过立法、司法解释、指导性案例等体系化方式，发展和推广出租人对转租收入的法定债权转让、承运人对交货的履行抗辩权、救助人滞留被救船/物之权利，发挥留置权和留置权衍生的担保权利各自的优势，在《民法典》时代，打造开放又协调的《海商法》船方担保制度，推动我国海商法整体的体系化提升。

参考文献

一、著作类

（一）中文文献

[1]《法律辞典》编委会:《法律辞典》,法律出版社 2005 年版。

[2]曹全来:《国际化与本土化——中国近代法律体系的形成》,北京大学出版社 2005 年版。

[3]常鹏翔:《物权法的展开与反思》,法律出版社 2017 年版。

[4]陈安、赵德铭、何丽新主编:《国际海事法学》,北京大学出版社 1999 年版。

[5]崔建远:《物权法》,中国人民大学出版社 2017 年版。

[6]东方法学会:《商法要览》,泰东图书局 1914 年版,第 18 页。

[7]董晓波:《我国立法语言规范化研究》,北京交通大学出版社 2016 年版。

[8]杜景林、卢谌译:《德国商法典》,法律出版社 2010 年版。

[9]范健、王建文:《商法的价值、源流及本体》,中国人民大学出版社 2007 年版。

[10]范健、王建文:《商法学》,法律出版社 2015 年版。

[11]费安玲:《比较担保法》,中国政法大学出版社 2004 年版。

[12]傅廷中:《海商法:理论、原则与制度》,法律出版社 2014 年版。

[13]傅廷中:《海商法论》,法律出版社 2007 年版。

[14]高富平:《民法学》,法律出版社 2009 年版。

[15]高富平:《物权法原论》,法律出版社 2014 年版。

[16]高圣平:《物权法与担保法:对比分析与适用》,人民法院出版社 2010 年版。

[17]公丕祥主编:《法理学》,复旦大学出版社 2016 年第 3 版。

[18]郭国汀:《国际海商法律实务》,大连海事大学出版社 1996 年版。

[19]郭萍编:《租船缩略语与常用条款》,大连海事大学出版社 2010 年版。

[20]郭萍编著:《租船实务与法律》,大连海事大学出版社 2014 年版。

[21]郭萍、袁绍春、蒋跃川编著:《国际海上货物运输实务与法律》,大连海事大学出版社 2010 年版。

[22]郭瑜:《海商法的精神——中国的实践和理论》,北京大学出版社 2005 年版。

[23]郭瑜:《海商法教程》,北京大学出版社 2002 年版。

[24]韩立新、王秀芬:《各国(地区)海商法汇编》,大连海事大学出版社 2003 年版。

[25]何建华:《1993 年船舶优先权和抵押权国际公约释义》,人民交通出版社 1997 年版。

[26]何丽新、饶玉琳:《海商法》,厦门大学出版社 2004 年版。

[27]何丽新:《无单放货法律问题研究》,法律出版社 2006 年版。

[28]何勤华、李秀清、陈颐编:《新中国民法典草案总览》(增订本)(中卷),北京大学出版社 2017 年版。

[29]何勤华、魏琼、荆月新等:《法律移植论》,北京大学出版社 2008 年版。

[30]何勤华:《外国法制史》,法律出版社 2015 年版。

[31]胡长清:《民法物权》,商务印书馆 1934 年版。

[32]华东师范大学哲学系逻辑学教研室:《形式逻辑》,华东师范大学出版社 2016 年版。

[33]黄凯裕:《2007 年残骸移除国际公约》,五南图书出版股份有限公司 2012 年版。

[34]黄茂荣:《法学方法与现代民法》,中国政法大学出版社 2001 年版。

[35]黄廷枢:《海法》,大连海运学院 1963 年版。

[36]贾林青:《海商法》,中国人民大学出版社 2012 年版。

[37]蒋新苗、朱方毅、蔡唱等:《留置权制度比较研究》,知识产权出版社 2007 年版。

[38]交通部政策法规司:《〈海商法〉学习必读》,人民交通出版社 1993 年版。

[39]金正佳、翁子明:《中国海事审判的理论与实践》,海天出版社 1993 年版。

[40]李海:《船舶物权之研究》,法律出版社 2002 年版。

[41]李建江:《中国近代海商法》,中国政法大学出版社 2015 年版。

[42]李双元、温世扬:《比较民法学》,武汉大学出版社 2016 年版。

[43]李天生:《船货利益平衡原则研究》,法律出版社 2012 年版。

[44]李长兵:《商法理念研究》,法律出版社 2015 年版。

[45]梁慧星、陈华彬:《物权法》,法律出版社 2016 年版。

[46]梁慧星、陈华彬:《物权法》,法律出版社 1997 年版。

[47]梁慧星:《民法解释学》,中国政法大学出版社 2006 年版。

[48]梁慧星:《民法总论》,法律出版社 2017 年版。

[49]梁展欣:《民法史的观察》,人民法院出版社 2017 年版。

[50]林源民:《船舶建造》,上海浦江教育出版社 2013 年版。

[51]刘保玉编:《物权法》,上海人民出版社 2003 年版。

[52]刘星:《法理学导论:实践的思维演绎》,中国法制出版社 2016 年版。

[53]马得懿:《海商法及其哲理化初论》,中国商务出版社 2008 年版。

[54]梅夏英、高圣平:《物权法教程》,中国人民大学出版社 2015 年版。

[55]潘汉典等:《元照英美法律词典》,法律出版社 2003 年版。

[56]任建新:《海商法讲义》,人民法院出版社 1988 年版。

[57]任雁冰:《涉海商事争议解决法律全书》,法律出版社 2020 年版。

[58]《中华民国法规大全》,商务印书馆 1936 年版。

[59]申卫星:《物权法原理》,中国人民大学出版社 2016 年版。

[60]史尚宽:《民法总论》,中国政法大学出版社 2000 年版。

[61]司玉琢、胡正良、傅廷中:《海商法详论》,大连海事大学出版社 1995 年版。

[62]司玉琢、李志文:《中国海商法基本理论专题研究》,北京大学出版社 2009 年版。

[63]司玉琢、张永坚、蒋跃川:《中国海商法注释》,北京大学出版社 2019 年版。

[64]司玉琢:《〈中华人民共和国海商法〉问答》,人民交通出版社 1993 年版。

[65]司玉琢主编:《国际海事立法趋势及对策研究》,法律出版社 2001 年版。

[66]司玉琢主编:《海商法》,法律出版社 2018 年版。

[67]司玉琢主编:《海商法》,法律出版社 2003 年版。

［68］司玉琢主编:《海商法》,中国人民大学出版社 2008 年版。

［69］司玉琢主编:《海商法专论》,中国人民大学出版社 2018 年版。

［70］司玉琢主编:《海商法专论》,中国人民大学出版社 2014 年版。

［71］司玉琢主编:《海商法专论》,中国人民大学出版社 2010 年版。

［72］司玉琢主编:《海商法专题研究》,大连海事大学出版社 2002 年版。

［73］宋雷:《英汉法律用语大词典》,法律出版社 2005 版。

［74］苏永钦:《私法自治中的经济理性》,中国人民大学出版社 2004 年版。

［75］孙宪忠:《中国物权法总论》,法律出版社 2014 年版。

［76］佟柔主编:《民法原理》,法律出版社 1983 年版。

［77］汪海燕:《刑事诉讼法律移植研究》,中国政法大学出版社 2015 年版。

［78］王利明、杨立新、王轶等:《民法学》,法律出版社 2020 年第 6 版。

［79］王利明、尹飞、程啸:《中国物权法教程》,人民法院出版社 2007 年版。

［80］王利明:《法律解释学导论——以民法为视角》,法律出版社 2017 年版。

［81］王利明:《物权法研究》,中国人民大学出版社 2016 年版。

［82］王小波:《〈罗得海商法〉研究》,中国政法大学出版社 2011 年版。

［83］王欣、吴煦编著:《海上救捞实务与法律》,大连海事大学出版社 2017 年版。

［84］王轶:《物权变动论》,中国人民大学出版社 2001 年版。

［85］王泽鉴:《民法思维》,北京大学出版社 2009 年版。

［86］王泽鉴:《民法物权》,北京大学出版社 2010 年版。

［87］魏文达:《海商法》,法律出版社 1984 年版。

［88］魏文达:《海商法浅说》,武汉河运专科学校科技情报室 1983 年版。

［89］魏文翰:《海商法讲座》,法律出版社 1965 年版。

［90］吴焕宁:《国际海上运输三公约释义》,中国商务出版社 2007 年版。

［91］吴焕宁:《海商法学》,法律出版社 1989 年版。

［92］向明华:《海事法要论》,法律出版社 2009 年版。

［93］肖光辉:《法律移植与传统法律文化的变迁——基于中、日、印、土亚洲四国的观察》,山东人民出版社 2010 年版。

［94］谢在全:《民法物权论》(下册),中国政法大学出版社 1999 年版。

［95］徐国栋:《民法基本原则解释——成文法局限性之克服》(增订本),中国政法大学出版社 2001 年版。

［96］徐国栋:《民法哲学》(增订本),中国法制出版社 2015 年版。

［97］徐国栋主编:《民法总论》,厦门大学出版社 2018 年版。

［98］徐武生:《担保法理论与实践》,工商出版社 1999 年版。

［99］徐新铭:《船舶优先权》,大连海事大学出版社 1995 年版。

［100］许中缘:《体系化的民法与法学方法》,法律出版社 2007 年版。

［101］杨立新主编:《〈中华人民共和国民法典〉释义与案例评注:物权编》,中国法制出版社 2020 年版。

［102］杨良宜、林源民:《船舶买卖法律与实务》,人民交通出版社 1995 年版。

［103］杨良宜:《船舶融资与抵押》,大连海事出版社 2003 年版。

［104］杨仁寿:《汉堡规则》,三民书局 1990 年版。

［105］尹田:《物权法》,北京大学出版社 2013 年版。

［106］于海涌、赵希璇译:《瑞士民法典》,法律出版社 2016 年版。

［107］於世成、杨召南、汪淮江:《海商法》,法律出版社 1997 年版。

[108]於世成:《美国航运法研究》,北京大学出版社 2007 年版。

[109]张保红:《中国商事立法研究》,法律出版社 2019 年版。

[110]张既义、司玉琢等:《海商法概论》,人民交通出版社 1984 年版。

[111]张丽、宋宏飞:《法律移植即本土化研究》,中国人民公安大学出版社 2010 年版。

[112]张丽英:《船舶扣押及相关法律问题研究》,法律出版社 2009 年版。

[113]张丽英:《海商法学》,高等教育出版社 2016 年版。

[114]张丽英主编:《海商法》,中国政法大学出版社 2015 年版。

[115]张湘兰主编:《海商法》,武汉大学出版社 2014 年版。

[116]张新平:《海商法》,五南图书出版股份有限公司 2008 年版。

[117]张永坚:《国际海运公约》,法律出版社 2018 年版。

[118]张忠晔主编:《各国和地区海商法比较》,人民交通出版社 1994 年版。

[119]赵万一:《商法基本问题研究》,法律出版社 2013 年版。

[120]郑玉波:《民法物权》,黄宗乐修订,三民书局 2013 年版。

[121]朱庆育:《民法总论》,北京大学出版社 2016 年版。

[122]朱岩、高圣平、陈鑫等:《中国物权法评注》,北京大学出版社 2007 年版。

(二)译文文献

[1][奥]凯尔森:《法与国家的一般理论》,沈宗灵译,中国大百科全书出版社 1996 年版。

[2][德]卡尔·恩吉施:《法律思维导论》,郑永流译,法律出版社 2013 年版。

[3][德]卡尔·拉伦茨:《法学方法论》,陈爱娥译,商务印书馆 2005 年版。

[4][德]K.茨威格特、H.克茨著:《比较法总论》,潘汉典等译,贵州人民出版社 1992 年版。

[5][德]菲利普·黑克:《利益法学》,傅广宇译,商务印书馆 2016 年版。

[6][德]梅迪库斯:《德国民法总论》,邵建东译,法律出版社 2013 年版。

[7][德]魏德士:《法理学》,丁晓春、吴越译,法律出版社 2013 年版。

[8][加拿大]威廉·台特雷:《国际冲突法:普通法、大陆法及海事法》,刘兴莉、黄进校译,法律出版社 2003 年版。

[9][加拿大]威廉·台特雷:《国际海商法》,张永坚等译,法律出版社 2005 年版。

[10][美]E.博登海默:《法理学:法律哲学与法律方法》,邓正来译,中国政法大学出版社 2017 年版。

[11][美]G.吉尔摩、C.L.布莱克:《海商法》(上册),杨召南等译,中国大百科全书出版社 2000 年版。

[12][美]哈罗德·J.伯尔曼:《法律与革命:西方法律传统的形成》,贺卫方等译,法律出版社 2018 年版。

[13][美]约翰·H.威格摩尔:《世界法系概览》,何勤华等译,上海人民出版社 2004 年版。

[14][日]近江幸治:《担保物权法》,祝娅等译,法律出版 2000 年版。

[15][日]我妻荣:《新订担保物权法》,申政武等译,中国法制出版社 2008 年版。

[16][瑞士]亚历山大·凡·基格勒、[瑞典]约翰·斯蔡林、[意]斯蒂佛诺·祖纳若礼主编:《2008 年鹿特丹规则》,郭萍、李莹莹等译,法律出版社 2016 年版。

[17][英]约瑟夫·拉兹:《法律体系的概念》,吴玉章译,商务印书馆 2018 年版。

[18]黄道秀译:《俄罗斯联邦民法典》,北京大学出版社 2007 年版。

[19]刘士国、牟宪魁、杨瑞贺译:《日本民法典》,中国法制出版社 2018 年版。

[20]罗结珍译:《法国民法典》,北京大学出版社 2010 年版。

[21]台湾大学法律学院、台大法学基金会编译:《德国民法典》,北京大学出版社 2017 年版。

(三)外文文献

[1]Mandaraka-Sheppard,Alkea,*Modern Maritime Law*(*Volume* 1):*Managing Risks and Liabilities*,Informa Law from Routledge,2014.

[2]Mandaraka-Sheppard,Alkea,ALEKA,*Modern Maritime Law*(*Volume* 2):*Managing Risks and Liabilities*,Informa Law from Routledge,2014.

[3]Baatz,Yvonne,*Maritime Law*(4th Edition),Informa Law from Rourledge,2018.

[4]Baughen,Simon,*Shipping Law*(7th Edition),Routledge Taylor & Francise Group,2019.

[5]Branch,Alane E.,*Elements of Shipping*(7th Edition),Springer US,2013.

[6]Bridge,M. G.,*Benjamin's Sales of Goods*(8th Edition),Sweet & Maxwell,2012.

[7]Garner,Bryan A.,*Black Law Dictionary*(10th Edition),Thomson West,2014.

[8]Carra,Indira,*International Trade Law*,Routledge,2014.

[9]Časlav Pejović,*Transport Documents in Carriage Of Goods by Sea*:*International Law and Practice*,Informa Law from Routledge,2020.

[10]Chuah Jason,*Commercial and Consumer Law*,Pearson Education UK,2010.

[11]CMI,*Essays on Maritime Liens and Mortgages and on Arrest of Ships*,Comité Maritime International,2018.

[12]Comite Maritime International,*The Travaux Préparatoires of the* 1910 *Collision Convention and of the* 1952 *Arrest Convention*,CMI Headquarters,1997.

[13]Cooke,Julian & Young,Tim & Ashcroft,*Michael et al.*,*Voyage Charters*(4th Edition),Informa Law from Routledge,2014.

[14]Jackson,David,*Enforcement of Maritime Claims*,Informa Law from Routledge,2006.

[15]De Souza,Philip,*Seafaring and Civilization*:*Maritime Perspectives on World History*,Profile Books Ltd,2002.

[16]Force,R. & Johnson,N.F. & Makarian,K.,*Admiralty and Maritime Law*(2nd Edition),Tulane Law School,2013.

[17]Berlingieri,Francesco,*Berlingieri on Arrest of Ships*,Informa Law from Routledge,2011.

[18]Berlingieri,Francesco,*International Maritime Conventions*(*Volume* 2):*Navigation*,*Securities*,*Limitation of Liability and Jurisdiction*,Informa Law from Routledge,2014.

[19]Francis,Rose,*Marine Insurance*:*Law and Practice*(2nd Edition),Informa Law from Routledge,2013.

[20]Garner,Brayan A.,*Black's Law Dictionary*,Thomson Reuters,2014.

[21]Girvin,Stephen D.,*Carriage of Goods by Sea*(2nd Edition),Oxford University Press,2011.

[22]Guest,A. G.,Ellinger,E. P.,ET AL.,*Benjamin's Sale of Goods*,Sweet & Maxwell,2006.

[23]Guilfoyle,Douglas,*Shipping Interdiction and the Law of the Sea*,Cambridge University Press,2009.

[24]Gürses,Özlem,*Marine Insurance Law*(2nd Edition),Routledge,2016.

[25]Hill,C. & Kulkarni,Y.,*Maritime law*,Taylor & Francis,2017.

[26]Hodges,Susan Liang Him & Hill,Christopher,*Principles of Maritime Law*,LLP Professional Publishing,2001.

[27]Bouvier,John,*A Law Dictionary*,*Adapted to the Constitution and Laws of the United*

States,Lawbook Exchange Ltd,1993.

[28]Law,Jonathan,& Martin,Elizabeth A.,*Oxford Dictionary of Law*(7th Edition),Oxford University Press,2014.

[29]Leonard,A. & Jones,*A Treatise on the Law of Liens*:*Common Law*,*Statutory*,*Equitable*,*and Maritime*,Beard Books,2000.

[30]Clarke,Malcolm & Yates,David,*Contracts of Carriage by Land and Air*,Informa Law from Routledge,2008.

[31]Maraist,F. L.,Galligan JR,T. C.,& Maraist,C. M.,*Cases and Materials on Maritime Law*,West Academic,2016.

[32]Mukherjee,Proshanto K. & Mejia,Maximo Q. JR. & Xu,Jingjing,*Maritime Law in Motion*,Springer International Publishing,2020.

[33]Plomaritou,Evi & Papadopoulos,*Anthony*,*Shipbroking and Chartering Practice*(8th Edition),Informa Law from Routledge,2017.

[34]Rainey,Simon,*The law of tug and tow and offshore contracts*(4th Edition),Informa Law from Routledge,2017.

[35]Reeves,John,*A History of the Law of Shipping and Navigation*,Gale Ecco, Print Editions,2010.

[36]Rogers,A.,Chuah,J.,& Dockray,M.,*Cases and Materials on the Carriage of Goods by Sea*,Routledge,2016.

[37]Goode,Roy,*Goods on commercial law*,Penguin Books,2017.

[38]Schoenbaum,Thomas J.,*Admiralty and Maritime Law*,West,2012.

[39]Schofield,John,*Laytime and Demurrage*(7th Edition),Informa Law from Routledge,2015.

[40]Curtis,Simon,*The Law of Shipbuilding Contracts*,Informa Law from Routledge,2013.

[41]Soyer,Baris & Tettenborn,Andrew,*Carriage of Goods by Sea*,*Land and Air*:*Uni-modal and Multi-modal Transport in the 21st Century*(1st Edition), Informa Law from Routledge,2013.

[42]Talley,Wayne K.,*Maritime Economics*,Blackwell Publishing Ltd,2012.

[43]Coghlin,Terence,*Time Charters*,Informa Law from Routledge,2015.

[44]Tetley,William,*Maritime Lien and Claims*,Intel Shipping Pubns,1985.

[45]Schoenbaum,Thomas L.,*Admiralty and Maritime Law*(5th Edition),West,2012.

[46] Twiss, Travers,*The Black Book of the Admiralty*:*with an Appendix*,Cambridge University Press,2012.

[47]United Nations,International Maritime Organization,United Nations/International Maritime Organization Conference of Plenipotentiaries on a Convention on Maritime Liens and Mortgages,International Convention on Maritime Liens and Mortgages,1993.

[48]Waston,Alan,*Legal Transplants*:*An Approach to Comparative Law*(2nd Edition),The University of Georgia Press,1993.

[49]Wilson,John F.,*Carriage of Goods by Sea*(7th Edition),Longman,2010.

二、文章类

(一)中文文献

[1]阿兰·沃森,贺卫方:《法律移植论》,载《比较法研究》1989年第1期。

[2]白建军:《同案同判的宪政意义及其实证研究》,载《中国法学》2003年第3期。

[3]蔡莉妍:《论国际海事条约在中国适用的法律路径》,载《中国海洋大学学报(社会科学版)》2017年第1期。

[4]曹兴国:《自发秩序视角下海商法的渊源流变及中国进路》,载《河北法学》2016年第12期。

[5]曹兴权:《越权交易效力规则的公司法体系性表达》,载《上海政法学院学报(法治论丛)》2021年第2期。

[6]曹阳辉:《论海上拖航向海上救助拖带的转化》,载《中国海商法年刊》2000年第00期。

[7]常鹏翱:《留置权善意取得的解释论》,载《法商研究》2014年第6期。

[8]陈波:《对我国〈海商法〉中"共同海损"一章的修改意见》,载《中国海商法年刊》2001年第00期。

[9]陈晶莹、张军伟:《试论承运人留置权之特殊性》,载《国际商务研究》2000年第5期。

[10]陈景辉:《同案同判:法律义务还是道德要求》,载《中国法学》2013年第3期。

[11]陈景良:《反思法律史研究中的"类型学"方法——中国法律史研究的另一种思路》,载《法商研究》2004年第5期。

[12]陈雨松、宋迪煌:《运输法工作组第十次会议情况报告》,载《中国海商法协会通讯》2002年第4期。

[13]程鑫:《海上拖航合同纠纷案评析》,载《世界海运》2018年第5期。

[14]初北平、方阁:《北欧海商事法律的流变与对我国〈海商法〉修改的启示》,载《法学杂志》2019年第12期。

[15]初北平:《〈海商法〉下海难救助制度的架构完善》,载《环球法律评论》2019年第3期。

[16]杜力夫、张巍:《船舶留置权与船舶扣留权不应混淆》,载《中国海商法年刊》1999年第00期。

[17]段庆喜:《我国船舶担保物权的物上代位制度之完善》,载《法学》2007年第8期。

[18]F.P.沃顿、许章润:《历史法学派与法律移植》,载《比较法研究》2003年第1期。

[19]范毅:《中国宪法文本上的"财政"概念群》,载《财贸研究》2008年第6期。

[20]冯卓慧:《法律移植问题探讨》,载《外国法制史研究》2000年第00期。

[21]傅廷中、王文军:《论船舶优先权的物上代位性》,载《中国海商法年刊》2006年第00期。

[22]傅廷中:《船舶优先权与海事赔偿责任限制的价值冲突与协调》,载《法学研究》2013年第6期。

[23]傅廷中:《关于定期租船合同中的交船与还船条款》,载《世界海运》2001年第2期。

[24]傅廷中:《关于航次租船合同的基本法律问题》,载《世界海运》1999年第4期。

[25]傅廷中:《国际海事惯例的适用之反思》,载《社会科学辑刊》,2020年第5期。

[26]傅廷中:《论港口经营人在国际贸易运输中的法律地位》,载《清华法学》2008年第5期。

[27]傅廷中:《论我国〈海商法〉修改的基本原则与思路》,载《现代法学》2006年第5期。

[28]傅郁林:《法律术语的翻译与法律概念的解释——以海上货物留置权的翻译和解释为例》,载《北大法律评论》1999年第1期。

[29]高鸿钧:《法律文化与法律移植:中西古今之间》,载《比较法研究》2008年第5期。

[30]高铭暄、王剑波:《我国证券犯罪立法的本土化与国际化思辨》,载《法学家》2008年第1期。

[31]高月芬:《海运提单批注纠纷与中国〈海商法〉》,载《海洋科学》2007年第3期。

[32]官倩:《国际海上旅客运输法律发展趋势及动因分析——评〈2002年雅典公约〉的修改及对我国的影响》,载《天津市政法管理干部学院学报》2004年第1期。

[33]顾培东:《中国法治进程中的法律资源分享问题》,载《中国法学》2008年第3期。

[34]关正义、李婉:《海商法和海事法的联系与区别——兼论海商法学的建立与发展》,载《法学杂志》2012年第6期。

[35]郭萍、李晓枫:《海运承运人单位赔偿责任限额问题的国际变革——兼评联合国〈鹿特丹规则〉》,载《国际经济法学刊》2009年第2期。

[36]郭日齐:《我国〈海商法〉立法特点简介》,载于《〈海商法〉学习必读》,人民交通出版社1992年版。

[37]郭瑜:《论海上货物运输中的实际承运人制度》,载《法制与社会发展》2000年第3期。

[38]韩立新、郑蕾:《论合同托运人的权利、义务和责任》,载《中国海商法年刊》2001年第00期。

[39]韩立新、李天生:《〈物权法〉实施后对〈海商法〉中留置权的影响》,载《法律适用》2008年第9期。

[40]韩立新:《国际海上货物运输中实际承运人及其责任的认定》,载《中国海商法年刊》1997年第00期。

[41]郝志鹏:《海上拖航财产损害责任纠纷免责事由》,载《人民司法》2019年第17期。

[42]何丽新、陈永灿:《海商法特性论》,载《中国海商法年刊》2008第00期。

[43]何丽新、梁嘉诚:《〈海商法〉实施25年司法适用研究报告》,载《中国海商法研究》2018年第2期。

[44]何勤华:《法的国际化与本土化:以中国近代移植外国法实践为中心的思考》,载《中国法学》2011年第4期。

[45]何勤华:《法学观念本土化考 从新中国60余年立宪史之视角》,载《中外法学》2013年第2期。

[46]何勤华:《关于法律移植语境中几个概念的分析》,载《法治论丛》2002年第5期。

[47]贺骁:《从一则案例看行使海上货物留置权的前提条件》,载《对外经贸实务》2000年第6期。

[48]侯伟:《〈鹿特丹规则〉与中国〈海商法〉修改——基于司法实践的视角》,载《国际法研究》2018年第2期。

[49]胡绪雨:《国际海上承运人货物留置权研究》,载《暨南学报(哲学社会科学版)》2013年第8期。

[50]胡绪雨:《国际海上货物运输承运人责任基础的强制性发展》,载《现代法学》2016年第1期。

[51]胡正良、曹冲:《对提单的物权凭证功能的再思考》,载《中国海商法年刊》1996年第00期。

[52]胡正良、孙思琪:《海商法基础理论的内涵、研究现状与研究意义》,载《中国海商法研究》2017年第1期。

[53]胡正良、孙思琪:《我国〈海商法〉修改的基本问题与要点建议》,载《国际法研究》2017年第4期。

[54]胡正良、赵阳:《国际货物多式联运经营人责任制度研究》,载《大连海事大学学报(社会科学版)》2002年合刊1。

[55]胡正良:《我国海上人身伤亡赔偿责任限制的法律适用》,载《大连海事大学学报(社会科学版)》2002年第4期。

[56]黄建设:《海上运输中货物留置权》,载《集美大学学报(自然科学版)》2000年第4期。

[57]黄镇东:《黄镇东部长在领导干部〈海商法〉学习培训班结束时的讲话》,载《〈海商法〉学习必

读》，人民交通出版社 1992 年版。

[58]纪海龙：《民法典动产与权利担保制度的体系展开》，载《法学家》2021 年第 1 期。

[59]交通运输部：《〈中华人民共和国海商法〉修订说明》，载《中国海事》2018 年第 12 期。

[60]姜保忠：《法律解释及其在法律适用中的作用》，载《法学杂志》2011 年第 6 期。

[61]蒋薇：《第三类海商留置权——出租人对转租船舶收入留置权》，载《当代法学》2002 年第 9 期。

[62]交通运输部：《〈中华人民共和国海商法〉修订说明》，载《中国海事》2018 年第 12 期。

[63]劳东燕：《功能主义刑法解释的体系性控制》，载《清华法学》2020 年第 2 期。

[64]雷磊：《法律规则的逻辑结构》，载《法学研究》2013 年第 1 期。

[65]李东、李天生：《船舶优先权源流考》，载《中国海商法研究》2013 年第 1 期。

[66]李国光：《充分发挥海事司法职能作用 推动海商法律体系完善发展——纪念〈中华人民共和国海商法〉颁布实施 20 周年》，载《中国海商法研究》2012 年第 3 期。

[67]李海：《关于"提单是物权凭证"的反思——兼论提单的法律性质》，载《中国海商法年刊》1996 年第 00 期。

[68]李璐玲：《对〈海商法〉中船舶留置权界定的反思》，载《法学》2009 年第 2 期。

[69]李伟、王沛：《指挥权原则：海上拖航合同法律性质的判断标准——兼论中国海商法的相关修改》，载《中国海商法年刊》2011 年第 1 期。

[70]李宇明：《谈术语本土化、规范化与国际化》，载《中国科技术语》2007 年第 4 期。

[71]李志文：《论我国海上货物留置权的行使》，载《大连海事大学学报》1996 年第 3 期。

[72]李志文：《论我国海上货物运输中货物留置权的性质及其影响》，载《中国海商法年刊》1995 年第 00 期。

[73]梁惠雅：《论海上拖航合同中承拖方的适拖义务——对现行免责条款的反思》，载《云南大学学报（法学版）》2016 年第 3 期。

[74]梁迎修：《方法论视野中的法律体系与体系思维》，载《政法论坛》2008 年第 1 期。

[75]廖河树、丘彪山：《论定期租船合同中的留置权》，载《集美大学学报（自然科学版）》2003 年第 2 期。

[76]刘海燕、赵文燕：《解决我国目的港无人提货问题的法律救济及建议》，载《水运管理》2008 年第 5 期。

[77]刘凯湘：《比较法视角下的商事留置权制度》，载《暨南学报（哲学社会科学版）》2015 年第 8 期。

[78]刘伟军：《船舶建造合同法律性质之实证研究》，载《政法论丛》2015 年第 3 期。

[79]刘星：《重新理解法律移植——从"历史"到"当下"》，载《中国社会科学》2004 年第 5 期。

[80]刘雪、郭萍：《海上侵权连带责任与海事赔偿责任限制之冲突与协调》，载《学术界》2013 年第 12 期。

[81]刘玉蓉、许俊强：《无船承运人若干法律问题研究》，https://www.pkulaw.com/specialtopic/34f59215c4f93a54be41dad5e84e2782bdfb.html，下载日期：2020 年 11 月 7 日。

[82]鲁楠：《匿名的商人法——全球化时代法律移植的新动向》，载《清华法治论衡》2011 年第 1 期。

[83]陆佳微、胡正良：《论中国海商法的基本原则》，载《海大法律评论》2006 年第 00 期。

[84]罗剑雯、宋妙艺：《论〈海商法〉中的船舶留置权》，载《学术研究》2002 年第 6 期。

[85]罗孝炳：《目的港无人提货时承运人可以合理拒绝托运人的回运请求》，载《人民司法（案例）》2018 年第 11 期。

[86]马得懿：《谈实际承运人责任的双重属性》，载《法学杂志》2005 年第 3 期。

[87]马海丽:《论承运人火灾免责制度下举证责任的分配》,载《法制与社会》2017 年第 4 期。

[88]毛浚纯:《"海上优先请求权"还是"海上留置权"》,载《上海海运学院学报》1993 年第 4 期。

[89]孟雨:《论承运人的海上货物留置权——兼论〈海商法〉第 87 条、88 条的完善》,载《北京航空航天大学学报(社会科学版)》2008 年第 1 期。

[90]齐晓霞、栾驭:《浅析成文法背景下法律原则的适用》,载《东岳论丛》2011 年第 5 期。

[91]钱玉林:《民法与商法适用关系的方法论诠释——以〈公司法〉司法解释(三)第 24、25 条为例》,载《法学》2017 年第 2 期。

[92]钱玉林:《商法漏洞的特别法属性及其填补规则》,载《中国社会科学》2018 年第 12 期。

[93]申政武:《日本对外国法的移植及其对我国的启示》,载《中国法学》1993 年第 5 期。

[94]沈晓鸣:《海事纠纷中的留置权》,载《法学》1994 年第 4 期。

[95]沈宗灵:《论法律移植与比较法学》,载《外国法译评》1995 年第 1 期。

[96]施文、伍载阳:《论海运货物留置权》,载《现代法学》1996 年第 2 期。

[97]司玉琢、朱曾杰:《〈中华人民共和国海商法〉的特点评述》,载《中国海商法年刊》1992 年第 00 期。

[98]司玉琢、汪杰、祝默泉等:《关于无单放货的理论与实践——兼论提单的物权性问题》,载《中国海商法年刊》2000 年。

[99]司玉琢:《航次租船合同的立法反思——以〈海商法〉修改为契机》,载《中国海商法研究》2019 年第 4 期。

[100]司玉琢:《论发货人的权利、义务和责任》,载《中国海商法年刊》2001 年第 00 期。

[101]司玉琢:《中国海商法下港口经营人的法律地位》,载《昆明理工大学学报(社会科学版)》2007 年第 5 期。

[102]苏同江:《析海上货物留置权》,载《航海技术》1997 年第 6 期。

[103]孙光:《船舶扣押后的船舶留置权问题分析》,载《人民司法》2008 年第 13 期。

[104]孙鹏:《关于完善我国留置权制度的建议》,载《现代法学》2017 第 6 期。

[105]孙思琪:《雇佣救助合同法律适用论辩——最高人民法院(2016)最高法民再 61 号民事判决之评释》,载《西部法学评论》2017 年第 6 期。

[106]孙新强:《大陆法对英美法上 lien 制度的误解及 lien 的本意探源》,载《比较法研究》2009 年第 1 期。

[107]孙新强:《我国法律移植中的败笔——优先权》,载《中国法学》2011 年第 1 期。

[108]孙一理:《海难环境救助报酬体系的发展与完善》,载《河海大学学报(哲学社会科学版)》2016 年第 5 期。

[109]谭福民、向红:《从功能对等理论看法律英语术语的跨文化翻译》,载《当代外语研究》2012 年第 10 期。

[110]汤唯、何泽锋:《成文法典的供给与需求矛盾》,载《烟台大学学报(哲学社会科学版)》2007 年第 2 期。

[111]佟尧、王国华:《中国海事关系法律适用法完善之研究——〈海商法〉第十四章修改的必要性及具体建议》,载《中国海商法研究》2016 年第 4 期。

[112]童之伟、苏艺:《我国配套立法体制的改革构想》,载《法学》2015 年第 12 期。

[113][加拿大]William Tetley、毛国权:《混合法域:普通法法系与民法法系——法典化与非法典化》,载《私法》2003 年第 2 期。

[114]汪洋:《私法多元法源的观念、历史与中国实践》,载《中外法学》2018 年第 1 期。

[115]王恒斯:《困境与出路:中国法中的"转租收入"留置权——以〈中华人民共和国海商法〉第 141 条为视角的解释论》,载《中国海商法年刊》2011 年第 4 期。

[116]王佳艺:《适用船舶潜在缺陷免责条款的条件》,载《人民司法(案例)》2018 年第 26 期。

[117]王金玉:《公平原则视野下海上拖航合同当事人的权益保护》,载《辽宁大学学报(哲学社会科学版)》2010 年第 4 期。

[118]王君琪、冯晓波:《沉船、沉物打捞清除费用海事赔偿责任限制的研究》,载《中国海事》2012 年第 11 期。

[119]王利明:《论物权法中物权和债权的区分》,载《法学论坛》2007 年第 1 期。

[120]王秋雯:《〈鹿特丹规则〉承运人识别制度及其本土化反思》,载《中国海洋大学学报(社会科学版)》2014 年第 4 期。

[121]王肖卿:《船舶航次租用的本质是"租"不是"运"》,载《中国海商法研究》2019 年第 4 期。

[122]王晓林:《论合同承运人与实际承运人的海上货物留置权》,载《安徽大学学报》2000 年第 4 期。

[123]王延义、李守芹:《浅析〈合同法〉与〈海商法〉有关合同规定的关系及其适用》,载金正佳主编:《中国海事审判年刊》,人民交通出版社 2001 年卷。

[124]王轶、关淑芳:《物权债权区分论的五个理论维度》,载《吉林大学社会科学学报》2014 年第 5 期。

[125]翁子明、余晓汉:《论承运人留置权——对〈合同法〉第三百一十五条的理解》,载万鄂湘主编:《中国海事审判论文选集》,人民法院出版社 2004 年版。

[126]翁子明:《论航次租船合同当事人的法定义务》,载《中国海商法年刊》1997 年第 00 期。

[127]邬福肇:《努力学习,认真贯彻〈海商法〉》,载《〈海商法〉学习必读》,人民交通出版社 1992 年版。

[128]吴胜顺:《〈海商法〉规范二分法及其应用》,载《中国海商法研究》2016 年第 4 期。

[129]吴胜顺:《船舶所有人对光租船舶保险赔偿的请求权及其诉讼时效的法律适用》,载《中国海商法年刊》2009 年合刊 1。

[130]向力:《国际海运业承运人责任体制的传承与发展——〈鹿特丹规则〉承运人责任规定介评》,载《中国海商法年刊》2009 年第 4 期。

[131]向明华:《中国海事诉讼时效制度的国际接轨与本土化的冲突及其解决》,载《政治与法律》2019 年第 9 期。

[132]谢鸿飞:《民法典规范的类推适用》,载《检察日报》2020 年 11 月 30 日第 3 版。

[133]熊丙万:《论商事留置权》,载《法学家》2011 年第 4 期。

[134]徐峰:《民法视野下海上运输中货方合同履行责任之法理内涵》,载《中国海商法研究》2019 年第 4 期。

[135]徐峰:《英美法下"适航义务"界定之实证研究——从绝对适航到过错原则》,载《中国海商法研究》2016 年第 2 期。

[136]徐立志:《略论〈钦定大清商律〉对外国法的移植》,载《郑州大学学报(哲学社会科学版)》2005 年第 5 期。

[137]徐新铭:《从约翰轮案谈我国实施海上留置权的海事审判实践——与毛浚纯先生商榷》,载《上海海运学院学报》1994 年第 4 期。

[138]杨代雄:《萨维尼法学方法论中的体系化方法》,载《法制与社会发展》2006 年第 6 期。

[139]杨景宇:《关于〈中华人民共和国海商法(草案)〉的说明》,http://law.npc.gov.cn/FLFG/flfg-ByID.action? flfgID＝42252＆showDetailType＝QW＆zlsxid＝23,下载日期:2021 年 6 月 23 日。

[140]杨良宜、何建华:《英国新提单法——介绍英国 1992 年海上货物运输法》,载《中国海商法年刊》1992 年第 00 期。

[141]叶伟膺:《〈2016 年约克-安特卫普规则〉评介》,载《海大法律评论》2017 年第 00 期。

[142]佚名:《TOWCON 和 TOWHIRE——新版国际海上拖航协议》,载《中国远洋航务》2009 年第 5 期。

[143]尹伟民、刘云龙:《简议海事诉讼中的初步证据》,载《当代法学》2001 年第 11 期。

[144]于海涌:《船舶抵押权法律效力问题研究》,载王利明主编:《民商法论丛(9)》,法律出版社 1998 年版。

[145]于莹:《民法基本原则与商法漏洞填补》,载《中国法学》2019 年第 4 期。

[146]余甬帆:《试探名词"海商法"之源》,载《中国海商法年刊》2007 年第 00 期。

[147]袁曾:《海难人命救助的法律义务与现实困境之间矛盾的破解》,载《政治与法律》2020 年第 1 期。

[148]袁绍春:《定期租船合同法定解除事由评析——兼论〈海商法〉相关条款的修订》,载《中国海商法年刊》2005 年第 00 期。

[149]袁绍春:《论海上拖航合同中的免责条款》,载《中国海商法年刊》2001 年第 00 期。

[150]翟远见:《〈民法典〉第 160 条(附期限法律行为)评注》,载《法学家》2020 年第 5 期。

[151]翟云岭、吕海宁:《求证留置权的本质效力》,载《法学》2011 年第 2 期。

[152]张爱丽:《浅议海上旅客运输合同中承运人的责任问题》,载《南方论刊》2007 年第 11 期。

[153]张法连:《法律英语翻译中的文化因素探析》,载《中国翻译》2009 年第 6 期。

[154]张法连:《英美法律术语汉译策略探究》,载《中国翻译》2016 年第 2 期。

[155]张弓长:《〈民法典〉中的"参照适用"》,载《清华法学》2020 年第 4 期。

[156]张家勇:《承运人对第三人货物的留置权》,载《法学研究》2009 年第 3 期。

[157]张丽、初北平、李湾湾:《中国〈海商法〉修改之船员刑事责任立法建构研究》,载《江淮论坛》2018 年第 2 期。

[158]张丽、蒋志勇:《定期租船合同下出租人风险分析》,载《世界海运》2004 年第 3 期。

[159]张丽、赵鹿军:《海事私法中公权力行使的效力问题》,载《商业时代》2010 年第 4 期。

[160]张丽英:《船舶优先权法律性质若干学说析》,载《比较法研究》2004 年第 4 期。

[161]张梅生:《试论共同海损的成立与共同海损不理算的关系——兼谈我国〈海商法〉第 197 条规定》,载《法学》2001 年第 10 期。

[162]张敏、刘征宇:《买卖性造船合同下的所有权安排》,载《中国海商法年刊》2005 年。

[163]张文显:《继承・移植・改革:法律发展的必由之路》,载《社会科学战线》1995 年第 2 期。

[164]张文显:《论立法中的法律移植》,载《法学》1996 年第 1 期。

[165]张翔:《基本权利的体系思维》,载《清华法学》2012 年第 4 期。

[166]张颖鸿、李振林:《恶意补足年龄规则本土化适用论》,载《中国青年研究》2018 年第 10 期。

[167]张永坚:《反思修改中国〈海商法〉之努力》,载《中国海商法研究》2013 年第 3 期。

[168]章程:《论我国留置权的规范适用与体系整合——民法典时代的变与不变》,载《法商研究》2020 年第 5 期。

[169]赵万一:《论民法的商法化与商法的民法化——兼谈我国民法典编纂的基本理念和思路》,载《法学论坛》2005 年第 4 期。

[170]郑蕾、钱舒鸿:《实际承运人制度在航次租船合同中的适用》,载《中国海商法研究》2013 年第 1 期。

[171]郑永宽:《物权法定原则与习惯法》,载《东方论坛》2019 年第 1 期。

[172]周宏楷:《论合同法对国际海上货物运输制度的影响》,载罗国华主编:《中国海事审判年刊》,人民交通出版社 2000 年卷。

[173]周新:《"两岸四地"海上货物运输留置权法律冲突初论》,载《中国海商法研究》2012 年第 1 期。

[174]周燡:《中国海上货物运输承运人留置权的实务与创新——兼论〈海商法〉第 87 条释义》,载《中国海商法研究》2015 年第 1 期。

[175]周赟、黄金兰:《法律移植问题三议》,载《读书》2004 年第 11 期。

[176]朱惠勇:《论无船承运业务下的海上货物留置权》,载《政法论丛》2004 年第 2 期。

[177]朱慧:《百年中国海商法立法之演变》,载《广州航海高等专科学校学报》2010 年第 4 期。

(二)外文文献

[1]Alan Watson. Legal Transplants and Law Reform, *Law Quarterly Review*, 1996, Vol. 92, No.79.

[2]Anna Dolidze, Bridging Comparative and International Law: Amicus Curiae Participation as a Vertical Legal Transplant, *The European Journal of International Law*, 2015, Vol.26, No.4.

[3]Benjamin Brake & Peter J. Katzenstein, Lost in Translation? Nonstate Actors and the Transnational Movement of Procedural Law, *International Organization*, 2013, Vol.67, No.4.

[4]Beth Ahlering & Simon Deakin, Labor Regulation, Corporate Governance, and Legal Origin: A Case of Institutional Complementarity?, *Low and Society Association*, 2007, Vol.14, No.4.

[5]BIMCO: NYPE 2015 Overview, https://www. bimco. org/contracts-and-clauses/bimco-contracts/nype-2015, last access time, 2020-9-7.

[6]BIMCO: BALTIME 1939(as revised 2001) Overview, https://www.bimco.org/contracts-and-clauses/bimco-contracts/baltime-1939-as-revised-2001, last access time, 2020-9-7.

[7]Bonner Patrick J., Maritime Law- Twelve Years into the Century, *Australian & New Zealand Maritime Law Journal*, 2012, Vol.26, No.1.

[8]Carmine Guerriero, Endogenous legal traditions and economic outcomes, *Journal of Comparative Economics*, 2016, Vol.44, No.2.

[9]D.B. Toy, Introduction to the Law of Maritime Liens, *Tulane Law Review*, 1972, Vol.47.

[10]Daniel Berkowitz & Katharina Pistor & Jean-Francois Richard, The Transplant Effect, *The American Journal of Comparative Law*, 2003, Vol.51, No.1.

[11]Daniel Berkowitz & Katharina Pistor & Jean-Francois Richard, Economic Development, Legality, and the Transplant Effect, *European Economic Review*, 2003, Vol.47, No.1.

[12]David Cabrelli & Mathias Siems, Convergence, Legal Origins and Transplants in Comparative Corporate Law: a Case-based and Quantitative Analysis, *American Journal of Comparative Law*, 2015, Vol.63, No.1.

[13]Emery Harper, Possessory Lien, in CMI ed., Essays on Maritime Liens and Mortgages and on Arrest of Ships, *Antwerpen: Comité Maritime International* 2018.

[14]Esin Örücü, Law as Transposition, *International and Comparative Law Quarterly*, 2002, Vol.51, No.2.

[15]F.C. Rosenkrantz, Against Borrowings and Other Nonauthoritative Uses of Foreign Law, *International Journal of Constitutional Law*, 2003, Vol.1, No.2.

[16]Francesco Berilingeri, Forewrd, in CMI ed., Essays on Maritime Liens and Mortgages and on Arrest of Ships, *Antwerpen: Comité Maritime International* 2018.

[17]Francesco Berilingeri, The 1926 And 1967 Brussels Conventions, in CMI ed., Essays On Maritime Liens And Mortgages And On Arrest Of Ships, *Antwerpen: Comité Maritime International* 2018.

［18］Günter Frankenberg, Constitutional transfer: The IKEA Theory Revisited, *International Journal of Constitutional Law*, 2010, Vol.8, No.3.

［19］Gunther Teubner, Legal irritants: good faith in British law or how unifying law ends up in new divergences, *Modern Law Review*, 1998, Vol.61, No.11.

［20］Helen Xanthaki, Legal Transplants in Legal Legislation: Defusing the Trap, *International and Comparative Law Quarterly*, 2008, Vol.57, No.3.

［21］J. M. Krizia, Ship Mortgage, Maritime Liens, and Their Enforcement: The Brussels Conventions Of 1926 And 1952, *Duke Law Review*, 1963, No.4.

［22］Jean-Frédéric Morin & Edward R. Gold, An Integrated Model of Legal Transplantation: The Diffusion of Intellectual Property Law in Developing Countries, *International Studies Quarterly*, 2014, Vol.58, No.4.

［23］Jonathan M. Miller, a Typology of Legal Transplants: Using Sociology, Legal History, and Argentine Examples to Explain the Transplant Process, *American Journal of Comparative Law*, 2003, Vol.51.

［24］Katharina Pistor & Xu Chenggang, Incomplete Law-a Conceptual and Analytical Framework and Its Application to the Evolution of Financial Market Regulation, https://papers.ssrn.com/sol3/papers.cfm? abstract_id＝310588, last access time 2020-05-09.

［25］Mathias Siems, Malicious legal transplants, *Legal Studies*, 2018, Vol.38, No.1.

［26］Maximo Langer, From Legal Transplants to Legal Translations: The Globalization of Plea Bargaining and the Americanization Thesis in Criminal Procedure, *Harvard International Law Journal*, 2004, Vol.45, No.1.

［27］Mccormack Gerard & Wan Wai Yee, Transplanting Chapter 11 of th US Bankruptcy Code into Singapore's Restructuring and Insolvency Laws: Opporunities and Challenges, *Journal of Corporate Law Studies*, 2019, Vol.19, No.1.

［28］Merris Amos, Transplanting Human Rights Norms: The Case of the United Kingdom's Human Rights Act, *Human Rights Quarterly*, 2013, Vol.35, No.2.

［29］Mustill Lord, Ships are Different-or are they?, *Lloyd's Maritime and Commercial Law Quarterly*, 1992, No.4.

［30］Nuno Garoupa & Anthony Ogus, A Strategic Interpretation of Legal Transplants, *The Journal of Legal Studies*, 2006, Vol.35, No.2.

［31］Otto Kahn-Freund, On Uses and Misuses of Comparative Law, *Modern Law Review*, 1974, Vol.37, No.1.

［32］Philip Allen, Rights of Retention, in CMI ed., Essays on Maritime Liens and Mortgages and on Arrest of Ships, *Antwerpen: Comité Maritime International*, 2018.

［33］Pierre Legrand, The Impossibility of Legal Transplants, 4 *Mastricht Journal of European Comparative Law*, 1997, Vol.4, No.1.

［34］Simon Deakin & Beth A. Ahlering, Labour Regulation, Corporate Governance and legal Origin: a Case of Institutional Complementarity?, *Law & Society Review*, 2007, Vol.41, No.4.

［35］Steven Chong, Charting Our Own Courses: The Australia, New Zealand, and Singapore Journeys in Maritime Law, *Australian & New Zealand maritime law journal*, 2016, No.1.

［36］Sungjoon Cho & Kurtz Jürgen, Convergence and Divergence in International Economic Law and Politics, *The European Journal of International Law*, 2018, Vol.29, No.1.

［37］T.T. Arvind, The "transplant effect" in harmonization, *International and Comparative Law*

Quarterly, 2010, Vol.59, No.1.

[38]Tetley William, Maritime Liens, Mortgages and Conflict of Laws, *University of San Francisco Maritime Law Journal*, 1993, Vol.6, No.1.

[39]Tetley William, Mixed Jurisdictions: Common Law V. Civil Law(Codified and Uncodified), *Louisiana Law Review*, 2000, Vol.60, No.1.

[40]Ugo Mattei, Efficiency in Legal Transplants: an Essay in Comparative Law and Economics, *International Review of Law and Economics*, 1994, Vol.14, No.1.

[41]Virginia Braun & Victoria Clarke, Using Thematic Analysis in Psychology, 3 *Qualitative Research in Psychology*, 2006, Vol.3, No.2.

[42]William Eeald, Comparative Jurisprudence(Ⅱ): The Logic of Legal Transplants, *American Journal of Comparative Law*, 1995, Vol.43, No.4.

[43]Wishart Mindy Chen, Legal Transplant and Undue Influence: Lost in Translation or a Working Misunderstanding, *International and Comparative Law Quarterly*, 2013, Vol.62, No.1.

（三）学位论文

[1]杜以星:《海上货物运输迟延交付若干法律问题研究》,武汉大学 2013 年博士学位论文。

[2]冯辉:《论船舶优先权》,对外经济贸易大学 2006 年博士学位论文。

[3]冯静:《商法基本原则的选择与司法运用》,华东政法大学 2015 年博士学位论文。

[4]季伟明:《论〈物权法〉中留置权制度的解释适用与立法再完善》,吉林大学 2013 年博士学位论文。

[5]姜琦:《海上保险近因原则》,上海海事大学 2005 年博士学位论文。

[6]蒋宝强:《留置权法定性研究》,安徽大学 2010 年博士学位论文。

[7]李东:《船舶优先权制度的法理解析》,大连海事大学 2012 年博士学位论文。

[8]李璞:《无人智能船航行安全法律问题研究》,大连海事大学 2018 年博士学位论文。

[9]李伟:《我国光船租赁法律制度研究》,大连海事大学 2012 年博士学位论文。

[10]李志文:《船舶所有权法律制度研究》,大连海事大学 2005 年博士学位论文。

[11]刘安宁:《船舶抵押权立法的比较研究》,大连海事大学 2011 年博士学位论文。

[12]刘楠:《国际海运承运人之履行辅助人法律问题研究》,大连海事大学 2016 年博士学位论文。

[13]刘雪:《光船租赁权法律问题研究》,大连海事大学 2014 年博士学位论文。

[14]屈志一:《海上拖航法律问题研究》,大连海事大学 2014 年博士学位论文。

[15]宋宗宇:《优先权制度研究》,西南政法大学 2006 年博士学位论文。

[16]孙东雅:《民事优先权研究》,中国政法大学 2003 年博士学位论文。

[17]孙光:《海运货物留置权法律制度研究》,大连海事大学 2011 年博士学位论文。

[18]谭佳怡:《对〈海商法〉中留置权的研究》,上海海事大学 2007 年硕士学位论文。

[19]王海波:《论中国海上保险法与一般保险法之协调》,复旦大学 2012 年博士学位论文。

[20]王娟:《船舶抵押权的法律适用》,武汉大学 2005 年博士学位论文。

[21]魏依:《1929 年〈民国海商法〉立法研究》,大连海事大学 2017 年博士学位论文。

[22]邬先江:《海事赔偿责任限制制度研究》,大连海事大学 2010 年博士学位论文。

[23]吴浩:《商法原则研究》,吉林大学 2012 年博士学位论文。

[24]徐摇萍:《论海上保险中的保险利益原则》,华东政法大学 2019 年博士学位论文。

[25]许俊强:《目的港受领迟延法律问题研究》,大连海事大学 2011 年博士学位论文。

[26]袁曾:《海难救助制度下的人命救助法律问题研究》,大连海事大学 2017 年博士学位论文。

[27]张文涛:《论修改海商法与海事赔偿责任限制制度间的相互影响》,上海海事大学 2004 年硕

士学位论文。

三、裁判文书

(一)适用《海商法》第 25 条的裁判文书

[1]"漯河市源汇区农村信用合作联社、泰州市兴达钢质船厂船舶建造合同纠纷",(2020)鄂民终291 号二审民事判决书。

[2]"荣成鑫邦船业有限公司与荣成市新泰水产食品有限公司留置权纠纷",(2020)鲁 72 民初 751号一审民事判决书。

[3]"浙江腾龙造船有限公司、朱国华船舶建造合同纠纷",(2019)浙民终 1783 号二审民事判决书。

[4]"海南美成船务有限公司、东莞市中联船务工程有限公司船舶修理合同纠纷",(2019)粤民终1596 号二审民事判决书。

[5]"东方华晨(集团)有限公司[EASTSUNRISE]、武汉船用机械有限责任公司留置权纠纷",(2019)鲁民终 286 号二审民事判决书。

[6]"海南美成船务有限公司、东莞市中联船务工程有限公司船舶修理合同纠纷",(2019)粤民终1599 号二审民事判决书。

[7]"荣成市和兴船业有限公司与荣成润豪渔业有限公司海事诉讼特别程序案",(2019)鲁 72 民初 1193 号一审民事判决书。

[8]"荣成市和兴船业有限公司与王玉鹏船舶修理合同纠纷",(2019)鲁 72 民初 1725 号一审民事判决书。

[9]"广州市新怡船舶修造有限公司与广州市仕泰海运有限公司船舶修理合同纠纷",(2019)粤 72民初 1878 号民事一审判决书。

[10]"福建省顺洋船舶工程有限公司、陈茂国、钦州市南方轮船有限公司海事债权确权纠纷",(2019)闽 72 民初 116 号一审民事判决书。

[11]"江苏正源顺供应链管理有限公司与泰州市海陵区盛联船厂船舶买卖合同纠纷",(2019)鄂72 民初 234 号一审民事判决书。

[12]"上海义正船务有限公司、许和洲船舶抵押合同纠纷",(2018)鄂民终 1139 号二审民事判决书。

[13]"南通瑞泰船务工程有限公司、南通现代海运有限公司船舶修理合同纠纷",(2018)鄂民终683 号二审民事判决书。

[14]"其他执行裁定书",(2018)沪 72 执 349 号裁定书。

[15]"其他执行裁定书",(2018)沪 72 执 350 号裁定书。

[16]"其他执行裁定书",(2018)沪 72 执 351 号裁定书。

[17]"其他执行裁定书",(2018)沪 72 执 352 号裁定书。

[18]"其他执行裁定书",(2018)沪 72 执 353 号裁定书。

[19]"其他执行裁定书",(2018)沪 72 执 354 号裁定书。

[20]"其他执行裁定书",(2018)沪 72 执 355 号裁定书。

[21]"其他执行裁定书",(2018)沪 72 执 356 号裁定书。

[22]"其他执行裁定书",(2018)沪 72 执 357 号裁定书。

[23]"其他执行裁定书",(2018)沪 72 执 358 号裁定书。

[24]"其他执行裁定书",(2018)沪 72 执 359 号裁定书。

［25］"其他执行裁定书",(2018)沪72执360号裁定书。

［26］"其他执行裁定书",(2018)沪72执361号裁定书。

［27］"其他执行裁定书",(2018)沪72执362号裁定书。

［28］"其他执行裁定书",(2018)沪72执363号裁定书。

［29］"其他执行裁定书",(2018)沪72执364号裁定书。

［30］"其他执行裁定书",(2018)沪72执365号裁定书。

［31］"其他执行裁定书",(2018)沪72执366号裁定书。

［32］"其他执行裁定书",(2018)沪72执367号裁定书。

［33］"其他执行裁定书",(2018)沪72执368号裁定书。

［34］"其他执行裁定书",(2018)沪72执369号裁定书。

［35］"其他执行裁定书",(2018)沪72执370号裁定书。

［36］"其他执行裁定书",(2018)沪72执371号裁定书。

［37］"其他执行裁定书",(2018)沪72执372号裁定书。

［38］"其他执行裁定书",(2018)沪72执373号裁定书。

［39］"其他执行裁定书",(2018)沪72执374号裁定书。

［40］"其他执行裁定书",(2018)沪72执375号裁定书。

［41］"其他执行裁定书",(2018)沪72执376号裁定书。

［42］"芜湖长航船舶工业有限公司与汪双勇船舶修理合同纠纷",(2018)鄂72民初1332号一审民事判决书。

［43］"江门市海泉船舶维修有限公司、防城港港宇国际船务有限公司、防城港近洋船务有限公司船舶修理合同纠纷",(2018)桂72民初266号一审民事判决书。

［44］"汤达强、防城港港宇国际船务有限公司、防城港近洋船务有限公司保管合同纠纷",(2018)桂72民初265号一审民事判决书。

［45］"龙口渤海港务综合经营开发中心、龙口冠霖海运有限公司、乐梅波海事债权确权纠纷",(2018)浙72民初608号一审民事判决书。

［46］"无棣聚丰物流有限公司与黄骅市长胜船务有限责任公司船舶修理合同纠纷",(2018)津72民初564号一审民事判决书。

［47］"其他执行裁定书",(2018)沪72执228号裁定书。

［48］"其他执行裁定书",(2018)沪72执229号裁定书。

［49］"其他执行裁定书",(2018)沪72执230号裁定书。

［50］"其他执行裁定书",(2018)沪72执231号裁定书。

［51］"其他执行裁定书",(2018)沪72执232号裁定书。

［52］"其他执行裁定书",(2018)沪72执233号裁定书。

［53］"其他执行裁定书",(2018)沪72执234号裁定书。

［54］"其他执行裁定书",(2018)沪72执236号裁定书。

［55］"其他执行裁定书",(2018)沪72执237号裁定书。

［56］"其他执行裁定书",(2018)沪72执238号裁定书。

［57］"其他执行裁定书",(2018)沪72执239号裁定书。

［58］"其他执行裁定书",(2018)沪72执240号裁定书。

［59］"其他执行裁定书",(2018)沪72执241号裁定书。

［60］"其他执行裁定书",(2018)沪72执242号裁定书。

［61］"其他执行裁定书",(2018)沪72执243号裁定书。

［62］"李成禄、海事债权确权纠纷",(2018)闽72民初338号一审民事判决书。

［63］"其他执行裁定书",(2018)沪72执162号裁定书。

［64］"其他执行裁定书",(2018)沪72执163号裁定书。

［65］"其他执行裁定书",(2018)沪72执164号裁定书。

［66］"其他执行裁定书",(2018)沪72执165号裁定书。

［67］"其他执行裁定书",(2018)沪72执166号裁定书。

［68］"其他执行裁定书",(2018)沪72执169号裁定书。

［69］"其他执行裁定书",(2018)沪72执167号裁定书。

［70］"其他执行裁定书",(2018)沪72执168号裁定书。

［71］"其他执行裁定书",(2018)沪72执190号裁定书。

［72］"其他执行裁定书",(2018)沪72执171号裁定书。

［73］"其他执行裁定书",(2018)沪72执172号裁定书。

［74］"其他执行裁定书",(2018)沪72执173号裁定书。

［75］"其他执行裁定书",(2018)沪72执174号裁定书。

［76］"其他执行裁定书",(2018)沪72执175号裁定书。

［77］"其他执行裁定书",(2018)沪72执176号裁定书。

［78］"其他执行裁定书",(2018)沪72执177号裁定书。

［79］"其他执行裁定书",(2018)沪72执178号裁定书。

［80］"其他执行裁定书",(2018)沪72执179号裁定书。

［81］"其他执行裁定书",(2018)沪72执180号裁定书。

［82］"其他执行裁定书",(2018)沪72执181号裁定书。

［83］"其他执行裁定书",(2018)沪72执182号裁定书。

［84］"其他执行裁定书",(2018)沪72执183号裁定书。

［85］"其他执行裁定书",(2018)沪72执184号裁定书。

［86］"其他执行裁定书",(2018)沪72执185号裁定书。

［87］"其他执行裁定书",(2018)沪72执186号裁定书。

［88］"其他执行裁定书",(2018)沪72执187号裁定书。

［89］"其他执行裁定书",(2018)沪72执188号裁定书。

［90］"其他执行裁定书",(2018)沪72执189号裁定书。

［91］"其他执行裁定书",(2018)沪72执190号裁定书。

［92］"其他执行裁定书",(2018)沪72执191号裁定书。

［93］"其他执行裁定书",(2018)沪72执192号裁定书。

［94］"其他执行裁定书",(2018)沪72执193号裁定书。

［95］"其他执行裁定书",(2018)沪72执194号裁定书。

［96］"其他执行裁定书",(2018)沪72执195号裁定书。

［97］"其他执行裁定书",(2018)沪72执196号裁定书。

［98］"其他执行裁定书",(2018)沪72执197号裁定书。

［99］"其他执行裁定书",(2018)沪72执198号裁定书。

［100］"其他执行裁定书",(2018)沪72执199号裁定书。

［101］"其他执行裁定书",(2018)沪72执200号裁定书。

［102］"其他执行裁定书",(2018)沪72执201号裁定书。

［103］"其他执行裁定书",(2018)沪72执202号裁定书。

［104］"其他执行裁定书",(2018)沪72执203号裁定书。

［105］"船舶权属纠纷",(2018)沪72民初647号一审民事判决书。

［106］"张利华、中国民生银行股份有限公司杭州分行普通破产债权确认纠纷"，(2018)浙 09 民终 93 号二审民事判决书。

［107］"浙江博海船业有限公司与叶适团海事海商纠纷"，(2018)浙 72 民初 129 号一审民事判决书。

［108］"舟山富生船舶修造有限公司与舟山市正大船舶事务有限公司破产债权确认纠纷"，(2016)浙 0902 民初 1729 号一审民事判决书。

［109］"舟山市长峙外轮船舶修造有限公司与舟山绿宝石洗舱有限公司船舶修理合同纠纷一审民事判决书"，(2018)浙 72 民初 79 号判决书。

［110］"海南金牌港船舶修造有限公司与临高旺乐渔业专业合作社、方小何船舶建造合同纠纷"，(2018)琼 72 民初 5 号一审民事判决书。

［111］"温州鸿达海运有限公司与张卫华、芜湖市晨光船务有限公司船舶买卖合同纠纷"，(2018)鄂 72 民初 1204 号一审民事判决书。

［112］"宁波满洋船舶有限公司、浙江勤丰海运有限公司船舶修理合同纠纷"，(2017)浙民终 539 号二审民事判决书。

［113］"舟山富生船舶修造有限公司与浙江涌禾运输有限公司船舶修理合同纠纷"，(2017)浙民终 127 号二审民事判决书。

［114］"陈品棠与海南长盛航运股份有限公司、林梅竹等船舶建造合同纠纷"，(2017)琼民申 153 号再审审查与审判监督民事裁定书。

［115］"舟山市沥港船舶修造有限公司、浙江舟山新宏舟海洋工程有限公司、华融金融租赁股份有限公司海事债权确权纠纷"，(2017)浙 72 民初 681 号一审民事判决书。

［116］"中国邮政储蓄银行股份有限公司东山县支行、陈忠庆执行实施类执行裁定书"，(2017)闽 72 执 12 号之三执行裁定书。

［117］"大连市沙河口区顺航船舶维修部与俄罗斯海事检验检测有限公司船舶修理合同纠纷"，(2017)辽 72 民初 749 号一审民事判决书。

［118］"江门市江海区礼乐骏航船舶修造有限公司与台山市港航船务有限公司船舶修理合同纠纷"，(2017)粤 72 民初 643 号一审民事判决书。

［119］"向多明、郭志远海事诉讼特别程序案件民事裁定书"，(2017)鲁 72 民特 344 号民事裁定书。

［120］"船舶修理合同纠纷"，(2017)沪 72 民初 1835 号一审民事判决书。

［121］"珠海斗门濠江船厂有限公司与郭长球、李月婵船舶修理合同纠纷"，(2017)粤 72 民初 226 号一审民事判决书。

［122］"刘炳义与黄骅市长胜船务有限责任公司海事诉讼特别程序案"，(2017)鲁 72 民初 138 号一审民事判决书。

［123］"乐清市江丰船务有限公司与南京连润运输贸易有限公司船舶买卖合同纠纷"，(2016)浙民终 315 号二审民事判决书。

［124］"无棣港湾船舶服务有限公司与江苏华泰运输有限公司船舶修理合同纠纷"，(2016)鲁民终 2181 号二审民事判决书。

［125］"李会龙与执行案外人、梁军安申请执行人执行异议之诉特殊程序案"，(2016)琼民终 244 号民事判决书。

［126］"李会龙与执行案外人、梁军安申请执行人执行异议之诉特殊程序案"，(2016)琼民终 245 号民事判决书。

［127］"玉环县海航船舶修造有限公司与杨镇、应于定等船舶建造合同纠纷"，(2016)浙民终 135 号二审民事判决书。

［128］"临海市江海造船有限公司与泉州市惠海物流有限公司、曾福盛船舶建造合同纠纷"，

(2016)浙民终 46 号二审民事判决书。

[129]"王秀云、王翠英等与荣成市华伟水产捕捞有限公司海事诉讼特别程序案",(2016)鲁 72 民初 1586 号判决书一审民事判决书。

[130]"海南宏源船舶修造有限公司与长源船务有限公司船舶修理合同纠纷",(2016)琼 72 民初 237 号一审民事判决书。

[131]"台州南洋船舶有限公司申请陈清华海事诉讼特别程序案",(2016)浙 72 民初 2834 号民事判决书。

[132]"中国工商银行股份有限公司南京下关支行与南京康瑞水陆联运有限公司海事诉讼特别程序案",(2016)津 72 民初 1009 号一审民事判决书。

[133]"王金刚与黄骅市长胜船务有限责任公司船员劳务合同纠纷",(2016)鲁 72 民初 1984 号一审民事判决书。

[134]"张良三与黄骅市长胜船务有限责任公司船员劳务合同纠纷",(2016)鲁 72 民初 1985 号一审民事判决书。

[135]"原告福建省申鸿实业有限公司诉被告江苏省苏铁航运有限公司海事债权确权纠纷",(2016)闽 72 民初 873 号一审民事判决书。

[136]"福建新远造船有限公司与威兰德大连航运有限公司、大连德顺船舶管理有限公司海事诉讼特别程序案",(2016)闽 72 民初 810 号一审民事判决书。

[137]"吴战记与荣成市华伟水产捕捞有限公司船员劳务合同纠纷",(2016)鲁 72 民初 1595 号一审民事判决书。

[138]"勾国财与荣成市华伟水产捕捞有限公司船员劳务合同纠纷",(2016)鲁 72 民初 1588 号一审民事判决书。

[139]"王相军与荣成市华伟水产捕捞有限公司船员劳务合同纠纷",(2016)鲁 72 民初 1587 号一审民事判决书。

[140]"刘跃胜与荣成市华伟水产捕捞有限公司船员劳务合同纠纷",(2016)鲁 72 民初 1589 号一审民事判决书。

[141]"段云光与荣成市华伟水产捕捞有限公司船员劳务合同纠纷",(2016)鲁 72 民初 1593 号一审民事判决书。

[142]"毕见刚与荣成市华伟水产捕捞有限公司船员劳务合同纠纷",(2016)鲁 72 民初 1591 号一审民事判决书。

[143]"邓文宏与荣成市华伟水产捕捞有限公司船员劳务合同纠纷",(2016)鲁 72 民初 1594 号一审民事判决书。

[144]"姜峰与荣成市华伟水产捕捞有限公司船员劳务合同纠纷",(2016)鲁 72 民初 1590 号一审民事判决书。

[145]"毕国君与荣成市华伟水产捕捞有限公司船员劳务合同纠纷",(2016)鲁 72 民初 1592 号一审民事判决书。

[146]"王永超与荣成市华伟水产捕捞有限公司船员劳务合同纠纷",(2016)鲁 72 民初 1585 号一审民事判决书。

[147]"罗晓岭与荣成市华伟水产捕捞有限公司船员劳务合同纠纷",(2016)鲁 72 民初 1596 号一审民事判决书。

[148]"武汉船用机械有限责任公司与浙江省海运集团舟山五洲船舶修造有限公司留置权纠纷件民事裁定书",(2016)浙 09 民初 42 号一审民事裁定书。

[149]"舟山富生船舶修造有限公司、舟山市正大船舶事务有限公司破产债权确认纠纷",(2016)浙 09 民终 626 号二审民事判决书。

[150]"舟山富生船舶修造有限公司、嵊泗县昌盛海运有限责任公司管理人留置权纠纷",(2016)浙09民终727号二审民事判决书。

[151]"陈品棠与海南长盛航运有限公司、王日升、王日辉、王吉庵、邓不芬、林梅竹船舶建造合同纠纷",(2016)琼72民初344号民事判决书。

[152]"福建南安农村商业银行股份有限公司石井支行与福建南安市景煌海运有限公司、许景良金融借款合同纠纷",(2016)闽72民初463号一审民事判决书。

[153]"福建南安农村商业银行股份有限公司石井支行与福建南安市景煌海运有限公司、许景良金融借款合同纠纷",(2016)闽72民初464号一审民事判决书。

[154]"原告石狮市怡运船舶修造有限公司与被告福建南安市景煌海运有限公司船舶修理合同纠纷",(2016)闽72民初572号一审判决书。

[155]"福建省宏港船业有限公司与日照华勇海运有限公司、刘建平海事诉讼特别程序案",(2016)闽72民初907号一审民事判决书。

[156]"钦州市龙港船舶修造有限公司与南京连润运输贸易有限公司船舶修理合同纠纷",(2016)桂72民初80号一审民事判决书。

[157]"威海华东修船股份有限公司与黄骅市长胜船务有限责任公司船舶修理合同纠纷",(2016)鲁72民初1919号一审民事判决书。

[158]"福建省建力造船有限公司与南京康瑞水陆联运有限公司海事诉讼特别程序案",(2016)津72民初809号一审民事判决书。

[159]"三门枫叶船舶修造有限公司申请盛威船务有限公司海事诉讼特别程序案",(2016)浙72民初2086号民事判决书。

[160]"原告福安市恒兴船业有限公司与被告广西防城港瑞达海运有限公司船舶修理合同纠纷",(2016)闽72民初796号一审民事判决书。

[161]"山东西霞口修船有限责任公司诉荣成市西霞口船业有限公司船舶修理合同纠纷",(2016)鲁72民初1044号一审民事判决书。

[162]"原告福建省东海造船有限公司与被告泉州市三江源船务有限责任公司(以下简称三江源船务)、第三人中国工商银行股份有限公司南安支行船舶修理合同纠纷",(2016)闽72民初456号一审判决书。

[163]"原告福建国安船业有限公司诉被告石狮嘉华船务有限公司船舶看管合同纠纷",(2016)闽72民初325号一审民事判决书。

[164]"贺孝国与宁波市北仑区小港兴达船舶修造厂船舶修理合同纠纷",(2016)浙72民初1126号一审民事判决书。

[165]"徐光龙、夏良设等与徐海舟船舶修理合同纠纷",(2016)浙72民初150号一审民事判决书。

[166]"原告福建国安船业有限公司诉被告泉州市锦程海运有限责任公司、石狮市豪港储运有限责任公司船舶看管合同纠纷",(2016)闽72民初324号一审民事判决书。

[167]"舟山精驰机械制造有限公司、上海油汇船务有限公司等海事诉讼特别程序案",(2016)浙72民初465号民事判决书。

[168]"柏兆合、袁延涛、焉普等申请海事债权登记与受偿案件一审民事裁定书",(2016)鲁72民特229号一审民事裁定书。

[169]"舟山富生船舶修造有限公司与宜昌市鑫隆船务有限责任公司船舶修理合同纠纷",(2015)浙海终字第145号二审民事判决书。

[170]"台州市园山船务工程有限公司与舟山宏浚港口工程有限公司、舟山市安达船务有限公司船舶修理合同纠纷",(2015)浙海终字第3号二审民事判决书。

[171]"关安钢与施书铎、李民船舶买卖合同纠纷",(2015)鲁民四终字第31号二审民事判决书。

[172]"舟山富生船舶修造有限公司与宜昌市鑫隆船务有限责任公司船舶修理合同纠纷",(2015)浙海终字第132号二审民事判决书。

[173]"舟山富生船舶修造有限公司与宜昌市鑫隆船务有限责任公司船舶修理合同纠纷",(2015)浙海终字第145号二审民事判决书。

[174]"南京凯新隆船舶工程有限公司与浙江润达海运有限公司船舶修理合同纠纷",(2015)甬海法温商初字第115号一审民事判决书。

[175]"乐清市江丰船务有限公司与南京连润运输贸易有限公司船舶买卖合同纠纷",(2015)甬海法温商初字第86号一审民事判决书。

[176]"浙江健跳造船有限公司、台州市港泰海运有限公司等海事诉讼特别程序案",(2015)甬海法台权字第33号民事判决书。

[177]"海兴县苏兴船舶修理厂与江陵县前锦船务有限公司船舶修理合同纠纷",(2015)武海法商字第01640号一审民事判决书。

[178]"玉环县海航船舶修造有限公司与杨镇、应于定等船舶建造合同纠纷",(2015)甬海法台商初字第388号一审民事判决书。

[179]"临海市江海造船有限公司与泉州市惠海物流有限公司、曾福盛船舶建造合同纠纷",(2015)甬海法商初字第650号一审民事判决书。

[180]"威海华东修船股份有限公司与西达克凌公司船舶物料和备品供应合同纠纷",(2015)青海法海商初字第1195号一审民事判决书。

[181]"威海华东修船股份有限公司与东营市金航工贸有限责任公司船舶修理合同纠纷",(2015)青海法海商初字第847号一审民事判决书。

[182]"舟山市原野船舶修造有限公司与上海竟帆海运有限公司船舶修理合同纠纷",(2015)甬海法商初字第480号一审民事判决书。

[183]"舟山市普陀螺金船舶修造有限公司、浙江海洋港务工程有限公司等申请海事债权确权案",(2015)甬海法权字第154号民事判决书。

[184]"船舶修理合同纠纷",(2015)沪海法商初字第2359号一审民事判决书。

[185]"舟山市原野船舶修造有限公司与上海竟帆海运有限公司船舶修理合同纠纷",(2015)甬海法商初字第479号一审民事判决书。

[186]"舟山富生船舶修造有限公司与宜昌市鑫隆船务有限责任公司船舶修理合同纠纷",(2015)甬海法商初字第364号一审民事判决书。

[187]"舟山富生船舶修造有限公司与宜昌市鑫隆船务有限责任公司船舶修理合同纠纷",(2015)甬海法商初字第365号一审民事判决书。

[188]"原告福安市恒兴船业有限公司诉被告芜湖市晨光船务有限公司海事债权确权纠纷确权案",(2015)厦海法确字第14号民事判决书。

[189]"荣成荣通船业有限公司与被告浙江中高动力科技股份有限公司船舶修理合同纠纷",(2014)青海法海商初字第1083号一审民事判决书。

[190]"舟山市长崎外轮船舶修造有限公司案件执行裁定书",(2014)甬海法舟执民字第433-2号执行裁定书。

[191]"浙商银行股份有限公司舟山分行案件执行裁定书",(2014)甬海法舟执民字第326-4号执行裁定书。

[192]"湛江市麻斜船厂与周海、周万峰船舶修理合同纠纷",(2014)广海法初字第413号一审民事判决书。

[193]"中国工商银行股份有限公司舟山定海支行执行裁定书",(2014)甬海法舟执民字第313-4号执行裁定书。

[194]“唐山方舟实业有限公司诉南方国际租赁有限公司、天津市滨海天保疏浚工程有限公司船舶修理合同纠纷”,(2014)津海法商初字第534号一审民事判决书。

[195]“南京东山船厂与南京恒瑞海运有限公司船舶修理合同纠纷”,(2014)武海法商字第00468号一审民事判决书。

[196]“威海华东修船股份有限公司与西达克凌公司船舶修理合同纠纷”,(2014)青海法海商初字第627号一审民事判决书。

[197]“扬州龙和造船有限公司与泰州金鑫船务有限公司船舶建造合同纠纷案”,(2014)武海法商字第00475号一审民事判决书。

[198]“原告湛江市麻章区农村信用合作联社诉被告郑友权、李卫和、吴川市永安船务有限公司船舶营运借款合同及船舶抵押合同纠纷”,(2014)广海法初字第38号一审民事判决书。

[199]“原告中山市宏鸿船舶修造有限公司与被告南京长河航务工程有限公司船舶修理合同纠纷”,(2014)广海法终字第8号一审民事判决书。

[200]“项心极与徐志伟、浙江久弘石油运输有限公司船舶买卖(建造、修理、改建和拆解)合同纠纷”,(2013)浙海终字第109号二审民事判决书。

[201]“天津济盛船舶燃料有限公司与宁波永耀海运有限公司船舶物料供应合同纠纷执行异议裁定书”,(2013)广海法执异字第5号执行异议裁定书。

[202]“宁波海之星远洋渔业有限公司与舟山市海晨船务有限责任公司船舶买卖(建造、修理、改建和拆解)合同纠纷”,(2013)甬海法商初字第235号一审民事判决书。

[203]“陈世伟与陈云青船舶买卖(建造、修理、改建和拆解)合同纠纷”,(2012)甬海法台商初字第60号一审民事判决书。

[204]“李某某、李某某为与被告舟山市××源船务××公司与舟山市××源船务××公司船舶修理合同纠纷”,(2010)甬海法舟商初字第196号一审民事判决书。

[205]“连云港××实业有限公司、贺某某等申请海事债权确权案”,(2010)甬海法舟权字第8号民事判决书。

[206]“浙江××造船有限公司与宁波××疏浚工程有限公司合同纠纷”,(2010)甬海法台商初字第63号一审民事判决书。

[207]“浙江××造船有限公司、浙江××造船有限公司为与被告宁波××疏浚工程与宁波××疏浚工程有限公司船舶建造合同纠纷”,(2010)甬海法台商初字第6号一审民事判决书。

[208]“温岭市××船××有限公司与刘甲、江甲等纠纷”,(2009)甬海法台商初字第92号一审民事判决书。

[209]“温岭市××船××有限公司与刘甲、江甲等船舶修理合同纠纷”,(2009)甬海法台商初字第91号一审民事判决书。

[210]“舟山富生船舶修造有限公司与舟山千岛船务有限公司船舶买卖(建造、修理、改建和拆解)合同纠纷”,(2008)浙民三终字第176号二审民事判决书。

[211]“中国民生银行股份有限公司杭州分行、杭州银行股份有限公司舟山分行等与德勤集团股份有限公司等普通破产债权确认纠纷”,(2017)浙0902民初958号一审民事判决书。

[212]“舟山富生船舶修造有限公司、嵊泗县昌盛海运有限责任公司管理人留置权纠纷”,(2016)浙0922民初146号一审民事判决书。

[213]“纸创有限公司与元泰海空通运有限公司、元泰国际货运(中国)有限公司宁波分公司海上、通海水域货物运输合同纠纷”,(2016)浙72民初227号一审民事判决书。

[214]“王驰与浙江勤丰海运有限公司、华融金融租赁股份有限公司船员劳务合同纠纷”,(2016)浙72民初212号一审民事判决书。

[215]“泰州市兴达钢质船厂与顾宗年、漯河市归帆航运有限公司船舶建造合同纠纷”,(2018)鄂

72 民初 855 号一审民事判决书。

[216]"舟山市定海区经济担保有限公司、舟山富生船舶修造有限公司、浙江涌禾运输有限公司船舶修理合同纠纷再审审查与审判监督民事裁定书",(2019)浙民申 1049 号再审审查与审判监督民事裁定书。

[217]"舟山富生船舶修造有限公司与舟山市正大船舶事务有限公司破产债权确认纠纷",(2016)浙 0902 民初 1729 号一审民事判决书。

[218]"舟山富生船舶修造有限公司与浙江涌禾运输有限公司船舶修理合同纠纷",(2016)浙 72 民初 2446 号一审民事判决书。

[219]"台州市园山船务工程有限公司与舟山宏浚港口工程有限公司、舟山市安达船务有限公司船舶修理合同纠纷",(2014)甬海法台商初字第 88 号一审民事判决书。

[220]"浙江腾龙造船有限公司、朱国华船舶建造合同纠纷",(2018)浙 72 民初 1789 号一审民事判决书。

[221]"江苏正源顺供应链管理有限公司与泰州市海陵区盛联船厂船舶买卖合同纠纷",(2019)鄂 72 民初 234 号一审民事判决书。

[222]"Grand Rodosi Inc.(格兰德罗德西公司)与舟山万邦永跃船舶修造有限公司船舶修理合同纠纷",(2009)浙海终字第 149 号二审民事判决书。

(二)适用《海商法》第 87—88 条的裁判文书

[1]"上诉人世浩国际货物运输代理(上海)有限公司为与被上诉人上海煦洋国际货运代理有限公司海上货运代理合同纠纷",(2020)沪民终 515 号二审民事判决书。

[2]"上诉人连云港海润国际货运代理有限公司与被上诉人新海丰集装箱运输有限公司等海上货物运输合同纠纷",(2020)沪民终 173 号二审民事判决书。

[3]"上诉人连云港海润国际货运代理有限公司与被上诉人新海丰集装箱运输有限公司等海上货物运输合同纠纷",(2020)沪民终 174 号二审民事判决书。

[4]"马士基航运有限公司与万享供应链管理(上海)有限公司等海上货物运输合同纠纷",(2020)沪 72 民初 182 号一审民事判决书。

[5]"海上、通海水域货运代理合同纠纷一审民事判决书",(2020)沪 72 民初 529 号一审民事判决书。

[6]"新海丰集装箱运输有限公司与铅山县明运贸易有限公司、深圳市源鑫梁贸易有限公司海上、通海水域货物运输合同纠纷一审民事裁定书",(2020)闽 72 民初 102 号一审民事裁定书。

[7]"青岛道森伟业进出口有限公司、宁波美洋国际物流有限公司海上、通海水域货运代理合同纠纷",(2019)浙民终 1496 号二审民事判决书。

[8]"马士基航运有限公司、山东金海洋纸业有限公司海上、通海水域货物运输合同纠纷",(2019)鲁民终 2275 号二审民事判决书。

[9]"马士基航运有限公司、山东金海洋纸业有限公司海上、通海水域货物运输合同纠纷",(2019)鲁民终 2222 号二审民事判决书。

[10]"马士基航运有限公司、山东金海洋纸业有限公司海上、通海水域货物运输合同纠纷",(2019)鲁民终 2310 号二审民事判决书。

[11]"中远海运特种运输股份有限公司、山东振龙生物化工集团有限公司海上、通海水域货物运输合同纠纷",(2019)鲁民终 2338 号二审民事判决书。

[12]"莱芜市越洋进出口有限公司、上海新海丰集装箱运输有限公司青岛分公司海上、通海水域

货物运输合同纠纷",(2019)鲁民终 1603 号二审民事判决书。

[13]"海上、通海水域货物运输合同纠纷",(2019)沪 72 民初 3160 号一审民事判决书。

[14]"中远海运集装箱运输有限公司与甘肃佳盈商贸有限公司海上、通海水域货物运输合同纠纷",(2019)津 72 民初 769 号一审民事判决书。

[15]"深圳市万马国际货运代理有限公司与山东博发动力机械有限公司海上、通海水域货运代理合同纠纷",(2019)鲁 72 民初 1394 号一审民事判决书。

[16]"劳瑞尔航运(毛里求斯)有限公司与天水恒信达进出口贸易有限公司海上、通海水域货物运输合同纠纷",(2019)鲁 72 民初 1024 号一审民事判决书。

[17]"劳瑞尔航运(毛里求斯)有限公司与天水恒信达进出口贸易有限公司海上、通海水域货物运输合同纠纷",(2019)鲁 72 民初 1025 号一审民事判决书。

[18]"绍兴柯桥格伦布针纺织有限公司与中远海运集装箱运输有限公司海上、通海水域货物运输合同纠纷",(2019)浙 72 民初 549 号一审民事判决书。

[19]"永大公司、宁波远通海外渔业有限公司航次租船合同纠纷",(2019)闽民终 212 号二审民事判决书。

[20]中外运湖北有限责任公司与湖北九星饲料有限公司海上、通海水域货运代理合同纠纷",(2019)鄂 72 民初 191 号二审民事判决书。

[21]"常州英德索特工业盐进出口有限公司与泰格散货第二有限公司海上、通海水域货物运输合同纠纷",(2019)浙民终 1031 号二审民事判决书。

[22]"中远海运特种运输股份有限公司与山东振龙生物化工集团有限公司海上、通海水域货物运输合同纠纷",(2019)鲁 72 民初 763 号一审民事判决书。

[23]"义乌市梅西进出口有限公司与中远海运集装箱运输有限公司海上、通海水域货物运输合同纠纷",(2019)浙 72 民初 463 号一审民事判决书。

[24]"义乌市梅西进出口有限公司与中远海运集装箱运输有限公司海上、通海水域货物运输合同纠纷",(2019)浙 72 民初 462 号一审民事判决书。

[25]天津市滨海新区泰长领钧实业发展有限公司(以下简称领钧公司)与被上诉人秦皇岛富航货运代理有限公司(以下简称富航公司)航次租船合同纠纷",(2019)津 72 民初 633 号民事判决书。

[26]"河南省畜产品进出口有限公司、东方海外货柜航运有限公司海上、通海水域货物运输合同纠纷",(2018)浙民终 1040 号二审民事判决书。

[27]"济南秦工国际贸易有限公司、宁波宏亚国际货运代理有限公司海上、通海水域货运代理合同纠纷二审民事判决书",(2018)鲁民终 1924 号判决书。

[28]"新鑫海航运有限公司、武汉弈帆工贸有限公司海上、通海水域货物运输合同纠纷",(2018)鄂民终 870 号二审民事判决书。

[29]"上诉人中国江苏国际经济技术合作集团有限公司与被上诉人阳明海运股份有限公司海上货物运输合同纠纷",(2018)沪民终 203 号二审民事判决书。

[30]"孟州市穆光皮业有限责任公司、马士基航运有限公司海上、通海水域货物运输合同纠纷",(2018)鲁民终 529 号二审民事判决书。

[31]"上诉人中国江苏国际经济技术合作集团有限公司与被上诉人阳明海运股份有限公司海上货物运输合同纠纷",(2018)沪民终 203 号二审民事判决书。

[32]"新鑫海航运有限公司、武汉弈帆工贸有限公司海上、通海水域货物运输合同纠纷",(2018)鄂民终 870 号二审民事判决书。

[33]"济南秦工国际贸易有限公司、宁波宏亚国际货运代理有限公司海上、通海水域货运代理合同纠纷",(2018)鲁民终 1924 号二审民事判决书。

[34]"马士基航运有限公司与山东金海洋纸业有限公司海上、通海水域货物运输合同纠纷",

（2018）鲁 72 民初 2046 号一审民事判决书。

[35]"原告东方海外货柜航运有限公司（以下简称东方海外公司）与被告河南外运保税物流有限责任公司、河南省畜产品进出口有限公司海上货物运输合同纠纷"，（2018）粤 72 民初 1735 号民事判决书。

[36]"马士基航运有限公司与山东金海洋纸业有限公司海上、通海水域货物运输合同纠纷"，（2018）鲁 72 民初 2048 号一审民事判决书。

[37]"马士基航运有限公司与山东金海洋纸业有限公司海上、通海水域货物运输合同纠纷"，（2018）鲁 72 民初 2047 号一审民事判决书。

[38]"民生国际货物运输代理有限公司与海上、通海水域货运代理合同纠纷"，（2018）鄂 72 民初 1545 号一审民事判决书。

[39]"常州英德索特工业盐进出口有限公司与泰格散货第二有限公司中国船东互保协会海上通海水域货物运输合同纠纷"，（2018）浙 72 民初 186 号一审民事判决书。

[40]"东方海外货柜航运有限公司与福建瑞益家居有限公司海上、通海水域货物运输合同纠纷"，（2018）闽 72 民初 374 号一审民事判决书。

[41]"东方海外货柜航运有限公司与福建省彬昌金属制品有限公司海上、通海水域货物运输合同纠纷"，（2018）闽 72 民初 478 号一审民事判决书。

[42]"东方海外货柜航运有限公司与河南省畜产品进出口有限公司海上、通海水域货物运输合同纠纷"，（2018）浙 72 民初 389 号一审民事判决书。

[43]"德众国际货运（青岛）有限公司与青岛悦信全程物流有限公司、青岛洛奇工业设备有限公司海上、通海水域货运代理合同纠纷"，（2018）鲁 72 民初 213 号一审民事判决书。

[44]"新鑫海航运有限公司与武汉弈帆工贸有限公司海上、通海水域货物运输合同纠纷一审民事判决书"，（2018）鄂 72 民初 185 号判决书。

[45]"浙江隆达不锈钢有限公司海上、通海水域货物运输合同纠纷"，（2017）最高法民再 412 号再审民事判决书。

[46]"厦门明祥达物流有限公司、法国达飞海运集团海上、通海水域货物运输合同纠纷再审审查与审判监督民事裁定书"，（2017）最高法民申 1477 号再审审查与审判监督民事裁定书。

[47]"上海泛亚航运有限公司、青岛隆海游艇租赁服务有限公司海上、通海水域货物运输合同纠纷再审审查与审判监督民事裁定书"，（2017）最高法民申 3787 号再审审查与审判监督民事裁定书。

[48]"深圳市鸿安货运代理有限公司、潍坊恒联特种纸有限公司海上、通海水域货物运输合同纠纷"，（2017）鲁民终 454 号二审民事判决书。

[49]"新鑫海航运有限公司、天津银龙集团科贸有限公司海上、通海水域货物运输合同纠纷"，（2017）津民终 76 号二审民事判决书。

[50]"阳明海运股份有限公司、辽宁万融贸易有限公司海上、通海水域货物运输合同纠纷"，（2017）辽民终 687 号二审民事判决书。

[51]"招商局物流集团（天津）有限公司、以星综合航运有限公司海上、通海水域货物运输合同纠纷"，（2017）津民终 320 号二审民事判决书。

[52]"浙江丰邦贸易有限公司、上海瑞宁航运有限公司海上、通海水域货物运输合同纠纷"，（2017）津民终 607 号二审民事判决书。

[53]"深圳市虎航国际货运代理有限公司、青岛骑士玻璃有限公司海事海商纠纷"，（2017）津民终 390 号二审民事判决书。

[54]"浙江丰邦贸易有限公司、上海瑞宁航运有限公司海上、通海水域货物运输合同纠纷"，（2017）津民终 607 号二审民事判决书。

[55]"深圳市虎航国际货运代理有限公司、青岛骑士玻璃有限公司海事海商纠纷"，（2017）津民终

390 号二审民事判决书。

[56]"宁波宏亚国际货运代理有限公司与济南秦工国际贸易有限公司海上、通海水域货运代理合同纠纷",(2017)鲁 72 民初 748 号一审民事判决书。

[57]"以星综合航运有限公司与大连德海国际贸易有限公司海上、通海水域货物运输合同纠纷",(2017)闽 72 民初 1163 号一审民事判决书。

[58]"达通国际航运有限公司与中国欧美进出口有限公司海上、通海水域货物运输合同纠纷",(2017)浙 72 民初 1270 号一审民事判决书。

[59]"广州市星亚金属材料有限公司与深圳市欣运达国际货运代理有限公司海上、通海水域货物运输合同纠纷",(2017)粤 72 民初 221 号一审民事判决书。

[60]"中远集装箱运输有限公司与上海腓尼基国际物流有限公司、深圳腓尼基国际物流有限公司青岛分公司等海上、通海水域货物运输合同纠纷申诉、申请民事裁定书",(2016)最高法民申 2157 号申诉、申请民事裁定书。

[61]"上海新海丰集装箱运输有限公司青岛分公司与上海金曦国际货物运输代理有限公司海上、通海水域货物运输合同纠纷",(2016)鲁民终 2076 号二审民事判决书。

[62]"中远海运集装箱运输有限公司与杭州国佳纸业有限公司、五矿物流浙江有限公司海上、通海水域货物运输合同纠纷",(2016)浙民终 901 号二审民事判决书。

[63]"天津福达普瑞国际货运代理有限公司与天津港胜国际货运代理有限公司货运代理合同纠纷",(2016)津民终 231 号二审民事判决书。

[64]"马士基航运有限公司与纳沃纳(福州)餐饮管理有限公司、航都(厦门)国际货运代理有限公司福州分公司海上、通海水域货物运输合同纠纷",(2016)闽 72 民初 1008 号一审民事判决书。

[65]"海上、通海水域货物运输合同纠纷",(2016)沪 72 民初 1436 号一审民事判决书。

[66]"马士基有限公司与孟州市穆光皮业有限责任公司、青岛和盛祥国际物流有限公司海上、通海水域货物运输合同纠纷",(2016)鲁 72 民初 1241 号一审民事判决书。

[67]"马士基航运有限公司与日照大海工贸有限公司海上、通海水域货物运输合同纠纷",(2016)鲁 72 民初 1529 号一审民事判决书。

[68]"马士基航运有限公司与日照大海工贸有限公司海上、通海水域货物运输合同纠纷",(2016)鲁 72 民初 1530 号一审民事判决书。

[69]"马士基航运有限公司与日照大海工贸有限公司海上、通海水域货物运输合同纠纷",(2016)鲁 72 民初 1531 号一审民事判决书。

[70]"马士基航运有限公司与日照大海工贸有限公司海上、通海水域货物运输合同纠纷",(2016)鲁 72 民初 1532 号一审民事判决书。

[71]"马士基航运有限公司与日照大海工贸有限公司海上、通海水域货物运输合同纠纷",(2016)鲁 72 民初 1533 号一审民事判决书。

[72]"马士基航运有限公司与日照大海工贸有限公司海上、通海水域货物运输合同纠纷",(2016)鲁 72 民初 1534 号一审民事判决书。

[73]"马士基航运有限公司与日照大海工贸有限公司海上、通海水域货物运输合同纠纷",(2016)鲁 72 民初 1535 号一审民事判决书。

[74]"原告马士基航运有限公司诉被告阜阳岛津商贸有限公司、被告上海顺翔国际物流有限公司海上货物运输合同纠纷",(2016)沪 72 民初 2463 号一审民事判决书。

[75]"原告马士基航运有限公司诉被告阜阳岛津商贸有限公司、被告上海顺翔国际物流有限公司海上货物运输合同纠纷",(2016)沪 72 民初 2464 号一审民事判决书。

[76]"中远海运集装箱运输有限公司与杭州国佳纸业有限公司、五矿物流浙江有限公司海上、通海水域货物运输合同纠纷",(2016)浙民终 902 号二审民事判决书。

[77]"中远海运集装箱运输有限公司与杭州国佳纸业有限公司、五矿物流浙江有限公司海上、通海水域货物运输合同纠纷",(2016)浙民终 903 号二审民事判决书。

[78]"中远海运集装箱运输有限公司与杭州国佳纸业有限公司、五矿物流浙江有限公司海上、通海水域货物运输合同纠纷",(2016)浙民终 904 号二审民事判决书。

[79]"中远海运集装箱运输有限公司与杭州国佳纸业有限公司、五矿物流浙江有限公司海上、通海水域货物运输合同纠纷",(2016)浙民终 905 号二审民事判决书。

[80]"中远海运集装箱运输有限公司与杭州国佳纸业有限公司、五矿物流浙江有限公司海上、通海水域货物运输合同纠纷",(2016)浙民终 906 号二审民事判决书。

[81]"上诉人古瑞发林塔斯船务有限公司与被上诉人大连金阳进出口有限公司海上货物运输合同纠纷",(2016)沪民终 112 号二审民事判决书。

[82]"滨海港湾集团航运(香港)有限公司与天津唯诚兴能源贸易有限公司申请海事强制令案",(2016)鲁 72 民初 629 号一审民事判决书。

[83]"天津航星国际货运代理有限公司与天津泰达国际货运代理有限公司货运代理合同纠纷",(2016)津 72 民初 793 号一审民事判决书。

[84]"上海锦江航运(集团)有限公司与上海美设国际货运有限公司海上、通海水域货物运输合同纠纷",(2016)沪 72 民初 2645 号一审民事判决书。

[85]"宁波远洋运输有限公司与万泰国际物流有限公司、诚泰国际货运代理(上海)有限公司宁波分公司海上、通海水域货物运输合同纠纷",(2016)浙 72 民初 1540 号一审民事判决书。

[86]"中远集装箱运输有限公司与杭州国佳纸业有限公司、五矿物流浙江有限公司海上、通海水域货物运输合同纠纷",(2016)浙 72 民初 1361 号一审民事判决书。

[87]"宁波美航物流有限公司与绍兴中井国际货运代理有限公司、绍兴宣德进出口有限公司海上、通海水域货运代理合同纠纷",(2016)浙 72 民初 1502 号一审民事判决书。

[88]"山东翔龙实业集团有限公司、金源海运有限公司海上、通海水域货物运输合同纠纷再审审查与审判监督民事裁定书",(2016)最高法民申 530 号再审审查与审判监督民事裁定书。

[89]"纸创有限公司与元泰海空通运有限公司、元泰国际货运(中国)有限公司宁波分公司海上、通海水域货物运输合同纠纷",(2016)浙 72 民初 240 号一审民事判决书。

[90]"宁波简达国际货运代理有限公司与宁波天行国际货运代理有限公司海上、通海水域货运代理合同纠纷",(2016)浙 72 民初 168 号一审民事判决书。

[91]"法国达飞海运集团与厦门明祥达物流有限公司海上、通海水域货物运输合同纠纷",(2015)粤高法民四终字第 229 号二审民事判决书。

[92]"以星综合航运有限公司与山东大申进出口有限公司海上、通海水域货物运输合同纠纷",(2015)闽民终字第 1654 号二审民事判决书。

[93]"中远集装箱运输有限公司与深圳腓尼基国际物流有限公司青岛分公司、深圳腓尼基国际物流有限公司等海上、通海水域货物运输合同纠纷",(2015)鲁民四终字第 152 号二审民事判决书。

[94]"A.P.穆勒-马与山东万宝贸易有限公司、青岛中海船务代理有限公司合同、无因管理、不当得利纠纷申请再审民事裁定书",(2015)民申字第 824 号申请再审民事裁定书。

[95]"上诉人萨宜凯(上海)投资有限公司与被上诉人中远物流日本株式会社海上货物运输合同纠纷",(2015)沪高民四(海)终字第 12 号二审民事判决书。

[96]"上诉人萨宜凯(上海)投资有限公司与被上诉人上海泛亚航运有限公司海上货物运输合同纠纷",(2015)沪高民四(海)终字第 13 号二审民事判决书。

[97]"大连金阳进出口有限公司与古瑞发林塔斯船务公司(PT. Perusahaan Pelayaran Gurita Lintas Samudera)、连云港联合船舶代理有限公司海上、通海水域货物运输合同纠纷",(2015)沪海法商初字第 237 号一审民事判决书。

［98］"赢石（厦门）进出口有限公司海上货物运输合同纠纷"，(2015)广海法初字第 1075 号一审民事判决书。

［99］"赢石（厦门）进出口有限公司海上货物运输合同纠纷"，(2015)广海法初字第 1076 号一审民事判决书。

［100］"以星综合航运有限公司与蒂卫家具（东莞）有限公司海上、通海水域货物运输合同纠纷"，(2015)广海法初字第 345 号一审民事判决书。

［101］"宁波吉百德进出口有限公司与宁波芳洲国际货运代理有限公司海上、通海水域货运代理合同纠纷"，(2015)甬海法商初字第 1188 号判一审民事判决书。

［102］"海上、通海水域货物运输合同纠纷"，(2015)沪海法商初字第 1882 号一审民事判决书。

［103］"金星轮船有限公司与上海锦明国际贸易有限公司海上货物运输合同纠纷"，(2015)沪海法商初字第 59 号一审民事判决书。

［104］"宁波乾泰国际物流有限公司与浦江县服装针织厂海上、通海水域货运代理合同纠纷"，(2014)浙海终字第 120 号二审民事判决书。

［105］"A.P.与山东万宝贸易有限公司、青岛中海船务代理有限公司合同、无因管理、不当得利纠纷"，(2014)鲁民四终字第 101 号二审民事判决书。

［106］"再审申请人圣百奥（北京）科技有限公司与被申请人中海集装箱运输（香港）有限公司海上货物运输合同纠纷再审民事裁定书"，(2014)辽民三申字第 00004 号再审民事裁定书。

［107］"珠海联进贸易有限公司与被告利斯国际货物运输代理（上海）有限公司、利斯国际货物运输代理（上海）有限公司广州分公司海上货物运输合同纠纷"，(2014)广海法初字第 87 号一审民事判决书。

［108］"兴亚船务（中国）有限公司青岛分公司与河南亚美贸易有限公司海上、通海水域货物运输合同纠纷"，(2014)青海法海商初字第 1147 号一审民事判决书。

［109］"原告中远集运东南亚有限公司与被告天津银龙集团科贸有限公司海上货物运输合同纠纷"，(2014)津海法商初字第 671 号一审民事判决书。

［110］"原告株式会社商船三井与被告广东省顺德土产进出口有限公司（以下简称顺德土产公司）、深圳市润达康贸易有限公司海上货物运输合同纠纷"，(2014)广海法初字第 339 号一审民事判决书。

［111］"富阳市佳华有色金属有限公司与智利南美轮船有限公司、南美轮船（中国）船务有限公司海上货物运输合同纠纷"，(2014)沪海法商初字第 1682 号一审民事判决书。

［112］"长荣海运股份有限公司与丹阳市符氏木业有限公司海上、通海水域货物运输合同纠纷"，(2014)沪海法商初字第 1168 号一审民事判决书。

［113］"上海锦江航运（集团）有限公司与上海坤际国际贸易有限公司海上、通海水域货运代理合同纠纷"，(2014)沪海法商初字第 1115 号一审民事判决书。

［114］"株式会社商船三井与宁波市扬帆物流有限公司海上、通海水域货物运输合同纠纷"，(2014)沪海法商初字第 1446 号一审民事判决书。

［115］"原告上海和明航运服务有限公司厦门分公司诉被告中天（中国）工业有限公司海上货物运输合同纠纷"，(2014)厦海法商初字第 317 号一审民事判决书。

［116］"萨宜凯（上海）投资有限公司海上、通海水域货物运输合同纠纷"，(2014)沪海法商初字第 1057 号一审民事判决书。

［117］"上海泛亚航运有限公司与萨宜凯（上海）投资有限公司海上、通海水域货物运输合同纠纷"，(2014)沪海法商初字第 1059 号一审民事判决书。

［118］"江苏永德国际物流有限公司与安徽汇佳进出口有限公司海上、通海水域货运代理合同纠纷"，(2014)武海法商字第 00403 号一审民事判决书。

[119]"江苏永德国际物流有限公司与安徽汇佳进出口有限公司海上、通海水域货运代理合同纠纷",(2014)武海法商字第00243号一审民事判决书。

[120]"原告长荣海运(英国)有限公司与被告东阳市德进塑胶有限公司海上货物运输合同纠纷",(2014)沪海法商初字第245号一审民事判决书。

[121]"原告中远集装箱运输有限公司诉被告吉林市东津食品有限公司海上货物运输合同纠纷",(2014)大海商初字第34号一审民事判决书。

[122]"中海集装箱运输(香港)有限公司与宁波中蔺对外贸易有限公司海上、通海水域货物运输合同纠纷",(2013)浙海终字第110号二审民事判决书。

[123]"青岛新海丰国际船舶代理有限公司与山东神氏食品集团有限公司海上、通海水域货物运输合同纠纷",(2013)鲁民四终字第83号二审民事判决书。

[124]"上海江汉国际贸易有限公司与上海京龙国际物流有限公司海上货物运输合同纠纷",(2013)沪海法商初字第1162号一审民事判决书。

[125]"原告海航货运代理有限公司与被告中山市华美特电器制造有限公司海上货物运输合同纠纷",(2013)广海法初字第448号一审民事判决书。

[126]"中国人民财产保险股份有限公司上海市分公司与自然环保集团(私人)有限公司、自然环保集团有限公司等海上保险合同纠纷",(2013)沪高民四(海)终字第108号二审民事判决书。

[127]"原告湖北新成皮件(集团)有限公司与被告珠海市维佳联运国际货运代理有限公司深圳分公司、珠海市维佳联运国际货运代理有限公司海上货物运输合同纠纷",(2013)广海法初字第229号一审民事判决书。

[128]"浙江豪磊机电有限公司与金星轮船有限公司、以星综合航运(中国)有限公司海上、通海水域货物运输合同纠纷",(2013)甬海法商初字第113号一审民事判决书。

[129]"以星综合航运有限公司与哈尔滨高伟微型精密机电有限公司、深圳市亿畅进出口有限公司等海上、通海水域货物运输合同纠纷一审",(2013)沪海法商初字第788号民事判决书。

[130]"宁波凯越国际贸易有限公司与上海飞艺达国际物流有限公司海上、通海水域货物运输合同纠纷",(2012)浙海再字第1号再审民事判决书。

[131]"中海集装箱运输(香港)有限公司与宁波中蔺对外贸易有限公司海上、通海水域货物运输合同纠纷",(2012)甬海法商初字第592号一审民事判决书。

[132]"自然环保集团(私人)有限公司(Natural Environmental Protection Group)与上海世威国际货物运输代理有限公司运输合同纠纷",(2012)沪海法商初字第105号一审民事判决书。

[133]"地中海航运有限公司诉广州市木田木业有限公司海上货物运输合同滞箱费纠纷",(2011)广海法初字第522号一审民事判决书。

[134]"宁波凯越国际贸易有限公司与上海飞艺达国际物流有限公司海上、通海水域货物运输合同纠纷",(2010)浙海终字第100号二审民事判决书。

[135]"宁波市慈溪进出口股份有限公司与上海翘运货运代理有限公司、上海翘运货运代理有限公司宁波分公司海上、通海水域货物运输合同纠纷",(2010)浙海终字第48号二审民事判决书。

[136]"宁波市××进出口股份有限公司与上海××货××代××司海上、通海水域货物运输合同纠纷",(2010)浙海终字第48号二审民事判决书。

[137]"宁波市科技园区新华物流有限公司与宁波天航国际物流有限公司货运代理合同纠纷",(2009)浙海终字第126号二审民事判决书。

[138]中海集装箱运输股份有限公司与北京旌凯华冠工贸有限责任公司、新加坡UCO银行海上、通海水域货物运输合同纠纷",(2007)浙民三终字第87号二审民事判决书。

（三）适用《海商法》第 141 条的裁判文书

[1]"深圳市吉航运通物流有限公司、上海勖源海运有限公司非法留置船舶、船载货物、船用燃油、船用物料损害责任纠纷"，(2020)鲁民终 953 号二审民事判决书。

[2]"广州市十方物流有限公司、上海勖源海运有限公司非法留置船舶、船载货物、船用燃油、船用物料损害责任纠纷"，(2020)鲁民终 991 号二审民事判决书。

[3]"佛山市航泰货运代理有限公司、上海勖源海运有限公司、宁波鸿勖海运有限公司非法留置船舶、船载货物、船用燃油、船用物料损害责任纠纷"，(2020)鲁民终 992 号二审民事判决书。

[4]"广州莱斯伊顿物流有限公司、上海勖源海运有限公司非法留置船舶、船载货物、船用燃油、船用物料损害责任纠纷"，(2020)鲁民终 10 号二审民事判决书。

[5]"广州市佳音物流有限公司、广东中外运黄埔仓码有限公司不当得利纠纷"，(2019)粤民终 125 号二审民事判决书。

[6]广西丰登物流有限公司与上海勖源海运有限公司、宁波鸿勖海运有限公司非法留置船舶、船载货物、船用燃油、船用物料损害责任纠纷"，(2018)鲁 72 民初 1896 号一审民事判决书。

[7]"日照市鼎泰物流有限公司与上海勖源海运有限公司、宁波鸿勖海运有限公司非法留置船舶、船载货物、船用燃油、船用物料损害责任纠纷"，(2018)鲁 72 民初 1619 号一审民事判决书。

[8]"中山海德集装箱运输有限公司与上海勖源海运有限公司、宁波鸿勖海运有限公司非法留置船舶、船载货物、船用燃油、船用物料损害责任纠纷"，(2018)鲁 72 民初 1610 号一审民事判决书。

[9]"广州环远物流有限公司与上海勖源海运有限公司、宁波鸿勖海运有限公司非法留置船舶、船载货物、船用燃油、船用物料损害责任纠纷"，(2018)鲁 72 民初 1616 号一审民事判决书。

[10]"广州市海恒物流有限公司与上海勖源海运有限公司、宁波鸿勖海运有限公司非法留置船舶、船载货物、船用燃油、船用物料损害责任纠纷"，(2018)鲁 72 民初 1886 号一审民事判决书。

[11]"佛山市南海区西樵一诺货运代理有限公司与上海勖源海运有限公司、宁波鸿勖海运有限公司非法留置船舶、船载货物、船用燃油、船用物料损害责任一审民事判决书"，(2018)鲁 72 民初 1633 号判决书。

[12]"广州市川南货运代理有限公司与上海勖源海运有限公司、宁波鸿勖海运有限公司非法留置船舶、船载货物、船用燃油、船用物料损害责任纠纷"，(2018)鲁 72 民初 1614 号一审民事判决书。

[13]"青岛益海安航物流有限公司与上海勖源海运有限公司、宁波鸿勖海运有限公司非法留置船舶、船载货物、船用燃油、船用物料损害责任纠纷"，(2018)鲁 72 民初 1615 号一审民事判决书。

[14]"广州市兴佳国际货运代理有限公司与上海勖源海运有限公司、宁波鸿勖海运有限公司非法留置船舶、船载货物、船用燃油、船用物料损害责任纠纷"，(2018)鲁 72 民初 1613 号一审民事判决书。

[15]"佛山市航泰货运代理有限公司与上海勖源海运有限公司、宁波鸿勖海运有限公司非法留置船舶、船载货物、船用燃油、船用物料损害责任纠纷"，(2018)鲁 72 民初 1645 号一审民事判决书。

[16]"佛山市海腾国际货运代理有限公司与上海勖源海运有限公司、宁波鸿勖海运有限公司非法留置船舶、船载货物、船用燃油、船用物料损害责任纠纷"，(2018)鲁 72 民初 1655 号一审民事判决书。

[17]"广西西江现代国际物流集团有限公司南宁分公司与上海勖源海运有限公司、宁波鸿勖海运有限公司非法留置船舶、船载货物、船用燃油、船用物料损害责任纠纷"，(2018)鲁 72 民初 1631 号一审民事判决书。

[18]"广州市十方物流有限公司与上海勖源海运有限公司、宁波鸿勖海运有限公司非法留置船舶、船载货物、船用燃油、船用物料损害责任纠纷"，(2018)鲁 72 民初 1646 号一审民事判决书。

[19]"漳州市永鑫货运代理有限公司与上海勖源海运有限公司、宁波鸿勖海运有限公司非法留置船舶、船载货物、船用燃油、船用物料损害责任纠纷"，(2018)鲁 72 民初 1635 号一审民事判决书。

[20]"深圳市吉航运通物流有限公司与上海勋源海运有限公司、宁波鸿勋海运有限公司非法留置船舶、船载货物、船用燃油、船用物料损害责任纠纷",(2018)鲁72民初1626号一审民事判决书。

[21]"广西西江现代国际物流集团有限公司南宁分公司与铜陵市华远船务有限责任公司行为保全民事裁定书",(2018)辽72行保1号民事裁定书。

[22]"厦门良翔海运有限公司、江苏纬泰物流有限公司非法留置船舶、船载货物、船用燃油、船用物料损害责任纠纷再审查与审判监督民事裁定书",(2017)最高法民申1698号再审查与审判监督民事裁定书。

[23]"厦门毅成达船务有限公司、钦州市翔利物流有限公司非法留置船载货物纠纷",(2017)闽民终419号二审判决书。

[24]"厦门良翔海运有限公司、江苏纬泰物流有限公司、广西新闻航海运有限责任公司非法留置船载货物纠纷",(2016)闽民终1393号二审判决书。

[25]"舟山海大打捞工程有限公司与四川公路桥梁建设集团有限公司定期租船合同纠纷",(2016)浙民终609号二审民事判决书。

[26]"钦州市翔利物流有限公司与厦门毅成达船务有限公司非法留置船舶、船载货物、船用燃油、船用物料损害责任",(2016)闽72民初960号一审民事判决书。

[27]"江苏纬泰物流有限公司与广西新闻航海运有限责任公司、厦门良翔海运有限公司非法留置船舶、船载货物、船用燃油、船用物料损害责任",(2016)闽72民初227号一审民事判决书。

[28]"原告福州明发船务有限公司诉被告厦门鸿祥轮船有限公司非法留置船载货物纠纷",(2015)厦海法商初字第962号一审民事判决书。

(四)适用《海商法》第 188 条、第 190 条的裁判文书

[1]"中国人民财产保险股份有限公司、河北省曹妃甸分公司、宁波鸿勋海运有限公司、上海勋源海运有限公司海上、通海水域货运海商海事纠纷",(2020)浙72民初884号一审民事判决书。

[2]"中国人民财产保险股份有限公司河北省曹妃甸分公司、广东华钢贸易有限公司、浙江满洋船务工程有限公司通海水域货物运输保险合同纠纷",(2020)浙民终651号二审民事判决书。

[3]"宁波鸿勋海运有限公司诉上海勋源海运有限公司海事海商纠纷",(2020)浙民终33号二审民事判决书。

[4]"秦皇岛金茂源纸业有限公司与宁波鸿勋海运有限公司、上海勋源海运有限公司、洋浦中良海运有限公司、浙江满洋船务工程有限公司海难救助合同纠纷",(2019)浙72民初1640号一审民事判决书。

[5]"宁波鸿勋海运有限公司、上海勋源海运有限公司因与被上诉人秦皇岛金茂源纸业有限公司、洋浦中良海运有限公司、浙江满洋船务工程有限公司海事海商纠纷",(2019)浙民终54号二审民事判决书。

[6]"中国人民财产保险股份有限公司、河北省曹妃甸分公司、广东华钢贸易有限公司、浙江满洋船务工程有限公司通海水域货物运输保险合同纠纷",(2019)浙72民初9号一审民事判决书。

[7]"宁波鸿勋海运有限公司、上海勋源海运有限公司因与被上诉人山东惠民惠星塑料制品有限责任公司、洋浦中良海运有限公司、浙江满洋船务工程有限公司海事海商纠纷",(2019)浙民终59号二审民事判决书。

[8]"宁波鸿勋海运有限公司、上海勋源海运有限公司、山东惠民惠星塑料制品有限责任公司等海难救助合同纠纷",(2019)浙民终59号二审民事判决书。

[9]"营口港务集团有限公司与利泉船务有限公司海难救助合同纠纷",(2018)辽72民初674号一审民事判决书。

[10]"秦皇岛金茂源纸业有限公司与宁波鸿勋海运有限公司、上海勋源海运有限公司、洋浦中良海运有限公司、浙江满洋船务工程有限公司海难救助合同纠纷等海难救助合同纠纷",(2018)浙72民

初 1640 号一审民事判决书。

[11]"宁波鸿勋海运有限公司、上海勋源海运有限公司因与被上诉人山东惠民惠星塑料制品有限责任公司、洋浦中良海运有限公司、浙江满洋船务工程有限公司海事海商纠纷",(2018)浙 72 民初 1564 号一审民事判决书。